21世纪高职高专土建系列工学结合型规划教材

全新修订

物业管理实务

主　编	胡大见		
副主编	王昌玉	薛　陆	
参　编	韩清雪	孙妮妮	张志坚
	吕吉平	范连雷	
主　审	李代玉		

北京大学出版社
PEKING UNIVERSITY PRESS

内 容 简 介

本书紧密结合物业服务行业的工作实务与从业者的职业能力需求，参照国家注册物业管理师的考试要求，并在总结编者多年的物业管理专业教学与实践经验的基础上编写而成。

本书以物业服务企业的成立、物业服务项目的接管、日常服务与管理为主线，通过情境教学的方式展开，内容共分 11 个情境，包括：解读物业管理、如何创建物业服务企业、如何获取物业服务项目、如何进行物业接管验收与装修管理、如何维护公共秩序与安全、创建美好的物业环境、物业租赁管理、房屋及设施设备管理、如何测算物业服务费用、如何做好物业客服、各类型物业的物业管理。此外，为便于读者学习及实现"理论与实践一体化"的教学模式，书后还附有相关情境的实训指导书。

本书既可作为高职高专院校物业管理和房地产相关专业的教材和指导书，也可供相关从业人员及本科学生参考使用。

图书在版编目(CIP)数据

物业管理实务/胡大见主编. —北京：北京大学出版社，2016.6
（21 世纪高职高专土建系列工学结合型规划教材）
ISBN 978-7-301-27163-6

Ⅰ.①物… Ⅱ.①胡… Ⅲ.①物业管理—高等职业教育—教材 Ⅳ.①F293.33

中国版本图书馆 CIP 数据核字（2016）第 115909 号

书　　　名	物业管理实务 Wuye Guanli Shiwu
著作责任者	胡大见　主编
策 划 编 辑	杨星璐
责 任 编 辑	刘　嚣
标 准 书 号	ISBN 978-7-301-27163-6
出 版 发 行	北京大学出版社
地　　　址	北京市海淀区成府路 205 号　100871
网　　　址	http://www.pup.cn　新浪微博：@北京大学出版社
电 子 信 箱	编辑部：pup6@pup.cn　总编室：zpup@pup.cn
电　　　话	邮购部 010-62752015　发行部 010-62750672　编辑部 010-62750667
印 刷 者	北京虎彩文化传播有限公司
经 销 者	新华书店
	787 毫米×1092 毫米　16 开本　20.25 印张　483 千字 2016 年 6 月第 1 版　2021 年 7 月修订 2023 年 8 月第 6 次印刷
定　　　价	49.00 元

未经许可，不得以任何方式复制或抄袭本书之部分或全部内容。
版权所有，侵权必究
举报电话：010-62752024　电子信箱：fd@pup.pku.edu.cn
图书如有印装质量问题，请与出版部联系，电话 010-62756370

前 言

本书为北京大学出版社"21世纪全国高职高专土建系列工学结合型规划教材"之一。本书由物业服务企业深度配合，分析物业服务行业的工作实务，结合从业者的职业能力需求，并参照国家注册物业管理师的考试需求，在总结编者多年的物业管理专业教学经验基础上编写而成，且经过两年"物业管理实务"教学实践的修改与调整。全书突出了实践性、可操作性和理论先进性。

本书中涉及的法律法规参照《中华人民共和国物权法》，以及2007年版的《物业管理条例》等，采用以物业服务企业的成立、物业服务项目的接管、日常服务与管理为主线的情境教学方式展开，从管理学、经济学的思考角度对物业服务企业的日常工作和未来发展进行了较为详细的分析。本书内容共分11个情境，包括：解读物业管理、如何创建物业服务企业、如何获取物业服务项目、如何进行物业接管验收与装修管理、如何维护公共秩序与安全、创建美好的物业环境、物业租赁管理、房屋及设施设备管理、如何测算物业服务费用、如何做好物业客服、各类型物业的物业管理。此外，为便于读者学习及实现"理论与实践一体化"的教学模式，书后还附有相关情境的实训指导书。

本书突破了已有相关教材的知识框架，注重理论与实践相结合，内容丰富，案例翔实，并附有多种类型的习题供读者选用。本书内容可按照48～80学时来安排，推荐学时分配为：情境1，2～4学时；情境2，4～6学时；情境3，6～10学时；情境4，6～10学时；情境5，4～6学时；情境6，4～6学时；情境7，6～10学时；情境8，4～6学时；情境9，4～6学时；情境10，4～8学时；情境11，4～8学时。教师可根据实际情况灵活安排学时，课堂重点讲解每章的主要知识模块，参照实训指导书安排相关的实践教学。

本书由青岛酒店管理职业技术学院胡大见担任主编，青岛酒店管理职业技术学院王昌玉、薛陆担任副主编。本书各情境具体编写分工为：青岛酒店管理职业技术学院胡大见编写情境1、情境3、情境4和情境7，王昌玉编写情境2，薛陆编写情境5，韩清雪编写情境9、情境10，张志坚编写情境6，吕吉平编写情境8，范连雷编写情境11。青岛均豪物业管理有限公司孙妮妮从物业服务工作实务出发点，编写了本书的实训指导书。李代玉对本书进行了审读。青岛均豪物业管理有限公司等行业同仁为本书的编写提供了大量的实例，并从行业从业者的角度提出了很多宝贵意见，在此一并表示感谢！

本书在编写过程中参考和引用了国内外大量文献资料，在此谨向原书作者表示衷心感谢。由于编者水平有限，本书难免存在不足和疏漏之处，敬请各位读者批评指正。

编 者

2016年1月

目录

情境 1　解读物业管理 1
  1.1　物业管理的基本概念 2
    1.1.1　物业 2
    1.1.2　物业管理 2
    1.1.3　物业服务企业 3
  1.2　物业管理的产生与发展 3
    1.2.1　物业管理的起源与发展 3
    1.2.2　我国物业管理的产生与发展 4
  1.3　物业管理的基本内容 6
    1.3.1　常规性公共服务 6
    1.3.2　针对性的专项服务 7
    1.3.3　委托性特约服务 8
  1.4　物业管理的基本环节 8
    1.4.1　物业管理的策划阶段 9
    1.4.2　物业管理的前期准备阶段 9
    1.4.3　物业管理的启动阶段 10
    1.4.4　物业管理的日常运作阶段 10
  1.5　物业管理的特点 10
  1.6　物业管理的基本原则 11
  1.7　物业管理在社会经济中的地位与
       作用 12

情境 2　如何创建物业服务企业 15
  2.1　物业服务企业的性质和类型 16
    2.1.1　物业服务企业的概念 16
    2.1.2　物业服务企业的类型 17
  2.2　物业服务企业设立的条件和程序 17
    2.2.1　物业服务企业设立的条件 17
    2.2.2　物业服务企业设立的程序 21
  2.3　物业服务企业的组织机构设置 23
    2.3.1　物业服务企业组织机构设置
           原则 23
    2.3.2　物业服务企业主要组织机构
           及职责 23
  2.4　物业服务企业的权利和义务 24
    2.4.1　物业服务企业的权利 24
    2.4.2　物业服务企业的义务 25
  2.5　物业服务企业的相关职能部门 26
  情境工作小结 27
  思考题 27
  实训练习题 27

情境 3　如何获取物业服务项目 30
  3.1　物业管理招标 31
    3.1.1　物业管理招标概述 31
    3.1.2　物业管理招标的方式 32
    3.1.3　物业管理招标程序 32
    3.1.4　物业管理招标文件 40
  3.2　物业管理投标 45
    3.2.1　物业管理投标的概念与原则 45
    3.2.2　物业管理投标程序 46
    3.2.3　制定物业管理方案 53
  3.3　物业管理定标后的工作 60
    3.3.1　中标后的合同签订与实施 60
    3.3.2　未中标的总结 60
    3.3.3　招标投标资料的整理与归档 60
  3.4　物业管理服务合同 61
    3.4.1　合同的概念 61
    3.4.2　前期物业服务合同 65
    3.4.3　物业服务合同 66
    3.4.4　管理规约和其他物业管理
           合同 70
  情境工作小结 71
  思考题 71
  实训练习题 71

情境 4 如何进行物业接管验收与装修管理 ... 74

- 4.1 早期介入 ... 75
  - 4.1.1 立项决策阶段早期介入的内容 ... 76
  - 4.1.2 规划设计阶段早期介入的内容 ... 78
  - 4.1.3 建设施工阶段早期介入的内容 ... 79
  - 4.1.4 销售阶段早期介入的内容 ... 81
  - 4.1.5 竣工验收阶段早期介入的内容 ... 81
- 4.2 前期物业管理 ... 82
  - 4.2.1 物业管理项目前期运作 ... 82
  - 4.2.2 工程质量保修 ... 83
  - 4.2.3 前期沟通协调 ... 83
  - 4.2.4 前期物业管理的特点 ... 83
- 4.3 物业的接管验收 ... 84
  - 4.3.1 物业接管验收的条件与准备工作 ... 84
  - 4.3.2 物业接管验收的程序、内容及相关问题 ... 86
  - 4.3.3 物业接管验收中应注意的问题 ... 91
  - 4.3.4 物业的撤管 ... 92
- 4.4 业主入住 ... 93
  - 4.4.1 业主入住前的准备工作 ... 93
  - 4.4.2 业主入住的相关文书 ... 95
  - 4.4.3 业主入住的办理程序 ... 100
  - 4.4.4 业主对物业的验收 ... 101
- 4.5 装修管理 ... 105
  - 4.5.1 装修管理的范围和要求 ... 106
  - 4.5.2 装修管理程序 ... 110
- 4.6 物业档案管理 ... 114
  - 4.6.1 物业档案管理的内容 ... 115
  - 4.6.2 物业档案的保存与安全 ... 118
- 情境工作小结 ... 120
- 思考题 ... 121
- 实训练习题 ... 121

情境 5 如何维护公共秩序与安全 ... 125

- 5.1 物业安全管理服务 ... 126
  - 5.1.1 物业安全管理服务的内容 ... 127
  - 5.1.2 物业安全管理的要求 ... 128
  - 5.1.3 安全防范的注意事项 ... 129
- 5.2 物业消防管理 ... 129
  - 5.2.1 物业消防管理的内容 ... 130
  - 5.2.2 物业消防安全检查内容与方法 ... 132
- 5.3 物业车辆与道路管理 ... 134
  - 5.3.1 道路交通管理 ... 134
  - 5.3.2 车辆管理 ... 134
- 5.4 紧急事件处理 ... 137
  - 5.4.1 紧急事件 ... 137
  - 5.4.2 紧急事件的处理过程 ... 137
  - 5.4.3 典型紧急事件的处理 ... 138
- 5.5 物业保险 ... 140
  - 5.5.1 物业保险的目的及作用 ... 141
  - 5.5.2 物业公司对于保险险种及保险公司的选择 ... 141
  - 5.5.3 物业购买保险后应注意的要点 ... 142
- 5.6 相关物业管理预案实例 ... 143
- 情境工作小结 ... 147
- 思考题 ... 147
- 实训练习题 ... 147

情境 6 创建美好的物业环境 ... 151

- 6.1 保洁服务 ... 152
  - 6.1.1 保洁服务概述 ... 152
  - 6.1.2 清洁卫生服务内容与基本方法 ... 153
  - 6.1.3 清洁卫生服务管理的基本方法 ... 154
  - 6.1.4 日常清洁方法 ... 154
  - 6.1.5 外围保洁服务 ... 157
  - 6.1.6 垃圾清运 ... 159
- 6.2 卫生虫害防治 ... 160

目 录

  6.2.1 白蚁防治 160
  6.2.2 鼠害防治 161
  6.2.3 蚊害防治 161
  6.2.4 蝇害防治 161
  6.2.5 蟑害防治 162
  6.2.6 其他卫生虫害的防治 162
 6.3 绿化管理 162
  6.3.1 绿化管理概述 162
  6.3.2 物业绿化管理的内容 164
  6.3.3 物业绿化管理的要求 164
  6.3.4 物业绿化管理方法 166
 情境工作小结 167
 思考题 168
 实训练习题 168

情境 7 物业租赁管理 170

 7.1 物业租赁管理概述 171
  7.1.1 物业租赁的概念 171
  7.1.2 物业租赁的特点 171
  7.1.3 物业租赁的管理模式 172
  7.1.4 物业租赁的形式 173
 7.2 房屋租赁的行政管理 175
  7.2.1 房屋租赁登记备案的一般程序 ... 176
  7.2.2 房屋租赁的条件 176
  7.2.3 物业租赁关系终止的条件 176
 7.3 物业租赁管理 177
  7.3.1 物业租赁程序 177
  7.3.2 衡量物业租赁经济效果的指标 ... 185
 7.4 物业租赁合同 186
  7.4.1 租赁合同的构成 186
  7.4.2 订立物业租赁合同应注意的问题 ... 190
 情境工作小结 192
 思考题 192
 实训练习题 193

情境 8 房屋及设施设备管理 196

 8.1 房屋及设施设备管理概述 197

  8.1.1 房屋及设施设备的种类和组成部分 ... 197
  8.1.2 房屋及设施设备管理的基本要求 ... 198
  8.1.3 房屋及设施设备管理的内容与方法 ... 199
 8.2 房屋及设施设备维修养护计划与实施 ... 201
  8.2.1 房屋及设施设备维修养护计划的制订 ... 201
  8.2.2 房屋及设施设备维修养护计划的实施 ... 205
 8.3 共用设施设备的运行管理 208
 8.4 房屋及共用设施设备维护管理项目的外包控制 ... 211
 8.5 房屋日常养护与管理 212
 8.6 几种典型设施设备的管理 216
 情境工作小结 221
 思考题 221
 实训练习题 221

情境 9 如何测算物业服务费用 225

 9.1 物业管理经费的来源 226
  9.1.1 定期收取物业管理服务费 226
  9.1.2 物业共用部位、共用设施设备维修资金 ... 226
  9.1.3 物业服务企业开展多种经营的收入和利润 ... 227
  9.1.4 政府多方面的扶持 227
  9.1.5 开发建设单位给予一定的支持 ... 228
 9.2 物业服务费 228
  9.2.1 物业服务费的性质和收费原则 ... 228
  9.2.2 物业服务费的定价形式和计费方式 ... 230
  9.2.3 物业服务费的构成 230
  9.2.4 物业服务费的测算 232
 9.3 收益性物业的物业服务费 236

9.3.1　收益性物业服务费用测算的
　　　　　　特点 237
　　　9.3.2　收益性物业的物业服务费用
　　　　　　构成 237
　　情境工作小结 239
　　思考题 239
　　实训练习题 240

情境 10　如何做好物业客服 243

　　10.1　客服接待 244
　　　10.1.1　会议接待服务 244
　　　10.1.2　客户服务中心接待服务 247
　　10.2　客户服务管理 249
　　　10.2.1　客户服务管理概述 249
　　　10.2.2　客户服务工作的要求 249
　　　10.2.3　客户服务的技巧 251
　　10.3　报修与投诉接待服务 253
　　　10.3.1　报修接待服务 253
　　　10.3.2　投诉接待服务 256
　　情境工作小结 261
　　思考题 261
　　实训练习题 262

情境 11　各类型物业的物业管理 266

　　11.1　住宅区物业管理 267
　　　11.1.1　住宅区物业特点与管理
　　　　　　　要求 268

　　　11.1.2　智能小区建设 273
　　11.2　写字楼物业管理 274
　　　11.2.1　写字楼物业的分类、特点与
　　　　　　　管理要求 274
　　　11.2.2　写字楼物业管理的组织
　　　　　　　实施 276
　　11.3　商业场所物业管理 279
　　　11.3.1　商业物业的类型、特点与
　　　　　　　要求 279
　　　11.3.2　商业物业管理的组织实施 ... 281
　　11.4　工业物业的管理 283
　　　11.4.1　工业物业的分类、特点与
　　　　　　　管理要求 283
　　　11.4.2　工业物业管理的组织实施 ... 285
　　11.5　其他物业的管理 289
　　　11.5.1　其他物业的类型与管理
　　　　　　　特点 289
　　　11.5.2　酒店的物业管理 289
　　　11.5.3　医院的物业管理 291
　　　11.5.4　学校的物业管理 294
　　情境工作小结 296
　　思考题 296
　　实训练习题 297

附录　物业管理实务实训指导书 300

参考文献 309

情境 1

解读物业管理

情境设定

我们即将开启物业管理实务的学习之旅,你已经对物业管理有了或多或少的了解,并且我们即将成立自己的"物业服务公司",那么你需要对物业管理有一个认知与界定。什么是物业管理?物业管理行业经过了怎样的发展?物业管理具体是做什么的呢?请带着这些问题开始下面的学习。

引 例

据测算，在 50 年的住房使用期内，包括房屋大、中修及设施设备改造和其他服务消费的累计支出贴现后，与购房当年住房价格的比例为 1∶1，砖混结构住房为 1.5∶1。因此，物业管理不但有利于刺激居民购房积极性，其本身也对扩大消费、拉动经济增长有重要作用。2002 年，北京物业管理产生的国内生产总值为 70 亿元，上海 78.5 亿元，深圳 50 亿元，分别占城市国内生产总值的 2.23%、1.45%和 2.23%。到 2014 年，我国物业管理市场整体规模达 7800 亿元。随着经济和社会的发展，物业管理所创造的国内生产总值将会越来越多。

房地产是现代社会的重要经济资源，是社会财富的重要组成部分，随着房地产业的发展而带来的对物业管理业务的需求已经摆在开发商和业主面前，对这一部分经济资源进行有效的管理和经营是一个不容回避的现实问题。国际上通行的物业管理已经运行了一个多世纪，而中国的物业管理服务是在改革开放、实行社会主义市场经济以后才出现的。物业管理在中国是蓬勃发展的一个新兴行业，是正在发展完善的新生事物。结合目前许多物业服务企业的成功经验，对物业管理的理论进行探讨和挖掘，对于形成科学合理的、有中国特色的物业管理理论和方法，是一件十分有意义的工作。

1.1 物业管理的基本概念

1.1.1 物业

"物业"一词是由英语"Estate"或"Property"引译而来的，含义是财产、资产、拥有物、房地产等。

从物业管理的角度来看，物业是指已建成并投入使用的建筑物及其相关的设备、设施和场地。也就是说，物业是进入具体消费领域的房地产最终产品。在香港，物业主要是指单元性房地产。

我们认为物业含义主要包括四部分。
(1) 已建成并具有使用功能的各类供居住和非居住的建筑物。
(2) 与这些建筑物相配套的设备和设施。
(3) 相关的场地。
(4) 与物业有关的文化背景、外在景观、配套服务和与物业有关的各种权利。

不同使用功能的物业，其物业管理有着不同的内容和要求。根据使用功能的不同，物业可分为以下 4 类。
(1) 居住物业。包括住宅小区、单体住宅楼、公寓、别墅、度假村等。
(2) 商业物业。包括综合楼、写字楼、商业中心、酒店、商业场所等。
(3) 工业物业。包括工业厂房、仓库等。
(4) 其他用途物业。如车站、机场、医院、学校等。

1.1.2 物业管理

物业管理(Real Estate Management 或 Real Property Management)英文意思是不动产管理或房地产管理，是关注房地产或不动产的价值和使用价值两个方面，集管理、经营、服务为一体的系统工程。

简单地讲，它是人们对物业的管理活动，有广义、狭义之分。

广义的物业管理，泛指一切有关房地产开发、租赁、销售及租售后的管理和服务，包括早期介入和前期管理、公共管理服务、经营管理服务等。

狭义的物业管理，即一般只限于对该物业进行管理服务，其主要的任务是对物业的维护、管理共用的机电设备和公共设施，也包括治安保卫、分送信报、清洁卫生、绿化养护等服务项目。

在本书中，我们更加倾向于《物业管理条例》中对"物业管理"的定义。

在2007年版《物业管理条例》中，对物业管理是这样定义的："物业管理，是指业主通过选聘物业服务企业，由业主和物业服务企业按照物业服务合同约定，对房屋及配套的设施设备和相关场地进行维修、养护、管理，维护物业管理区域内的环境卫生和相关秩序的活动。"

1.1.3　物业服务企业

物业服务企业，是指取得物业服务企业证书和工商工农业执照，接受业主或者业主大会的委托，根据物业服务委托合同进行专业管理，实行有偿服务的企业。

1.2　物业管理的产生与发展

1.2.1　物业管理的起源与发展

物业管理起源于19世纪60年代的英国。当时英国工业正处于一个发展的高涨阶段，对劳动力的需求很大，随着大量农村人口的涌入，城市原有各方面的房屋及设施已远远满足不了人口增长的需要，房屋的空前紧张成为一大社会问题。一些开发商相继修建了一批简易住宅以低廉的租金租给贫民和工人家庭居住。由于住宅设施极为简陋，环境条件又脏又差，不仅承租人拖欠租金严重，而且人为破坏房屋设施的情况时有发生，严重影响了业主的经济收益。当时有一位名叫奥克维娅·希尔(Octavia Hill)女士为在其名下出租的物业制定了一套行之有效的管理办法，要求承租人严格遵守，出人意料地取得了成功。这不仅有效地改善了居住环境，而且还使业主与承租人的关系由原来的对立变得友善起来，首开物业管理之先河。社会上的其他人士也纷纷效仿，并取得政府的关注。随后英国还成立了非营利性行业组织——皇家特许屋宇经理学会。以英国为起源地，在一个多世纪的时间里，物业管理在世界各地逐渐推行开来。

19世纪末20世纪初，美国经济迅速发展，伴随着建筑技术的不断进步，一幢幢高楼拔地而起。这些高层建筑附属设备多，结构复杂，日常维修养护和管理事务烦琐复杂，对管理人员专业性和技术水平提出很高的要求；同时这些建筑物往往不是为一个或几个业主所有，常常是为数十个或数百个业主共有，于是出现了专业化的物业管理机构，为楼宇所有业主提供专业性和技术性的楼宇管理和维修养护工作。随着物业管理机构的增加，20世纪初，美国也成立了第一个行业协会——芝加哥建筑管理人协会。行业自治组织的成立，既标志着物业管理行业的成熟，又有力地推动了物业管理行业的有序发展。此后，物业管理日益被业主和政府重视，逐渐发展成为一个新型的服务行业。

1.2.2 我国物业管理的产生与发展

我国物业管理是在城市房地产综合开发和住房制度改革背景下，通过实行住房商品化制度而逐渐发展起来的。

1949年中华人民共和国成立后，国家对城市房地产确立了逐步实行国有化的政策。一方面，大量城市房屋经过私房社会主义改造转化为国有；另一方面，政府和国有企业又建造大量的住房提供给居民和职工租用，形成了具有中国特色的公有住宅体系(包括非住宅公房)。除各国有单位经管的房屋外，政府房地产行政主管部门还直接经管一部分公房，出租给居民使用，由房管所具体负责管理和养护。

中华人民共和国成立后的60多年中，公有住宅的总量经历了一个由小到大、再由大到小的演变过程，即解放初期私房总量远远大于公房总量，其后城市公有住宅又远远大于私有住宅。改革开放以后，随着住房制度的改革和房地产市场的发展，私有住宅数量又迅速超过公有住宅。此后，国家又确立了住房商品化方针，一方面大力发展商品房销售，另一方面按照住房制度改革政策向职工和居民出售公有住房。

1978年以后，随着我国经济体制改革的逐步展开，房地产领域进行了三项改革，一是城镇住房制度改革，二是城市土地使用制度改革，三是房地产生产方式改革。房地产生产方式改革的主要内容就是，改变国家"统一投资、统一分配、统一修缮管理"的统包统支制度，发挥国家、企业和个人的积极性，推行"统一规划、合理布局、综合开发、配套建设"的综合开发模式，建立并完善商品房市场。房地产生产方式经历了长时期的改革发展，综合开发后的住宅小区呈现出三个特点：一是数量多，二是规模大，三是建筑水平与配套设施设备得到突破性的提升。在"统一规划、合理布局、综合开发、配套建设"的建设方针指引下，居住区规划布局日臻合理，配套设施日益完善，我国商品房市场开启了从建立到逐步完善的过程。

随着住房商品化的深入开展，如何管理好新建住宅小区和各类商品房屋，既是广大群众的迫切要求，也是在新形势下摆在房地产主管部门面前的紧迫任务。各地对住宅小区的管理模式进行了多方面的探索。例如，大庆石油管理局对住宅区进行封闭式管理；常州等地由街道办事处统一管理；上海市由房管所、街道居委会、派出所三位一体进行管理；等等。这些探索对长期以来的行政管房方式都做了不同程度的改革，也取得了一些效果，但都没有将房屋管理推向市场，没有从根本上改变住宅小区的行政管理体制。

1. 我国物业管理的产生

1981年3月10日，深圳市第一家涉外商品房管理的专业公司——深圳市物业服务公司挂牌成立。该公司隶属于深圳经济特区房地产公司，针对商品住宅小区的商品房被多家单位和个人购买后形成的产权多元化格局，按照社会化、专业化的管理原则和企业经营的方式，对住宅小区实施专业管理，为业主提供有偿服务，收取相应的服务费用，建立了"独立核算、自负盈亏、自我发展、自我完善"的运行机制。使房屋管理工作从政府行为改变为企业行为，使房屋管理从以政府补贴为主自负盈亏，为特区乃至全国房屋管理工作的改革提供了成功的经验。

随后，南方一些沿海城市也相继成立了物业服务公司。广州东华实业股份有限公司1984年征地开发的五羊村，也是实行专业化物业管理较早的一个小区。该小区的住户较为复杂，既有个人购房者，也有获得企事业单位统一购买分配的住房的职工。从1986年第一批住户入住，五羊村就成立了专业物业服务公司，为居民提供各种公共服务、专项服务和特约服务，并承担公共设施的管理和维护。

广州东华物业服务公司在实践中不断完善小区物业管理模式。在五羊小区，行政管理和物业管理职责分明、互相配合、互相支持、密切联系。例如，街道和居民委员会派员参加管理处的主任例会，及时了解物业管理的情况，通过宣传、教育，使居民、单位支持物业管理工作；派出所对管理处开出产权人或住户签妥的物业管理协议的证明，及时给予办理户口迁入手续；派出所还负责小区保安队伍的业务指导和交通违章处罚等工作；小区管理处对各种违章搭建进行管理遇到困难时，规划城监部门及时依法予以强制处理，其他行政管理部门对物业管理也给予大力的支持。物业服务公司通过专业化的管理服务，使小区的各个方面能够正常运转并发挥最佳的效能，营造和维持了优美整洁、方便舒适、文明安全的小区居住环境。

对党政机关、事业单位和企业的干部职工居住较为集中的房屋进行物业管理，获得成功经验的是深圳市莲花二村。莲花二村住宅区是深圳市住宅局1990年10月开发建设的大型居住小区，入住者大多是党政机关、事业单位和企业的干部职工。该小区由深圳市住宅局下属企业——深圳市莲花物业服务公司管理。深圳市莲花物业服务公司勇于开拓、锐意改革，在实践中既吸取香港房屋管理的成功经验，又借鉴国内房管所房屋管理的丰富经验，努力开创一流的管理、一流的服务，探索出了一条自我运转、自我发展、自我完善、社会效益和经济效益相统一的房屋管理新路子。1992年，莲花二村被评为"国家示范文明住宅小区"。

由此，我国城镇房屋管理开始逐步走上专业化的物业管理道路。

2. 我国物业管理的发展

我国第一家专业化物业服务公司成立，标志着我国在物业管理道路上迈出了第一步。1993年，深圳市人大颁发了全国第一部物业管理地方性法规——《深圳经济特区住宅小区物业管理条例》，以地方立法的方式对物业管理进行制度规范。

原建设部(以下简称"建设部")在认真总结深圳和广州经验的基础上，于1994年颁布了《城市新建住宅小区管理办法》，明确要求"住宅小区应当逐步推行社会化、专业化的管理模式，由物业服务公司统一实施专业化管理""房地产开发企业在出售住宅小区前，应当选聘物业服务公司承担小区的管理，并与其签订物业管理合同""住宅小区应当成立住宅小区管理委员会，在房地产行政主管部门指导下，由住宅小区内房地产产权人和使用人选举的代表组成，代表和维护住宅小区内房地产产权人和使用人的合法权益"，并对管委会、物业服务公司的权利、义务，物业管理合同内容及物业管理相关各方违规的处罚等做出了规定。由此，确立了物业管理新体制，为我国房地产管理体制的改革指明了方向。

《城市新建住宅小区管理办法》颁布后，各地开始把物业管理作为城市管理体制的重大改革事项来着手推行。青岛市委、市政府于1994年制定了住宅小区实施物业管理"一年试点、三年普遍推开"的目标。市政府成立了领导小组，分管市长担任组长，建设、房地产、市政、园林、公安、规划、环卫等部门和各区区长作为成员，保证了市、区政府各部门在推动物业管理新体制上形成合力。1995年，建设部在青岛召开了全国第一次物业管理工作会议，推广青岛对住宅小区实施物业管理的经验。在这次会议上，侯捷部长在讲话中提出：

"房地产业的发展，对住宅区以及其他房屋的管理、维护提出了新的要求，要求房地产的售后服务按照市场经济的模式建立新体制，房地产经营管理必须从简单的修修补补、收收租金，转向综合性、多功能的社会服务。"

在此期间，大连市也开始部署对全市较大住宅小区的整治改造工作，将全面清理违章建筑、实施绿化工程、增补市政设施，作为全面推进物业管理的前期准备工作。要求住宅小区建立以经营性服务为核心的物业管理新体制，同时加快地方立法，巩固整治成果。1997年，建设部在大连召开全国第二次物业管理工作会议，推广大连整治改造旧住宅小区，推进物业管理的经验。

早在1993年，深圳市就开始积极探索物业管理招投标制度。深圳市住宅局首先在内部进行尝试，将新建的大型住宅小区——莲花北村的物业管理权，用招投标的方式选聘物业服务企业。1994年，深圳市万厦居业公司获得了该小区的物业管理权，在1995年全国优秀示范小区评比中，莲花北村获得了全国物业管理优秀示范小区第一名。1996年，深圳又以旧小区鹿丹村作为试点，进行物业管理招标，经过激烈竞争，深圳万科物业服务公司中标，取代了原物业服务公司，从而使深圳物业管理招投标又向前迈进了一步。

从1995年开始，建设部还在全国开展了城市物业管理优秀示范小区和优秀市长的表彰活动，激发了各地提高物业管理水平的热情，创建了一批又一批"全国物业管理优秀示范小区"，取得了丰硕成果。

2000年，中国物业管理协会成立，对加强行业指导和行业自律起到了重要作用。2001年，中国物业管理协会在杭州举办中国物业管理发展论坛，把我国物业管理理论与实践的研究工作引向深入。2002年，建设部建立全国物业服务企业信用档案系统，有力促进了物业管理行业的诚信建设，推动物业服务企业规范运作。经过20多年的发展历程，物业管理在我国逐渐得到广大居民的认同，并已成为人们购房时考虑的重要因素。

实践证明，物业管理已在房地产业与其他服务业相结合的基础上，发展成为与我国社会、经济协调发展，与广大人民生活、工作息息相关的一个新兴行业。目前，物业管理新体制不仅在新、旧住宅区全面推广，而且也在工业园区、办公楼宇、学校、医院、体育场馆等各类物业广泛采用。据统计，全国物业管理的覆盖面已占物业总量的38%，经济发达城市已达50%以上，深圳、上海等城市的物业管理覆盖面已经超过95%。物业管理通过提供专业性服务和一些便民服务，使得房屋修缮及时，小区环境整洁，社区文化生活丰富，居民生活方便，人们的居住质量有了显著提高，物业管理行业的社会经济地位也逐步得到提高。

1.3 物业管理的基本内容

物业管理的主要对象是住宅小区、高层与多层住宅楼、综合办公楼、商业大厦、旅游宾馆、标准化工业厂房、仓库等。它的管理范围相当广泛，服务项目多元化。物业管理可以分为三种形式。

1.3.1 常规性公共服务

常规性公共服务即物业处履行物业管理合同，为全体业主及住户提供的经常性服务，是所有业主及辖区内住户都可以享受到的。它贯穿于物业管理之中，具体包含以下内容。

1. 房屋建筑物的基本管理

这是为保持房屋完好率,确保房屋使用功能而进行的管理服务工作。其内容包括:房屋使用的管理,建筑物的维修管理,建筑物的装修管理等。

2. 房屋设备、设施的基本管理

这是为保持房屋及其配套设备、设施的完好及正常使用而提供的管理服务。其内容包括:各类设备设施基本情况的掌握,各类设备设施的管理等。

3. 安全防范和消防管理

这是为维护物业正常的生活、工作秩序而提供的一项专门性管理服务。其内容包括:安全监控以及突发事件的预防和处理,消防管理等。

4. 环境卫生和绿化管理

这是为了净化、美化物业环境而提供的管理服务。其内容包括:清洁卫生管理,绿化管理等。

5. 车辆停放秩序和道路、场地的管理

这是为维护物业正常的生活、工作秩序而提供的管理服务。其内容包括:车辆和专用道路,场地的使用管理,交通秩序维护等。

6. 物业维修费用和维修基金的账务管理

这是指物业服务企业接受业主委托,代管物业共用部位、共用设施、设备专项维修基金,根据委托人的决定,做好维修基金的筹措和使用计划,对发生的维修费用进行分摊和收费等账目管理等。

7. 物业档案资料的管理

这是指建设物业服务企业对物业档案的统计、整理、保管等工作。其内容包括单位和物业服务企业在办理物业承接验收手续时,应当向物业服务企业移交的资料,以及建立完整的业主和非业主使用人的资料等。

8. 公众代办性质的服务

这是为业主和使用人提供代收代缴水电费、煤气费、有线电视费、电话费等公共事业性费用的服务工作。

1.3.2 针对性的专项服务

针对性的专项服务是指满足其中一部分人和单位的一定需要而提供的各项服务工作,其特点是物业服务企业事先设立服务项目,公布服务内容和质量、收费标准,业主和非业主使用人可自行选择。专项服务一般包括以下几大类。

1. 日常生活服务

日常生活服务具体包括以下几点。

(1) 衣着方面:如为住用人收、洗、熨烫、缝补衣服等。

(2) 饮食方面:如为住用人代购食品、粮食、燃料、副食品及日常用品等。

(3) 居住方面:如为住户打扫室内卫生、室内装修、搬家等。

(4) 出行方面：如代购代订车船票、飞机票，接送小孩上学、入托，接送病人看病等。

2. 商业服务

商业服务是指物业服务企业为开展经营活动而提供的各种商业服务项目。如开办小型商场、饭店、理发店、修理店等；安装、维护和修理各种家用电器等。

3. 文化、教育、卫生、体育服务

这是指物业服务企业在文化、教育、卫生、体育几个方面开展各项服务活动。具体包括以下几点。

(1) 文化：如开办图书室、影音室、茶道、美容的学习班等。
(2) 教育：如开办托儿所、幼儿园、假期学生托管班等。
(3) 卫生：设立卫生所，提供家庭病床服务给小孩接种疫苗，老年慢性病保健等服务。
(4) 体育：如开办各种健身场所，举办小型体育活动和比赛等。

4. 金融服务

代办各种财产保险，人寿保险等业务，开办信用社等。

5. 经纪代理中介服务

经纪代理中介服务是指物业服务企业拓展的物业代理和中介服务，以及其他一些中介服务。如受业主委托，代业主对物业进行市场推广，替业主将物业出租等。其他的代理服务还包括：代请家教、代请保姆、代理广告等。当物业服务企业开展此项服务时，应到政府主管部门申报取得经济代理、中介服务的许可证。

6. 社会福利服务

这是指物业服务企业提供的带有社会福利性质的各项服务工作，如照顾孤寡老人、拥军优属等。这类服务一般以低偿或无偿的方式提供。

1.3.3 委托性特约服务

委托性特约服务是指为满足业主及使用人的个别需要受其委托而提供的服务。通常指在物业管理委托合同中未要求，物业服务企业在专项服务中也未设立，而物业业主和非业主、使用人又需要的服务内容，特约服务实际上是专项服务的补充和完善。

上述三大类管理与服务工作是物业管理的基本内容。其中第一大类是最基本的工作，是必须做好的；同时根据自身的能力和住用人的需求，确定第二、三大类中的具体服务项目与内容，采取灵活多样的经营机制和服务方式，以人为核心做好物业管理的各项管理与服务工作，并不断拓展其广度与深度。

1.4 物业管理的基本环节

物业管理是一个复杂的、完整的系统，从规划设计开始到管理工作正常进行运作有若干环节不可忽视。根据物业管理工作的特点，按照先后顺序，物业管理的基本环节是：物业管理的策划阶段、物业管理的前期准备阶段、物业管理的启动阶段、物业管理的日常运作阶段。

1.4.1 物业管理的策划阶段

物业管理的策划阶段包括物业管理的早期介入、制定物业管理方案、选聘或组建物业服务企业3个基本环节。

1. 物业管理的早期介入(主要技术人员参与即可)

物业管理的早期介入是指物业服务企业在接管物业之前的各个阶段(项目决策、可行性研究、规划设计、施工建设等)就参与介入,从物业管理的角度,对物业的各个方面提出建设性的意见和建议,为后期物业投入使用后的物业管理创造条件。

2. 制定物业管理方案(由开发商制定,开发商可以委托物业服务企业制定)

在早期介入的同时,就应着手制定物业管理方案,以增加接受物业管理委托的机会。物业管理方案主要包括以下几方面内容。

(1) 确定管理档次。
(2) 确定服务标准。
(3) 财务收支预算。

3. 选聘或组建物业服务企业

物业管理方案制定并经审批后,就应根据方案着手选聘或组建物业服务企业。

1.4.2 物业管理的前期准备阶段

物业管理的前期准备阶段包括物业服务企业的内部机构设置与拟定人员编制、物业管理人员的选聘与培训、规章制度的制定、物业租售的介入4个基本环节。

1. 物业服务企业的内部机构设置和拟定人员编制

企业内部机构和岗位应根据物业的规模及特点灵活设置。设置原则是使企业的人力、物力、财力资源达到优化高效的配置。

2. 物业管理人员的选聘与培训

物业服务企业应依据物业管理面积的大小及物业本身的复杂程度,选聘管理类型和工程技术类型的物业服务人员。为适应物业管理专业化和现代化的需要,满足物业多元化的产权、现代化的房屋设施和多方位多项目的服务内容的要求,必须对物业服务人员进行专业技术、管理方法和职业道德的培训,并对其上岗资格予以确认。

3. 规章制度的制定

物业管理规章制度是物业管理工作的必要准绳,是实施和规范物业管理行为的重要条件。物业服务企业从成立开始就应依据政府的有关法律法规、部门规章、政策文件和示范文本等,在借鉴国内外物业管理成功经验的同时,针对本物业的实际情况,制定一整套科学的、行之有效的规章制度,并应在实践中反复补充修改,逐步提高和完善。

物业管理规章制度一般包括:管理规约、管理机构的职责范围、各类人员的岗位责任、物业各区域内的管理规定等。

4. 物业租售的介入

物业的租售在其建设阶段就已开始。一般情况下,房地产开发企业除自行进行市场营销与租赁外，还可委托给经纪代理机构进行。但是，物业服务企业在具备相应的资质，开始实施物业管理后，可介入剩余物业的销售与租赁工作。

物业管理的前期准备阶段包括物业服务企业内部机构的设置与拟定人员编制、物业服务人员的选聘与培训、规章制度的制定、物业租售的介入4个基本环节。

1.4.3　物业管理的启动阶段

物业管理的全面正式启动是以物业的接管验收为标志的。该阶段主要包括物业的接管验收、用户入住、产权备案和档案资料的建立、首次业主大会的召开与业主委员会的正式成立4个基本环节。

1. 物业的接管验收

物业的接管验收包括新建物业的接管验收和原有物业的接管验收。

2. 用户入住

用户入住时，首先要与物业服务企业签订《前期物业管理服务协议》。物业服务企业在该阶段主要做好下列工作。

(1) 通过宣传，使用户了解和配合物业管理工作。
(2) 配合用户搬迁。
(3) 加强对用户装修的管理。

3. 产权备案和档案资料的建立

(1) 产权备案。
(2) 档案资料的建立。包括业主或租住户的资料和物业的资料。

4. 首次业主大会的召开和业主委员会的正式成立

当用户入住达到一定比例后，在政府主管部门的指导下召开首次业主大会，制定和通过管理规约，选举产生业主委员会。至此，物业管理工作转入日常运作阶段。

1.4.4　物业管理的日常运作阶段

物业管理的日常运作包括日常综合服务与管理、系统协调两个环节。

1. 日常综合服务与管理

日常综合服务与管理是指业主大会选聘新的物业服务企业并签订《物业服务合同》后，物业服务企业在实施物业管理中所做的各项工作。

2. 系统协调

物业管理社会化、专业化、市场化的特征，决定了其具有特定的、复杂的系统内、外部环境条件。系统内部环境条件主要是物业服务企业与业主、业主大会、业主委员会的相互关系，以及业主之间相互关系的协调；系统外部环境条件就是与相关部门及单位相互关系的协调。如供水、供电、居委会、通信、环卫、房管、城管等有关部门，涉及面相当广泛。

1.5　物业管理的特点

物业管理具有社会化、专业化、企业化、经营型的特点。

1. 物业管理的社会化

物业管理的社会化是指物业管理将分散的社会分工汇集起来统一管理，如房屋、水电、清洁、保安、绿化等。每位业主只需面对物业服务企业一家，就能将所有关于房屋和居住(工作)环境的日常事宜办妥，而不必分别面对各个不同部门，犹如为各个业主找到了一个"总管家"；而对政府职能部门来说，则犹如找到了一个"总经理"。业主只需根据物业管理部门批准的收费标准按时缴纳管理费和服务费，就可以获得周到的服务，既方便业主，也便于统一管理，有利于提高整个城市管理的社会化程度，以充分发挥各类物业的综合效益和整体功能，实现社会效益、经济效益、环境效益、心理效益的统一和综合改善。

2. 物业管理的专业化

物业管理是由专业的管理企业——物业公司实施对物业的统一管理。这种管理是将有关物业的各专业管理都纳入物业服务企业的范畴之内，物业服务企业可以通过设置专业的管理职能部门来从事相应的管理业务。随着社会的发展，社会分工渐趋于专业化，物业服务企业也可以将一些专业管理以经济合同的方式交予相应的专业经营服务公司。

3. 物业管理的企业化

物业管理单位是企业单位，不是事业单位，也不具备政府行为职能。物业服务企业作为一个独立的法人，应按照《中华人民共和国公司法》的规定运行，不受任何干扰，政、事、企完全分离。物业服务企业必须依照物业管理市场的运行规则参与市场竞争，依靠自己的经营能力和优质的服务在物业管理市场上争取自己的位置和拓展业务，用管理的业绩去赢得商业信誉。

4. 物业管理的经营型

物业服务企业的服务性质是有偿的，即推行有偿服务，合理收费。物业管理的经营目标是保本微利，量入为出，不以高额利润为目的。物业服务企业可以通过多种经营，使物业的管理走上"以业养业、自我发展"的道路，从而使物业管理有了造血功能，既减少了政府和各主管部门的压力和负担，又使得房屋维修、养护、环卫、治安、管道维修、设备更新的资金有了来源，还能使业主受到全方位、多层次、多项目的服务。物业管理是一种与房地产综合开发的现代化生产方式相配套的综合管理，是随着住房制度改革的推进而形成的与产权多元化格局相衔接的统一管理，是与建设社会主义市场经济体制相适应的社会化、专业化、企业化、经营型的管理。

1.6 物业管理的基本原则

物业管理应坚持以下几项基本原则。

1. 有偿服务的原则

物业服务企业是一种自主经营、自负盈亏、自我约束、自我发展的经济实体。物业服务企业在实施管理和提供服务的同时，必须依照市场经济规律的要求，实行有偿服务，按照"谁享用、谁受益、谁负担"的原则，由享用人、受益人分担物业管理费用。作为经济实体的物业服务企业，其是否实现利润是衡量物业服务企业市场经济成效的重要标志之一，物业管理最终必须实现利润。

2. 业主自治管理与专业管理相结合的原则

该原则要求业主在物业管理中应处于主导地位，即在物业辖区内成立业主委员会，以业主委员会为权力核心，由业主委员会聘请专业物业服务企业实施管理。业主自治既体现在对重大问题进行决策和对物业管理进行监督上，也体现在签订和遵守管理规约上。物业服务企业在接受了业主的委托后，应按照业主的意志和要求，通过专职的管理服务人员实施专业化的管理。

3. 统一的、全方位、多层次管理服务的原则

随着房地产市场的发展、住房制度改革的深化和物业产权私有化的增加，一方面，一项物业往往有多个产权单位或个人；另一方面，一项物业的整体结构相连，其设备也互相贯通，具有整体性和系统性。这就决定了对物业的管理只能通过统一、综合的管理，才能使物业与环境相协调，充分发挥物业的功能作用，而不能继续沿用各自为政、分散管理的传统办法。同时，随着人们居住条件的改善，生活水平的提高，人们对物业管理的要求也会增加。因此，物业管理应实行统一的、全方位、多层次的管理服务，以满足业主的不同需求。

4. 实行合同制聘用的原则

物业服务企业通过合同或契约的签订，在明确了业主和物业服务企业的权利、责任和义务的同时，接受业主的委托，按照业主的意志与要求对物业实施管理，从而摆正了"主人"和"管家"的关系。业主是"主人"，管理人员只是"管家"。这种变行政性管理的终身制为企业化经营的聘用制，将逐步形成富有活力的竞争市场。因为业主有权选择物业服务企业，物业服务企业就必须靠自己良好的经营和服务，才能获得业主的信任，才能挤进和占领物业管理市场。这样可以从根本上促进服务态度的改变、服务质量的提高和管理水平的提高。

1.7 物业管理在社会经济中的地位与作用

1. 实施物业管理有利于促进经济增长

住房消费是今后相当长一段时期居民消费的热点，以住宅为主的房地产业是全面建设小康社会时期国民经济增长的持续推动力。1998年以来，随着城镇住房制度改革的重大突破，居民住房消费的积极性得到充分调动，促进了居民消费结构转型，也促进了房地产业的持续快速增长，对国民经济增长起到了重要的推动作用。但是目前我们所认识到的居民住房消费，仅仅是居民购买住房这一个方面的消费。实际上，居住消费本身包含众多的消费环节，可归纳为四类基本消费支出：一是购房消费支出；二是家庭装饰装修、家具家电等消费支出；三是使用过程中的水、电、气、暖等方面的长期消费支出；四是房屋大、中修及设施设备改造，以及物业管理消费支出。后三类消费支出要大大超过购房支出。

2. 实施物业管理有利于提高人民群众居住质量

经济发展的根本目的是提高人民生活水平。提高居住质量是全面建设小康社会的重要任务。随着第一步和第二步战略目标的顺利实现，人民生活实现了解决温饱和从温饱到小康的两大历史性跨越。2002年，我国城镇居民恩格尔系数下降到37.7%，农村居民恩格尔系数下降到 46.2%。居民消费需求由追求基本生活资料的满足,逐步向注重生活质量提高转变。向更高生活水平迈进,重点是"改善居住、卫生、交通、通信条件,扩大服务性消费,逐步增加公共设施和社会福利设施"。在基本消费序列中,温饱解决之后,"住"和"行"的问题将日益突出。

国际经验表明,人均 GDP 跨过 800 美元之后,住房面积将持续增长,居住质量将快速提高。在人均住房建筑面积达到 $35m^2$ 之前的相当长的一段时期,都是住房面积提高和居住质量改善阶段。目前,我国城镇居民人均住房建筑面积超过 $26m^2$,住房严重短缺问题基本解决,居民住房需求进入面积增加与质量提高并重,从单纯的生存型需求向舒适型需求转变的新阶段。提高居住质量,既要靠住宅建设的科技进步,大力推进住宅产业现代化,提高住宅规划、设计和建设水平,也要有良好的物业管理,提供房屋及其设施设备的维修养护、绿化、保洁等专业性服务,创造安全舒适的居住环境。

3. **实施物业管理有利于增加就业**

就业是民生之本,扩大就业是我国当前和今后长时期重大而艰巨的任务。当前我国正处于城镇化高速发展时期,农村劳动力向非农产业的转移、农村人口向城镇的转移是世界历史上最大规模的就业和人口转移;加之我国正处于经济结构调整时期,与之相适应的就业结构也处于调整之中,大量的失业问题与农村劳动力转移问题交织在一起,就业需求十分强烈,就业形势极为严峻和复杂。党的"十六大"把增加就业与促进经济增长、稳定物价、保持国际收支平衡作为我国宏观调控的四大主要目标,要求千方百计地扩大就业。

因此,能否正确处理资金密集型产业与劳动密集型产业的关系,把提高企业竞争力与扩大就业妥善结合起来,是关系到走新兴工业化道路的重大问题。物业管理就业容量大,对扩大就业具有重要作用。目前,物业管理吸纳的劳动力中,大部分为企事业单位下岗分流人员、农村剩余劳动力及部队复转军人等,对于缓解农村剩余劳动力向非农产业的转移和产业结构调整中的就业矛盾做出了重要贡献。今后相当长一段时期,随着住宅建设的持续快速发展和旧住宅区物业管理范围的不断扩大,物业管理将保持快速发展,对增加就业仍将起到积极的推动作用。

4. **实施物业管理有利于维护社区稳定**

维护社会安定是全面建设小康社会的重要保障。大力发展社会主义文化,建设社会主义精神文明,是全面建设小康社会的重要任务。维护社区稳定、加强社区精神文明建设是整个社会安定和全社会精神文明建设的基础。随着社会经济体制的转型,社区建设越来越受到社会各界的关注,成为城市建设与管理的基础性工作。物业管理是社区服务的重要组成部分。社区居委会是居民自我管理、自我教育、自我服务的基层群众性自治组织;业主、业主大会的活动与社区建设和管理密切相关;物业服务企业对于维护社区环境和秩序具有积极作用。规范社区建设与物业管理各主体之间的关系,整合资源,可以推进物业管理与社区建设的协调发展,形成推进社区建设的整体合力,既有利于为居民创造良好的居住环境,也有利于促进社区安定和社区精神文明建设。

从多年的实践来看,物业管理在维护社区秩序,协助公安等有关部门防范刑事犯罪,防止可能发生的火灾、燃气泄漏、爆炸等恶性事故中起到了重要作用。物业服务企业在努力提高管理服务水平的同时,配合有关部门和社区各类组织,积极开展社区文化活动,丰富了居民的业余生活，促进了居民的身心健康，推动形成了邻里之间更加和谐的关系和良好的社会风尚，促进了社区精神文明建设。

5. 实施物业管理有利于推动房地产业的良性发展

房地产作为不动产，是最基本、最重要的生产要素和生产资料，它与国民经济的各行各业，以及千家万户都有着密切的关系。物业管理作为房地产消费阶段的管理环节，对房地产保值、增值有着重大影响。房地产消费是一个漫长的时期，这一时期中，不仅房地产价值与物业维修养护好坏有直接关联，而且房地产市场价格也随着物业品牌的优劣而随时升降。良好的物业管理可以提升房地产的价值，低劣的物业管理或没有物业管理，必然会直接或间接地影响房地产的保值、增值。物业管理作为房地产开发活动的后继延伸，对提高房地产开发项目的品牌效应，促进房地产开发的良性循环，提高城市建设和城市管理的专业化和现代化，都有着重要意义。

情境2

如何创建物业服务企业

情境设定

某武警总队教导大队队长张卫国转业了。作为一名军转干部，他立志自主创业，经过多次的调研与考察，分析自己的优势，觉得选择从事物业服务行业，可能是一条创业的最佳途径，于是下决心成立以军转干部为主体的"联军"物业公司。

虽然决心已下，创业方向已定，但作为一名从未有过物业服务经验的人，张卫国不知道创办物业公司有哪些要求，需要什么样的条件，成立物业服务企业的工作从哪里开始做起，该注意哪些问题。

怎样让张卫国的"联军"物业公司梦想变成现实呢？请你为张卫国设计他的创业之路。

物业管理实务

引 例

紧急情况 物业管理人员是否有权破门而入

雷小姐住在二楼,三楼的邻居国庆节期间外出。有一天,雷小姐发现天花板开始滴水,意识到三楼邻居家可能漏水了。她向该楼宇的物业服务公司反映情况,公司称:三楼住户不在家,不能入室检修。结果情形越来越糟,雷小姐的屋子里像下雨一样。天花板、家具、衣服、被褥等都受到不同程度的损害,其中一些物品受损相当严重,而物业服务公司仍然不来维修。雷小姐没有办法,打110电话报警,在巡警的要求下,物业服务公司砸开三楼房门入内维修,发现屋内的东西也被泡得不成样子。

对此,雷小姐极为不满,斥责物业服务公司没有尽到责任。物业服务公司则称,住户不在家,公司无权破门而入。后三楼住户回来后,对于他们破门而入的行为感到很恼火,三方矛盾很大。

分析: 这是一个典型的物业服务公司紧急避险及免责问题。物业管理人员破门而入的行为是否合法,是否应对三楼损失进行赔偿,应参照《中华人民共和国民法通则》(以下简称《民法通则》)、《中华人民共和国合同法》(以下简称《合同法》)有关规定确定。

紧急避险就是为了使第三人或本人的人身或财产或者公共利益免遭正在发生的、实际存在的危险,而不得已采取的一种加害于他人人身或财产的损害行为。紧急避险行为由于其所保护的利益大于其所造成的损害,具有正义合理性,因而我国《民法通则》对此予以认可。因此根据本案例的实际情形,物业服务公司和二楼住户,都不应承担民事责任。对于责任问题,最高人民法院《关于贯彻执行〈中华人民共和国民法通则〉若干问题的意见(试行)》第156条规定:"因紧急避险造成他人损失的,如果险情是由自然原因引起,行为人采取的措施又无不当,则行为人不承担民事责任。受害人要求补偿的,可以责令受益人适当补偿。"本案中,三楼的住户受到了一些财产损失,作为受益人,雷小姐应当给予其适当的补偿。但该紧急避险的行为减少了积水对三楼住户家私的损害,所以该住户实际上也是受益人之一,因此三楼住户也应当承担一部分损失。

进入角色: 假设你是物业服务公司的一位工作人员,针对类似案例,你认为应如何维护自己的利益?

2.1 物业服务企业的性质和类型

2.1.1 物业服务企业的概念

物业服务企业,通常称为物业服务公司,是指依法设立、具备专门资质,并具有独立企业法人资格,依据物业服务合同从事物业管理相关活动的经济实体。

具体来说,物业服务企业是按合法程序成立,具备独立的法人资格及相应的资质条件,专门对建成投入使用的房屋及其附属设备设施、相关场地实施专业化管理,并为业主和使用人提供全方位、多层次的有偿服务和良好的居住和工作环境,具有独立法人资格的经济实体。

目前,我国存在着各种类型的物业服务企业。

2.1.2 物业服务企业的类型

1. 按其业务性质不同分类

物业服务企业可分为委托服务型物业服务企业、租赁经营型物业服务企业、委托代理型物业服务企业三种。

1) 委托服务型物业服务企业

委托服务型物业服务企业也称为实体型物业服务企业，这类企业只有经营管理权，其接受委托的业务分为两种情况：开发建设单位委托前期管理和业主委员会委托正式管理。

2) 租赁经营型物业服务企业

开发商将建成物业交给从事租赁经营的物业服务企业管理，通过租金收回投资。这类企业的主要职能是维护管理服务与租赁经营，目的是通过出租经营回收投资和获得利润，实质上是房地产开发的延续，主要适用于商业大厦、写字楼、批发市场等。

3) 委托代理型物业服务企业

委托代理型物业服务企业的特点是只有管理层，不设或者只设很少的操作层。委托范围主要包括清洁卫生、园林绿化、电梯、水电设备运行维护、治安防范等。

此类企业与专业公司建立合同关系，专司服务监督、检查和考核，具体的实施均委托专业公司负责。

委托代理形式基本上可分为两类。

(1) 第一类：顾问型。其主要特点如下。

① 物业公司对业主聘请专业公司提供顾问性意见。
② 由业主委员会选聘专业公司签订合同。
③ 物业服务企业只负责监督合同条款的执行。
④ 委托代理型物业服务企业只收取管理员的薪金及服务代理酬金，其余均属代收代支。

(2) 第二类：代理型。其主要特点如下。

① 物业服务企业接受业主委托，代聘各类的专业公司。
② 由物业服务企业与各专业公司签订合同。
③ 但全部代聘的专业公司均需试用，服务如不能令委托方满意，可以随时更换。

2. 按股东出资形式不同分类

按股东出资形式不同，可分为物业管理有限责任公司、物业管理股份有限公司、股份合作型服务企业。

3. 按投资主体不同分类

按投资主体不同，可分为全民所有制物业服务企业、集体所有制物业服务企业、民营物业服务企业、外资物业服务企业、其他物业服务企业。

2.2 物业服务企业设立的条件和程序

2.2.1 物业服务企业设立的条件

物业服务企业的创建和其他企业一样，必须符合工商行政管理部门的有关规定，获得批准才能成立。

1. 物业服务企业的资质条件(根据《住房和城乡建设部关于废止〈物业服务企业资质管理办法〉的决定，自 2018 年 3 月 8 日起，物业服务企业资质认定全面取消。本章节后面内容可作为选学内容，以适用政策过渡期和滞后期》)

物业服务企业的资质条件，主要是为了界定、查验、衡量企业具备或拥有的人力、物力和财力情况，包括企业的注册资金、拥有的固定资产、职工人数、技术力量、经营规模及经营水平等方面的状况，是企业实力和规模的标志。由于各地区物业管理的发展程度不同，具体的资质条件也各不相同。

根据《物业服务企业资质管理办法》规定，物业服务企业在设立时，应具备以下条件。

(1) 拥有不少于 10 人的物业管理专业人员，以及工程、管理和经济等相关专业的专职管理和技术人员。其中，具有中级以上职称的人员不少于 5 人，工程、财务等业务负责人具有相应专业中级以上职称。

(2) 物业管理专业人员按国家规定已取得职业资格证书。

(3) 有委托的物业管理项目。

(4) 建立并严格执行服务质量、服务收费等企业管理制度和标准，建立企业信用档案系统。

1) 物业服务企业的资质等级及相应标准

《物业服务企业资质管理办法》(建住房〔2007〕164 号，2015 年修订)把物业服务企业划分为一级、二级、三级共三个资质等级，见表 2-1。

表 2-1 物业服务企业资质等级标准

项　　目	一级	二级	三级
专业人员(其中中级职称人员)/人	30(20)	20(10)	10(5)
是否需有专业人员职业资格证书	有	有	有
管理物业类型(管理各类物业的房屋建筑面积分别占下列相应计算基数的百分比之和不低于100%)	两种以上	两种以上	有委托管理项目
多层住宅/万平方米	200	100	
高层住宅/万平方米	100	50	
独立式住宅(别墅)/万平方米	15	8	
办公楼、工业厂房及其他物业/万平方米	50	20	
企业信用档案系统	有	有	有
经营管理业绩要求	优良	良好	
建立并严格执行服务质量、服务收费等企业管理制度和标准			

2) 资质等级申请

(1) 需要提交的资料。

新设立的物业服务企业应当自领取营业执照之日起 30 日内，持下列文件向工商注册所在地直辖市、设区的市的人民政府房地产主管部门申请资质。

① 营业执照。

② 企业章程。

③ 企业法定代表人的身份证明。
④ 物业管理专业人员的职业资格证书和劳动合同，管理和技术人员的职称证书和劳动合同。

申请核定资质等级的物业服务企业，应当提交下列材料。
① 资质等级申报表。
② 营业执照。
③ 资质证书正、副本。
④ 职业资格证书和劳动合同。
⑤ 物业服务合同复印件。
⑥ 物业管理业绩材料。

(2) 不予审批的情形。

物业服务企业在申请资质等级之日前一年内有下列行为之一的，其资质等级申请不予批准。
① 聘用未取得物业管理职业资格证书的人员进行物业管理活动。
② 将一个物业管理内域内的全部管理业务一起委托给他人。
③ 挪用专项维修基金。
④ 擅自改变物业管理用房的用途。
⑤ 擅自占用、挖掘物业管理区域内道路、场地，损害业主公共利益。
⑥ 擅自改变物业管理区域内按规划建设的公共建筑和设施的用途。
⑦ 擅自利用物业共用部位、共用设施设备进行经营活动。
⑧ 物业服务合同终止时，不按规定移交物业管理用房和有关资料。
⑨ 与物业管理招标方相互串通，以不正当手段谋取中标。
⑩ 履行物业服务合同，业主投诉较多，经查属实。
⑪ 超越资质等级承接物业管理业务。
⑫ 租借、转让物业服务企业资质等级。
⑬ 发生重大责任事故。

2. 物业服务企业的申报材料

内资企业(含国有、集体、股份合作企业)一般应提供下列资料。
(1) 主管单位对申请物业服务企业的经营资质进行审批的报告。
(2) 设立物业服务企业的可行性报告和上级主管单位的批准文件。
(3) 管理章程。
(4) 企业法人代表任命书或聘任书。
(5) 验资证明。
(6) 注册及经营地点证明。
(7) 拥有或受托管理物业的证明材料。
(8) 具有专业技术职称的管理人员的资格证书或证明文件。
(9) 其他有关资料。

外商投资企业除需提供内资企业申报审批所需的有关资料外，还需提供合资或者合作项目议定书、合同等文件副本及有关批准文件；外商独资企业应委托本市具有对外咨询代理资质的机构办理申请报批事项。

私营企业除补充个人身份证明和待业证明等有关资料外，其余资质资料大体相同。

阅读资料 2-1

××市新设立物业服务企业资质申报流程

1. 工商部门注册
2. 市房管局签署意见

需携带以下资料。

(1) 物业管理可行性报告。
(2) 物业管理项目意向委托协议。
(3) 企业验资报告。

3. 工商部门领取企业法人营业执照
4. 企业在领取企业法人营业执照一个月内，需到市房管局申请新企业资质

具体办理步骤如下。

(1) 在××市房产管理政务网上，下载并完整填写《物业服务企业资质申报表》(三级资质)。
(2) 按资质申报的有关要求整理上报资料，统一用 A4 纸打印和复印，持相关原件至所在辖区房管部门初查，后将上报资料送交市房产管理局。
(3) 市房管局在审核新企业完整的申报资料后，进行实地勘察，对具备条件的，颁发暂定三级物业管理资质证书。

阅读资料 2-2

新设立物业服务企业资质申报材料

1. 申报材料

(1) 物业服务企业资质申报表。
(2) 企业设立情况证明，需提供以下资料。
① 企业管理层联系方式(表 2-2)。
② 企业法人营业执照(复印件)。
③ 企业章程。
④ 企业法人代表身份证明(复印件)。
⑤ 验资证明。
(3) 专业人员配备证明，需提供以下资料。
① 工程、管理、经济等相关专业类的专职管理和技术人员不少于 10 人，其中，具有中级以上职称的人员不少于 5 人，工程、财务等业务负责人具有相应专业中级以上职称。
② 物业管理专业人员职业资格证书及劳动合同。
③ 相关专业工种操作人员上岗证书证明。

(4) 管理物业的基本情况，需提供以下资料。
① 物业管理项目情况列表(表2-3)。
② 物业管理项目意向委托协议(符合公开招标的项目除外)。
2. 申报应提交的原件
(1) 物业服务企业资质申报表(两份)。
(2) 企业法人营业执照。
(3) 物业管理从业人员上岗证书。
(4) 管理人员、专业人员、技术人员，以及工程和财务负责人的职称证书。
3. 有关样本

表2-2　物业服务企业管理层联系方式

单位职务	姓名	办公室电话	手机
法人代表			
总经理			
副总经理			
办公室			

表2-3　物业管理项目情况

序号	项目	建造年代	类型	收费标准	面积/m²	户数	管理处主任姓名	联系方式	业委会成立时间	合同起止日期

2.2.2 物业服务企业设立的程序

无论哪种类型的物业服务企业，其组建流程大致相同，包括筹建准备、制定章程、资质审批、注册登记四个环节。

1. 筹建准备

(1) 可行性研究：主要论证将组建的物业服务企业是否具备现实的必要性，财务上的可行性，以及法律上的允许。

(2) 订立发起人协议：发起人协议是发起人在企业设立过程中约定各自的权利和义务，规定企业基本情况的书面文件，是份合伙协议。

2. 制定章程

制定公司章程，应包括以下几方面内容。
(1) 公司的名称全称、确切的办公地址。
(2) 公司的经营宗旨、服务方向和契约关系。
(3) 公司的经营范围、管理范围、服务范围。
(4) 公司的经济性质和组织形式。
(5) 注册资金。

3. 资质审批

物业服务企业资质等级分为一、二、三级。新设立的物业服务企业，其资质等级按最低等级核定，并设一年的暂定期。物业服务企业在领取营业执照之日起30天内，需持营业执照、企业章程、验资证明、企业法定代表人身份证明、物业服务专业人员的职业资格证书和劳动合同、管理和技术人员的职称证书和劳动合同等资料向当地的房地产主管部门申请资质。

物业服务企业的资质管理实行分级审批制度，具体如下。

(1) 国务院建设主管部门负责一级物业服务企业资质证书的颁发和管理。

(2) 省、自治区人民政府建设主管部门负责二级物业服务企业资质证书的颁发和管理。

(3) 直辖市人民政府房地产主管部门负责二级和三级物业服务企业资质证书的颁发和管理，并接受国务院建设主管部门的指导和监督。

(4) 设区的市级人民政府房地产主管部门负责三级物业服务企业资质证书的颁发和管理，并接受省、自治区人民政府建设主管部门的指导和监督。

4. 注册登记

一般情况下，领导资质审批文件后，按有关规定向工商行政管理部门办理注册登记手续后才能对外营业。具体流程包括以下四个方面。

(1) 根据物业服务企业成立的条件，准备材料和文件。

(2) 向所在地房地产主管部门提出申请，取得物业服务资质。

(3) 向所在地工商行政管理部门申请企业名称登记、法人注册登记和开业登记。

(4) 到税务部门进行税务登记，以及到公安机关(或授权单位)进行公章登记和刻制。

上述程序结束后即可对外营业。

阅读资料2—3

青岛××物业有限公司注册流程

第1步：公司名称预先登记。

第2步：领取"企业设立登记申请书"。

第3步：前置审批。

第4步：将注册资金存入银行。

第5步：办理验资报告。

第6步：工商注册及领取营业执照。

第7步：公章备案及刻制。

第8步：企业法人代码登记。

第9步：开立银行账号。

第10步：开转资证明和划转资金。

第11步：地税登记。

第12步：国税登记。

第13步：统计登记。

第14步：社会保险登记。

2.3 物业服务企业的组织机构设置

组织机构就是企业为了实现战略目标,在组织中正式确定的使工作任务得以分解、组合和协调的框架体系,主要的组织机构类型有直线制、职能制、直线职能制和事业部制等。

2.3.1 物业服务企业组织机构设置原则

物业服务企业设置组织机构时要把握住以下原则:按照规模、任务设置的原则;统一指挥,分级管理的原则;分工协作的原则;精干、高效、灵活的原则;权责对等的原则。

1. 按照规模、任务设置

物业服务企业在设置机构时,一方面应考虑管理的规模,一般而言,管理范围越大,员工越多,划分的管理层级越多,部门和职能设置就越全面,分工越精细;另一方面,在保证关键职能的基础上,应适当减少部门划分,或者将几个相关的部门合并成一个综合部门,采用一专多能,一职多能的组织机构设置方式。

2. 统一指挥,分级管理

物业服务企业各部门应有明确的分工,把企业的任务和目标进行层层分解,落实到每个职能部门上面,有效控制管理行为,实现集权与分权相结合。无论何种机构设置,都要服从统一指挥的原则,即企业的各个机构在总体发展战略和方针的指导下,服从上级的命令和指挥,避免多头领导,保证政令通畅,提高工作效率。

3. 分工协作

分工协作是社会发展进步的标志,它不仅能提高劳动生产率,而且能提高整体效益。物业服务企业能否最大限度地发挥出整体效益,取决于组织机构的专业分工与相互协调。公司总的目标如能分层次落实到各个部门,使之各司其职,相互协作,目标不难实现。

4. 精干、高效、灵活

物业服务企业机构在精简、高效的同时,还应根据企业外部环境的变化和企业内部业务发展的需要,及时、灵活地做出必要的调整。

5. 权责对等

公司的责任和权力是对等的,委以责任的同时也必须赋予自主完成任务所必需的权力。有责无权,不仅不能调动管理人员的积极性,而且使责任形同虚设,最终无法保证公司任务的完成;有权无责,必然助长官僚主义,导致权力滥用。

2.3.2 物业服务企业主要组织机构及职责

为了对物业进行统一、综合、专业化的管理,一个物业服务企业必须有较为健全的机构设置,每个部门各司其职,才能向业主们提供高质量的管理服务。物业服务企业机构的设置应立足于公司的总体目标、业主范围,从实际情况出发,本着精干高效的原则组织。物业服务企业一般是根据其所管理物业面积的大小,配套设施的多少,以及物业种类和所提供服务的种类不同而设置机构,各机构规模大小完全根据企业的发展和管理需要而定。物业服务企业各主要职能机构设置如下。

(1) 总经理室：是物业服务企业的最高决策机构，负责重大问题决策，布置和协调各部门的关系。

(2) 办公室：是物业服务企业的综合管理部门，负责组织会议、文书处理、人事劳资、生活福利、对外接待和档案文件管理等工作。

(3) 财务部：负责公司财务收支计划的制订、负责会计出纳、经济核算、租金、统管费、有偿服务费和其他经费的管理。

(4) 工程部：负责物业机电设备的维修保养；对物业正常的供水、供电；业主的特约上门维修服务；新建物业的接管验收；较大工程的质量监督和验收；房屋及配套设施的日常维护、修缮和施工管理；与供水、供电、市政等部门的业务接洽和相关事务的处理；维修、施工外包合同的起草等。

(5) 安保部：负责管辖区域内的治安防范、消防工作。

(6) 环卫部：负责辖区内的清洁卫生、辖区内绿化植物的定期养护等工作。

(7) 管理处：是物业服务企业对业主服务的执行与反馈，并提供多种形式服务的部门。

(8) 经营部：负责公司的商业经营活动。

2.4 物业服务企业的权利和义务

物业服务企业在物业管理中最根本的权利、义务是：根据物业服务合同对委托物业实施物业管理的权利、义务。

2.4.1 物业服务企业的权利

物业服务企业的权利内容包括三个方面。
(1) 有权采取完成委托任务所必需的行为。
(2) 有权获得劳动报酬。
(3) 有权根据合同制止违背全体业主利益的行为。

具体权利如下。
(1) 根据有关法规，结合实际制定管理办法。
(2) 依照物业管理委托合同和管理办法对物业实施管理。
(3) 依照物业管理委托合同和有关规定收取管理费。
(4) 有权制止违反规章制度的行为。
(5) 有权要求业主委员会协助管理。
(6) 有权选聘专业公司承担专项管理业务，但不得将整体管理责任权力及利益转让给其他人或单位，不得将专项业务承包给个人。
(7) 可实行多种经营，以其收益补充管理经费。

案例 2-1

业主违章，物业公司能否制止

某小区中一位业主购买了一只巨型浴缸，准备安装在其居住的物业内，遭到了周围业主的强烈反对。物业服务公司向有关专家进行了咨询，以房屋楼板无法承受浴缸使用时的重量为由，制止该业主安装使用巨型浴缸。但该业主认为，自己购买的私有财产，可以由自己处置，物业服务公司无权干预。

分析： 物业服务公司有权对存在安全隐患，危及公共利益及他人合法权益的行为予以制止。并非所有业主购置的财产都可以安置在自己的物业内。业主和使用人应当遵守法律、法规的有关规定，按照有利于物业使用、安全，以及公平、合理的原则，正确处理供水排水、通行、通风、采光、维修、环境卫生、环境保护等方面的相邻关系。业主和使用人只能在法律规定的限度内自由行使占有、使用、收益、处分个人财产的权利，并本着安全、合理的使用原则，遵守法律、法规及管理规约的有关规定，同时还应当顾及相邻各方的利益。

进入角色： 假设你是物业服务公司的一位工作人员，针对以上案例，你认为物业服务公司可以制止业主的哪些违章行为？

2.4.2 物业服务企业的义务

(1) 履行物业管理委托合同，依法经营。
(2) 接受业主委员会和业主及非业主使用人监督。
(3) 重大管理措施应提交业主委员会审议批准。
(4) 接受行政主管部门监督指导。
(5) 至少每6个月应向全体业主公布一次管理费收支账目(酬金制)。
(6) 提供优良生活环境，搞好社区文化。
(7) 发现违法行为要及时向有关行政管理机关报告。
(8) 其他相关义务。

物业服务企业不是国家执法机构，它只能约束业主和非业主使用人因居住活动而引发的一些行为。

物业服务企业在对业主和非业主使用人的违法行为无权干涉又无法追究的情况下，负有向有关行政管理机关报告及协助采取相应措施制止或追究的义务。

 **案例 2-2**

业主住房被盗，物业公司应否赔偿

某小区业主李某，上班回家后发现自己的住房被盗贼"光顾"，房内的财物损失上万元，盗贼已经逃之夭夭，负责小区安全的保安没能提供有力的线索，门卫也没有陌生来访人员的登记记录。李某认为，物业公司与小区业主签订的合同中承诺小区为封闭式管理，自己交纳了物业管理费，自己住宅的安全却没有得到保护，于是将物业服务公司告上了法庭。不久，在警方全力追查下，盗贼被抓获。该盗贼供认自己是从小区的一个忘记上锁的侧门进入小区行窃的。

分析： 这几年因财产被盗、业主被杀，把物业服务公司推上被告席的诉讼已不鲜见，司法界对此观点各异，争论非常激烈。《物业管理条例》似乎对此问题也做了规定，即"物业服务公司未能履行物业服务合同的约定，导致业主人身、财产安全受到损害的，应当依法承担相应的法律责任"。但是在日常的案件中，未能侦破的案例更多，《物业管理条例》的规定在实践中较难操作。其原因首先是物业服务公司提供的服务性质应加以明确，是仅仅对公共设施设备的管理，还是负有保护业主人身财产安全之责。其次，什么样的服务就应当获得什么样的报酬，权

利义务应当对等。物业服务公司收取的物业管理费是否包括了保护业主人身财产安全的费用。最后,承担法律责任必须以行为人主观上有过错为前提,只有在法律有明确规定的情况下才能适用无过错原则。而业主被盗或被杀,物业服务公司未必就一定负有不可推卸的责任。因此法律界人士认为在物业服务合同中应明确物业服务公司的权利义务,只有在有过错的情况下物业服务公司才应当承担与已不利的法律后果。

本案例因为有盗贼的供词,所以过错责任非常明晰。法庭认为,物业公司与小区业主签订的合同中承诺小区为封闭式管理,而小区的一处侧门却没有锁上,小区的物业服务公司没有很好地履行职责,属于违约行为,而这与李某的失窃有直接的因果关系,应该赔偿李某相应的损失。

进入角色: 假设你是物业服务公司秩序部的一位工作人员,你认为针对这一案例,在物业管理的内容上,特别是安全管理方面,今后应该注意哪些问题?

2.5 物业服务企业的相关职能部门

1. 物业管理的行政管理

物业管理的行政管理是指以国家行政机关或其授权机构、法律法规规定的组织为依托,依法运用行政权力,为有效实现物业管理公共利益而进行的管理活动。

物业管理的行政管理部门包括以下几类。

(1) 国家级的物业管理主管机构。
(2) 省市一级的物业管理主管机构。
(3) 基层一级的物业管理主管机构。
(4) 相关部门和单位。

物业行政管理部门包括以下几类。

(1) 房地产行政主管部门。
(2) 工商行政管理部门。
(3) 物价行政主管部门。
(4) 税务行政管理部门。
(5) 公安机关。
(6) 消防机关。
(7) 环境卫生、园林绿化部门。
(8) 乡镇人民政府、街道办事处、社区居民委员会。

2. 物业服务企业相关行政管理关系

物业服务企业要正确梳理与各个部门之间的关系,主要包括以下几方面。

(1) 物业服务企业必须向工商行政管理部门申请营业执照,凭照营业,依规定每年在工商行政管理部门进行年审和年检。

(2) 物业服务企业依法向税务管理部门按时纳税,并接受税务管理部门定期与不定期的税务检查与指导。

(3) 物业服务企业接受物价管理部门对收费标准的监督与指导。

(4) 物业服务企业的安保工作接受当地公安机关和派出所的监督与业务指导,接受公安机关和派出所对治安管理人员的培训和指导。

(5) 物业服务企业接受政府环卫部门对保洁工作的监督和业务指导，接受环保部门对环保工作的监督和业务指导。

(6) 物业管理区域内的园林绿化规划需通过园林绿化部门的审批，园林绿化施工需经园林绿化部门质量监督和验收，园林绿化工作要在园林绿化管理部门的指导下进行。

(7) 物业服务企业既要服从乡镇人民政府、街道办事处、居委会的监督管理，又可借助这些基层政府的宣传、检查、协调职能来强化物业社区的综合治理，创建文明社区。

情境工作小结

本情境主要介绍了物业服务企业的创建与机构设置的基本知识。物业服务企业是物业管理的实施机构，在物业管理工作中扮演重要角色。本情境内容对于我们正确认识物业管理和物业服务企业有重要意义。

学习本情境，我们首先应该了解物业服务企业、资质管理的基本概念，这样我们才能弄清物业服务企业的性质及资质管理制度的目的。在此基础上，了解物业服务企业的类型，熟悉其权利和义务，以及资质如何管理，掌握物业服务企业的创建条件、流程和机构设置的相关知识，能够对不同类型的物业服务企业和物业服务项目进行组织机构设计，正确处理与相关机构的关系。

物业服务企业是物业管理工作的承担者和执行者，物业服务企业与政府各相关部门、房地产开发企业、街道办事处和居委会等都有密切的关系，我们必须学会配合和协作。要学好本情境，需要我们加强实践，勤于思考，按时完成相关实训任务。

思考题

1. 物业服务企业的性质是什么？分为哪些类型？
2. 为什么要对物业服务企业进行资质等级划分？如何划分？
3. 物业服务企业的权利与义务有哪些？
4. 物业服务企业与当地房地产管理部门之间的关系？

实训练习题

一、基础理论知识

1. 单项选择题

(1) 下列不属于物业服务公司组织机构设置原则的是(　　)。
A. 效率与效益原则　　　　　　B. 分工协作原则
C. 统一领导与层次管理原则　　D. 目标原则

(2) 物业服务公司提供的服务是(　　)。
A. 无偿的　　B. 薄利的　　C. 保本非营利的　　D. 营利性的

(3) 国家三级资质物业服务企业的中级职称人员要求在(　　)人以上。
A. 20　　　　　B. 15　　　　　C. 10　　　　　D. 5
(4) 新设立的物业服务企业，其资质等级按最低等级核定，并设(　　)的暂定期。物业服务企业在领取营业执照之日起(　　)天内，持相关资料向当地的房地产主管部门申请资质。
A. 6个月，30　　B. 6个月，60　　C. 1年，30　　D. 1年，60
(5) 以下关于物业服务企业资质等级的表述中，不正确的是(　　)。
A. 国务院建设主管部门负责一级资质证书的颁发和管理
B. 省、自治区人民政府建设主管部门负责二级资质证书的颁发和管理
C. 直辖市人民政府房地产主管部门只负责三级资质证书的颁发和管理
D. 设区的市级人民政府房地产主管部门负责三级资质证书的颁发和管理

2. 多项选择题
(1) 物业服务企业可分为(　　)等企业。
A. 全民　　　　B. 集体　　　　C. 外资　　　　D. 民营
(2) 下列对物业服务企业描述，正确的是(　　)。
A. 是独立的企业法人　　　　B. 属于服务性企业
C. 具有一定公共管理性质的职能　　D. 不需要固定的经营场所
(3) 按股东出资形式来划分，物业服务企业可以分为(　　)。
A. 全民所有制管理企业　　　B. 物业管理有限责任公司
C. 物业管理股份有限公司　　D. 股份合作型物业服务企业
(4) 物业服务企业的设立程序包括(　　)。
A. 工商注册登记　　　　　B. 上级部门审查
C. 向建设部门提出申请　　D. 资质审批
(5) 物业服务公司组织机构设置的要求是(　　)。
A. 分工协作　　　　　　　B. 统一领导、分层管理
C. 按照规模、任务设置　　D. 精干、高效、灵活

二、案例分析

1. 张先生最近买了某高层住宅楼的一套住宅。和其他大多数已入住的业主一样，张先生不久就发现了一个问题，即管理该楼的物业服务企业，把该楼原设计为存放车辆的地下室改为旅社。由于不是高档旅馆，来住宿的人成分很复杂，导致楼内不仅脏、乱，安全也很成问题，有很多人家被盗，楼内居民怨声载道。不少业主询问，物业服务公司有权决定地下室如何使用吗？

问题：对此，你有什么建议？

2. 某旧住宅小区在没有开始物业管理前，不少业主都在自己家的后院栽种树木或蔬菜。开始物业管理后，该物业服务企业办理手续并对这些植物做了一些处理，保留了其中一些树木。但没过多久，小区内一栋楼房的低层住户要将自己后院的一棵树锯掉，其理由是该树挡住了他家里的阳光。物业服企业得知消息后，多次上门劝解，此业主不听，他认为树栽在自家后院，而且是几年前自己栽的，物业服务企业无权管理，这个业主的观点正确吗？

问题：在这种情况下，你认为该物业服务公司应该怎么办？

本情境"进入角色"参考答案

[引例] 参考答案

对于物业服务公司而言,工作中必然会由于特殊原因而对业主造成一些损害而不应该承担民事责任,否则谁也无法工作。因此,物业服务公司必须将相关的免责条款尽可能详尽地写在物业管理合同中以维护自己的利益,但又不能走向什么责任都不承担的另一极端。

[案例2-1] 参考答案

(1) 擅自改变小区内土地用途的。

(2) 擅自改变房屋、配套、设施的用途、结构、外观,毁损设施设备,危及房屋安全的。

(3) 私搭乱建,乱停乱放车辆,在房屋共用部位乱堆乱放,随意占用、破坏绿化、污染环境,影响小区景观,制造噪声扰民的。

(4) 不照章缴纳各种费用的。

[案例2-2] 参考答案

物业服务公司出现安全方面的问题,其损失最大。这是因为物业服务公司一方面社会信誉受到极大的损害,另一方面还要进行经济赔偿,名利双失。因此,在物业管理实践中,安全管理就显得极为重要。

物业服务公司做好安全工作就抓好以下几项工作:保安队伍的建设;安全管理制度的制定和落实;日常的监督和巡查;电子报警系统的投入等。这样才能保证管理辖区的安全,树立物业服务公司的良好社会形象。

情境3

如何获取物业服务项目

情境设定

在情境2中,我们已经成立了物业服务公司,为了公司的进一步发展,我们需要拓展物业管理项目。目前,青岛市美丽之苑项目正在进行物业管理的招标,结合公司本身的情况,公司决策层决定参加本项目的投标,并全力争取获得物业服务合同。作为本次投标工作的负责人,你对招投标工作的流程了解多少?该做哪些准备工作?如何编写投标书和参加投标?

情境 3　如何获取物业服务项目

引　例

物业服务公司这样做行不行

某小区业主委员会在对小区物业服务公司的财务收支状况进行审核时,发现该物业服务公司把维修费、保安费及绿化保洁费划拨给其他专业服务公司,并不像业主原以为的这些专业服务人员都属于小区物业服务公司。部分业主认为,如果这些人员不属于物业服务公司,那他们进行服务时,业主们怎么能放心呢?那么,物业服务公司能否自行决定选择专业服务公司?

评析:物业服务公司是依据物业管理委托合同对受托的物业实施管理的,在管理的过程中,物业服务公司可以行使一定的权利。这些权利中就包括了"选聘专营公司或聘用专人承担清洁、保安、绿化等专项服务业务"。由此可见,物业服务公司是有权自主选择专业服务公司来承担专项管理服务工作的。

进入角色:物业公司虽然有权将保洁、绿化等某些专项服务业务转包给专业公司,但是否应征求业主委员会的意见,取得同意呢?物业公司现在的做法是否得当?如果是你,将怎样处理?

3.1　物业管理招标

3.1.1　物业管理招标概述

1. 物业管理招标的概念

物业管理招标是物业管理服务产品预购的一种交易方式,即由物业的建设单位、业主大会或物业所有权人(以下简称招标人)根据物业管理服务内容,制定符合其管理服务要求和标准的招标文件,由多家物业服务企业或专业管理公司参与竞投,从中选择最符合条件的竞投者,并与之订立物业管理服务合同的一种交易行为,包括了开标、评标、定标的过程。其中物业服务公司针对某一项或多项专业服务项目,如保安、保洁、绿化等,进行公开选聘专业服务公司的过程,称为物业管理服务项目的分包。

物业管理的招标投标行为是一种通过市场化方式实现的双向选择。根据《中华人民共和国招标投标法》相关规定,招标活动中必须遵循"公开、公平、公正和诚实信用"的原则。

2. 物业管理招标的主体

物业管理招标的主体一般是物业的建设单位、业主大会(单一业主)、物业产权人(政府机关或物业产权部门)。

在业主、业主大会选聘物业服务企业之前的前期物业管理活动中,由物业建设单位负责物业管理服务的招标组织工作;业主大会已经成立的,由业主大会负责实施物业管理的招标组织工作。

一些重点基础设施或大型公用设施的物业(如机场、码头、医院、学校、口岸、政府办公楼等),其产权人多为政府的国有资产管理部门,此类型物业的招标必须经国有资产管理部门或相关产权部门的批准,一般由产权人或管理使用单位、政府采购中心等作为招标人组织招标。

3.1.2 物业管理招标的方式

1. 按物业类型划分

根据物业的不同类型，可以将物业管理招标分为住宅项目招标和非住宅项目招标两大类。其中非住宅类项目可分为商业区、写字楼、工业区、公用基础设施(如机场、医院、地铁、学校、码头、步行街)等。

2. 按项目服务内容的实施划分

根据物业管理项目的服务内容和招标人的不同要求，可以将物业管理投标分为整体物业管理项目的招标、单项服务项目的招标和分阶段项目的招标等类型。

如规划用地为54万平方米的某大学城的物业管理项目，其招标单位将该项目的房屋本体与设施设备的维护管理、清洁卫生、环境绿化、综合服务等项目分别招标；在房屋本体与设施设备的维护管理这一单项招标中，又将重要设备(如电梯、空调冷水机组)的管理分离出来，另行由招标方负责指定专业公司作为分包商；在清洁卫生、环境绿化分项的招标中，不仅有具有专业资质的物业服务公司参与，也有清洁、绿化等专业公司参与。

3. 按招标主体的类型划分

根据物业管理招标主体的不同，可以将物业管理招标分为物业建设单位为主体的招标、业主大会(或单一业主)为主体的招标、物业产权人为主体的招标等类型。

前期物业管理一般以物业建设单位为招标主体；物业管理正常运作后，一般以业主大会为招标主体；若物业性质为重点基础设施或大型公用设施、政府办公设施，招标主体则为物业产权人、管理使用单位或政府采购中心。

4. 按项目服务的方式划分

根据物业管理服务的方式不同，物业管理招标可以分为全权管理项目招标、顾问项目招标等类型。

5. 按招标对象的广度划分

物业管理招标最常见的划分方式是按招标对象的广度划分，即公开招标、邀请招标与协商招标。

(1) 公开招标：是指招标人以招标公告的方式邀请不特定的法人或者其他组织投标。

(2) 邀请招标：是指招标人以投标邀请书的方式邀请特定的法人或者其他组织投标。

(3) 协商招标：协商招标又称为议标，是指招标人不公开发布招标公告，而是选择其认为有能力承担的投标人，邀请其投标，然后通过平等协商，最终达成协议。实质上，协商招标可以看作是更小范围的邀请招标，目前是一种不可或缺的物业管理招标形式，较适合于具有一定业务联系和相互比较熟悉的物业服务企业，或具有特殊管理要求的中小规模的物业管理招标项目。

3.1.3 物业管理招标程序

物业管理招标程序一般包括准备、实施和结束三个阶段。

1. 准备阶段

准备阶段是指从招标人决定进行物业管理招标，到正式对外发布招标公告之前的这一阶段所做的一系列准备工作。其主要工作有：成立招标机构、编制招标文件、确定标底。

1) 成立招标机构

这主要有两种途径。一种是在物业管理行政主管部门的指导下(应先在政府部门备案)，由招标人自行成立招标机构，聘请有关部门人员和物业管理专家组织招标；另一种是由招标方委托专门的物业管理招标代理机构进行招标。

(1) 自行成立招标机构。招标人为实力雄厚的大型开发商或联合开发机构，有能力从物业设计、施工监理到验收整个开发的过程都统一自行成立招标机构，包揽其"一条龙"的招标工作，该物业管理招标也由开发商自行成立招标机构来完成。对于采用小范围邀请招标或议标方式的小规模物业管理项目，由于其招标工作量不大、专业性不强，开发商一般都能够自行编制招标文件和组织评标，这时，招标人自行成立招标机构进行招标也较为适宜。自行招标的开发商或业主应按照惯例在开发商所在单位或业主委员会下设"招标工作委员会"或"招标工作组"。

(2) 委托招标代理机构。招标人委托招标代理机构进行招标的方式，常用于公开招标和一部分大范围邀请招标。对于一些大型的管理项目，开发商往往委托一家招标代理机构包揽该项目所有的招标工作；另外，业主委员会进行物业管理招标时，通常也采用委托招标代理机构招标的方式。

招标人可根据自己的意愿和自身的情况选择招标代理机构。同时，还要根据自身对物业管理的要求及标的规模大小选择相应等级的招标代理机构。

2) 编制招标文件

招标文件是招标机构向投标人提供的参与竞标所必需的文件。物业管理招标文件的内容、格式根据招标项目的特点和需要而有所不同，内容主要有：告知投标人递交投标书的程序、阐明所需招标项目的标的情况、告知投标评定准则和签订合同的条件等，即投标人须知、合同条款和技术规范。

(1) 投标人须知。投标人须知是招标文件的重要组成部分，它是招标人告知投标人关于投标的要求、指导及手续的文件。

① 投标的条件。为了保证投标人的合格性，招标文件在这一部分规定了参加资格预审的投标人须递交的证明资料及其格式，以便统一进行审查。为了保证投标的真实性，招标人还要求投标人必须交纳投标保证金，招标文件中规定了投标保证金的比例、交纳方式及保证书的格式等。

② 对投标文件的要求。由于招标机构在接受投标书时，通常会检查投标书的制作和封送是否合乎程序，招标文件必须在这一部分中写明对投标文件编定的统一要求(统一的投标文件格式)，以及对投标文件封存和递交的规定，以便于进行开标和评标工作。

③ 对招标程序的说明。将开标、评标和定标等招标过程的关键内容予以公开，从而体现整个招标工作的公正、透明。

(2) 合同条款。合同的条款分为一般性条款和特殊性条款。一般性条款通常是物业管理招标的行业性的约定俗成，通常由技术条款、商务条款和法律条款组成；特殊条款是针对每个具体的物业管理项目自身的特点而制定的个性化条款。特殊性条款优于一般性条款，两者不一致时，合同应以特殊性条款为准。

(3) 技术规范。技术规范是详细说明招标项目的技术要求(如物业管理项目的服务标准、具体工作量等)的文件,是招标文件的重点之一。技术规范通常是以技术规格一览表的形式进行说明,另外还需附上项目的工程图样等作为投标人计算标价时的依据。

3) 制定标底

标底是招标人为准备招标的内容计算出的一个合理的基本价格,即一种预价格,它的主要作用是作为招标人审核报价、评标和确定中标人的重要依据。因此,标底是招标单位的"绝密"资料,不能向任何无关人员泄露。特别是我国国内大部分项目招标评标时,均以标底上下的一个区间作为判断投标是否合格的条件,标底保密的重要性就更加明显了。因此,制定标底成为招标的一项重要的准备工作。按照惯例,在正式招标前,招标人应为招标项目制定出标底。

标底制定得好,可以说是招标工作成功了一半,而编制一个先进、准确、合理、可行的标底需要认真细致,实事求是。

(1) 标底的制定与招标文件的编制有着密不可分的关系。标底制定得是否正确,很大程度上取决于招标文件中对项目工作量的说明是否正确,因此招标文件对项目工作量进行说明时应尽量减少漏项,同时将工作量尽可能算准确,力争将招标文件中计算出的工作量与实际工作量的误差控制在 5%以内。

(2) 标底的制定应建立在一个比较先进的物业管理方案基础上,这样编制出的标底才切合实际。如果属自行招标,则可参照近年来国内外相近物业先进的物业管理方法,或者由招标方委托招标代理机构制定标底。

阅读资料 3-1

南京龙江小区物业管理招标投标活动效果分析

江苏省南京市龙江小区 10 幢高教公寓的 16 所高校的 3000 户高级知识分子家庭为花"明白钱",通过招标的方式寻找"管家"。江苏爱涛置业、星汉物业、南大物业、东海物业、养园物业等 12 家物业公司第一次打起了"价格战"。

为解决南京高校教师住房困难的全国重点工程——南京龙江小区 10 幢高校公寓于 2000 年 4 月底交付使用,占地约 30 万平方米,由南北两个区域组成。龙江高校公寓委托管理期限为 3 年。特别引人注目的是,龙江高校公寓业主委员会在此次招标中明确提出,物业管理收费标价占招标总评分分值的一半,标书占 30 分,答辩和企业信誉分别占 10 分。

根据 1999 年 12 月 8 日出台的《江苏省普通住宅区物业管理公共服务费等级收费暂行办法》,住宅区物业管理公共性收费指导价即便是最高的 5 级,每月每平方米也就是 0.5 元。在上限已经很明确的情况下,南京的物业服务公司面临的就是拿出最具竞争力的价格来。这次招标书明确将收费标准作为硬杠杆,显然增加了物业服务公司的压力。南京的很多物业服务公司第一次仔细测算起自己的成本来,要想在招标中获胜,就要拿出更具竞争力的价格来,降低一个收费等级,提高一个服务档次,势必要求各家公司物业管理人员一人多专、一人多岗,以降低企业经营成本。

1. 龙江高教公寓招标概况

(1) 物业标的:已建 29.3 万平方米,南北两片区,即将入住率 95%以上。

物业类型:经济适用型普通高层住宅,设施齐全,但车位、管理用房等不足,落实了维修基金；物业管理区域为2个。
　　(2) 招标范围：南京地区省、市物业服务企业投标，公证部门全过程公证。
　　(3) 投标方：南京地区省、市属12家企业。
　　(4) 评委组成：业主委员会、省主管部门、市物业管理协会、院校、企业等专家7人。
　　(5) 评标方式：借鉴工程招标方式，无底价竞标，专家评标，业主委员会最终定标，其中信誉调查由业主委员会随机抽查评分。
　　(6) 评分类别及权重：信誉(10%)，标书(30%)，价格(50%)，答辩(10%)。
　　(7) 公共服务费确定：政府指导价与市场调节价相结合，中标价为0.36元/(月·平方米)，业主委员会标底价为0.34元/(月·平方米)。
　　(8) 招标执行依据：《中华人民共和国招标投标法》，并借鉴其他经验。
　　2. 此次物业管理招标投标活动的启示
　　(1) 物业管理市场化进程需要政府积极引导，规范行为。物业管理的招标投标活动，迫切需要政府从适应市场经济发展的角度，积极培育和完善市场，包括建立物业管理招标投标中介服务机构，在物业管理培训中增设招标投标课程，有步骤地进行业主委员会主任培训等。同时，建立健全物业管理市场化的法律法规体系，制定规范统一的"游戏规则"，营造良好的市场交易环境。
　　(2) 增强业主自治能力，发挥开发商、业主委员会的作用。龙江高教公寓是以业主委员会为招标主体，并具体操作招标活动。业主委员会作为物业管理市场的主体地位得以明确，作用得以发挥，为业主委员会成为高教公寓的决策中心奠定了良好的基础。
　　(3) 物业服务企业参与市场竞争的意识强烈。此次招投标活动，引来数十家企业积极参与，踊跃投标，共同表现了对物业管理市场化的信心和决心。龙江高教公寓是全国有着特殊意义的住宅区，工程建设伊始，国务院领导就非常关注，省政府明确提出要将其建成"一流的建筑，一流的居住人群，一流的居住环境，一流的物业管理"的住宅区。高教公寓具有规模大、即将入住率高、业主素质高的特点。众多企业希望通过市场竞争，使自身经营上规模，达到提升企业服务水准和品牌的目的。同时，通过参与竞争，企业也看到了自身的差距，认识到今天的参与是为了以后走向市场打下基础。"以人为本""以业主为本"，为业主提供全方位的便利条件，提供因地制宜的特色服务，以其他收益弥补公共服务费的不足，是中标企业共同的想法。
　　(4) 需要引起重视和改进的问题。
　　① 工程建设与物业管理脱节的现象依然存在，物业标的存在设施不足问题。如自行车停放车位严重不足(设计每户1.8辆)，地下进出口太小，无汽车泊位，缺少物业管理用房，垃圾中转困难等问题，给物业管理带来先天不足的遗憾。
　　② 物业管理属服务性行业，其招标投标不同于工程、设备招标投标。评标应侧重企业的信誉、业绩和标书中的方案质量、答辩的应变能力等，而将公共服务费报价单列作为评分类别，其权重不宜超过20%。
　　③ 物业管理采取招标投标的市场化运作，其公共服务费价格应由市场调节形成，政府不宜定价或过多限制。

　　2. 实施阶段
　　招标实施阶段是整个招标过程的实质性阶段，主要包括：发布招标公告(或投标邀请书)，组织资格预审，召开标前会议，开标、评标和定标。

1) 发布招标公告(或投标邀请书)

发布招标公告应根据项目性质和自身特点选择适当的媒体渠道。常见的发布媒体渠道有：指定的招标公报、官方公报、报纸，房地产、物业管理专业期刊，以及物业管理信息网络等媒体。通常一项招标项目往往同时通过几种渠道发布公告，不拘泥于某一渠道。

为使潜在的投标人对是否投标进行分析、准备，招标人在发布招标公告时，需要做好时间上考虑：①刊登招标公告所需时间，各类媒体从接受广告申请到刊出广告需要一定时间；②投标人准备投标所需时间。投标人申请投标→获得招标文件→准备投标→递交投标书，这一过程需要有足够的时间。按照《前期物业管理招标投标管理暂行办法》的规定：招标人应当确定投标人编制投标文件所需要的合理时间。公开招标的物业管理项目，自招标文件发出之日起至投标人提交投标文件截止之日止，最短不得少于 20 日。

2) 组织资格预审

若招标物业预计投标公司的数目多，可预先对各投标公司进行资格预审，剔除资信较差的公司，重点选择 6~10 家申请者参与投标，这就是所谓的早期预审；若投标公司数量较少，则可待投标公司已递送标书且开标之后进行资格预审，这也就是所谓的后期预审。无论资格预审在何时进行，其审核程序和要求投标公司递交的文件都大致相同。资格预审是招标实施过程中的一个重要步骤，是投标者的第一轮竞争。

资格预审的内容包括投标人的经验、过去完成类似项目的情况、人员及设备能力、投标人的财务状况、过去几年的承包收入和可投入本项目的启动资金等。具体内容包括以下几项。

(1) 申请企业的基本情况：公司名称、地址、电话和传真、资质等级、注册资本、关系企业等，以及与本合同有关的主要负责人、项目授权代表，公司组织机构情况，专业人员及管理人员的人数，公司历年承包合同的类型、金额及主要所在地区等。

(2) 申请企业的财务状况：公司资产负债表、损益表等财务报表；银行过去几年的资信证明及对未来两年财务情况的预测。

(3) 经验以及过去的表现：过去几年内申请企业完成的类似项目的基本情况，如这些项目和业主的名称、项目工作量、合同金额、服务期限等。

3) 召开标前会议

投标资格预审确定合格申请人后，应尽快通知合格申请企业，及时前来购买招标文件，同时安排一次投标人会议，即标前会议。

召开标前会议的目的是澄清投标人提出的各类问题。《投标人须知》中一般要注明标前会议的日期，如有变更，应立即通知已购买招标文件的投标人。招标机构也可要求投标人在规定日期内将问题以书面形式寄给招标人，以便招标人汇集研究，给予统一的解答，在这种情况下就无须召开标前会议。

标前会议通常是在招标人所在地或招标项目所在地召开，便于招标人组织投标人到现场考察。应特别注意的是，标前会议的记录和各种问题的统一解释或答复，应视为招标文件的组成部分，写成书面文件分发给所有投标人。当标前会议形成的书面文件与原招标文件有不一致的地方时，应以会议文件为准。招标人应在提交投标文件截止时间至少 15 日前，将已澄清和修改部分以书面形式通知所有投标人。因此，投标人不得以未参加标前会议为由对招标文件提出异议，或要求修改标书和报价。招标人应在标前会议上宣布开标日期。

参加会议的费用投标人自理。

4) 开标、评标和定标

(1) 物业管理开标。物业管理开标是指物业管理招标机构在预先规定的时间将各投标人的投标文件正式启封揭晓。开标应当在招标文件确定的提交投标文件截止时间的同一时间公开进行；开标地点应当为招标文件中预先确定的地点。开标由招标人主持，邀请所有投标人参加。开标应当按照下列规定进行：由投标人或者其推选的代表检查投标文件的密封情况，也可以由招标人委托的公证机构进行检查并公证。经确认无误后，由工作人员当众拆封，宣读投标人名称、投标价格和投标文件的其他主要内容。在招标文件要求提交投标文件的截止时间前收到的所有投标文件，在开标时都应当由招标人当众予以拆封。开标过程应当进行记录，并由招标人存档备查。

若开标时出现如下情况，可能使本次招投标活动作废：①招标人认为各投标人标价都过高和无法达到招标文件所规定的服务要求；②合格投标文件过少，不能保证一定的竞争性。宣布投标作废后，招标人应组织第二次招标。

(2) 物业管理评标。招标人或招标代理负责组建评标委员会，评标委员会由招标人的代表与物业管理专家组成，专家从房地产行政主管部门建立的物业管理评标专家库中采取随机抽取的方式确定。评标委员会的人数一般为5人以上单数，其中招标人代表以外的物业管理方面的专家人数不得少于成员总数的2/3。评标委员会成员的名单在开标前应严格保密。与投标人有利害关系的人员不得作为评标委员会的成员。

评标委员会成员应当客观、公正地履行职责，遵守职业道德，对所提出的评审意见承担个人责任。评标委员会成员不得与任何投标人或者与招标结果有利害关系的人进行私下接触，不得收受投标人、中介人、其他利害关系人的财物或者其他好处。

 阅读资料 3—2

评标方法与程序

1. 评标方法

物业管理招投标属于服务性项目招投标，其标价的确定具有很强的灵活性。一般来说，评标方法会因评标人员、招标项目或物业管理招标环境的不同而有所区别。目前，我国物业管理评标常用的方法有两种。

1) 低价评标法

该法适用于通过了严格资格预审、其他评标内容都符合要求的物业服务企业标书的评定。其具体做法是：将投标人按报价高低依次排队，取其报价接近标底而略低于标底的投标人，再结合投标文件中的具体实施方案，综合比较，择优定标。

2) 打分法

该法适用于评标人员具有较好的专业判断及丰富经验的招标项目。在实际中较多采用。其具体做法是：评标委员会按标准将事先准备的评标内容划分为若干指标，并就每一指标确定其评分标准；然后根据投标人的投标书、对照招标文件规定的管理目标，对该投标人每个指标所能达到的满足程度给予评分；最后，统计投标人的得分，得出投标企业的总评分。

2. 评标程序

1) 初步审查标书

评标委员会审查的内容主要有以下几项。

(1) 投标人投标资格审查，即判断投标企业是否符合投标条件。

(2) 投标书内容完整性检查，包括投标书编写的格式与递交方式是否符合招标文件的要求；是否有指定人的签字；是否附有投标企业代理人的身份及授权证明；是否按规定交纳保证金或投标保函；投标文件是否对招标文件做出完全响应，并具有应有的承诺。

(3) 计算偏差审查，包括查明计算错误，标书中所用数字的大小写是否一致等审查。审查如有偏差，评标委员会应在通知投标公司并征得其同意的情况下予以更正。若投标公司不同意更正，则招标者有权拒绝其投标，并没收其投标保证金。

2) 评委评审标书

其主要内容包括以下几方面。

(1) 关于企业概况及其信誉的评审。在前述的资质预审基础上，在此对其内容作进一步核实。尤其是对企业在管理工作中管理者和员工素质进行考察，如企业是否确实拥有包括工程师、物业经理、人事培训人员、质量控制人员、各类专业技术人员等在内的良好团队，是否拥有良好的运作体系。

(2) 关于管理服务方案的评审。管理服务方案评审包括服务机构设置评审、服务措施评审、标价评审。

① 服务机构设置评审：主要评审其机构设置是否符合招标项目实际需要，其管理人员、工作人员数量、素质、职称结构等是否满足要求。

② 服务措施评审：主要评审其管理方法的选择，各种技术力量的拥有程度，管理设备的配备等方面是否能够保证服务质量，同时具有可行性。

③ 标价评审：主要评审投标报价和标底价是否接近，标价的构成是否合理可靠，标价是否能满足管理服务需要等内容。

3) 评议物业服务企业的答辩情况

主要评议答辩人的答辩情况，包括答辩内容如何、能否正确迅速地回答问题、回答问题是否合理等。

4) 编写评标报告

在做完标书的详细评审及对答辩情况做出评议后，评标工作人员将根据这些记录，整理出评标情况报告，并推荐出前三名候选的中标单位，上报招标人或评标委员会作最终决定。

评标报告的主要内容应包括：列出参加竞标的公司总数及各自名称，以及因各种原因其标书被列为"废标"的投标企业名称；概述评标的具体原则、方法等；评述可能中标的几份标书；分析标价的合理性、与标底价的比较结果；说明标书是否符合招标文件要求；评价投标企业资信及类似经验等。

一般来说，评标委员会或招标人会根据所推荐的投标企业情况，从中选择标书最合理、最符合实际需要、最经济、风险最小的物业服务企业定标。

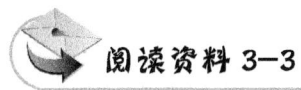阅读资料 3-3

表 3-1 物业管理投标评分示例表

(可作为招标评标的参考,某项目前期物业管理招投标评分表)

序号	评分项目	评分标准	分值	物业企业1	物业企业2	物业企业3	物业企业4	物业企业5
1	拟投标物业项目针对性情况构想(6分)	物业项目管理定位准确,可操作性强	2					
		方案策划思路新、针对性强、起点高	2					
		创优目标明确、切实	2					
2	管理机构设置及管理人员配备(6分)	物业项目有健全的小区管理机构	2					
		员工配备合理,符合小区管理情况	2					
		员工培训方案	2					
3	前期物业管理(12分)	物业验收方案	3					
		业主入住管理方案	3					
		装修管理方案	3					
		违章处理办法及措施	3					
4	企业管理规章制度和档案管理情况(8分)	企业有健全的财务人事等规章制度	4					
		各类档案资料详细、明确	4					
5	物业服务标准和管理方案(14分)	有详细、全面的卫生保洁、绿化养护、公共秩序维护、车辆、环保等管理方案	7					
		物业服务标准全面、详细,针对性、操作性强	7					
6	物业维修养护计划(10分)	房屋和公共配套设施管理及维修方案	4					
		房屋各种设备、设施维修养护方案	2					
		用户报修、维修、回访流程	4					
	合 计							

(3) 物业管理定标。定标也称决标，一般来说，评标委员会或招标人会根据所推荐的投标企业情况，从中选择标书最合理、最符合实际需要、最经济、风险最小的物业服务企业定标。

招标人应当在投标有效期截止时限 30 日前确定中标人。投标有效期应当在招标文件中载明。招标人应当向中标人发出中标通知书，同时将中标结果通知所有未中标的投标人，并返还其投标书。招标人应当自确定中标人之日起 15 日内，向物业项目所在地的县级以上地方人民政府房地产行政主管部门备案。备案资料应当包括开标评标过程、确定中标人的方式及理由、评标委员会的评标报告、中标人的投标文件等。委托代理招标的，还应当附招标代理委托合同。

招标人和中标人应当自中标通知书发出之日起 30 日内，按照招标文件和中标人的投标文件订立书面合同；招标人和中标人不得再行订立背离合同实质性内容的其他协议。招标人无正当理由不与中标人签订合同，给中标人造成损失的，招标人应当给予赔偿。

案例 3-1

哪些标书不能通过预审

某市某住宅小区面向全国公开招标。在招标文件中，开发商明确规定了标价应按确定价格报送，而且物业服务企业应在物业接管验收期间就接管物业开展工作；在服务内容上，除普通的日常管理外，还要求能提供病人照料、老年人护理及儿童上学放学接送等特约服务。

此次招标收到的投标书中，经审查发现有 4 份投标书不尽符合要求，具体情况如下。

标书 A：未按要求在部分文件上签字。

标书 B：以固定价格报价，但要求调整报价。

标书 C：注明接管物业日期为物业竣工验收之后的 1 个月内。

标书 D：没有提出提供特殊服务的保证措施。

评析：①标书 C、D 是不能通过预审的。因为它们没有提供招标文件所要求的重要文件或没有就重要内容做出说明，并且这样的遗漏很可能导致投标者不能按业主或开发商的要求完成物业管理服务。评标者可以拒绝这两份标书。

②标书 A、B 可以通过预审。它们并不会影响投标者中标后的物业管理工作。评标者可以要求有关投标者予以澄清补充之后参与评标。

进入角色：以上评析你是否认同？你认为哪份标书不能通过预审？为什么？

3.1.4 物业管理招标文件

物业管理招标文件是物业管理招标人向投标人提供的指导投标工作的规范文件。

不同物业管理服务类型的项目其招标文件的内容各异。一般的招标文件内容基本包括三大部分：第一部分，投标人应了解并遵循的规定，具体包括招标公告(投标邀请书)、技术规范及要求、投标人须知；第二部分，投标人必须按规定填报的投标书格式，这些格式将组成附件，作为招标文件的一部分；第三部分，中标的物业服务企业应签订的合同条件(包括一般条件和特殊条件)及应办理的文件格式。具体可归纳为组成招标文件的五要素：招标公告(投标邀请书)、技术规范及要求、投标人须知、合同一般条款与特殊条款、附件(附表、附图、附文等)。

1. 招标公告(投标邀请书)

招标公告与投标邀请书的目的大致相同,即提供必要的信息,从而使潜在投标人获悉物业管理项目招标信息后,决定是否参加投标。其主要内容包括:招标人名称,项目名称、地点、范围,技术规范及要求的简述,招标文件的售价,投标地点,投标截止时间,开标时间地点等。投标邀请书可以归入招标文件中,也可以单独寄发。如果采用邀请招标方式招标,投标邀请书往往作为投标通知书而单独发给潜在投标人;如果采取公开招标方式招标,往往是先发布招标公告和资格预审通告。投标邀请书是指招标人向预审合格的潜在投标人发出的正式投标邀请,应作为招标文件的一部分。

阅读资料3-4

林州市东方名城生活住宅小区物业管理服务项目招标公告

林州太行招标服务有限公司受安阳市英尧房地产开发有限责任公司委托,就林州市东方名城生活住宅小区物业管理服务项目进行公开招标,现将相关事宜公告如下。

招标内容:物业管理服务项目(详见招标文件)。

项目概况:林州市东方名城生活住宅小区,位于林州市曲山村原林州市水泥厂生产区。建筑面积14万平方米,小区共建28栋,多层19栋,高层4栋,小高层5栋,目前东方名城A区部分主体工程已竣工。

投标人资格:具备三级及以上物业管理资质,具有相关物业管理经验,响应本招标文件要求的法人或其他组织均为合格投标人。

招标文件出售时间及地点:2012年7月17日—7月21日(上午8:00—11:30,下午3:00—6:00)在本公司出售(林州市振林路27号,财政局西院)。

招标文件售价:人民币100元/份(售后不退),购买标书时必须携带有效的营业执照副本、资质证书、授权委托书、授权人身份证原件和复印件(原件核对后现场退还)及项目所在地检察机关出具的"检察机关查询行贿犯罪档案结果告知函"原件。

所提交的复印件需加盖公章、注明日期并注明"与原件一致"及"供投标使用"等字样。购买招标文件时提交的资料不作为投标单位资格条件的认定,开标后,仍将由评标委员会对投标单位的资格证明材料进行资格审核,不符合项目资格条件的投标单位的投标将被拒绝,投标单位应自负其风险费用;提供虚假材料的将进一步追究其责任。

投标截止时间:2012年8月7日下午4:00(北京时间)

开标时间:2012年8月7日下午4:00(北京时间)

投、开标地点:本公司开标厅(林州市振林路××号,财政局西院)

联系电话:0372-××××××××

2. 技术规范及要求

这一部分主要是说明招标物业管理项目的具体内容及服务所应达到的标准、要求。例如,对于某酒店项目,招标人要求该物业的清洁卫生标准应达到五星级,就应在"技术规范及要求"部分写明。对于各项目的不同服务标准和要求,可以编列一张"技术规范一览表"加以综合。另外，在技术规范部分，应出具物业说明书及物业的设计施工图。说明书和施工图应在附件部分作详细说明。

3. 投标人须知

投标人须知是为整个招标投标的过程制定规则，是招标文件的重要组成部分，其内容包括：总则说明、招标文件说明、投标文件编写、投标文件递交、开标和评标、授予合同。具体说明如下。

(1) 总则说明。主要对招标文件的适用范围、常用名称、合格的投标人和投标费用进行说明。

(2) 招标文件说明。主要是对招标文件的构成、招标文件的澄清和修改进行说明。

(3) 投标书的编写。投标人须知中应详细列出对投标书编写的具体要求，包括：投标所用的语言文字及计量单位、投标文件的组成、投标文件格式、投标报价、投标货币、投标有效期、投标保证金、投标文件的份数及签署。如果由于采取邀请招标或议标方式招标，而没有进行投标资格预审，还应要求投标人按预定格式和要求递交投标人资格的证明文件。编写要求的说明一般有两种：一是文字说明，应归入投标人须知一部分；另一种是在招标文件中列出投标文件的一定格式，投标人按格式要求填写内容。这些格式通常包括：投标书格式、授权书格式、开标一览表、投标价格表、项目简要说明一览表及投标人资格证明书格式等。这些格式统一归入"附件部分"。

(4) 投标文件递交。主要是对招标文件的密封和标记、递交投标文件的截止时间、迟交的投标文件、投标文件的修改和撤销的说明。

(5) 开标和评标。主要是说明开标规则、评标原则及方法、评标过程保密等事宜。

4. 合同一般条款与特殊条款

特殊条款是为了适应特殊情况和特殊要求做出的特殊规定。例如，对执行合同过程中更改合同要求而发生偏离合同的情况做出某些特殊规定。此外，合同特殊条款还可以是对合同一般条款未包括的某些特殊情况的补充，如关于延迟接管而赔偿的具体规定，以及有关税务的具体规定等。在合同执行中，如果一般条款和特殊条款不一致而产生矛盾时，应以特殊条款为准。

5. 附件

附件是对招标文件主体部分文字说明的补充，包括附表、附文和附图。

(1) 附表。投标书格式、授权书格式、开标一览表、项目简要说明一览表、投标人资格的证明文件格式、投标保函格式、协议书格式、履约保证金格式(通常为银行保函)。

(2) 附文。物业说明书。

(3) 附图。物业的设计和施工图样。

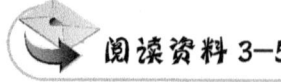
阅读资料3—5

山南印象前期物业招标

第二部分　技术规范及要求

本物业的物业服务具体技术规范与要求和部分差异如下。

1. 物业管理服务的内容

物业管理区域内物业公用部位、公用设施设备的管理及维修养护。

(1) 物业管理区域内公共秩序和环境卫生的维护。

(2) 物业管理区域内的绿化养护和管理。

(3) 物业管理区域内车辆(机动车和非机动车)行驶、停放及场所管理。

(4) 供水、供电、供气、电信等专业单位在物业管理区域内对相关管线、设施维修养护时，进行必要的协调和管理。

(5) 物业管理区域的日常安全巡查服务。

(6) 物业档案资料的保管及有关物业服务费用的账务管理。

(7) 物业管理区域内业主、使用人装饰装修物业的服务。

(8) 根据需要组织丰富多彩的社区文化。

2. 物业管理服务的要求

(1) 按专业化的要求配置管理服务人员。

(2) 物业管理服务与收费质价相符。

(3) 争创市级、省级物业小区。

3. 物业管理服务标准

物业共用部位的维护、物业共用设施设备的日常运行和维护。

1) 公共部位

(1) 房屋结构：每年两次以上对房屋结构、涉及使用安全的部位进行检查并有记录，发现损坏及时安排专项修理并告知相关业主、使用人。

(2) 门窗：每周一次巡视楼内公共部位门窗，保持玻璃、门窗配件完好，开闭正常。

(3) 楼内墙面、顶面、地面：墙面、顶面粉刷层无明显剥落，面砖、地砖平整不起壳、无缺损，墙面修补应保持与原墙面材质一致。

(4) 管道、排水沟、屋顶：每季一次对屋面泄水沟、楼内外排水管道进行清扫、疏通，保障排水畅通。每半年检查一次屋顶，发现防水层有起鼓、碎裂，隔热板有断裂、缺损的，应及时修理。

(5) 围墙：每月一次巡查围墙，发现损坏立即修复；铁栅栏围墙表面无明显锈蚀，保持围墙完好。

(6) 道路、场地等：每半月一次巡查道路、路面、侧石、井盖等，发现损坏及时修复，保持路面基本平整无积水，侧石平直无缺损。

(7) 休闲椅、室外健身设施等：每周两次以上巡查，发现损坏立即修复，保证器械、设施的安全使用(如需更换的除外)。

(8) 安全标志等：对危险隐患部位设置安全防范警示标志，并在主要通道设置安全疏散指示和事故照明设施。每月检查一次，保证标志清晰完整，设施运行正常。

2) 供水系统

(1) 每周对供水设备检查三次以上，每季对水泵润滑点加油，每季一次对泵房、管道等进行除锈、油漆，每年保养一次水泵，保证二次供水正常，泵房整洁。

(2) 每年定期两次清洗水箱、蓄水池，二次供水水质符合国家生活用水标准。

(3) 高层房屋每年两次对减压阀进行测压并做好记录。

(4) 水箱、蓄水池盖板应保持完好并加锁，溢流管口必须安装金属防护网并完好，每年秋、冬季对暴露水管进行防冻保养。

3) 排水系统

(1) 每天两次检查污水泵、提升泵、排出泵,每季一次加注润滑油。
(2) 每年两次对污水处理系统全面维护保养。
(3) 控制柜电气性能完好,运作正常。
(4) 污水处理系统正常运行,周边基本无异味和明显噪声,过滤格栅无堵塞,污水排放符合环保要求。
(5) 每年清洗曝气机空气滤网两次,如有破损立即更换。

4) 公共照明

(1) 公灯:每周两次巡检公共照明设备,修复损坏的灯座、灯泡、开关等,保持楼道灯、街坊灯98%以上的亮灯率。
(2) 公共电气柜:每月一次对室内、室外的公共电气柜进行巡检、保养,每年一次对电气安全进行检查。
(3) 景观灯、节日彩灯、电梯厅吊灯等:保持灯具完好,亮灯率在98%以上。

5) 升降系统

(1) 保证电梯24h运行,轿厢内按钮、灯具等配件保持完好,轿厢整洁。
(2) 委托专业维修保养单位进行定期保养,每年进行安全检测并持有有效的《安全使用许可证》,物业公司应有专人对电梯保养进行监督,并对电梯运行进行管理。
(3) 电梯发生一般故障的,专业维修人员2h内到达现场修理,发生电梯困人或其他重大事件时,物业管理人员需在5min内到现场应急处理,专业技术人员需在半小时内到现场进行救助。
(4) 电梯门无安全关闭装置、无自动称重感应装置或无紧急呼叫装置须设专人驾驶的,或由业主大会要求专人驾驶的,驾驶员应坚守岗位不脱岗,保障安全运行。

6) 消防系统

(1) 消防泵每月启动一次并做记录,每年保养一次,保证其运行正常。
(2) 消防栓每月巡查一次,消防栓箱内各种配件完好。
(3) 每天检查火警功能、报警功能是否正常。
(4) 每年试验一次探测器,并对全部控制装置进行一次试验,火灾探测器投入运行两年后,应每隔三年全部清洗一次,不合格的应当调换。
(5) 每半年检查一次消防水带、阀杆处加注润滑油并做一次放水检查。
(6) 每月检查一次灭火器,临近失效立即更新或充压。

7) 防雷设施

每年两次检查避雷装置,18层以上的楼宇每年应测试一次,保证其性能符合国家相关标准。

8) 弱电系统

(1) 楼宇对讲系统(可视):不定期进行调试与保养,保证其24小时运行正常,对讲主机选呼功能正常,且选呼后的对讲(可视)功能正常,语音(图像)清晰,对讲分机开锁功能、门体的闭门器自动闭门功能正常。
(2) 住户报警:不定期进行调试与保养,保证其24小时运行正常,中心报警控制主机应能准确显示报警或故障发生的信息,并同时发出声光报警信号。
(3) 周界报警:24小时设防并正常运行,不定期进行调试与保养,保证该系统的警戒线封闭、无盲区和死角,保证中心控制室能通过显示屏、报警控制器或电子地图准确地识别报警区域,收到警情时,能同时发出声光报警信号。
(4) 监视系统:不定期进行调试与保养,保证各项监控设备24小时正常运行,能清楚显示出入人员的面部特征和车辆的车牌号，录像功能正常。

(5) 电子巡更：根据需要设定巡更路线、时间，不定期地进行调试与保养，保证其正常运行，保持巡更时间、地点、人员和顺序等数据的显示、归档、查询和打印等功能正常，巡更违规记录提示功能正常。

9) 水景

每周一次巡视检查喷水池、水泵及其他附属设施，损坏部位及时修复，保证其正常运行。

重大节日前应对景观设施进行安全、功能检查，保证节日期间各项设施运行正常。

10) 公共绿化养护服务

(1) 草坪。

① 修剪：每年普修四遍以上，草面基本平整。

② 清杂草：每年普除杂草五遍以上，杂草面积不大于6%。

③ 灌、排水：及时灌溉，保证有效供水，有积水及时排除。

④ 施肥：每年普施有机肥一遍。

⑤ 病虫害防治：发现病虫害及时灭杀。

(2) 树木。

① 修剪：乔、灌木修剪每年两遍以上，无二级枯枝；篱、球超过齐平线10cm应修剪，每年不少于四遍，做到表面圆整，基本无脱节；地被、攀援植物适时修剪，每年不少于两次。

② 中耕除草、松土：每年中耕除草五次以上，土壤基本疏松。

③ 施肥：按植物品种、生长状况、土壤条件适当施肥；每年普施基肥一遍，部分花灌木增施追肥一次。

④ 病虫害防治：有针对性及时灭治，主要病虫害发生低于10%。

⑤ 扶正加固：有倒伏倾向，及时扶正、加固。

⑥ 其他：乔灌木生长良好，树冠完整；花灌木基本开花；球、篱、地被生长正常，缺枝、空档不明显。

(3) 花坛花境。

① 布置：一年中有两次以上花卉布置。

② 灌、排水：保持有效供水，无积水。

③ 补种：缺枝、倒伏不超过十处。

④ 修剪、施肥：保持花卉生长良好。

⑤ 病虫害防治：及时做好病虫害防治。

11) 物业公共区域的清洁卫生服务

……(未完)

3.2 物业管理投标

3.2.1 物业管理投标的概念与原则

物业管理投标是指符合招标文件要求的物业服务企业，根据招标文件确定的各项管理服务要求与标准，以及国家有关法律、法规与本企业的实力，编制投标文件，参与投标活动。

物业管理投标应遵守真实性原则与正当竞争原则。所谓真实性，即投标书内容要真实，不能弄虚作假。所谓正当竞争，一是参加投标的物业服务企业要反对其他参与竞投的物业服务企业的不正当竞争行为，倡导物业管理投标企业遵守商业道德；二是参加竞投的物业服务企业要约束自己不做出不正当竞争行为。

3.2.2 物业管理投标程序

1. 物业管理投标的准备阶段

1) 获取招标信息

根据招标方式的特点，投标人获取招标信息一般来自两个渠道：一是从公共媒介上采集公开招标信息；二是来自招标方的邀请。

2) 筹措资金

物业服务公司的财力状况也是衡量其实力的重要因素，它必须能满足公司投标全过程及中标后的管理需要。因此，投标公司应根据自身财务状况及招标物业的管理所需资金，做好资金筹措准备。

投标企业可以考虑的资金来源渠道主要有资金积累和银行贷款。其中自有资金积累取决于物业服务公司的经营与盈利状况，而银行贷款则取决于公司的融资政策与信用状况。投标公司要根据招标物业规模、自身收益情况及成本来分析资金来源结构。

3) 收集招标物业相关资料

招标物业的相关资料是物业服务公司进行投标可行性研究必不可少的重要因素，因此，物业服务公司在投标初期应多渠道全方位搜寻第一、二手资料：既包括招标公司和招标物业的具体情况，还应包括投标竞争对手的情况。资料来源大致有：报纸期刊、网络信息、行业内交流等。

4) 项目评估与风险防范

在获取招标信息后，投标人应首先组织经营管理、专业技术和财务等方面的人员对招标物业进行项目评估，预测中标成功的可能性和存在的风险，对投标活动进行策划，制定相应的投标策略和风险控制措施，确保投标的成功或避免企业遭受损失。

(1) 项目评估。

项目评估一般分为两个阶段，即初选阶段，准备和实施阶段。初选阶段的评估主要是在调查、研究资料的基础上对项目进行分析、预测和评定，目的是确定是否参与投标；准备和实施阶段的评估主要是对投标物业进行深入的调查和进行技术、经济论证，并在此基础上确定最佳投标策略和管理方案。项目评估主要包括以下几个方面的内容。

① 投标物业的基本情况。投标人在分析招标物业项目的基本情况时，主要是从物业的性质、类型入手，着重了解物业的建筑面积和投资规模、使用周期、建筑设计规划、配套设施设备等具体情况。属于新建物业的，就要了解物业的建设周期和进度，分析物业现有条件对实施物业管理服务的利弊，如在早期介入和前期物业管理的项目中，要关注现有规划设计及建筑施工中是否存在不符合物业管理要求的问题，以便在方案中提出相应的解决或建议方案；属于已投入使用的物业的，则应收集物业使用过程中的具体资料，如历年大中修计划实施情况、配套设施功能改造方案等；属于商业类型物业的，则应了解商业物业的使用功能和规模；对公用事业类型物业，除了解物业的基本情况外，还应该关注现有规划或已配置的设施中是否具备预防及应对紧急事件的条件等。

物业服务企业可以通过招标文件、现场踏勘、标前会议等渠道获取招标物业项目的基本资料，为项目的组织架构设计、人员及岗位的设置、费用测算等提供准确的依据。

② 招标物业项目的定位。分析招标物业项目的定位要从投标物业项目的内部条件和外部环境入手，了解物业的功能定位、形象定位和市场定位，调查物业所在地域的人文环境、经济环境、政治及法律环境，具体包括物业所在地域的法规政策，政府管理，社会文化传统与风俗习惯，居民收入与消费水平，物业所在区域的位置、交通条件、商业状况、人口流动状况，同类物业的服务费用标准等。

③ 业主的需求。招标物业项目的业主对物业管理服务的需求包括业主需求的内容、物业管理消费的承受能力等。目前设计得较为规范的物业管理招标文件中对物业管理服务需求都有明确具体的规定，物业服务企业应认真分析招标文件的相关内容。对于非单一业主性质的招标项目，物业服务企业还应通过市场调研的方式了解招标物业业主(包括预售或现售性质物业的潜在客户)的文化层次、生活需求、对物业管理服务的期望与要求，从而为制定物业管理方案中的服务重点和管理措施提供决策依据。

④ 建设单位、物业产权人(含业主)、物业使用人的基本情况。建设单位、物业产权人(含业主)、物业使用人的基本情况包括其背景资料以及是否具有诚意合作并具备履行合同的实力。属于新建物业的，要详细调查了解建设单位的资金实力、技术力量和商业信誉等，并通过对建设单位以往所承建的物业质量，以及有关物业服务公司与之合作情况的调查，分析判断招标物业建设单位的可靠性；属于重新选聘物业服务企业的招标项目，应调查解聘原管理方的原因、物业产权人是否与原建设单位或管理方存在法律纠纷；对于已投入使用一定年限的招标物业，需详细了解物业的使用情况、产权人的背景、资金实力和信誉，物业是否存在重大隐患；属于要求投标人参与物业合作经营的招标项目，应另作具体的投资可行性分析论证。

⑤ 招标条件和招标过程。对招标方要求的条件要进行深入分析，预测中标的可能性。对在招标文件和招标过程中出现的异常要求和情况要进行分析判断，调整招标策略，避免因招标方或竞争对手使用违规手段操纵招标活动，使企业蒙受不必要的损失。如有的招标文件会由于招标者的利益趋向而呈现出某种明显偏向。在阅读标书时，物业服务公司应特别注意招标公告中的特殊要求，以便做出正确判断，还应对招标方增加的合同特殊条款做出其是否符合《物业管理条例》规定的判断，从而评估企业若承担特殊条款可能存在的风险。

⑥ 竞争对手。对竞争对手的分析评估包括了解竞争对手的规模、数量和企业综合实力；竞争对手现接管物业的社会影响程度；竞争对手与招标方是否存在背景联系，在物业招标前双方是否存在关联交易；竞争对手对招标项目是否具有绝对优势；竞争对手可能采取的投标策略等。

⑦ 企业自身条件的分析。对企业自身条件的分析内容包括：招标项目的性质，所在区域、规模是否符合企业发展规划；项目类型是否符合企业确定的目标客户；常规预测的盈利；项目风险控制是否在企业可以承受的范围内；投标企业现有的人、财、物等资源条件满足项目需求的能力。

物业服务企业只有通过对项目进行合理的分析和正确的评估，并结合物业服务企业自身的优势条件，才能确定招标项目的选择和招标活动的具体实施。

(2) 投标风险的防范与控制。

物业管理投标的主要风险来自于招标人和招标物业、投标人、竞争对手三个方面。

① 来自于招标人和招标物业的风险有：招标方提出显失公平的特殊条件；招标方未告知可能会直接影响投标结果的信息；建设单位可能出现资金等方面的困难而造成项目无法正常进行；因物业延迟交付使用而造成早期介入期限延长；招标方与其他投标人存在关联交易；等等。

② 来自于投标人的风险主要有：未对项目实施必要的可行性分析、评估、论证，从而造成投标决策和投标策略的失误；盲目做出服务承诺；价格测算失误造成未中标或中标后亏损经营；项目负责人现场答辩出现失误；接受资格审查时出现不可预见或可预见但未做相应防范补救措施的失误；投标资料(如物业管理方案、报价等)泄露；投标人采取不正当的手段参与竞争，被招标方或评标委员会取消投标资格；未按要求制作投标文件或送达投标文件造成废标；等等。

③ 来自竞争对手的风险主要有：采取低于成本竞争、欺诈、行贿等不正当的竞争手段；具备相关背景或综合竞争的绝对优势；窃取他人的投标资料和商业秘密；等等。

对上述风险的防范与控制的具体措施有：严格按照相关法律法规的要求参与投标活动；对项目进行科学合理的分析、评估，周密策划、组织、实施投标活动；完善企业自身的管理；选择信誉良好的招标方和手续完备、盈利优势明显的物业；充分考虑企业的承受能力，制定可行的物业管理方案，选择经验丰富的项目负责人；慎重对待合同的附加条款和招标方的特殊要求等。此外，当物业服务公司从事国际投标时，还可能面临政治风险。这些因素都可能导致物业服务公司即使竞标成功也会发生亏损。物业服务公司必须在决定投标之前认真考虑这些风险因素，并从自身条件出发，制定出最佳方案规避风险，将其发生的概率或造成的损失减少到最小。

2. 物业管理投标的实施阶段

在通过资格预审之后，物业服务公司便可按以下步骤实施投标。

1) 登记并取得招标文件

物业服务企业在确定参加投标后，按招标公告和投标邀请书指定的地点和方式登记并取得招标文件。

2) 准备投标文件

投标人应严格按照招标文件的要求编制投标文件，并对招标文件提出的实质性要求和条件做出响应。投标文件又称标书，一般由投标函、投标报价表、资格证明文件、物业管理方案、招标文件要求提供的其他材料等几部分组成。常见的做法是将投标文件根据性质分为商务文件和技术文件两大类。

(1) 商务文件(或称物业基本情况)。

商务文件又称商务标，主要包括以下几项。

① 公司简介。包括投标公司的资质条件、以往业绩、人员等情况。

② 公司法人地位及法定代表人证明。包括资格证明文件(营业执照、税务登记证、企业代码以及行业主管部门颁发的资质等级证书、授权书、代理协议书等)、资信证明文件(保函、已履行的合同及商户意见书、中介机构出具的财务状况书等)。

③ 投标报价单及招标文件要求提供的其他资料。商务文件要求投标人按招标要求和行业标准真实反映企业的情况和详细的报价。

(2) 技术文件。

技术文件又称技术标，主要是物业管理方案和招标方要求提供的其他技术性资料。

应注意,有的招标条件要求在技术文件中禁止透露可以反映企业情况的数据、文字、报价等,在准备材料时应按招标要求准备相关资料。

3) 送交投标文件

全部投标文件编制好以后,投标人应按招标文件要求进行封装,并按时送达招标单位。

4) 接受招标方的资格审查

投标人应按招标文件规定的要求准备相应资料,接受招标方的资格审查。

5) 参加开标、现场答辩和评标

投标人在接到开标通知后,应在规定的时间到达开标地点参加开标会议和现场答辩,并接受评标委员会的审核。

6) 签约并执行合同

投标人在收到中标通知书后,应在规定的时间内及时与招标人签订物业管理服务合同。同时,投标人还要同招标单位协商解决进驻物业区域、实施前期物业管理的有关问题。

投标结束后,要对投标活动进行分析总结,结算投标有关费用,对招标投标资料进行整理、归档。

3. 投标的策略及技巧

1) 投标的组织策划

物业服务企业在获取招标信息后应组织相关人员组成投标小组,对投标活动进行策划实施,其主要任务是分析评估项目,编制标书,制定投标策略,参与现场踏勘、开标、评标、现场答辩、签约谈判等。

(1) 根据招标物业项目的情况选择企业骨干力量组成投标小组,投标小组成员的选择、配备,尤其是项目负责人的选择是确保投标活动的质量和效率的基础。

(2) 对招标方、招标物业基本情况和竞争对手要进行深入细致的调查,正确评估,预测并降低投标的风险。

(3) 正确编制标书。编制标书要根据招标文件的要求进行,在透彻掌握招标文件内容和进行细致深入的市场调查基础上,确定管理项目的整体思路(包括物业管理工作重点、服务特色、管理目标、管理方式及实施措施等),制定物业管理方案。

(4) 在科学分析和准确计算的前提下测算管理服务成本并制定合理报价。

(5) 灵活运用公共关系,多渠道获取相关信息,确保报价的合理性。

(6) 选择最能体现企业优势的物业作为招标方考察的对象。

(7) 加强与招标方的沟通,了解招标方的需求,及时掌握投标过程中出现的变化情况并采取相应的应对措施。

(8) 周密安排招标方的资格预选和评标过程中的现场答辩活动。

2) 项目的现场踏勘

在踏勘现场过程中,招标人还会就投标公司代表提出的问题做出口头回答,但这种口头答复并不具备法律效力,只有在投标者以书面形式提出问题并由招标人做出书面答复时,才能产生法律约束力。投标人应对现场物业进行详细的踏勘,查勘现场物业与投标报价是否存在外在风险条件。具体包括以下几方面。

(1) 物业建筑及安装施工进度(新建物业),物业当前使用情况及陈旧老化程度(旧有物业),物业配套设施设备及其分布情况,周边道路交通及停车场情况,园林绿化及环境标识情况，内部公共使用区域及通道分布情况，物业管理用房等。

(2) 主要业主情况，包括客户定位、主要服务要求与所需特殊服务、物业服务费的承受能力等。这些情况可由投标人自行安排人员与时间进行调查。

(3) 物业所在地的气候条件、经济环境、人文环境、消费需求和市场变化情况，以及与物业管理相关的政策法规等。

3) 投标文件的编写

物业管理投标文件除了按规定格式要求响应招标文件外，最主要的内容是介绍物业管理要点和物业管理服务内容、服务形式和费用。

(1) 投标文件编写的基本要求。

作为评标的基本依据，投标文件必须具备统一的编写基础，以便于评标工作的顺利进行。

① 使用国家统一的行业标准计量单位，避免在定标和履约中出现混乱。

② 使用统一的货币。国内物业管理投标书规定使用的货币应为"人民币"，而国际投标中所使用货币则应按招标文件的规定执行。

③ 使用国家统一颁布的行业标准与规范。如果某些业主由于特定需要要求提供特殊服务，也应按照国家正式批准的统一的服务行业标准规范。若招标文件要求采用国外的服务标准与规范，应将所使用的标准规范译成中文，并在投标文件中说明。

④ 使用准确的表述方式。投标书的文字与图样是投标者借以表达其意图的语言，必须能准确表达投标公司的投标方案。投标文件要使用简洁、明确、文法通畅、条理清楚、言简意赅的表述方式，最大限度地减少招标单位的误解和可能出现的争议。

图样、表格的编写要做到前后一致、风格统一、符合招标文件的要求。最好能以索引查阅方式将图样、表格装订成册，并和投标文件中的文字表述保持一致。

⑤ 确保资料的真实性。投标文件的内容应符合招标文件的所有条款、条件和规定，且无重大偏离与保留。投标人应按招标文件的要求提供投标文件，并保证所提供全部资料的真实性。

(2) 投标文件编写中应注意的问题。

① 确保填写无遗漏，无空缺。投标文件中的每一空白都需填写，如有空缺，则被认为放弃意见；重要数据未填写，可能被作为废标处理。

② 不可任意修改填写内容。投标人所递交的全部文件均应由投标方法人代表或委托代理人签字；若填写中有错误而不得不修改，则应由投标方负责人在修改处签字。

③ 填写方式规范。除投标方对错处做必要修改外，投标文件中不允许出现加行、涂抹或改写痕迹。

④ 不得改变标书格式。若投标人认为原有招标文件规定的格式不能表达投标意图，可另附补充说明，但不得任意修改原招标文件规定的格式。

⑤ 计算数字必须准确无误。投标公司必须对单价、合计数、分步合计、总标价及其大写数字进行仔细核对。

⑥ 报价合理。投标人应对招标项目提出合理的报价。

⑦ 包装整洁美观。投标文件应保证字迹清楚，文本整洁，纸张统一，装帧美观大方。

⑧ 做好投标文件的保密措施。

4) 投标报价的策略和技巧

(1) 投标报价是技术性、技巧性极强的工作，在投标的过程中，需要不断调整策略，使报价更接近标底。投标报价的策略主要有以下几种。

① 对项目运作的经营管理成本进行准确测算，确定项目运作的盈亏平衡点和利润空间，在此基础上预测标底和竞争对手的报价范围。

② 密切关注、正确分析竞争对手的报价。

③ 补充一些投标人有能力承担的优惠条件作为报价的附加。

(2) 在投标过程中，投标人采取的报价技巧主要有以下几种。

① 多方案报价。在邀请招标或议标的方式中，由于招标文件不明确或项目本身有多方案存在，投标人对项目原方案提出在经济上、技术上更合理可行的方案，即准备两个或两个以上的报价，最后与招标方进行协商处理。

② 保本报价。即按成本报价，适用于规模大、远景效益好的项目或业主大会委托业主委员会组织的招标项目。

5) 现场答辩的技巧

(1) 应选择经验丰富、性格沉稳、对项目情况熟悉的答辩人。在开标前应对答辩人员进行模拟演练，正确把握招标文件的要点、投标文件的重点内容、对项目的熟悉程度等，对重点问题、难点问题、普遍性的问题逐一准备答辩要点。

(2) 开标前，答辩人员应该保持良好的精神状态。

(3) 在正式开标时，一般要求在规定的时间内完整地将标书主要内容、特点做一概要性介绍，答辩人员应当围绕招标方和评委普遍关注的问题集中阐述，重点突出，难点讲透，特色鲜明，从而体现投标企业的信心和实力，感染并打动招标方和评委。在现场发挥时要果断、明确，避免匆忙回答或含糊其辞。

6) 签约谈判的技巧

(1) 在签约谈判时要准确把握对方的真实意图，准确判断对方履行合同的诚意和能力，对进驻物业和实施常规物业管理必备的条件应明确约定。

(2) 慎重考虑物业管理目标、前期投入费用及奖罚条件等方面的任何承诺，如对管辖区域刑事案件、业主(或物业使用人)人身和财产安全损失等的承诺。

(3) 预测承接物业后可能出现的各种风险，将其列入相应的合同条款中加以规避。

 阅读资料 3-6

万科物业投标技巧

深圳万科物业管理有限公司成立于 1992 年年初，经过多年探索与实践，凭借超前的管理理念和创造性的思维，公司已发展成为领先于全国同行业，在国内很负盛誉、具有卓越成就的物业服务企业，为社会树立了具有代表性的物业管理形象，并发展成为"中国物业管理"的名牌企业。

1996 年 12 月、1997 年 8 月深圳万科物业管理有限公司分别在鹿丹村物业管理、桃源村物业管理公开投标中力挫群雄，一举中标。

1. 招投标组织情况介绍

鹿丹村和桃源村的招投标,是深圳市首次公开向社会招标选聘物业服务公司,此举对打破物业管理行业垄断,实行平等公开竞争,建立优胜劣汰的物业管理市场机制,推动和提高深圳市物业管理水平,使行业迅速走上市场化道路,具有非常深刻的现实意义和历史意义。

这两次招标的宗旨和原则是:平等、公开、公正、规范、廉政、高效、高水准。

平等——全市每个物业服务公司都有资格报名,有机会平等竞争。

公开——公开登报招标,全国首次;将招标标的、内容、项目、条件、期限、质量要求、风险责任等全部公开。

公正——由物业管理行政的专家组成评标委员会。

规范——此次招标严格依照《深圳经济特区住宅区物业管理条例》及其实施细则,以及国家、省、市物业管理法规政策,各项数据经过多次论证、广泛调查、认真研究,比以往几次小范围招标更完善、更规范、更合理。

廉政——评标委员会采取回避制度,公开投诉电话和招标纪律、处罚条款。

高效——从准备公开招标到定标,不到3个月时间。

高水准——从选择高水平、高质量、信誉好的管理公司,到标书的编制,到评标委员会人员的选择,再到今后的实际管理操作,都要体现全国一流的深圳水平。

鹿丹村招标报名时间为1996年11月8日,开标时间为1996年12月4日,中标单位接管时间为1997年1月1日。

桃源村招标报名时间为1997年7月2日,开标时间为1997年8月4日,中标单位接管时间即为中标之日。

报名资格:凡在深圳市注册的专业物业服务企业均可报名参加投标,但招标领导小组要对报名单位进行资格审查和预选,以保证首次向社会公开招标的质量和档次。预选的标准是:管理力量雄厚,经验丰富,水平高,信誉好。

2. 标的情况简介

(1) 鹿丹村:总占地面积70396m^2,总建筑面积110340m^2,多层住宅24栋,单元式住宅1036套,公寓210间,综合楼1栋,建筑面积10336m^2。区内有菜市场1个、篮球场1个,停车场3个,变电房1个。

(2) 桃源村:总占地面积$52\times10^4m^2$,总建筑面积$74\times10^4m^2$。其中一期有多层住宅楼70栋,单元式住宅楼3406套,公寓84间,小学1所,幼儿园2所,配电房4个,水泵房2个;二期有多层住宅17栋,高层住宅27栋,小学1所,中学1所,幼儿园2所,文化中心、老年中心、康乐中心、购物中心各1个,停车库5个。

3. 中标经验概述

1) 认识

深圳万科物业管理有限公司认为,此次投标,既是一次公司综合实力的展示,又是一次积极的行业竞争,不仅仅是单纯的整体管理水平评价,更重要的是一次企业文化和内部管理及发展潜力的大比试。因此,这是一次综合考试。如能中标,除了可获取巨大的社会效益外,经济效益也将在今后的发展过程中逐步直接或间接体现出来。

2) 准备

两次投标准备工作,深圳万科物业管理有限公司都成立了专门的投标小组,由公司总经理亲自挂帅。小组各成员明确分工,各自负责一部分工作,包括取证、调查、编写、讨论、版面设计、印刷、装订、彩色复印、文字录入、校对等,整个标书编制过程分成几个时间段,准备工作的每一步都严格按计划推进。计划时间中的前大部分，为各责任人相对独立工作，后部分的时间为集中工作，最后一周为封闭工作，小组中留下部分骨干成员，集中做最后修订，全部准备编制工作在不到1个月内顺利准时完成。

制作出来的标书分为1本主标书和3本副标书(或称附件)。主标书按照规定的十大项内容编写，附件则以图片为主，直接展示主标书中承诺的各种做法和措施之后的景象，如拟建立的各种标识式样、拟使用的专用车辆、工具式样等。附件的设置，主要考虑对主标书中所许诺的都已经或即将着手准备，并且一旦中标即可按计划实施的，这样既表明了公司认真准备工作的程序，又表明了公司的决心。另外，由于附件以大量照片图案为主，翻阅起来也可令评委感到轻松直观、印象深刻和感觉良好。

3) 答辩

按照规定，参加答辩的人选限于两名：公司总经理和标的管理处主任。答辩时间为10min，深圳万科物业管理有限公司的答辩给评委留下了深刻印象，为中标争取了分数。深圳万科物业管理有限公司答辩特点如下。

(1) 答辩形式与众不同：以"实物投影仪"进行图示讲解，使评委在感到新颖的同时，顺利地接受讲解。而其余9家公司全是以坐姿面对评委，以一问一答形式被动完成答辩。

(2) 答辩内容与众不同：深圳万科物业管理有限公司的答辩重点均为招标方关心的论题，比如取代防盗网的防盗措施、小区交通秩序的管理措施、留给下任管理公司的经费等。这些问题可谓切中要害，评委非常关心，以致超过10min后仍有评委在不断提问。与此相反，不少公司花了很多时间介绍本公司架构、历史、成绩和管理设想，令评委缺乏兴趣，有的公司答辩时间不足10min即告结束。

4. 中标启示

连续两次中标，使深圳万科物业管理有限公司名声大振，对万科房地产也起到了明显的促销作用，公司也两次从实践中得到很多宝贵经验。经过一年多的管理实践，公司培养了一批大规模和超大规模综合住宅区的经营管理干部，这是最大的收获。

通过两次投标，公司感到参与竞争是一种积极进取的行为，是一种快速发展的途径。同时，要想在竞争中获胜，除了具有坚实的内功外，还要有不断创新的思想和手段。进取创新是竞争的有力武器。

3.2.3 制定物业管理方案

1. 制定物业管理方案的一般程序

物业服务企业在确定参与招标活动后，应组织相关人员在对招标物业项目基本情况进行分析和对物业管理模式进行确定的基础上，制定切实可行的物业管理方案。制定物业管理方案的一般程序如下。

(1) 组织经营、管理、技术、财务人员参与物业管理方案的制定。

(2) 对招标物业项目的基本情况进行分析，收集相关信息及资料。

(3) 根据招标文件规定的需求内容进行分工、协作。

(4) 确定组织架构和人员配置。

(5) 根据物业资料及设施设备技术参数、组织架构及人员配置、市场信息、管理经验等情况，详细测算物业管理成本。

(6) 根据招标文件规定的物业管理需求内容制定详细的操作方案。

(7) 测算物业管理服务费用(合同总价和单价)。
(8) 对拟定的物业管理方案进行审核、校对、调整。
(9) 排版、印制、装帧。

2. 制定物业管理方案的要求

(1) 物业管理方案的内容、格式、投标报价必须响应并符合招标文件(包括答疑文件)中对物业管理服务需求的规定,不能有缺项或漏项。

(2) 方案的各项具体实施内容必须是根据招标物业的基本情况和特点制定;整体方案必须是在调研、评估的基础上制定;方案的内容必须符合国家及地方法律、法规的规定。

(3) 方案中对招标文件要求做出的实质性响应内容必须是投标企业能够履行的,包括各项服务承诺、工作目标及计划、具体项目的实施方案等。

(4) 制定物业管理服务费用价格必须合理,具体实施内容应该在满足招标方(或业主)需求的基础上制定设计科学、运行经济的方案。例如,对于实行酬金制的物业管理项目,投标方不能为了取得稳定的利润而制定加大成本投入的方案;实行包干制的物业服务企业,不能为了控制经营风险而制定影响服务质量的方案。

3. 制定物业管理方案的要点及方法

1) 物业管理方案的基本内容

物业管理方案的基本内容主要包括招标物业项目的整体设想与构思、管理方式与运作程序、组织架构与人员配置、管理制度的制定、档案的建立与管理、早期介入及前期物业管理服务内容、常规物业管理服务综述、费用测算与成本控制、管理指标与管理措施、物资装备与工作计划等。

上述各项内容按其在物业管理投标活动中所起的作用可分为以下几个方面。

(1) 关键性内容。
① 项目的整体设想与构思(包括项目总体模式与物业管理服务工作重点的确定)。
② 组织架构与人员的配置。
③ 费用测算与成本控制。
④ 管理方式、运作程序及管理措施。

以上是体现物业服务企业管理理念、管理优势和企业综合竞争实力的关键内容,因此,在物业管理方案的制定过程中,需要认真研究招标文件、深入调查分析招标项目的基本情况和业主的服务需求,运用科学、合理的方法编制切实可行的实施方案。

(2) 具体性内容。
① 管理制度的制定。
② 档案的建立与管理。
③ 人员培训及管理。
④ 早期介入及前期物业管理服务内容。
⑤ 常规物业管理服务综述。
⑥ 管理指标。
⑦ 物资装备。
⑧ 工作计划。

以上内容一般是对招标文件中物业管理服务需求的具体响应,也是具体实施物业管理各项服务的具体性方案。在制定方案时要结合物业的实际情况,在满足招标文件的规定和招标人需求的基础上,综合反映企业的管理服务水平和管理特色,并注意不能缺失或遗漏,包括细节或单个项目的阐述。

2) 制定物业管理方案的要点及方法

(1) 招标物业项目的整体设想与构思。

对招标物业项目的整体设想与构思必须在对项目进行分析研究的基础上实施,只有对招标物业项目的基本情况和业主的需求进行详尽深入的调查、分析,才能制定出科学、合理、可行的方案,因此,项目分析是编制物业管理方案的前提条件。

物业服务企业除了通过现场踏勘、招标方答疑会等渠道获取资料外,主要是要对物业所在区域进行详细、深入的市场调查,并借助公共媒介、网络等手段获取相关信息。在当地设置分支机构的物业服务企业,可以形成周期性的物业管理市场调查报告,为物业管理方案的制定提供便利条件。

① 项目简介。项目简介即指运用简明扼要的语言介绍招标物业的基本概况,如物业占地面积、建筑面积、物业的性质、类型与使用功能等,篇幅不宜过长。

② 客户服务需求分析。客户服务需求分析即指简明介绍包括客户群体的定位及服务需求特征等内容。

③ 项目的可行性研究与定位。项目的可行性研究与定位即力求用简练的语言概括招标物业的市场定位、投标企业承担该项目的管理服务优势。

例如,在 B 市某国际大厦(建筑面积 $79000m^2$)的物业管理方案中,中标企业根据该项目是以高档写字楼为主,集商业零售、金融服务、酒店、会议中心于一体的项目特征,确定了该项目"现代、高效、环保、繁荣"的整体形象定位,完整地诠释了项目展示现代化、国际化的商务办公形象,塑造进取、创新和富有效率的商务氛围,树立绿色环保的社会形象的总体服务要求。

④ 物业管理服务的重点及难点。招标物业项目物业管理服务的重点及难点,也是业主最关心的焦点,若分析准确,对策得当,就能成为彰显投标人能力与水平的投标方案。投标人要根据物业性质、类型及业主的构成、服务需求,确定物业管理服务的重点及难点,其目的是有针对性地提出相应的措施。

一般而言,商用类型的写字楼物业、综合性商业物业管理服务的重点及难点主要体现在经营和设施设备管理等方面;工业区物业在消防、污染控制,以及货物、人员的出入管理有特殊的服务需求;政府物业管理的特殊性主要体现在维护政府形象、内部特约服务、会议接待及庆典服务、安全及保密管理等方面;居住类型的物业的重点主要集中在基础性的物业管理服务内容层面;公用事业类型的物业管理服务的重点及难点主要在于确保公用设施无故障地正常运行,对紧急事件的预防与处理(包括恶性犯罪事件、重大事故、自然灾害等)。

⑤ 物业管理服务模式。确定招标物业项目的管理服务模式,是在对项目基本情况进行深入调查分析的前提下,结合招标文件的具体要求,确定最符合物业实际情况和业主需求的管理服务重点和主要措施,包括物业的功能定位、客户定位和服务需求定位三方面的内容。

例如，在S市某国有商业银行项目的物业管理方案中，中标企业根据物业的定位、服务需求、客户情况的分析，以及项目全方位经营、整体形象的包装和维护、楼宇设施设备管理的工作重点等因素，确定"经营型物业管理模式"作为该项目的管理服务模式，较好地适应了业主的服务需求，取得了业主的认同。再如，S市某住宅区(由美式别墅群、高级公寓组成)的物业管理方案中，中标企业根据物业项目的客户定位、地理位置、居住环境条件、市场影响力、业主的需求层次等因素确定"五星级酒店物业管理"为该项目的物业管理模式，通过吸收和借鉴五星级酒店的高标准的服务理念和科学、严格、规范的管理手段和操作，借以全面提升物业管理服务质量，满足业主不断变化的服务需求。

(2) 管理方式与运作程序。

管理方式与运作程序一般由组织架构的设置、流程与支持系统的设计和管理机制的确定等内容组成。

① 组织架构的设置。组织架构的设置需要综合考虑物业的规模和服务内容，在确保最大限度满足业主服务需求的前提下，设计高效运作的组织架构。

例如，在北京某国际大厦项目中，中标企业设置了以客户服务中心为中枢(负责承担客户服务、信息管理、协调调度、物业经营等职能)、综合部(负责承担行政事务、人力资源、财务管理、后勤采购等职能)、机电工程部(负责承担设备运行、工程维护、节能降耗、消防管理等职能)、管理部(负责质量控制、安防管理、停车场管理、精神文明建设、环境工程维护等职能)等相关部门密切协同运作的组织架构。

② 运作程序与支持系统的设计。运作程序包括项目整体运作流程、内部运作流程与客户服务及需求信息反馈流程，一般采用流程图的方法进行展示，流程设计要遵循全面、高效、合理的原则，准确、真实地反映组织架构的功能和运作方式。

支持系统一般也设计为表格或流程图的形式，综合反映物业服务企业集中资源优势构建对项目的支持体系。

③ 管理机制的确定。管理机制是反映物业服务企业实现项目物业管理服务目标的基础，一般由目标管理责任制、激励机制、监督机制组成。其中，目标管理机制就是将项目的管理目标、经营目标、竞争目标以量化的形式作为重要职责交给项目的管理团队，并赋予相应的权利，同时将目标的实现与管理团队的切身利益挂钩；激励机制是在目标管理机制的基础上设计相应的激励办法；监督机制是通过政府、业主、社会舆论和企业内部管理等渠道来实现对项目运作的监督。

(3) 人员的配备、培训与管理。

① 人员配备。人员配备包括拟为项目配置的各类人员，各部门、各岗位的人员编制与专业素质要求等。人员配备一般依据物业类型、规模、服务内容及需求标准、工作重点来确定，并可参照物业所在地区政府制定的物业管理服务收费指导标准和同类物业的管理经验。

② 人员培训。人员培训方案要对各类管理人员的培训内容、培训计划、方式、目标进行详尽的描述，可以采取综合性阐述与相关表格、流程图相结合的方式。

③ 人员管理。人员管理包括录用与考核、竞争机制、协调关系、服务意识、量化管理及标准化运作等，一般根据招标文件的要求进行描述。

(4) 管理指标与措施。

① 管理指标。管理指标通常由物业管理质量指标和经济效益指标两部分组成，在招标

文件中一般都有具体的要求，在物业管理方案中要对招标人提出的各项管理指标进行明确的响应。

② 管理措施。管理措施是物业服务企业为完成招标文件规定的各项管理指标和承诺拟采取的措施，可以采用表格的形式将管理指标与主要的管理措施相对应，进行详细的阐述。

例如，某高层商业写字楼项目的物业管理方案中关于项目机构增收节支的有关措施如下。

a. 强化内部管理，坚持量入为出，在保障服务质量基础上降低成本。

b. 对项目机构发生的各项费用按明细做出预算，实行对项目机构各部门的目标成本考核管理。

c. 从采购、运输、仓储、使用等环节入手，控制各类物资的质量、数量及采购价格。对节约代用、修旧利废、量材使用等方面取得效果的集体和个人给予相应的物质奖励。

d. 对房屋附属设备、公共设施中相关设备以及项目机构自有设备的运行、维护严格按照内部作业指导书的要求进行作业，从设备的选型、能耗及完好率、利用率等方面分析台班定额工效和台班费用成本，提高设备效率、延长使用寿命及降低能耗。

e. 对人员实行量化管理，制定出一套适合小区管理的内部定额标准，严格内部考核制度，做到各工种之间任务均衡，技术等级与工作要求匹配，杜绝人力资源的浪费。

f. 通过多种形式的经济活动分析以及提倡员工和业主开展合理化建议活动，挖掘管理潜力，降低管理的内外部成本。

(5) 管理制度的制定。

管理制度主要由公众制度和内部管理制度两大部分组成。其中，公众制度主要包括精神文明建设、管理规约、装修管理、消防管理、入住管理、电梯使用管理、物业接管验收管理、公用设施维护管理、临时用水电管理、清洁卫生及垃圾处理等内容；内部管理制度包括岗位职责、员工考核、行政管理、财务管理、客户服务、工程技术管理、安防管理等内容。一般在方案中以表格的形式列出各项制度的目录即可，招标文件有具体要求的除外。

(6) 档案资料的建立与管理。

档案资料应采取系统、科学的方法进行收集、分类、储存和利用。分类应严格按照住房和城乡建设部《关于修订全国物业管理示范住宅小区(大厦、工业区)标准及有关考评验收工作的通知》的标准执行。档案资料的体系内容可以用表格的形式进行阐述，具体的管理可以采用流程图与文字表述相结合的方式。对于政府类型的物业，在档案资料的管理方案中应重点突出保密性的管理措施。

(7) 早期介入及前期物业管理服务内容。

早期介入及前期物业管理服务的具体内容可参照相关章节。在制定此部分内容的方案时，需要依据物业的实际情况和工程进度、存在的隐患或问题进行编制，并对工作计划进行合理安排，使方案能够全面、真实地反映物业管理在早期介入和前期物业管理中起到的重要作用。

在物业项目的管理方案中，早期介入及前期管理方案的内容主要包括物业管理前期介入工作流程、施工期物业管理工作、设施设备调试期物业管理、项目竣工验收及接管验收期物业管理、其他前期准备工作、入驻准备预案、二次装修管理、物业接管工作进度计划、后续工程的前期介入管理等。

(8) 常规物业管理服务综述。

在编制常规物业管理服务综述中需要把握的重点是将各项管理服务内容的工作要求、重点、运行管理及应急方案、计划等进行详细阐述，对于招标人或招标物业有特殊性服务需求的要进行突出的描述。

例如，某物业项目，招标人在招标文件中要求投标企业将常规物业管理服务需求内容中房屋及共用设施管理、机电设施设备管理、安全管理、绿化管理、清洁管理进行分项阐述，并对重大活动等项目列出详细的实施方案。在此项目的物业管理方案中，房屋及共用设施的管理包括管理重点和维护养护范围、标准、计划、实施细则等内容；机电设施设备管理包括前期介入管理、日常运行维护管理措施及运作程序、紧急故障的处理等内容；安全管理包括交通及车辆的管理、消防管理、保密管理、安全维护管理、紧急事件的处理等内容。

(9) 工作计划。

在物业管理方案中，整体工作计划的制订应该紧扣物业管理项目总体策划中的指导思想、工作重点，并结合招标文件的具体要求综合考虑。工作计划的制订大体可以分成三个阶段，即筹备期、交接期和正常运作期。制订计划过程中，要考虑物业管理方案实施不同阶段的工作重点、项目、内容、时间要求等因素，可采用表格法、图表法等表现方式。

筹备期的工作计划内容，主要包括拟定物业管理方案、拟定财务预算、签订前期物业管理协议、筹建项目机构、招聘培训员工、完善办公住宿条件、前期介入参与设备安装调试及建筑质量把关，提供专业意见、制订交接验收计划及做好相关准备、物业管理供应商的评审和确定等。

交接期的工作计划内容，主要包括签订《前期物业管理协议》或《物业管理委托合同》、制订《临时管理规约》、完善物业管理方案、建筑物本体和设备资料的接收建档、楼宇设施设备的交接验收试运行、用户入住搬迁服务、档案建立分类管理等。

正常运作期的工作计划内容，主要包括员工常规培训、物业管理方案的实施、设施设备管理的全面实施、社区文化活动的实施、便民服务的开展、用户意见调查评估、财务收支情况分析报告、质量管理体系的导入、配套服务项目启动、国家省市物业管理优秀小区(大厦)等的创建基础工作等。

(10) 物资装备。

物资装备必须以满足项目管理需要为目的，在制订物资装备计划时，应该围绕物业管理的开展为核心，从作业工具、项目机构的交通工具、员工办公生活用品等方面进行合理配置、综合考虑，同时还应根据工作进度和需要分轻重缓急，根据不同阶段的需求合理安排物资装备的到位。工作计划的内容一般采用表格的方式进行表述。

(11) 费用测算。

① 费用测算的依据。在测算费用的过程中，物业服务企业要依据所接管的物业类型、性质、市场定位、配套设施设备的具体情况及管理要求和服务项目，并参考招标物业所在区域物业管理市场同类同质物业的收费标准及企业现有日常综合管理的经验数据进行全面、具体的测算。

② 费用测算的内容。测算的主要内容包括项目所需的人力资源成本和日常管理成本的

预测，物业收入项目的预测，管理风险、经营风险和未来通货膨胀率的评估、预测。

a. 物业管理成本，主要包括人工费用、行政办公费用、公共设施日常运行维护费用、机电设备日常运行维护费用、环境物业服务费用、安防系统运行维护费用、共用水电费用、固定资产折旧费、不可预见费、保险费、法定税费、管理佣金(合理利润)等。

b. 物业管理收入，主要包括主营物业服务费收入、停车场收入、物业租赁及经营收入、有偿特约服务收入等。

③ 费用测算的方法。

a. 根据管理成本推算物业管理服务费单价。首先依据招标物业的基本资料、招标方的物业管理服务需求、组织架构和人员配置方案估算项目的各项管理成本，然后测算房屋保险、设备保险、公众责任险等费用，并对管理期间可能出现的各种风险进行预测，估算不可预见费用(一般按其他各项管理成本之和的 2%～5%的比例进行估算)，最后根据上述各项推算出项目的盈亏平衡点，估算出在盈亏平衡点区间的物业管理服务费标准，在此标准的基础上根据投标策略进行相应调整，测算出最接近标底的投标报价。

例如，由四栋高层建筑组成的某住宅区，占地 6 万平方米左右，建筑面积为 22 万平方米，可计收物业管理服务费的面积为 18.5 万平方米，当地同类同质高层住宅的物业管理服务费用市场参考价格为 3.2～3.6 元/m^2。该项目招标方式为邀请招标，收费方式为酬金制，招标文件明确规定低于成本价 10%的报价将作为无效标处理。投标企业依据各项成本及费用测算出该项目的盈亏平衡点为 3.10 元/m^2，由于招标文件关于报价的要求和项目的高标准定位等因素，投标企业根据投标策略将投标报价确定为 3.30 元/m^2。

b. 根据预定的物业管理服务费用标准测算物业管理成本。采用这种费用测算方式一般有两种情况：一种是在实行政府指导价的物业管理项目进行招标时，通常需要在预定的物业管理服务费用标准下制定相应的成本、费用测算方案，如城市居民经济适用房、政府公用基础设施等；另一种是在单一业主的招标项目或小范围的邀请招标与协议招标的项目中出现的，由招标方根据市场价格预定一个物业管理服务费用(或预定某一区间的价格)，要求投标方在此价格的基础上制定方案，再根据方案进行评比、筛选。这种方式要求投标企业不仅要准确合理地测算出每一项的成本及费用的支出，还要根据测算结果对其他相关项目的方案内容进行科学设计或调整，以期符合招标方的要求。

在实行包干制收费方式的项目中，费用测算有时需要将上述两种测算方式有机结合，以确保成本控制和风险预测的全面和准确。

例如，建筑面积为 4.5 万平方米的某政府公益设施项目，其中可进行商铺租赁经营的面积为 600m^2，计收物业管理服务费用的面积为 4.2 万平方米。招标方要求投标企业按不超过 3 元/m^2 的物业管理服务费用单价标准进行报价，以租赁收入弥补物业管理服务费用的不足，收费方式为包干制，投标方自主经营、自负盈亏。投标企业预测物业管理服务费用为 126 万元/年，物业租赁收入为 18 万～21 万元/年，合计收入为 144 万～147 万元/年；而通过对该项目成本、费用的测算和各种经营、管理风险的预测，测算出该项目的盈亏平衡点为 3.05 元/m^2，管理成本为 128.1 万元/年，即投标企业在 3 元/m^2 的标准下有一定的赢利空间，根据投标策略确定该项目的报价为 2.9 元/m^2。

(12) 成本控制。

① 成本控制是在充分调动全体职工控制成本费用的积极性的基础上，将成本费用的控

制贯穿于成本费用形成的全过程,而不仅仅是对于部分费用支出的控制。

② 成本控制应与提供优质的物业管理服务相结合,不能为控制而控制,即不能为降低成本而不提供或少提供服务。

③ 在成本控制方案中,应明确规定各部门和有关人员应承担的责任,赋予其相应的权限,并通过考核其责任履行情况,予以相应的奖罚,使成本费用控制的目标及相应的管理措施真正落到实处。

④ 在成本全面控制的基础上,对一些重要的、不正常的、不符合常规的关键性成本费用差异(例外情况)进行重点控制。其中,例外情况的常用判断标准为金额的大小、持续时间的长短及是否可控等。在实际操作中,这一原则主要应用于成本费用的日常控制中,因此应在方案中综合体现。

3.3 物业管理定标后的工作

3.3.1 中标后的合同签订与实施

经过评标与定标之后,招标人将及时发函通知中标企业。中标人自接到通知之时起做好准备,进入合同的签订阶段。

通常,物业委托管理合同的签订需经过签订前谈判、签订谅解备忘录、发送中标函、签订合同协议书几个步骤。由于在合同签订前双方还将就具体问题进行谈判,中标企业应在准备期间对自己的优劣势、技术资源条件和业主状况进行充分分析,并尽量熟悉合同条款,以便在谈判过程中把握主动,避免在合同签订过程中利益受损。同时,物业服务公司还应着手组建物业管理专案小组,制定工作规划,以便合同签订后及时进驻物业。

3.3.2 未中标的总结

未中标企业应在收到通知后及时对本次失利的原因做出分析,避免重蹈覆辙。分析可从以下几方面考虑。

1. 准备工作不充分

投标企业在前期收集的资料是否不够充分,致使对招标物业的主要情况或竞争者了解不够,因而采取了某些不当的策略,导致失利。

2. 估价不准

投标企业还可分析报价与中标标价之间的差异,并找出存在差异的根源,是工作量测算得不准,还是服务单价定得偏高,或是计算方法不对。

3. 报价策略失误

这里包含的原因很多,投标企业应具体情况具体分析。

对于以上分析得出的结果,投标企业应整理并归纳,以备下次投标借鉴参考。

3.3.3 招标投标资料的整理与归档

无论是否中标,投标企业在竞标结束后都应将投标过程中的一些重要文件进行分类归档保存,以备查核。这些既是中标后在合同履行中解决争议的原始依据,也是竞标失利后分析失败原因的资料。

通常这些文档资料主要包括：招标文件、招标文件附件及图样、对招标文件进行澄清和修改的会议记录和书面文件、投标文件及标书、同招标方的来往信件、其他重要资料。

3.4 物业管理服务合同

在物业管理活动中，合同占有举足轻重的地位。合同大量存在于物业管理的各个环节，物业管理的各种行为都与合同有关。物业管理合同是一个综合的概念，它是指物业管理当事人之间就权利和义务所达成的具有法律效力的协议或契约，包括售房合同、管理规约、早期介入合同、前期物业服务合同、物业服务合同、室内装饰装修管理服务协议、物业经营协议、供水供电有偿委托合同、专项管理项目及设备分包协议等。签订与履行物业管理合同，是物业管理优质服务的核心内容，也是保障物业管理活动顺利开展和物业管理优质服务的基石。本节首先介绍合同的一般原理，之后重点介绍物业管理合同中的前期物业服务合同、物业服务合同和管理规约。

3.4.1 合同的概念

合同是双方或多方当事人之间的协议。当受要约人以订立合同的意图接受要约时合同即成立。合同是当事人之间意思表示一致的结果。合同的订立，必须经过要约和承诺两个阶段。

1. 合同要约

要约(Offer)，在商品交易中又称为发盘、出盘、发价、出价等，是指一方当事人以缔结合同为目的，向对方当事人所做出希望与其订立合同的意思表示。发出要约的一方称为要约人(Offeror)，接受要约的一方为受要约人(Offeree/Acceptor)，或被称为承诺人。简单地说，要约就是订立合同的意思表示，承诺就是对要约的接受。要约人在要约中提出合同的基本条件，并表明愿意以此条件订立合同。一旦受要约人同意，合同即成立，双方均应受合同的约束。如果受要约人认为要约中有些内容不能接受，并提出修改建议，称为反要约。所以，一个合同的签订往往要经过要约、反要约的数个回合的谈判。合同成立以最后的要约与承诺生效为准。

1) 合同要约的构成要件

作为合同成立的一个要素，要约的构成要件如下。

(1) 要约必须是特定人的意思表示，必须具有订立合同的意图。即表明一旦受要约人承诺，要约人即受该意思表示的约束，要约人就成为合同的一方当事人。

(2) 要约必须包括合同的主要内容，并且内容必须具体确定。即要约的内容必须具有足以使合同成立的主要条款，且内容必须明确，使受要约人能理解要约人的真实意图。

(3) 要约必须传达到受要约人才能生效。如果要约人虽有要约但未传达，或要约因信件遗失等原因而不能传达，则该要约不发生任何效力。

要约一旦做出，要约人需要承担法律责任。要约是订立合同的提议，应表明一旦对方同意，即受要约约束的意思表示，所以不是所有的订约提议都可以构成要约。

2) 合同要约与邀请要约

要约不同于邀请要约。邀请要约(Invitation to Treat)是一方邀请他方向自己发出要约，邀请要约人无须承担法律责任。从以下比较中可以更加明确要约与邀请要约之间的区别。

(1) 拍卖。

拍卖是一种特殊的交易方式，但其成交过程也可用要约与承诺来分析。拍卖广告及拍卖人宣布拍卖某物都属于邀请要约。拍卖过程中出价人每次竞买的出价均为要约，拍卖师击槌表示成交则为承诺，双方交易告成。因此，往往在拍卖过程中，拍卖广告上的有些物品可能会被撤销拍卖，因为拍卖广告并非要约。

(2) 广告。

原则上，一般的广告不是要约。即使广告中标明物品及价格，也不认为广告是要约，广告只是邀请要约。但对于某些已经做出许诺的广告，并且广告的内容符合要约规定，则可能成为要约。例如，悬赏广告是要约，悬赏广告声明对完成某种特定行为的人给予奖励，构成了单方允诺行为。只要有人完成了广告所约定的行为，合同即成立，悬赏人就有义务履行奖励的允诺，支付约定的报酬。

(3) 标价。

标价是邀请要约，不是要约。任何商店或超级市场上商品的标价陈列，都仅仅是邀请要约。当顾客交钱购物，店员接受时，合同才成立。同样，当顾客根据广告、货物清单或商品陈列的价目表上的价格提出订单时，这个订单的提出就构成要约。

(4) 招标。

招标投标也是现代社会常见的交易方式。招标是邀请要约，投标则是要约，招标人接受投标确定中标是承诺。一旦中标，合同即成立。因此，往往在物业管理招标文件或投标文件中，必须明确物业管理服务合同的主要内容。

3) 合同要约的法律意义

要约的法律意义在于要约是一种法律行为，要约到达受要约人时生效。要约一旦生效，对要约人具有约束力，不得随意撤销，具体体现在要约的撤回或撤销的严格法律规定中。依据《中华人民共和国合同法》第十七条和第十八条的规定，撤回要约的通知应当在要约到达受要约人之前或者与要约同时到达受要约人。撤销要约的通知则只限于在受要约人发出承诺通知之前到达受要约人。同时，《中华人民共和国合同法》第十九条规定了有下列两种情形之一的，要约不得撤销：第一，要约人确定了承诺期限或者以其他形式明示要约不可撤销；第二，受要约人有理由认为要约是不可撤销的，并已经为履行合同做了准备工作。否则，要约人应承担相应的法律责任。

2. 合同承诺

承诺(Acceptance)，在商品交易中又称为接受、收盘，是指受要约人按照要约规定的时间和方式，用语言或行为对要约表示完全接受以缔结合同的一种意思表示。要约一经承诺，合同即告成立。

1) 合同承诺的构成要件

承诺必须具备如下要件，才能产生法律效力。

(1) 承诺必须由受要约人或其代理人做出。非受要约人或未获得授权的代理人不得做出承诺。

(2) 承诺必须在要约的有效时间内做出。超过要约规定的期限或合理期限的承诺无效，只能视为一个新要约。

(3) 承诺必须与要约的内容一致。一项有效的承诺，受要约人不能对要约内容做出实质性变更，否则为新要约，并导致原要约失去效力。

(4) 承诺必须传达给要约人。如果受要约人内心愿意接受要约，却保持沉默，未对要约人公开表示，则不构成承诺。

2) 合同承诺的法律意义

与要约相对应，承诺也是一种法律行为。承诺的法律意义在于：受要约人一经做出承诺，该合同即告成立；要约人与受要约人(即承诺人)之间就形成了合同关系，双方当事人就要受合同的约束；当然，承诺也可依法撤回。《中华人民共和国合同法》第二十七条规定："承诺可以撤回。撤回承诺的通知应当在承诺通知到达要约人之前或者与承诺通知同时到达要约人。"

3. 合同要件

合同要件即有效合同应当具备的必要条件，包括以下几个方面。

1) 当事人的缔约能力

当事人缔约能力，即指合同当事人应当具备的合法资格。具体而言，订立合同的当事人应当具备相应的民事权利能力和民事行为能力，可以是自然人，也可以是法人或其他组织。作为法人和其他组织，这些主体在订立合同时，必须具有相应的法律资格。

2) 当事人的真实意思表示

当事人同意的真实，即合同应当是双方当事人意思表示的真实反映。合同的订立是基于"契约自由"的原则，而"契约自由"是建立在当事人真实意思表示基础上的。因此，如果合同内容不能反映当事人的真实意思，该合同就必然属于无效合同。

3) 合同的内容合法

合同的内容不合法，会致使合同无效。因此，合同的内容必须符合法律、法规的规定，符合社会的公共利益。

4) 合同的形式合法

合同形式是合同当事人所达成协议的表现形式，是合同内容的载体。合同的形式必须遵守法律、法规的有关规定，否则也将构成合同的无效。《中华人民共和国合同法》第十条明确规定："当事人订立合同，有书面形式、口头形式和其他形式。法律、行政法规规定采用书面形式的，应当采用书面形式。当事人约定采用书面形式的，应当采用书面形式。"这条规定的实质就是要求合同形式必须合法。

订立的合同如果不符合上述四个合同要件之一，就不具备合同生效的基本条件。

4. 口头合同、书面合同、事实合同

1) 口头合同

口头合同是指当事人以对话的方式就合同的主要条款协商一致达成的协议。除了当事人面对面协商达成的口头协议之外，当事人通过电话及第三人从中撮合、转达意思达成一致的表示，一般也都被认为属于口头合同。

口头合同的优点是简便易行，缺点是一旦发生纠纷难以查据。因此，口头合同一般适用于数额较小、即付即清、经济关系比较简单、信用较好的老客户。对于标的金额较大、时间周期较长、法律关系复杂、不太了解对方信用的情况，就应该采用书面合同。在实践中，有些口头合同虽然已经履行完毕，还会因质量等问题而引发纠纷，如物业装饰装修等工程，当事人之间应该订立书面合同。

2) 书面合同

所谓书面合同，就是指当事人采用文字、图形及表格等方式将双方协商一致达成的协议表述出来的一种合同形式。当事人双方协商成文后签字或盖章形成的合同书、协议书、契约书、公约等一般都属于书面合同的形式，如前期物业服务合同、物业服务合同、管理规约等。通过信件、电报、电传、传真、电子数据交换和电子邮件等通信工具或形式进行协商达成的协议，也属于书面合同。

合同采用书面形式，不仅可以强化双方当事人的责任心，敦促双方严肃认真全面履行合同义务，而且在发生纠纷时，可以形成比较可靠的证据。因此，只要条件允许，合同应当尽可能采用书面形式。

3) 事实合同

《中华人民共和国合同法》第十二条规定："当事人订立合同，有书面形式、口头形式和其他形式。"其他形式主要指行为合同形式，也就是通常人们所说的事实合同。事实合同是指当事人双方不直接用口头或者书面形式进行意思表示，而是通过实施某种具体行为方式进行意思表示所达成的协议。

在现实生活中存在着大量的事实合同。如顾客到自选商场购买商品，直接到货架上拿取商品，支付价款后合同即成立；又如车主将车辆开到停车场进口处，即表示要进入停车场停放车辆，停车场管理员将停车道闸打开允许车辆入内后车辆停放合同即成立。

5. 合同签订应遵循的基本原则

合同受法律法规约束，其签订和履行应当遵循《中华人民共和国合同法》规定的以下五项基本原则。

1) 主体平等

合同当事人的法律地位平等，一方不得将自己的意志强加给另一方。任何民事主体在法律人格上也是一律平等的，享有独立的人格，不受他人的支配、干涉和控制。只有合同当事人的人格平等，才能实现合同当事人的法律地位平等。合同当事人平等是商品经济的必然前提和必然产物，也是社会主义市场经济对交易秩序和经济秩序的具体要求。

2) 合同自由

当事人依法享有自愿订立合同的权利，任何单位和个人不得非法干预。合同自愿原则，也就是合同自由原则，或称为契约自由原则。其含义包括缔结合同、选择缔约相对人、选择合同方式、决定合同内容、解释合同的自愿或自由。当然，实行合同自由原则，并不排除法律和国家对合同的适当干预和限制。

3) 权利义务公平对等

在经济活动中，合同的任何一方当事人既享有权利，也承担相应义务，权利义务相对等。公平原则规范合同当事人之间的利益关系，制约对合同自由原则的滥用，要求形式的公平(即合同主体的法律地位)和实质的公平。合同的实质公平，是指双方当事人的权利、义务必须大体对等。对于显失公平的合同，当事人一方有权要求法院或者仲裁机构予以撤销或变更。

4) 诚实信用

诚实信用原则,也称为诚信原则。诚实信用原则是民法、合同法的最基本原则。诚实信用原则,是指民事主体在从事包括合同行为在内的民事活动时,应该诚实守信,以善意的方式行使自己的权利和履行自己的义务,不得有任何欺诈行为。诚实信用原则适用弹性相当大,具有确定行为规则、平衡利益冲突、解释法律与合同三大基本功能。诚实信用原则体现了社会主义精神文明和道德规范的要求。

5) 守法和维护社会公益

当事人订立合同、履行合同,应当遵守法律法规,遵守社会公德,不得扰乱社会经济秩序,损害社会公共利益,这是人们社会公共生活的基本准则。维护社会公益原则,也就是公序良俗原则,包括社会公德、公共秩序和善良风俗。守法和维护社会公益原则,是合同法的最高要求。

3.4.2 前期物业服务合同

1. 前期物业服务合同的概念

前期物业服务合同,是指物业建设单位与物业服务企业就前期物业管理阶段双方的权利和义务所达成的协议,是物业服务企业被授权开展物业管理服务的依据。《物业管理条例》规定:"在业主、业主大会选聘物业服务企业之前,建设单位选聘物业服务企业的,应当签订书面的前期物业服务合同。""建设单位与物业买受人签订的买卖合同应当包含前期物业服务合同约定的内容。"前期物业服务合同的当事人不仅涉及建设单位与物业服务企业,也涉及业主。

在实践中,物业的销售及业主入住是持续的过程。这个阶段要求多数的业主投票形成业主大会决定是不现实的,而这个阶段的物业管理服务又是必需的。因此,为了避免在业主大会选聘物业服务企业之前出现物业管理的真空,明确前期物业管理服务的责任主体,规范前期物业管理活动,《物业管理条例》明确规定,前期物业管理服务由建设单位选聘物业服务企业。

2. 前期物业服务合同的主要内容

合同的内容就是合同的条款,是合同对当事人权利和义务的具体规定。前期物业服务合同的内容就是通过合同条款反映建设单位与物业服务企业之间的权利义务关系,包含以下几个主要部分。

1) 合同的当事人

物业服务合同的当事人就是建设单位与物业服务企业,其中建设单位和物业服务企业一般都是法人组织。

2) 物业基本情况

物业基本情况包括物业名称、物业类型、坐落位置、建筑面积等方面的内容。

3) 服务内容与质量

服务内容主要包括:物业共用部位及共用设施设备的运行、维修、养护和管理;物业共用部位和相关场地环境管理;车辆停放管理;公共秩序维护、安全防范的协助管理;物业装饰装修管理服务;物业档案管理;双方约定的其他管理服务内容;等等。

前期物业管理服务应达到约定的质量标准。

4) 服务费用

服务费用包括：物业服务费用的收取标准、收费约定的方式(包干制或酬金制)；物业服务费用开支项目；物业服务费用的缴纳；酬金制条件下，酬金计提方式、服务资金收支情况的公布及其争议的处理；等等。

5) 物业的经营与管理

物业的经营与管理包括：停车场和会所的收费标准、管理方式、收入分配办法；物业其他共用部位、共用设施设备的经营与管理。

6) 承接查验和使用维护

承接查验和使用维护的主要内容为执行过程中双方责任义务的约定。

7) 专项维修资金

专项维修资金的主要内容包括这部分资金的缴存、使用、续筹和管理。

8) 违约责任

这部分内容主要包括违约责任的约定和处理、免责条款的约定等。

9) 其他事项

其他事项主要包括合同履行期限、合同生效条件、合同争议处理、物业管理用房、物业管理相关资料归属，以及双方认为需要约定的其他事项等。

3. 签订前期物业服务合同应注意的事项

1) 物业的承接验收

物业共用部位、共用设施设备的承接验收是前期物业服务活动的重要环节，前期物业服务合同应当对物业共用部位、共用设施设备的承接验收内容、标准、责任等做出明确的约定。而对业主自有物业专有部分的承接验收则属于业主与发展商之间的问题，无须在合同中约定。

2) 物业服务的费用

前期物业服务合同涉及的费用种类多，情况复杂，支付主体及责任容易混淆，易造成矛盾，必须在合同中予以列明。例如，应当由建设单位支付的费用不能转嫁给业主；对于由业主支付的费用部分，则应当注意是否符合国家法律法规的要求，并应当在物业销售前予以明示或约定。

3) 前期物业服务合同的解除或终止

前期物业服务合同的履行受业主入住状况及房屋工程质量等各种因素的影响，合同的期限具有不确定性，当此类因素致使前期物业服务合同无法全面履行时，物业服务企业可以通过提前解除合同或要求补偿的方式规避风险。因此，有必要在前期物业服务合同中对解除合同的条件做出明确约定。

3.4.3 物业服务合同

1. 物业服务合同的概念

物业服务合同是物业服务企业与业主(或业主大会授权的业主委员会，下同)之间就物业管理服务及相关的物业管理活动所达成的权利义务关系的协议。

2. 物业服务合同的特点

(1) 一般情况下，产权多元化的物业管理区域是由业主委员会在业主大会的授权下，作为合同主体与物业服务企业签订物业服务合同。

《物业管理条例》规定："业主委员会代表业主与业主大会选聘的物业服务企业签订物业服务合同。"业主大会经物业管理区域内专有部分占建筑物总面积过半数的业主且占总人数过半数的业主通过，决定选聘物业服务企业后，由业主委员会代表业主与业主大会选聘的物业服务企业签订物业服务合同。

(2) 物业管理涉及群众的日常生活以及城市的正常秩序，因此各级政府行政机关有必要介入、指导和监督物业管理活动。《物业管理条例》对物业服务合同主体资格做出了明确规定，要求业主大会成立、业主委员会选举必须符合法定程序，要求物业服务企业必须具备相应的资质证书等，此外，还要求在物业服务合同签订之后应当及时向政府物业管理主管部门备案等。

(3) 在订立物业服务合同时，应明确不但业主或物业使用人要支付在物业管理服务过程中所发生的相关费用，物业服务企业还应取得一定的酬金或利润，物业管理是有偿服务。

(4) 物业管理区域内的全体业主作为物业服务合同的一方主体，一般不可能在选择物业管理服务和选择物业服务企业方面形成一致的看法，其中的单个业主或部分业主，也不可能拒绝某种物业管理服务或某个物业服务企业。因此，只要通过法定的多数投票权数，所有业主都必须承担相应的物业服务合同责任。

3. 物业服务合同与前期物业服务合同的主要区别

物业服务合同中关于服务内容的条款与前期物业服务合同基本相同，主要差别如下。

(1) 订立合同的当事人不同。前期物业服务合同的当事人是物业开发建设单位与物业服务企业；物业服务合同的当事人是业主(或业主大会)与物业服务企业。

(2) 合同期限不同。前期物业服务合同的期限虽然可以约定，但是期限未满、业主委员会与物业服务企业签订的物业服务合同又开始生效的，前期物业服务合同将会终止。物业服务合同期限则由订立合同双方约定，与前期物业服务合同相比，具有期限明确、稳定性强等特点。

4. 物业服务合同的签订

1) 物业服务合同的成立

物业服务合同的成立，是指合同双方当事人就合同的主要条款达成一致，且采用书面的形式订立，双方当事人一经签字或盖章，合同即成立。

2) 物业服务合同的生效

物业服务合同通常在成立时即生效。如果合同附生效条件，则在该条件成就时生效。

3) 签订物业服务合同应注意的事项

(1) 明确业主委员会的权利义务。

除了《物业管理条例》规定的业主委员会应有的权利义务之外，业主委员会的其他一些权利义务，也应在服务合同里明确约定。例如，业主委员会有权对物业服务企业的服务质量，按照合同规定的程序提出意见并要求限期整改。同时，业主委员会应承担相应的义务，包括督促业主按时交纳物业费，积极配合物业服务企业工作，尊重物业服务企业专业化的管理方式和措施等。

(2) 明确物业服务企业的权利和义务。

本着权利和义务对等的原则，在赋予物业服务企业管理整个小区日常事务的权利时，

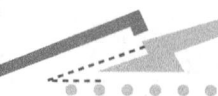

也要明确物业服务企业所承担的义务与责任,并且应尽可能予以细化。

(3) 对违约责任的约定。

履行合同中如有一方违约就应该赔偿另外一方的损失。损失的计算及赔偿标准应该按照《中华人民共和国合同法》的规定进行具体表述。对于不可抗力,如地震、战争等造成的损失应该免于赔偿。要在服务合同里明确双方违反约定应承担的违约责任,约定的责任要具有实用性和可操作性。

(4) 对免责条款的约定。

在物业服务合同约定中,订立合同各方应本着公平合理、互谅互让的原则,根据物业的具体情况设立免责条款,明确免责的事项和内容。例如,在物业服务合同中应当明确约定物业服务费不包含业主与物业使用人的人身保险、财产保管等费用,排除物业服务公司对业主及物业使用人的人身、财产安全保护、保管等义务,以免产生歧义,引发不必要的纠纷。

(5) 物业服务合同的主要条款宜细不宜粗。

物业管理服务及相关活动规范是合同签订的主要目的。在签订物业服务合同时,要特别注意以下主要条款。

① 项目,即应逐项写清管理服务项目。如"房屋建筑公用部位的维修、养护和管理""共用设施设备的维修、养护、运行和管理""环境卫生"等。

② 内容,即各项目所包含的具体内容,越详细越好。例如,房屋建筑公用部位的维修、养护和管理项目内容应包括楼盖、屋顶、外墙面、承重结构,环境卫生应覆盖的部分,安全防范的实施办法等。

③ 标准,即各项目具体内容的管理服务质量标准。例如,垃圾清运的频率(是一天一次,还是两天一次)、环境卫生的清洁标准、安全防范具体标准(门卫职责、是否设立巡逻岗)等。此外,还要注意在明确质量标准时要少用或不用带有模糊概念的词语。例如,要避免采用"整洁"等用词,因为在合同的执行过程中很难对是否整洁做出准确判断。

④ 费用,即在前述的管理服务内容与质量标准下应收取的相应费用。物业管理服务是分档次的,不同档次收取的费用是有较大差异的。在明确了解了项目、内容和标准后,费用的确定往往是双方争论和讨论的焦点。在确定合理的费用时,要经过详细的内容测算和横向比较。

为防止合同过长,双方还可就具体问题增加合同附件。

(6) 合同的签订要实事求是。

物业的开发建设是一个过程,有时需分期实施。在订立合同尤其是签订前期物业管理服务协议时应充分考虑这点,既要实事求是,又要留有余地。例如,对于"24h热水供应"的服务承诺,在最初个别业主入住时,一般无法提供,因此在合同中应给予说明,并给出该项服务提供的条件与时机,以及承诺在未提供该项服务时应适当减免物业管理服务费。又如,当分期规划建造一个住宅区时,在首期的合同中就不应把小区全部建成后才能够提供的服务项目内容列入。

(7) 明确违约责任的界定及争议的解决方式。

在物业管理实践中,难免会产生各种各样的问题。这些问题既可能发生在物业服务企业与业主之间,也可能发生在业主之间;既有违法的问题,也有违约、违规,以及道德和认识水平不足的问题。显然，对于不同性质、不同层面的问题、矛盾与纠纷，要通过不同的途径、采取不同的处理方式来解决。

一般情况下，有争议的合同应该通过友好协商解决。如果协商不成，则可依照合同中约定的仲裁条款请求仲裁委员会仲裁，或者向人民法院提起诉讼。

5. 物业服务合同的终止

物业服务合同可以因下列原因终止。

(1) 物业服务合同约定的期限届满，双方没有续签合同。

(2) 物业服务企业与业主大会双方协商一致解除合同。

(3) 因不可抗力致使物业服务合同无法履行的，物业服务合同将自然终止。

(4) 物业服务企业如果被宣告破产，应按照国家规定进行破产清算，物业管理合同自然无法继续履行。

(5) 法律、法规规定的其他情形。

阅读资料 3-7

某花园住宅小区物业管理合同纠纷案

【案情摘要】某花园住宅小区由建设单位属下的 A 物业服务公司负责物业管理。2001 年，A 物业服务公司与业主委员会签订了物业管理委托合同；2002 年 6 月，业主大会通过了解聘 A 物业服务公司并另行招标选聘物业服务公司的决定；2002 年 8 月，经招标产生的 B 物业服务公司开始对该住宅小区实施管理服务；2002 年 3 月，某仲裁委员会裁决 A 物业服务公司与业主委员会签订的合同合法有效，应继续履行，并由业主委员会及全体业主承担违约责任。2003 年，业主委员会申请法院不执行裁决书的申请被法院驳回。

【案情】某花园住宅小区由 A 物业服务公司提供管理和服务，小区业主委员会成立之后，与该物业服务公司签订了物业管理合同，一年后，业主委员会出具评审报告，对物业服务公司一年内的工作给予了肯定性评价。但小区部分业主们认为，业主委员会并不能真正代表他们的利益。经过表决之后，选举出新一届业主委员会，新一届业主委员会决定与 A 物业服务公司提前解除合同，通过招标更换物业服务公司。

2002 年 7 月，经部分业主多次要求，政府有关部门同意该小区举行物业管理招标，经由评标委员会评定，B 物业服务公司中标。双方签订了物业管理合同，合同开始履行的时间为 2002 年 8 月 1 日。

在 B 物业服务公司进驻该住宅区时，A 物业服务公司不同意撤出，双方对峙了数小时。最后，在小区业主委员会的请求和数百名业主的聚众压力下，由当地政府和公安机关出面，安排 B 物业服务公司进入小区，A 物业服务公司人员同时撤离。此后，A 物业服务公司以业主委员会无权提前解除合同为由向仲裁委员会申请仲裁，要求继续履行合同并赔偿损失。

【仲裁裁决】2003 年 3 月 21 日，某仲裁委员会对该案做出终局裁决。仲裁认为，前届业主委员会的权利和义务，应该由后届业主委员会承担。2001 年度，小区业主委员会已经对申请人的工作做出了肯定性评价，说明申请人的物业管理工作已符合业主委员会要求；另外，物业管理合同虽然具有近似委托性质，但并不等同于委托合同，作为业主委员会，不能以委托方名义单方随时解除合同。因此裁决：A 物业服务公司和某花园住宅小区业主委员会自 2003 年 4 月 1

日起继续履行双方签订的《物业管理合同》；业主委员会及全体业主支付A物业服务公司自2002年8月1日之后的物业管理酬金损失，每月以1.7万元计算。

裁决生效后，A物业服务公司向法院申请执行裁决；业主委员会也向法院申请不予执行，并撤销裁决。法院裁定驳回了业主委员会的申请但仍未执行A物业服务公司的申请。

【案例分析】本案的关键在于物业服务合同的定性：是委托合同还是一般经济合同？如果是委托合同，则双方随时可以解除合同，业主委员会不承担提前解约的责任；如果是一般经济合同，合同双方则不能擅自解除，否则应承担违约责任。在《物业管理条例》出台前，许多地方的物业服务合同都称为"物业管理委托合同"。此类合同虽然近似于委托合同，含有委托的成分，但不符合委托合同的要件。所以本案中裁决书认定物业服务合同属于一般经济合同，双方非法定或合同约定原因不得随意解除，是正确的。该案具有以下意义：一是为《物业管理条例》对物业服务合同的定性起了借鉴作用；二是提示合同双方慎重对待解除合同行为，即使业主大会2/3以上投票权业主投票决定，也不得单方面擅自解除；三是提示政府主管部门在审批招投标时应慎重仔细，首先查清并尊重双方的合同事实及其约定。

3.4.4 管理规约和其他物业管理合同

1. 管理规约

1) 管理规约的概念

管理规约是指由业主大会制定，全体业主承诺，对全体业主具有约束力的，用以指导、规范和约束所有业主、物业使用人、业主大会和业主委员会权利义务的行为守则，是物业管理的基础和准则。

2) 管理规约的制定与宣传

物业销售之前，由建设单位制定临时管理规约。在此阶段，物业服务企业可协助建设单位按国家物业管理相关法规和示范文本制定临时管理规约。

物业销售阶段，物业服务企业应及时提示建设单位，在签订物业买卖合同时，将临时管理规约向物业买受人明示并予以说明。同时，要求物业买受人对遵守临时管理规约予以书面承诺。

物业入住阶段，物业服务企业可通过张贴、资料发放、社区论坛、墙报宣传等多种形式向业主广泛宣传临时管理规约，力求家喻户晓。

首次业主大会召开，管理规约正式订立，物业服务企业应进一步加大宣传力度，充分利用管理规约的自我约束机制规范业主和物业使用人的行为，自觉维护公共利益，营造和谐氛围。

2. 其他物业管理合同

其他物业管理合同包括：土地使用合同、工程建设合同、售房合同、装饰装修管理服务协议、清洁承包合同、垃圾清运合同、供水供电有偿委托合同、电梯保养维修合同等。按照这些合同的作用及合同主体的不同，大致分为以下几种类型。

(1) 物业开发建设过程中涉及物业管理活动的合同，如土地使用合同和售房合同中涉及物业管理的条款。

(2) 物业服务企业与业主或物业使用人所订立的其他合同，如装饰装修管理服务协议、车位使用协议、施工监管协议(主要用于对相关单位在物业管理区域内施工的管理)、特约服务协议等。

(3) 物业服务企业在管理服务活动中与相关单位签订的合同，如清洁承包委托合同、垃圾清运委托合同、电梯保养维修委托合同等。

(4) 其他与物业管理活动相关的合同，如供水供电有偿委托合同、物业经营协议等。

上述合同应分别根据不同情况加强管理，涉及物业管理服务运作的要严格按照合同约定的条款内容执行，不涉及物业管理服务的合同，也应分类归档妥善保管。

情境工作小结

本情境介绍了物业项目管理权的获取，包括物业管理招标、投标、中标等基本环节。物业项目管理权的获取是物业服务企业开展物业管理业务的第一步。随着物业管理市场化的日趋成熟，物业项目管理权的获取方式从早期以定向谈判议价为主日益向以正规的招标投标方式为主转变。

学习本情境，我们首先应该了解物业管理招投标的概念、原则；掌握招投标的程序、文件的组成与编写，熟悉中标后的合同签订与实施、未中标的总结、招标投标资料的整理与归档等内容。重点在于物业管理招投标准备、实施与结束这3个阶段的工作程序、主要内容及招投标文件编写的方法与技巧，以及中标后的合同签订与实施，物业管理服务总包与分包合同的主要内容二者的区别。通过学习本情境，应掌握物业管理招标投标最基本的操作程序与方法。

由于不同物业具有不同的性质，不同招标项目有不同的要求，其投标书的内容要求也相应呈现出差异。投标企业在实践中可根据具体情况自行发挥。

思考题

1. 招标文件应包括哪些内容？
2. 物业管理投标的一般程序有哪些？
3. 物业管理投标主要存在哪些风险？如何进行有效控制？
4. 在物业管理投标活动中，对投标项目评估应考虑哪几个方面的因素？
5. 编写投标书应掌握哪些技巧？
6. 总包单位(物业服务公司)与专项分包单位(专业服务公司)与业主委员会是怎样的关系？

实训练习题

一、基础理论知识

单项选择题

(1) 招标人采用邀请招标方式的，应当向(　　)个以上具备承担招标项目的能力、资信良好的特定法人或其他组织发出招标邀请书。

A. 2　　　　　B. 3　　　　　C. 4　　　　　D. 5

(2)《中华人民共和国招标投标法》规定：招标人和中标人应当自中标通知书发出之日起(　　)日内，按照招标文件和中标人的投标文件订立书面合同。

A. 7　　　　　B. 15　　　　C. 30　　　　D. 10

(3) 物业管理招标环节属于法律意义上的(　　)。

A. 要约邀请　　B. 要约准备　　C. 要约　　　　D. 承诺

(4) 物业管理投标环节属于法律意义上的(　　)。

A. 要约邀请　　B. 要约准备　　C. 要约　　　　D. 承诺

(5) 物业服务企业获得物业管理权的方式，对业主最有利的是(　　)。

A. 通过市场竞争获得　　　　　　B. 因附属承建商而获得

C. 因地方行政机关指令而获得　　D. 因对物业具有所有权而获得

(6) (　　)不是招标准备阶段的工作。

A. 成立招标机构　　　　　　　　B. 编制招标文件

C. 召开标前会议　　　　　　　　D. 确定标底

(7) 物业管理招标在定标阶段，评标委员会评审的主要内容不包括(　　)。

A. 资格评审　　　　　　　　　　B. 服务质量评审

C. 报价及补充说明　　　　　　　D. 主要服务方式与特殊服务

(8) 下列说法正确的是(　　)。

A 评标委员会通常向招标方推荐超过3个有排序的中标候选人

B. 评标委员会通常向招标方推荐超过3个无排序的中标候选人

C. 评标委员会通常向招标方推荐不超过3个有排序的中标候选人

D. 评标委员会通常向招标方推荐不超过3个无排序的中标候选人

(9) (　　)是指招标单位在预先规定的时间，将各投标单位的投标文件正式启封揭晓。

A. 投标　　　　B. 开标　　　　C. 评标　　　　D. 定标

二、案例分析

下面是青岛某住宅小区的招标情况，若你是招标人相关责任人，请你根据此资料编写一份投标书；若你是参加该投标活动的某物业服务企业的负责人，请你根据所给资料编写一份投标书。

(1) 物业标的：在建规划筑面积20万平方米，已有90%业主入住，已成立业主大会，选举产生了业主委员会。

物业类型有别墅区和高层住宅。设施基本齐全，维修基金基本落实。

物业管理区域分为A、B两个区，分别为公寓和高层住宅。

(2) 招标方式：公开招标，公证部门全过程公证。

(3) 招标主体：业主大会。

(4) 其他投标企业：来自北京、深圳等地的5家物业服务企业。

(5) 评委组成：业主代表和资深专家共10人。

(6) 评标方式：专家综合评定，其中信誉调查由招标方随机抽样评分。

(7) 评分类别与权重：信誉(12%)、标书(54%)、答辩(34%)。

(8) 公共服务费确定：市场调节价高档公寓。

(9) 招标招待依据:《中华人民共和国招标投标法》《物业管理条例》《前期物业管理招标投标管理暂行办法》。

本情境"进入角色"参考答案

[引例] 参考答案

物业公司虽然有权将保洁、绿化等某些专项服务业务转包给专业公司,但是应征求业主委员会的意见,征得同意。物业公司现在的做法显然并不得当。如果我是物业服务公司领导,在转包前,首先和业主委员会坐下来协商,将转包的想法、做法、目的等逐一介绍清楚,求得共识与支持,然后再实施转包。

[案例3-1] 参考答案

不同意案例中的分析。只有标书C可以通过预审,因为其注明接管物业日期为物业竣工验收之后的1个月内,符合招标文件要求。其他3个不能通过预审,因为标书A未按要求在部分文件上签字;标书B以固定价格报价,但要求调整报价;标书D没有提出提供特殊服务的保证措施。它们没有提供招标文件所要求的重要文件或没有就重要内容做出说明,并且这样的遗漏很可能导致投标者不能按业主或开发商的要求完成物业管理服务。

情境4

如何进行物业接管验收与装修管理

情境设定

我们公司承接了青岛美丽之苑的物业管理,该项目位于青岛市城阳区,建筑面积20万平方米,以住宅物业为主,共计2100户,封闭园区管理。在开发设计阶段开始介入,从物业管理的角度与业主生活的实际出发,对项目的开发设计与定位提出了相关的意见和建议。目前我公司项目部正式开始接管该项目,在接管验收时需要做什么工作?该注意哪些问题?

在业主入住之后,必然会面临着一个密集装修阶段,如何进行装修管理呢?

情境 4 如何进行物业接管验收与装修管理

引 例

某物业项目位于粤西的一个沿海城市，总建筑面积达 40 余万平方米，属多层、中高层住宅物业，项目分三期建设，是当地最大的住宅建设项目。整个小区的建设申报了国家安居示范工程小区，是该市重点工程之一，备受当地居民和政府的关注。建设单位为把这个项目建设经营好，在项目的立项阶段就选聘了一家具有丰富经验的物业服务企业，并由其负责该项目物业管理的早期介入工作。

良好的物业管理品牌提高了这个商品房小区的知名度，同时早期介入物业销售初期综合环境的设计，使该项目与该市同类建设项目相比，具有更高的经济效益和社会效益。

1. 经济效益方面

首期 16 万平方米很快售完，二期销售势头强劲，部分户型出现抢购热潮，房价也从首期的 1200 元/m^2，增至二期销售时的 1500 元/m^2，开发建设单位的实际收入超出预期，首期购房者也享受到了物业升值带来的收益。

2. 社会效益方面

(1) 该小区已被当地政府指定为参观点和示范小区，成为了当地城市建设和物业管理的样板。

(2) 该小区物业管理的成功，为提高当地物业管理水平，增强物业管理消费意识起到了积极的促进作用。

(3) 该项目成功后，建设单位的品牌形象得到大幅度提升，使其他建设单位提高了对物业管理的认识。

4.1 早 期 介 入

阅读资料 4—1

前期物业管理是指在业主、业主大会选聘物业服务企业之前，建设单位通过招投标方式选聘具有相应资质的物业服务企业，依法签订《前期物业服务合同》，由受聘的物业实施前期物业管理。前期物业管理一般包括早期介入、业主入住、装修管理、物业档案管理等内容。

物业管理早期介入，是指物业服务企业在物业的开发设计阶段即介入，从事物业形成前的阶段性管理。即指物业服务企业在接管物业之前，参与房地产项目的投资立项、规划设计及施工建设等过程，并提出相应的意见和建议，以便建成后的物业能够更好地满足业主和物业使用人的需求。物业服务企业早期介入的咨询服务对象，主要是房地产开发商或投资商，其费用应由开发商承担。

早期介入对开发建设单位而言并非强制性要求，而是根据项目和管理需要进行选择。早期介入在项目的开发建设中有着积极的作用，其与前期物业管理是不同的，主要表现在：一是内容作用不同，早期介入是建设单位开发建设物业项目阶段引入的物业管理专业技术支持，前期物业管理是物业服务企业对新物业项目实施的物业管理服务；二是服务的对象不同，早期介入服务的对象是建设单位，并由建设单位根据约定支付早期介入服务费用。前期物业管理服务的对象是全体业主，并按规定向业主收取物业管理服务费用。

对于物业服务企业而言，由于将来的业主拥有决定续聘、选聘或解聘物业服务企业的权利，因此，在早期介入中物业服务企业能否主动站在业主的立场，充分考虑业主的需要，是一个能否在业主心目中树立起忠实可信的好"管家"的关键机会。早期介入还有利于物业服务企业加强对物业的全面了解，为物业前期管理做好充分的准备工作、形成有序的管理秩序奠定基础。

早期介入与前期物业管理的阶段划分如图4.1所示。

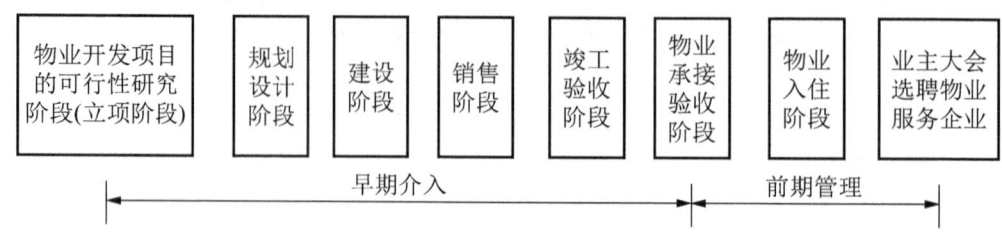

图4.1 早期介入与前期物业管理的阶段划分

4.1.1 立项决策阶段早期介入的内容

立项决策阶段的早期介入是指物业服务企业在房地产开发项目可行性研究阶段开始介入，此时的主要内容就是对项目的可行性提出意见和建议。

立项决策阶段是房地产开发的第一个阶段，这个阶段要解决的主要是开发什么、能否开发等问题。这首先就依赖于对市场的调查分析，此时物业服务企业应该对欲开发的房地产项目，提出专业意见，并在可能的情况下，就该项目今后的物业管理提出书面咨询报告，以便房地产开发商在决策时，能够综合考虑包括物业管理目标和模式定位在内的各方面意见。

1. 内容

(1) 根据物业建设及目标客户群的定位确定物业管理的模式。
(2) 根据规划和配套确定物业管理服务的基本内容。
(3) 根据目标客户情况确定物业管理服务的总体服务质量标准。
(4) 根据物业管理成本初步确定物业管理服务费的收费标准。
(5) 设计与客户目标相一致并具备合理性能价格比的物业管理框架性方案。

2. 方法和要点

(1) 组织物业管理专业人员向建设单位提供专业咨询意见，同时对未来的物业管理进行总体策划。
(2) 除对物业档次进行定位外，还应考虑物业的使用成本。
(3) 选用知识面广、综合素质高、策划能力强的管理人员承担项目管理工作。

 阅读资料 4—2

物业项目的基本情况同引例。在该项目的论证阶段，物业服务企业就参与了工作，并就该物业的市场定位、物业管理的基本思路和框架、物业管理的运作模式提供了专业意见，得到了建设单位的采纳，具体内容如下。

(1) 考虑到整个工程项目的状况，首期消费者的定位是当地中低收入阶层，在项目规划上除合理控制建设成本外，还考虑到降低物业管理成本。按此思路，物业服务公司建议适当降低首期的绿化率,并选择稍便宜的设施设备。由于二期、三期的市场定位为当地中高收入阶层,因此在后续开发建设过程中应逐步提高绿化率,并相应提升设施设备选型配置的档次。

(2) 对项目的配套设施建设提出意见,重点是提出配套设施的布局方案,使得小区的布局既方便未来业主的使用,又避免对业主的生活产生影响和干扰。

(3) 提出了人车分流的概念,这在该地属于新的提法,也成为以后项目销售的亮点。

(4) 确定了物业管理早期介入和前期物业管理的时间、方式和工作内容,明确了各配合方之间信息沟通的渠道,确定了分阶段物业管理的目标和要求。

实践证明,这几条意见和建议对建设单位非常有益,能够帮助建设单位更加准确地进行市场定位,提高了项目的性能价格比。首期销售的良好业绩就是证明。

案例 4-1

华侨城的项目定位

深圳市的华侨城地产项目波托菲诺被公认为华南地区最具规模和旅游文化特色的高尚住宅区。整个项目总占地面积达 88 万平方米,总建筑面积 108 万平方米,整个区域规划以意大利波托菲诺(Portofino)为蓝本,结合华侨城的旅游文化、自然山水资源而精心构筑。波托菲诺不但包容现行的城市居住区的构成概念与原则,而且更强调居住空间的主体性、生态性、社会性、文化性和现代性。华侨城被称为深圳城市的"第三轴线",在这条用自然生态雕琢的轴线上,有着 $4.8km^2$ 的深厚绿色以及四大主题公园和多个生态广场。依托原有的燕含山、杜鹃山、麒麟山等自然环境资源,当别人还在城市中建花园,华侨城却开始在花园中建城市了;从世界之窗、锦绣中华、民族文化村、欢乐谷到生态广场、雕塑走廊,华侨城向人们展现的是一个与自然完美结合的高尚国际大社区,留给人们最深刻印象的就是两个字"绿色"。在这里很好地表现了其主体设计思路,就是对华侨城现有生态环境的利用和包容,在环境设计上充分考虑到与整个华侨城大环境的融合,力求实现一个共享的生态华侨城,凭借优异的自然资源成就一个非凡的生态国际社区。它是一种集居家、休闲、度假、购物、旅游等功能为一体的国际新型生活形态。

住在华侨城的居民由两部分组成,一是原有当地住户,二是外来移民。外来移民在数量上远远超过当地住户,加之华侨城地块开发相对较晚,所以原有的居住习惯特性不明显。外来移民的整体素质较高,80%以上有大专及以上学历,收入相对较高且很稳定。受华侨城整体规划影响,该区域居民对环境、生态、居住氛围要求很高。

华侨城区域配套独具特色,该区域拥有世界之窗、锦绣中华、民族文化村、欢乐谷等一大批旅游景区,形成了丰富的旅游景区配套;还有一座高科技园的科技配套支持。超市、医院、邮局、学校等配套设施相对集中且非常完善。

分析: 接管该项目的华侨城物业针对这一特殊的区域性特征,开创了"景区式物业管理"模式。即以营造"波托菲诺小镇生活格调"为努力目标,以波托菲诺社区的生态环境、高品位的社区文化、开放的社区形态、便利的沟通方式四个基本要素为管理主体,以业主、游客为服务主体,导入景区管理理念,实行"物业管理+景区管理"模式,体现"社区处处是景点,员工人人是导游"的景区式物业管理思想。通过他们的不懈努力,不断满足业主、游客持续增长的多样化需求,给业主以"财富人生的尊贵,悠闲畅意的体会";给游客以"观景赏景尽兴的享受",达到了组织、引导、培育高尚、高雅的社区文化氛围的目的。

进入角色: 假设你是物业服务企业开发部的一位工作人员,你认为针对这一项目,在物业

管理的内容上，还应该为开发商提出哪些具有特色的建议？

4.1.2 规划设计阶段早期介入的内容

规划设计阶段的早期介入是指物业服务企业在房地产开发已确立的项目设计规划阶段即开始介入，此时的主要内容就是完善物业的功能和管理功能设计。

设计规划阶段是房地产开发的第二个阶段，这个阶段要解决的主要是综合考虑整体环境设计、小区的合理布局、房屋或楼宇的使用功能、建材的选用、居住的安全舒适、硬件设施、设备配备和服务配套等。物业服务企业由于其长期所从事的管理服务工作的需要，对业主和使用人的各种需求，管理服务的要求最为了解，因此，物业管理人员对于项目的整体规划设计、功能配置、设备设施配套等提出的意见与建议，更加贴近业主和使用人的实际需求、满足今后管理服务的要求，有利于避免项目规划设计阶段给今后使用、管理带来的"先天不足"。这一阶段，物业服务企业针对规划设计中存在的问题和缺陷提出的意见与建议，一般是根据以往的管理经验和日后实施物业管理的需要。

1．内容

(1) 就物业的结构布局、功能方面提出改进建议。

(2) 就物业环境及配套设施的合理性、适应性提出意见或建议。

(3) 提供设施设备的设置、选型及服务方面的改进意见。

(4) 就物业管理用房、社区活动场所等公共配套建筑、设施、场地的设置、要求等提出意见。

2．方法和要点

(1) 参与有关规划设计的讨论会，并从使用、维护、管理、经营以及未来功能的调整和物业保值、增值等角度，对设计方案提出意见或建议。

(2) 帮助建设单位优化设计或从使用维护等角度上对设计方案进行调整，使项目在总体上更能满足客户的需求，从而有利于促进项目的成功，降低开发风险。设计上的预见性可以减少后续的更改和调整，为建设单位节约投资。

(3) 从确定的目标客户的角度考虑问题。在设计上，比较物业建设、使用、维护的成本与目标客户的需求及经济承受力，使业主、建设单位与物业服务企业的目标利益相统一。

(4) 要贯彻可行性研究阶段所确定的物业管理总体规划的内容和思路，保证总体思路的一致性、连贯性和持续性。

(5) 对于分期开发的物业项目，对共用配套设施设备和环境等方面的配置在各期之间的过渡性安排提供协调意见。

 阅读资料4-3

物业项目的基本情况同上例。在规划设计阶段，物业服务企业参与了多次论证会，就规划方案提出了多项建议，并得到建设单位的采纳，受到建设单位和业主的好评。建议的具体内容如下。

(1) 考虑到项目较大，且为分期开发，在设计方案时，建议采用分组团的布局，且各组团相对独立和封闭。这样对不同组团就能按服务对象的特点提供不同的服务内容，确定不同的收费标准，满足不同层次消费者的需求。

(2) 对智能化系统的设计、商业配套设施的建设、中心会所及休闲区域的布局、会所功能的设置、幼儿园的设置等提供了主导性意见。由于物业服务企业在实际运作方面有丰富的经验，所以实施后深得建设单位和业主的好评。

(3) 物业管理的基础条件，如管理办公用房，以及物业服务企业员工宿舍、食堂、休息室、仓库和清洁车停放场地等，在规划设计时就得以落实。

(4) 根据前期物业管理总体策划方案的思路，制定了详细的物业服务方案，确定了实施进度表，包括人员的编制及招聘、培训计划、费用测算等，这些都得到了建设单位的支持和认可。

(5) 位置是否方便日后检修，插座开关的高度、数目及具体的位置是否适当、方便使用等；大的方面有室内各种管线的布局、位置是否适用，垃圾的处理方式是选择垃圾道还是垃圾桶等。

4.1.3 建设施工阶段早期介入的内容

建设施工阶段的早期介入是指物业服务企业在房地产开发已确立的项目建设施工阶段即开始介入，此时的主要内容就是进行工程监控和熟悉项目的整体情况。

建设施工阶段是房地产开发项目质量保证的一个关键阶段，这个阶段施工质量的控制对项目的物业质量有直接的影响。此阶段物业服务企业介入，一方面通过参与工程监理，使工程质量多了一份保证，加强了工程监理的力量；另一方面也是对开发项目的全面了解，尤其是对基础隐蔽工程、机电设备安装调试、管道线路的铺设和走向等会有所了解，对保证后续的接管验收和管理服务的连续性有诸多益处。这个阶段由于设计人员、监理人员、开发商以及物业服务企业都要参与，所以对发现问题的处理容易出现扯皮推诿，产生监管部门多而监管力度差的现象。物业服务企业要把握好"配角"位置，明确责任，按程序行使职权，避免越权和推卸责任。这个阶段的建议包括如下几方面。

1. 内容

(1) 与建设单位、施工单位就施工中发现的问题共同商榷，及时提出并落实整改方案。
(2) 配合设备安装，确保安装质量。
(3) 对内外装修方式、用料及工艺等，从物业管理的角度提出意见。
(4) 熟悉并记录基础及隐蔽工程、管线的铺设情况，特别注意那些在设计资料或常规竣工资料中未反映的内容。

2. 方法和要点

(1) 派出工程技术人员进驻现场，对工程进行观察、了解、记录，并就有关问题提出意见和建议。
(2) 仔细做好现场记录，既为今后的物业管理提供资料，也为将来处理质量问题提供重要依据。
(3) 物业服务企业不是建设监理单位，要注意介入的方式方法，既要对质量持认真的态度，又不能影响正常的施工、监理工作。

 阅读资料 4—4

物业项目的基本情况同上例。在建设阶段，物业服务企业跟踪了整个过程，参与了多次专

题讨论会，提出改进意见(其中一次就提出了18项整改意见)，这些意见大部分都在建设中予以采纳。典型的内容如下。

(1) 对生活垃圾的收集、清运和处理方式提出了具体要求。确定了垃圾桶的规格、数量和放置位置，提供了垃圾场地设计方案，要点是采用瓷片砖地面、配备清洗水源和污水集排设施。

(2) 提供了单元门的安装意见。既便于安装可视对讲系统，又便于安装信报箱，还注重美观实用和便于维修。

(3) 在进行绿化带施工时，事先考虑灌溉管道的铺设。

(4) 在施工过程中发现部分室外基础工程质量较差，而该区属填海区，易发生不均匀沉降，导致此处的埋地管网发生断裂。因此建议重新施工。

(5) 安排机电技术人员全程跟踪机电设施设备的安装，累计提出了200余项改进意见。

(6) 提请建设单位留下一部分特殊的装饰材料(彩色地砖、镀膜玻璃、涂料等)，以便于将来的维修和更换。

(7) 为前期物业管理做准备工作。陆续招聘物业服务企业员工并进行培训，组织编写各类管理服务文件和规章制度，准备业主入住资料等。

(8) 协助建设单位同供电公司、自来水公司、煤气公司等城市公共事业单位协商移交相应设施设备事宜，暂不能移交的则事先确定委托管理方式及收费标准。

 **案例 4-2**

早期介入提佳策

某小区尚处于施工阶段，开发商委托物业服务公司早期介入。在整个早期介入过程中，物业服务公司针对一些细节，向开发商提出改进意见，既为开发商节约了资金，提升了楼盘的品质，也为日后的管理和业主生活提供了便利。

物业服务公司根据管理经验，发现该小区在高层或多层住宅的楼梯间、走廊两边的墙上，东一块、西一块补丁般地布满了有线电视、水表、电表、电子保安、电话等箱子。于是向开发商提出应根据不同房型的特点，留出一定的空间，将所有的表具安装在合适的位置，既方便不同单位来安装，又为今后抄表工作省去不少麻烦。物业服务公司在小区设计图中发现，原先的垃圾房设计不够合理，就向开发商建议设置骑墙式垃圾房，一面朝向小区存放垃圾，一面朝向区外道路，便于装运垃圾。此垃圾房建筑面积在 $20m^2$ 左右，内外设门，内墙面贴瓷砖，设水龙头便于清洗，下置排水道，外立面与小区整体建筑风格相协调。开发商欣然接受，并着手改造。

物业服务公司还发现，有几幢楼的楼板内无任何预埋管道，这将影响今后的"穿线"工作。物业服务公司向开发商汇报了此事，开发商立刻命令施工队返工，并要求物业服务公司和监理方共同监督施工过程。

分析： 本案例中，物业服务公司在早期介入阶段向开发商提出了几条合理化建议，既使开发商节约了成本，又避免日后因这些细节引发纠纷。物业管理早期介入的最大好处，是物业服务公司能从业主的利益、需求出发提出意见，从物业管理服务审慎的思维角度、从是否有利于日后物业管理服务等具体细节上提出意见或建议，从而把一般楼盘开发中容易出现的问题降到最低限度。

进入角色： 假设你是在物业服务企业早期介入的工作人员，在你所介入的项目中有如下情况，你会怎样处理？

某建筑每层平面为 800 多平方米,有两道分布合理的消火栓及其立管就足以满足国家消防规范的要求。然而某设计院却为其设计了三道,这意味着不仅无谓增加了 30 多万元的建筑成本,而且影响了户内布局。于是,你提议开发商抓紧找设计院洽商变更设计,取消一道消火栓及其立管。开发商也认为你的建议确实很有道理,便马上和设计院进行交涉。不料设计院不愿意否定自己的设计方案,开发商反复交涉也未获认可,只好找你商议此事的解决办法。

4.1.4 销售阶段早期介入的内容

物业服务企业在销售阶段介入主要有两方面的工作内容,一方面是协助建设单位促进物业的租售,另一方面逐步完成物业服务方案。

1. 内容

(1) 完成物业服务方案及实施进度表。
(2) 拟定物业管理的公共管理制度。
(3) 拟定各项费用的收费标准及收费办法,必要时履行各种报批手续。
(4) 对销售人员提供必要的物业管理基本知识培训。
(5) 派出现场咨询人员,在售楼现场为客户提供物业管理咨询服务。
(6) 将全部早期介入所形成的记录、方案、图样等资料,整理后归入物业管理档案。

2. 方法和要点

(1) 准确全面展示未来物业管理服务内容。有关物业管理的宣传及承诺,包括各类公共管理制度,一定要符合法规,同时要实事求是。在销售物业时应根据物业管理的整体策划和方案进行,不应为了促销而夸大其词,更不能做出不切实际的承诺。
(2) 征询业主对物业管理服务需求意见,并进行整理,以此作为前期物业管理服务方案的制定和修正依据。

阅读资料 4—5

物业项目的基本情况同上例。其在销售阶段的介入内容如下。

(1) 在销售前,整理并全面完成物业服务方案,将各项应使购房业主了解的内容,以书面文件的形式纳入有关公约、协议中。
(2) 在销售前对售楼人员进行物业管理培训,使他们对物业管理的基本概念和基本知识有所了解,对将来该小区的物业管理内容和模式有统一的理解。
(3) 在售楼现场安排专职的物业管理咨询人员,接受购房者的咨询。
(4) 为使业主或未来业主对物业管理有所了解,在销售时,就在售楼处、样板房等处展开规范的物业管理工作(如清洁、绿化、安全保护等),使业主对物业管理有良好的印象。

4.1.5 竣工验收阶段早期介入的内容

竣工验收阶段的早期介入是指物业服务企业在房地产开发已建成,项目竣工验收阶段开始介入,此时的主要内容就是参与工程的验收,与开发商商定前期物业管理的委托事宜。

竣工验收阶段是房地产开发项目的最后一个阶段,这个阶段是建筑单位把符合设计文件规定要求且具备使用条件的开发项目交给开发商。竣工验收是对开发项目质量控制的最后把关，其工作的认真、细致与否，不仅对开发项目质量最终认定产生直接的影响，而且对物业服务企业接管验收也将产生影响。因此，物业服务企业在此阶段尽管是以参与者的身份介入，但是在认识和操作上，都不能有丝毫的懈怠，以便为接下来的物业接管验收打好基础。

1. 内容

这一阶段的介入内容主要是参与竣工验收。在各单项工程完工后，参与单项工程竣工验收；在分期建设的工程完工后，参与分期竣工验收；在工程全面竣工后，参与综合竣工验收。

2. 方法和要点

物业服务企业参与竣工验收，主要是为了掌握验收情况，收集工程质量、功能配套以及其他方面存在的遗留问题，为物业的承接查验做准备。在参与验收时，应随同相关验收组观看验收过程，了解验收人员、专家给施工或建设单位的意见、建议和验收结论。

4.2 前期物业管理

在前期物业管理期间，物业服务企业从事的活动和提供的服务，既包含物业正常使用期所需要的常规服务内容，又包括物业共用部位、共用设施设备承接查验，业主入住，装修管理，工程质量保修处理，物业管理项目机构的前期运作、前期沟通协调等前期物业管理的特殊内容。本情境只就前期物业管理的部分特殊内容作简明介绍。

4.2.1 物业管理项目前期运作

1. 管理资源的完善与优化

在物业管理实践中，往往在业主入住之前就已经成立了物业管理项目机构，配备了相应的物业服务企业人员，设置了办公场所和进行了物资配备；但是，上述工作一般带有临时性和不确定性。因此，在前期物业管理的过程中，需要不断进行调整，具体内容如下。

1) 管理用房到位

建设单位按规定将管理用房移交给物业管理项目机构。物业服务企业对管理用房进行合理划分和必要装修，成为项目管理机构固定的管理用房。

2) 物资配备到位

一个新的物业管理项目运作需要配备的物资较多，在项目开始运作的时候，一般只配备了其中的一部分。在前期物业管理过程中，应根据实际需要逐步配备到位。

3) 物业管理人员到位

物业管理人员到位的主要内容如下。

(1) 补充人员。

(2) 对各岗位人员进行强化培训，提高物业管理水平和操作技能。

(3) 对现有组织机构进行优化调整，形成完善的管理组织结构。

(4) 加强内部管理和磨合，形成一个良好的管理团队。

2. 管理制度和服务规范的完善

在前期物业管理过程中，物业项目管理机构应根据实际管理情况对已制订的管理制度和服务规范进行调整、补充和完善。

3. 确定物业管理单项服务的分包

对具体物业管理项目进行管理时,物业服务企业可以根据企业的自身情况和需要来确定是否将部分单项服务分包给社会专业服务公司。对分包的服务项目,要进行市场调查、筛选,确定符合自己要求的分包单位。

4.2.2 工程质量保修

在物业竣工验收后,工程进入质量保修期。物业工程质量保修分为两部分:一是物业服务企业承接管理的物业共用区域及共用设施设备等部分;二是业主从建设单位购买的产权专有部分。这两部分的保修事务都应由建设单位负责。物业服务企业的工程质量保修相关工作,主要是向建设单位申报对物业共用区域及共用设施设备的质量保修,跟踪并督促完成。业主产权专有部分由业主自行向建设单位提出处理要求,在实际管理中,业主也可以向物业服务企业反映,物业服务企业应及时转告建设单位。

4.2.3 前期沟通协调

物业管理是一个综合性较强的行业,物业管理活动所涉及的单位、部门也较多。其中,直接涉及的单位和部门有政府行政主管部门、社区居民委员会、开发建设单位、物业服务企业、业主、业主大会及业主委员会等;相关的单位和部门有城市供水、供电、供气、供暖等公共事业单位,市政、环卫、交通、治安、消防、工商、税务、物价等行政管理部门。物业服务企业应分析各相关部门和单位的作用及其与物业管理项目之间的相互关系,确定与各方面沟通协调的内容,建立沟通协调的渠道。通过沟通协调建立的良好合作支持关系,不仅有利于前期物业管理工作的开展,也为后期的正常管理打下良好的基础。

4.2.4 前期物业管理的特点

(1) 由前述前期物业管理工作的内容分析可见,前期物业管理的许多工作,尤其是前期物业管理的特定内容是以后常规期物业管理的基础,对常规期物业管理有着直接和重要的影响。这是前期物业管理最明显的特点。

(2) 前期物业管理的职责是在新建物业投入使用初期建立物业管理服务体系并提供服务,其介于早期介入与常规物业管理之间。因此,前期物业管理在时间上和管理上均是一个过渡时期和过程。

(3) 新建物业及其设施设备往往会因其施工质量隐患、安装调试缺陷、设计配套不完善等问题在投入使用的初期集中反映出来,造成物业使用功能的不正常,甚至可能会出现临时停水停电、电梯运行不平稳、空调时冷时热等现象。由于物业及设施设备需要经过一个自然磨合期和对遗留问题的处理过程,才能逐步进入平稳的正常运行状态,因此,此阶段的物业管理也明显呈现管理服务的波动和不稳定状态。

(4) 经营亏损。在前期物业管理阶段,需要投入较大人力、财力、物力等资源,管理成本相对较高。但与此同时,物业空置率却较高,管理费收缴率低。因此,前期物业管理阶段的经营收支一般呈现收入少、支出多、收支不平衡和亏损状态。

4.3 物业的接管验收

接管验收是指物业服务企业在接受委托物业管理时，对新建物业或原有物业按行业接管验收标准进行综合检验的过程。接管验收是在竣工验收合格的基础上，以主体结构安全和满足使用功能为主要内容的验收。接管验收以后，整个物业就移交给物业服务企业管理。

接管验收的对象有两种，一是新建房屋，即开发商已完成竣工验收的建设项目，其交接人为开发商；二是原有房屋，指已取得房屋所有权证，并已投入使用的房屋，其交接人为业主委员会。

物业的接管验收是物业服务企业在接管物业前的一个重要环节，是发现隐患、规避风险的机会。物业的接管验收不仅包括房屋本体、附属设备、配套设施，而且还包括道路、场地和环境绿化等，接管验收的重点应放在对物业的使用功能的验收和对物业资料的接收上。通过接管验收能够明确交接双方的责、权、利关系，实现权利和义务的转移；确保物业具备正常的使用功能，充分维护业主的利益，促使开发商或建筑单位按标准进行设计和建设，减少日后管理过程的维修、养护工作量；能够弥补业主专业知识的不足，从总体上把握整个物业的质量；能够熟悉物业情况，为日后管理创造条件。通过接管验收中的有关物业的文件资料，还可以摸清物业的性能与特点，预防管理中可能出现的问题，计划安排好各项管理，发挥物业管理社会化、专业化、现代化的管理优势。

4.3.1 物业接管验收的条件与准备工作

1. 物业接管验收的条件

接管验收的首要条件是竣工验收合格。

1) 物业验收的常规条件

（1）凡竣工的工程，一般需做到"五通一平"，即通路、通水、通电、通信、通暖，楼前6m、楼后3m场地要平整，不准堆积建材或杂物，以确保进出安全；要做到煤气表、电表、水表"三表"到户；室内清扫干净，水池、水盆、马桶、门窗、玻璃、管道清理干净，无污物，达到窗明地净；地漏、雨水管等处无堵塞杂物。

（2）高层住宅楼生活供水系统，必须具有卫生防疫部门核发的用水合格证。生活用水全部靠自己打井取水的小区在验收房屋时，水样送交有关部门，检验水质符合生活用水标准。

（3）高层住宅楼电梯，必须具有劳动部门核发的安全运行合格证。

（4）高层住宅楼消防供水系统，必须经消防部门检验合格。

（5）房屋应按图样、文件要求，达到设备齐全、功能可靠、手续完备。

2) 新建房屋接管验收条件

（1）建设工程全部施工完毕，并已经竣工验收合格。

（2）供电、采暖、给水排水、卫生、道路等设备和设施能正常使用。

（3）房屋幢、户编号经有关部门确认。

3) 原有房屋接管验收条件

（1）房屋所有权、使用权清楚。

(2) 土地使用范围明确。

(3) 原物业服务企业已解除合同关系。

2. 物业接管验收的准备工作

新建物业竣工后、业主入住前,物业服务企业应及时组建接管验收小组,对所接管的物业进行综合性的接管验收,以确保所接管物业基本合格,满足业主的质量要求。

1) 成立物业接管小组

(1) 在接到接管验收指令后,企业各相关部门应立即按照要求抽调业务骨干组成物业接管小组。

(2) 接管验收小组应当由企业以下部门人员组成。

① 办公室抽调档案管理文员,负责接管物业的产权、工程、设备资料的验收移交工作。

② 客服管家部抽调人员,负责业主资料的验收移交,以及协助楼宇的验收移交工作。

③ 工程部抽调人员,具体负责房屋本体、公共设施和机电设备的验收移交工作。

2) 接管验收前的准备

(1) 与开发商联系好交接事项、交接日期、进度、验收标准等。

(2) 派出先头技术人员前往工地现场摸底,制订好接管验收计划。

(3) 提前参与竣工验收和机电设备最终安装、调试工作,做到心里有数。

(4) 准备好接管验收记录表格。

3. 物业接管验收应提交的资料

1) 新建房屋接管验收应提交资料

(1) 产权资料。项目批准文件、用地批准文件、建筑执照、拆迁资料等。

(2) 技术资料。

① 竣工图,包括总平面、建筑、结构、设备、附属工程有隐蔽管线的全套图样。

② 地质勘察报告。

③ 工程合同及开、竣工报告。

④ 工程预决算。

⑤ 图样会审记录。

⑥ 工程设计变更通知及技术核定单位(包括质量事故处理记录)。

⑦ 隐蔽工程验收签证。

⑧ 沉降观测记录。

⑨ 竣工验收证明书。

⑩ 钢材、水泥等主要材料的质量保证书。

⑪ 新材料、构配件鉴定合格证书。

⑫ 水、电、暖、通、卫生器具、电梯等设备的检验合格证书。

⑬ 砂浆、混凝土试块试压报告。

⑭ 供水、供暖、管道煤气的试压报告。

2) 原有房屋接管验收应验交的资料

(1) 产权资料。

① 房屋所有权证。

② 土地使用权证。

③ 有关司法、公证文书和协议。
④ 房屋分户使用清册。
⑤ 房屋设备及其固定附着物清册。
(2) 技术资料，包括建筑竣工图样资料、全套设备设施图样资料、全套环境绿化竣工资料。

4.3.2 物业接管验收的程序、内容及相关问题

1. 物业接管验收的程序

1) 新建物业的接管验收程序

(1) 建设单位书面提请接管单位接管验收，并提交相应的资料。

(2) 接管单位按照接管验收标准，对开发商提交的申请和相关资料进行审核，具备条件的，应在15日内签发验收通知并约定验收时间。

(3) 接管单位会同开发商按照接管验收的主要内容及标准进行验收。

(4) 验收过程中发现的问题，按质量问题的处理办法处理。

(5) 经检验符合要求时，接管单位应在7日内签发验收合格凭证，并及时签发接管文件。

物业的承接、查验工作流程图如图4.2所示。

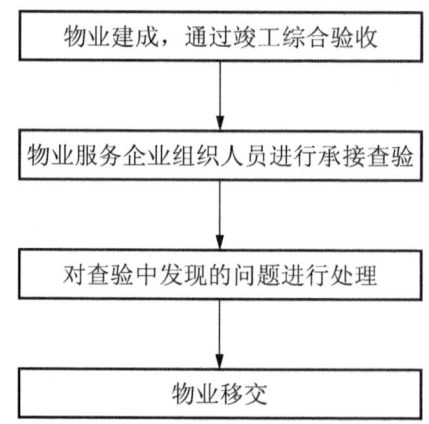

图4.2 新建物业的承接、查验工作流程图

2) 原有物业的接管验收程序

(1) 业主或业主委员会书面提请接管单位接管验收，并提交相应的资料。

(2) 接管单位按照接管验收标准，对业主或业主委员会提交的申请和相关资料进行审核，具备条件的，应在15日内签发验收通知并约定验收时间。

(3) 接管单位会同业主或业主委员会按照接管验收的主要内容及标准进行验收。

(4) 查验房屋的情况，包括建筑年代、用途变迁、拆改添建等；评估房屋的完好与损坏程度及现有价值；对在验收过程中发现的问题，按危险和损坏问题处理办法处理。

(5) 交接双方共同清点房屋、装修、设备和附着物，核实房屋的使用状况。

(6) 经检验符合要求时，接管单位应在7日内签发验收合格凭证，签发接管文件，并办理房屋所有权的转移登记(若无产权转移，则无须办理)。

2. 接管验收的内容及标准

1) 新建物业接管验收的内容及标准

(1) 主体结构。

① 地基基础的沉降不得超过《建筑地基基础设计规范》(GB 50007—2011)的允许变形值；不得引起上部结构的开裂或相邻房屋的损坏。

② 钢筋混凝土构件产生变形、裂缝，不得超过《混凝土结构设计规范》(GB 50010—2010)的规定值。

③ 木结构应结构牢固，支撑系统可靠、无蚁害，其构件选材必须符合《木结构工程施工质量验收规范》(GB 50206—2012)的相关规定。

④ 砖石结构必须有足够的强度和刚度，不允许有明显裂缝。

⑤ 凡抗震设防的房屋，必须符合《建筑抗震设计规范》(GB 50011—2010)的相关规定。

⑥ 外墙不得渗水。

(2) 屋面与楼地面。

① 各类屋面必须符合《屋面工程质量验收规范》(GB 50207—2012)的规定，排水畅通，无积水，不渗漏。

② 平屋面应有隔热保温措施，3层以上房屋在公用部位设置屋面检修孔。

③ 阳台和3层以上房屋的屋面应有组织排水，出水口、檐沟、落水管应安装牢固，接口严密，不渗漏。

④ 面层与基层必须粘接牢固，不空鼓。整体面层平整，不允许有裂缝、脱皮和起砂等缺陷；块料面层应表面平正，接缝均匀顺直，无缺棱掉角。

⑤ 卫生间、阳台、盥洗间地面及相邻地面的相对标高应符合设计要求，不应有积水，不允许倒泛水和渗漏。

⑥ 木楼地面应平整牢固，接缝密合。

(3) 装修。

① 钢木门窗应安装平正牢固，无翘曲变形，开关灵活；零配件装配齐全，位置准确；钢门窗缝隙严密，木门窗缝隙适度。

② 进户门不得使用胶合板制作，门锁应安装牢固，底层外窗、楼层公共走道窗、进户门上的亮子均应装设铁栅栏。

③ 木装修工程应表面光洁，线条顺直，对缝严密，不露钉帽，与基层必须钉牢。门窗玻璃应安装平整，油灰饱满，粘接牢固。

④ 抹砂应平整，不应有空鼓、裂缝和起泡等缺陷。

⑤ 饰面砖应表面洁净，粘贴牢固，阴阳角与线角顺直，无缺棱、掉角。

⑥ 油漆、刷浆应色泽一致，表面不应有脱皮、漏刷现象。

(4) 水电设备设施的验收。

① 供配电系统的验收。

a. 检查高低压配电柜、高压器有无正式供电；是否满足设计功能；是否按国家及地区有关规程施工；有无事故及安全隐患(如电缆沟有无盖板，有无悬挂安全标示牌，安全有效距离是否合格，高压侧有无隔离设施等)；接地网有无可靠接地；设备房有无做好"三防"措施(如有无防鼠板，电缆沟、门窗、墙洞有无封网等)。

b. 检查发电机系统是否能满足设计功能，机组能否正常使用，机油管路、柴油管路、冷却水路是否畅通。若有两台以上机组，能否并车同步进行，烟管有无漏烟现象，有无事故紧急停车功能，应急自动发电功能能否正常启动，必保供电线路是否正常供电等。

c. 低压电气线路应平整、牢固、顺直，过墙应有导管，导线连接必须紧密，铝导线连接不得采用铰接或绑接；采用管子配线时，连接点必须紧密、可靠，使管路在结构上和电气上均连成整体并有可靠的接地，每回路导线间及对地绝缘电阻值不小于规定要求。应按套安装电表或预留表位，并有电气接地装置。照明器具等低压电器安装支架必须牢固，部件齐全，接触良好，位置正确。电表应经过国家供电有关部门检测。

d. 避雷装置的所有连接点必须牢固可靠，接地电阻值必须符合电气装置工程施工及验收规范的要求。

② 中央空调系统通风工程部分的验收。

a. 检查中央空调主机能否正常运行，负荷能否在可调节范围内调节运行，检查冷却泵、冷冻泵、冷却塔能否正常运行，控制柜内电气线路是否符合规范。

b. 检查冷冻管系、冷却管系和阀门，保温是否完好，有无漏水现象；防腐是否符合要求，膨胀水箱能否正常补水。

c. 检查制冷或制热情况能否满足设计要求。

d. 检查柜式风机、盘管内机、新风机、吊顶风机能否正常使用。噪声是否在有效范围内，风管出风是否均匀，风机进风口、出风口有无封闭现象。

③ 电梯的验收。

a. 电梯应能准确运行、选层、平层、停层。

b. 曳引机的噪声和振动声不得超过《电气装置安装工程 低压电器施工及验收规范》(GB 50254—2014)的规定值。

c. 制动器、限速器及其他安全设备应动作灵敏可靠。

④ 消防系统的验收包括以下几方面。

a. 检查消防控制系统烟感、温感、水流等信号能否做出相应反应，消防栓泵、喷淋泵、排烟风机、排烟阀加压风机等能否自动及手动起动，消防广播系统能否正常播音。

b. 检查消防管路有无漏水，阀应保持常开状态(防火水阀除外)，消防栓内配件是否缺少，检查喷淋头是否满足要求，消防栓、喷淋头有无水流，水压是否满足要求。

c. 检查气体灭火系统能否正常运行，气体压力是否在正常范围内，气体有无及时补充更换。

d. 检查各工作生活点手提式灭火器、防毒面具等是否配备整齐，防火门是否合格，有无保持常开状态，消防设施有无故障妨碍正常使用等。

⑤ 给排水系统的验收。

a. 管道应安装牢固，控制部件启闭灵活、无滴漏；水压试验及保温、防腐措施必须符合采暖与卫生工程施工及验收规范的要求；应按套安装水表或预留表位。

b. 高位水箱进水管与水箱检查口的设置应便于检修。

c. 卫生间、厨房内的排污管应分设，出产管长不宜超过 8m，并不应使用陶瓷管、塑料管。地漏、排污管接口、检查口不得渗漏，管道排水必须流畅。

d. 卫生器具质量良好，接口不得渗漏，安装应平正牢固、部件齐全、制动灵活。

e. 水泵安装应平稳，运行时无较大振动。

(5) 供暖系统的验收。

① 采暖工程的验收时间，必须在采暖期前 2 个月进行。

② 锅炉、箱罐等压力容器应安装平整、配件齐全、不得有变形、裂纹、磨损、腐蚀等缺陷。安装完毕后，必须有专业部门的检验合格签证。

③ 炉排必须进行 12h 以上的试运转，炉排之间、炉排与炉铁之间不得互相摩擦，且无杂声、不跑偏、不凸起、不受卡、返转应自如。

④ 各种仪器、仪表应齐全精确，安全装置必须灵敏、可靠，控制阀门应开关灵活。

⑤ 炉门、灰门、煤斗闸板及烟、风挡板应安装平正、启闭灵活、闭合严密，风室隔墙不得透风、漏气。

⑥ 管道的管径、坡度及检查井必须符合《建筑给水排水及采暖工程施工质量验收规范》(GB 50242—2002)的要求，管沟大小及管道排列应便于维修，管架、支架、吊架应牢固。

⑦ 设备、管道不应有跑、冒、滴、漏现象。保温、防腐措施必须符合《建筑给水排水及采暖工程施工质量验收规范》(GB 50242—2002)的规定。

⑧ 锅炉辅机应运转正常，无杂声。消烟除尘、消声减震设备应齐全，水质、烟尘排放浓度应符合环保要求。

⑨ 经过 48h 连续试运行，锅炉和附属设备的热工、机械性能及采暖区室温必须符合设计要求。

(6) 附属工程及其他。

① 房屋入口处必须做室外道路，并与主干道相通，道路不应有积水(路面排水反坡)。

② 沟渠排水是否通畅，有否残余建筑垃圾。明沟、散水、落水沟头不得有断裂、积水现象。

③ 检查供水管道有无渗漏，有条件的在一段时间内检查水管前后水表读数是否相符。

④ 化粪池应按排污量合理设置，池内无垃圾杂物，进出水口高差不得小于 5cm；立管与粪池间的承接管道应有足够坡度，并应不超过 2 个弯。检查有无透气管(不能完全密闭)。

⑤ 检查小区内有否配备室外消防栓，水压是否足够。

⑥ 检查小区内路灯开关分区是否合理，有否防雷保护。

⑦ 室外排水系统的标高、窨井(检查井)设置、管道坡度、管径均必须符合《室外排水设计规范》(GB 50014—2006)的要求；管道应顺直且排水通畅，井盖应搁置稳妥并设置井圈。

⑧ 房屋应按单元设置信报箱，其规格、位置需符合有关规定。

⑨ 挂物钩、晒衣架应安装牢固；烟道、通风道、垃圾道应畅通，无阻塞物。

⑩ 单体工程必须做到工完料净场地清、临时设施及过渡用房拆除清理完毕；室外地面平整，室内外高差符合设计要求。

⑪ 群体建筑应检验相应的市政、公建配套工程和服务设施，达到应有的质量和使用功能要求。

2) 原有物业接管验收的内容及标准

(1) 质量与使用功能的检验。

① 以《危险房屋鉴定标准》(JGJ 125—1999)和国家有关规定作为检验依据。

② 从外观检查建筑物整体的变异状态。

③ 检查房屋结构、装修和设备的完好与损坏程度。

（2）危险和损坏问题的处理。

① 属有危险的房屋，应由交接人负责排险解危后，才能接管。

② 属有损坏的房屋，由交接人和接管单位协商解决，既可约定期限由交接人负责维修，也可采用其他补偿形式。

③ 属法院判决没收并通知承接的房屋，按法院判决办理。

3. 接管验收遗留问题的处理

1）遗留问题的登记确认

（1）对资料验收中发现的资料不全、不真实、不合格等问题，接管验收小组应当将问题逐项记录在《接管验收资料遗留问题统计表》中，并交交接人签字确认。

（2）对物业硬件设施接管验收中发现的不合格等问题，接管验收小组应当将问题逐项记录在《公共配套设施接管验收遗留问题统计表》中，并请交接人签字确认。

2）遗留问题的解决

（1）对资料遗留的问题，接管验收小组应当积极同交接人联系补齐，必要时企业领导应当协助进行。

（2）对物业硬件设施、设备遗留问题，一般问题接管验收小组应当要求交接人在两周内解决；重大问题接管验收小组应当要求交接人在一个月内解决。必要时企业领导应当协助进行。

（3）对于长期解决不了，势必会影响物业管理的问题，物业服务公司应当以备忘的形式将问题登记后交给交接人进行备录。

案例 4-3

接管验收不可掉以轻心

A公司建设了一座涉外商务大厦，由于当时A公司自身并不具备直接管理大厦的经验和能力，便聘用F公司负责项目的物业管理工作。由于F公司是以低价中标，因而财务压力很大，在实际管理运作中经常偷工减料，对管理成本进行非正常压缩，造成客户大量投诉，大厦形象受到影响。在这种情况下，A公司决定提前一年终止委托合同，自己组建机构接管。项目交接时双方分别就项目现状进行了逐项检查和记录，在检查到空调机组时，因正值冬季，环境温度无法达到开机条件，在粗略看过机房后，接收人员便在"一切正常"的字样下签了名。春夏之交，在进行空调运行准备过程中发现，F公司对机组的维护保养工作做得很差，竟然在过去的一年里从未给机组加过油，有的机头已不能启动，需要更换部分零件。F公司要求A公司支付双方约定的提前终止委托管理的补偿费用，而A公司则认为F公司在受委托期间未能正常履行其管理职责，造成设备受损，补偿费用要扣除相当部分。这时F公司的律师出场了，手里拿着有A公司工作人员"一切正常"签字的交接验收记录的复印件向A公司提出了法律交涉。

分析： 有人说，物业管理是一门科学，也有人说，物业管理是一门艺术。这两种说法都对。物业管理是科学与艺术的结合。物业项目的交接验收工作是属于"科学"这一部分的，交验工作务必认真仔细，签署验收意见务必慎重小心，签名盖章要斟酌再三。

案例中，A公司的失误在于空调机组验收时没有进行开机运行，如果当时不具备开机条件，则应标注存疑。事情的发展颇有柳暗花明的味道,当F公司的律师气势汹汹地提出法律交涉时,由A公司起草,A、F两公司共同签署的"终止委托物业管理协议"中的一个条款使A公司的权益得到了保护,该条款规定A、F公司必须对"遗留问题备忘录"予以签署确认后,该协议方能生效,而这个备忘录中A公司将空调机组存在的问题已经做了补充,F公司尚未签署也未给予足够重视。真可谓"一字千金"。

进入角色: 假设A、F两公司共同签署的"终止委托物业管理协议"中的没有"规定A、F公司必须对'遗留问题备忘录'予以签署确认后,该协议方能生效"的条款,你认为A公司应该怎样做?

4.3.3 物业接管验收中应注意的问题

接管验收是物业服务企业接管物业的重要环节,物业服务企业通过接管验收,由对物业的早期介入或参与投标、洽商合同转入对物业的实体管理之中。因此,物业服务企业对所移交的物业一定要把好验收关,否则因为把关不严而造成的后遗症和改造、增设工程,会给今后的物业管理服务带来许多不必要的麻烦。为确保今后物业管理工作能顺利开展,物业服务企业在接管验收时应注意以下几个方面。

1. 人员选配要精干

物业服务企业应选派素质好、业务精、对工作认真负责的管理人员及技术人员参加验收工作。

2. 验收立场要明确

物业服务企业既应从今后物业维护保养管理的角度进行验收,也应站在业主的立场上,对物业进行严格的验收,以维护业主的合法权益。

3. 遗留问题要备案

(1) 对在前期介入阶段提出的完善项目和整改意见进行复核,对尚未完善的事项,要求开发商提出的补救和解决措施并备案(包括物管用房、专项基金、开办费用、对外承诺的小区配套设施等敏感问题)。

(2) 接管验收中若发现问题,应明确记录在案,约定期限督促交接人对存在的问题加固补强、整修,直至完全合格。

4. 保修事宜要落实

落实物业的保修事宜。根据建筑工程保修的有关规定,由开发商负责保修的,应向物业服务企业交付保修保证金;或由物业服务企业负责保修,开发商一次性拨付保修费用。

5. 特殊信息要收集

(1) 新建物业开发商应将项目所有土建工程、装饰工程、市政工程、设备安装工程和绿化工程等主体及配套工程的施工(承包)单位名称、工程项目、工程负责人员联系电话、保修期限等内容列出清单交给物业服务企业。

(2) 将开发商施工未用完的小区建材,如各种瓷砖、玻璃窗及配件等留下备用,可减少以后维修费用。

(3) 凡项目采用非市面上常见的建材、设备和设施的,应让开发商或施工单位提供供

货和维修保养单位的地址、电话和联系人。

6. 管理配套要关注

验收时注意与物业管理服务密切相关的设施和管线有无按要求做好。包括岗亭、道闸、围栏防攀防钻设施、清洁绿化取水用的水管接口、倒水池、垃圾收集房(含清洁工具房)、小区标识系统、车棚、停车位是否足够，小区摆摊、室外用电的预留电源插座等设施。

7. 产权界定要证明

小区公共设备、设施、辅助场所(幼儿园等)、停车位、会所等产权需界定并出具相关证明(避免以后引起业主投诉、纠纷)。

8. 管理权限要清楚

物业服务企业接受的只是对物业的经营管理权以及政府赋予的有关权利。

9. 验收手续要齐全

接管验收符合要求后，物业服务企业应签署验收合格凭证，签发接管文件。

4.3.4 物业的撤管

1. 自然解聘

自然解聘是物业管理委托合同期满后不再续聘。续聘是指物业管理委托期限到期后对物业服务企业的再次聘用。为了确保业主和物业服务企业双方利益，物业管理委托合同中对物业管理的期限都有明确的规定。

2. 提前解聘

提前解聘是在合同期内，由于某种原因，合同双方或单方提出终止合同的履行。提前解聘一般发生在合同履行中双方产生争议而又协商不成时；物业服务企业认为业主或业主委员会未认真履行合同中载明的义务，或对本企业物业管理工作的支持配合十分不力，以至无法继续履行合同；业主或业主委员会认为物业服务企业未认真履行合同中载明的义务，以至无法继续履行合同。

3. 撤管工作

在项目撤管工作中物业服务企业应恪守四个原则，即严格守法、善始善终、求同存异、诚信负责。物业服务企业要本着向业主负责的精神，做好撤管工作，并将诚信负责作为项目退出工作的最终落脚点。项目撤管要按三个阶段安排：策划准备阶段，包括设立项目退出专项工作组，制定退出方案，依法促成业主委员会成立；过渡阶段，依法促使业主委员会进行物业管理招投标，配合业主委员会选聘企业，正式交接；收尾阶段，帮带接管企业熟悉项目，正式移交，移交资料完整齐全，手续合法，做好移交后续工作，坚持注重服务细节。

 案例 4-4

物业服务费该不该缴

某小区入住已满五年，已经成立了业主委员会。业主委员会与物业服务企业 A 公司签订的物业服务合同已经到期。业主委员会试图通过招标的方式重新选择物服务企业，一直未能顺利进行，A 物业服务公司仍按照原合同提供物业管理和服务。业主王先秉以物业服务合同到期为由不缴付 A 物业服务公司的物业管理费。A 物业服务公司经多次催缴未果。

进入角色： 假设你是新物业服务公司的负责人，你会怎样做？

4.4 业 主 入 住

业主入住（入伙）是指业主和使用人收到书面入住通知书并办理接房手续的过程，即业主领取钥匙，接房入住。

从权属关系看，入住是开发商将已建好的物业及物业产权按照法律程序交付给业主的过程，是开发商和业主之间物业及物业产权的交接。但物业服务企业作为物业的管理者，有义务协助开发商和业主做好验房、付款、签约、装修和搬迁等入住相关事宜。按规定，当新建的房屋符合交付使用的条件，开发商或物业服务企业应适时向业主和使用人发出入住通知书，约定时间办理接房手续。通常业主和使用人应当在约定的时间期限内办妥房屋验收手续，如因特殊原因无法及时接房，必须征得开发商或物业服务企业同意。

业主和使用人办理完入住手续，完成对房屋的验收后，户内的所有管理责任将转移至业主和使用人身上，物业服务企业、业主和使用人共同管理、相互监督的关系已然形成。因此，移交时双方须完成一定的手续，以维护业主和使用人与物业服务企业之间的权利、义务。

入住是业主和使用人首次接收自己的物业，也是物业服务企业第一次与业主接触，是物业服务企业展示企业形象、服务水平、专业能力的最佳契机。因此，入住是物业管理整个管理程序中非常重要的一个环节，对物业服务企业取得业主和使用人的信任，留下美好的第一印象至关重要，对物业服务企业的品牌建设和可持续发展有着深远的影响。

4.4.1 业主入住前的准备工作

入住服务是物业管理单位首次直接面对业主提供相关服务，直接关系到业主对物业管理服务的第一印象。因此，物业管理单位要从各方面做好充分细致的准备，全面有效地保障业主的入住工作。

1. 资料准备

1) 《住宅质量保证书》及《住宅使用说明书》
2) 《入住通知书》

《入住通知书》是建设单位向业主发出的办理入住手续的书面通知。一般而言，主要内容包括以下几项。

(1) 物业具体位置。
(2) 物业竣工验收合格以及物业服务企业接管验收合格的情况介绍。
(3) 准予入住的说明。
(4) 入住具体时间和办理入住手续的地点。
(5) 委托他人办理入住手续的规定。

(6) 业主入住时需要准备的相关文件和资料。

(7) 其他需要说明的事项。

3) 《物业验收须知》

《物业验收须知》是建设单位告知业主在物业验收时应掌握的基本知识和应注意事项的提示性文件。一般而言，主要内容包括以下几项。

(1) 物业建设基本情况、设施设备的使用说明。

(2) 物业不同部位保修规定。

(3) 物业验收应注意事项以及其他需要提示说明的事项等。

4) 《业主入住房屋验收表》

《业主入住房屋验收表》是记录业主对房屋验收情况的文本，通常以记录表格的形式出现。使用《业主入住房屋验收表》可以清晰地记录业主用户的验收情况。一般而言，主要内容包括以下几项。

(1) 物业名称、楼号。

(2) 业主、验收人、建设单位代表姓名。

(3) 验收情况简要描述。

(4) 物业分项验收情况记录，以及水电煤气等的起始读数。

(5) 建设单位和业主的签字确认。

(6) 物业验收存在的问题，有关维修处理的约定等。

(7) 验收时间。

(8) 其他需要约定或注明的事项。

5) 《业主(住户)手册》

《业主(住户)手册》是由物业管理单位编撰，向业主、物业使用人介绍物业基本情况和物业管理服务相关项目内容的服务指南性质的文件。一般而言，主要包括以下内容。

(1) 欢迎辞。

(2) 小区概况。

(3) 物业服务公司以及项目管理单位(处)情况介绍。

(4) 《临时管理规约》。

(5) 小区内相关公共管理制度。

(6) 物业装饰装修管理指南、物业服务流程等。

(7) 公共及康乐设施介绍。

(8) 服务指南及服务投诉电话。

(9) 其他需要说明的情况以及相关注意事项。

6) 物业管理有关约定

业主在办理入住手续时，物业管理单位要与业主签订有关物业管理服务的约定，进一步明晰双方的权利和义务，在协议中应明确以下事项。

(1) 物业管理费收费面积、收费标准及金额。

(2) 物业管理费计费时段和缴交时间。
(3) 物业管理费收缴方式(现金或托收等)。
(4) 滞纳金及其计收比例。
(5) 调整管理费的条件或其他情况。

2. 其他准备

1) 入住工作计划

建设单位和物业管理单位应在入住前一个月制订入住工作计划,由项目管理负责人审查批准,并报经上级主管部门核准。计划中应明确以下内容。

(1) 入住时间、地点。
(2) 负责入住工作的人员及职责分工。
(3) 入住过程中使用的文件和表格。
(4) 入住手续办理和程序。
(5) 注意事项及其他情况。

2) 入住仪式策划

为了提高小区整体形象,有效加强与业主、物业使用人的沟通,通常由物业管理单位根据物业管理的特点及小区实际情况,组织举行入住仪式。参加人员有业主、物业服务企业代表、建设单位代表以及其他有关人员。

3) 环境准备

在完成对物业的竣工验收和接管验收之后,物业管理单位要对物业共用部位进行全面彻底的清洁,为业主、物业使用人入住做好准备。同时,要布置好环境,保持道路通畅。遇有二期工程施工或临时施工情况,要进行必要隔离,防止安全事故发生。

4) 其他准备事项

(1) 准备及布置办理入住手续的场地,如布置彩旗、标语、设立业主休息等待区等;
(2) 准备及布置办理相关业务的场地,如电信、邮政、有线电视、银行等相关单位业务开展的安排;
(3) 准备资料及预先填写有关表格,为方便业主,缩短工作流程,应对表格资料预先做出必要处理,如预先填上姓名、房号和基本资料等;
(4) 准备办公用具,如复印机、电脑和文具等;
(5) 制作标识牌、导视牌、流程图,如交通导向标志、入住流程、有关文件明示等;
(6) 针对入住过程中可能发生的紧急情况,如交通堵塞、矛盾纠纷等,制定必要的紧急预案。

4.4.2 业主入住的相关文书

入住手续文件是指业主在办理入住手续时所要知晓、参照、鉴定的有关文件。主要包括《入住通知书》《入住手续书》《收楼须知》《缴款通知书》等。这些文件都由物业服务企业负责拟定,并以开发商和物业服务企业的名义,在业主办理入住手续之前寄发给业主。在实际操作中,物业服务企业还会准备入住所需各类表格,如业主(租户)收楼登记表、业主(租户)入住验房表、钥匙发放登记表、房屋保修登记表等,供办理入住手续时使用。

1. 入住通知书

入住通知书(图4.3)就是关于通知业主在规定时间办理入住手续的文书。物业服务企业在制作入住通知书时应注意如下问题。

(1) 一般情况下,一个管理项目内入住的业主是几百家甚至上千家,如果均集中在同一时间里办理,必然会使手续办理产生诸多困难,因此,在通知书上应注明各幢、各层分期分批办理的时间,以方便业主按规定时间前来办理。

(2) 如业主因故不能按时前来办理,应在通知书上注明补办的办法。

入住通知书

女士/先生:

您好!我们热忱欢迎您入住××花园!

您所认购的××花园　　区　　栋　　单元　　室楼宇,经市有关部门和××房地产开发公司、××建筑工程公司、××物业服务公司组成的验收小组验收、测量合格,现已交付使用,准予入住。

(一) 请您按入住通知书、收楼须知办理入住手续,办理地点在____楼____室。在规定的日期内,房地产公司地产部、财务部、物业服务公司等有关部门和单位将到现场集中办公。

(二) 为了您在办理过程能顺利而快捷地办理好入住手续,请以下表时间为准前来办理入住手续。

各楼各层办理入住手续时间分配表(略)。

(三) 如果您因公事繁忙,不能亲自前来,可委托他人代办。代办时,除应带齐相关文件外,还应带上您的委托书、公(私)章和本人身份证。

您如届时不能前来办理入住手续,请及时与我公司联系,落实补办的事宜,联系电话_____。

在您来办理各项手续前,请仔细阅读《入住手续书》《收楼须知》《缴款通知书》。

特此通知。

××房地产开发公司
××物业服务公司
年　月　日

图4.3　入住通知书

2. 入住手续书

入住手续书(图 4.4)是物业服务企业为方便业主,让其了解办理入住手续的具体程序而制定的文件。一般在入住手续书上都留有有关部门的确认证明,业主每办完一项手续,有关部门在上面盖章证明。

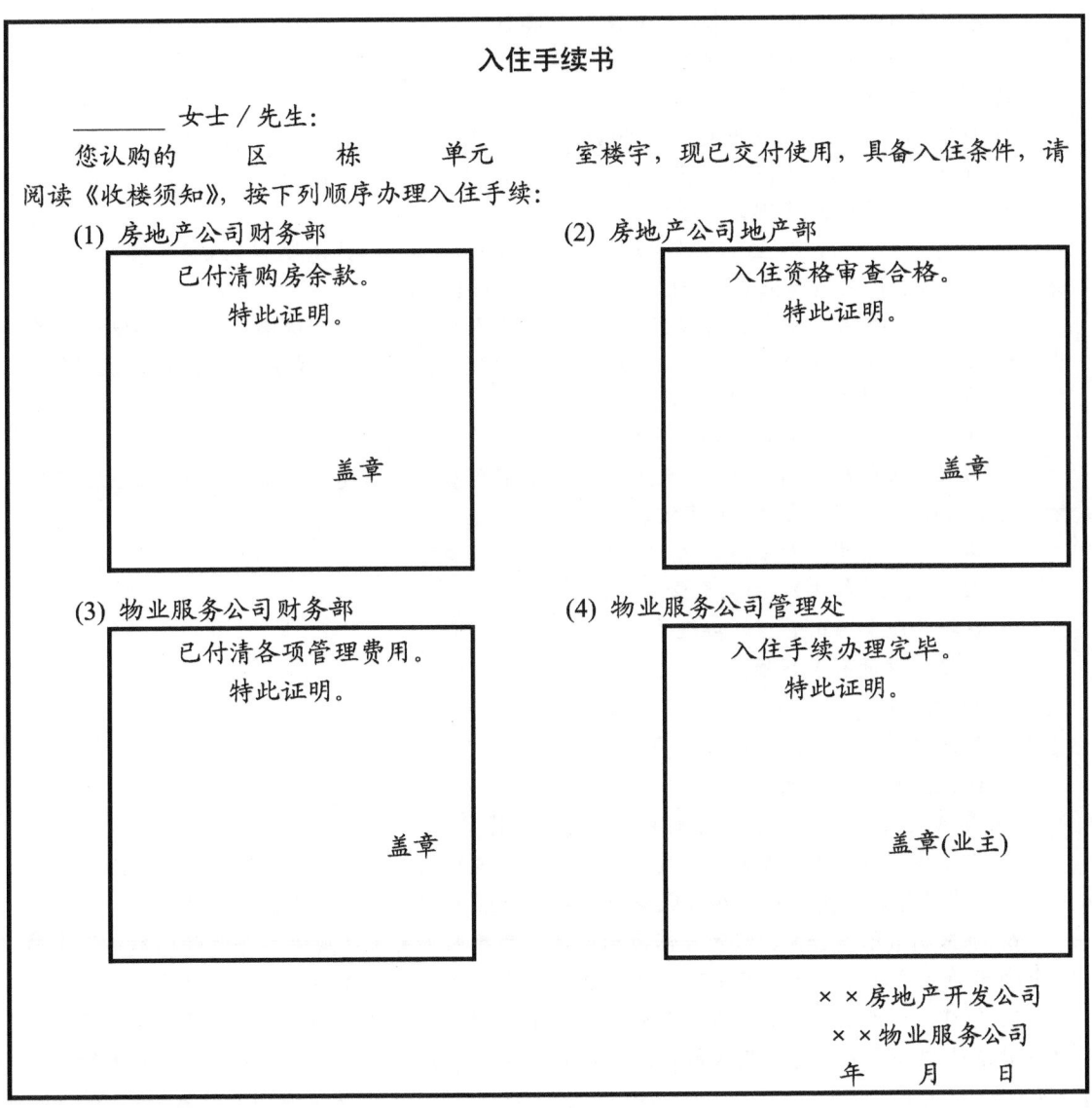

图 4.4 入住手续书

3. 收楼须知

收楼须知(图 4.5)是物业服务企业告知业主在办理收楼过程中应注意的事项,以及应携带的各种证件、合同和费用的文件。

收楼须知

_____女士／先生：

欢迎您成为_____区的新业主！

我公司为提供良好的管理服务，兹先介绍有关收楼事项和收楼程序，避免您在接收新楼时，产生遗漏而带来不便。望您能认真阅读，务勿遗忘。

1. 在房地产公司财务部办理手续

1) 付清购房余款。

2) 携带已缴款的各期收据交财务部验证、收回并开具总发票。

3) 在《入住手续书》(1)上盖章。

2. 在房地产公司地产部办理手续

1) 验清业主身份。业主如有时间应亲临我公司接收物业，并请带上：入住手续书；业主身份证、港澳台同胞购房证明、护照或居住证；购房合同。

2) 若业主不能亲临收楼，可委托代理人。代理人除携带入住手续书、购房合同外，还应出具：业主的授权书(由律师鉴证)；业主身份证或护照的复印件；代理人的身份证或护照。

3) 在《入住手续书》(2)上盖章。

3. 在物业服务公司财务部办理手续

1) 缴付各项管理费用。预收不超过3个月的管理费；收取建筑垃圾清运费，业主装修完毕，自己清运了建筑垃圾即如数退还。

2) 缴付其他费用。如安装防盗门、安装防盗窗花等。

3) 在《入住手续书》(3)上盖章。

4. 在物业服务公司管理处办理手续

1) 介绍入住的有关事项。

2) 验收房屋。

3) 签署《管理规约》，领取住户手册。

4) 向业主移交楼宇钥匙。

5) 在《入住手续书》(4)上由业主本人盖章或签字，交物业服务公司保存。

5. 您在收楼时，请认真检查室内设备、土建、装修是否有缺少、损坏等质量问题。如有投诉，请在收楼时书面告知，物业服务公司将代表业主利益向开发商协商解决。

6. 根据园区承建合同，楼宇保修期为两年。两年内如有工程质量所导致的问题，承建单位将负责为业主修缮。但因使用不当所导致的问题，则由业主自行支付修缮费用。

7. 您可以对所购房屋进行室内装修，请认真阅读《房屋使用说明书》，保证绝对不影响楼宇建筑结构和公共设施。装修前，需向物业服务公司提出书面申请，获准后方可进行。

××房地产开发公司

××物业服务公司

年　月　日

图4.5　收楼须知

4. 缴款通知书

缴款通知书(图 4.6)是物业服务公司通知业主在办理入住手续时应该缴纳的款项及具体金额的文件。

缴款通知书

××/女士/先生:

您好!您所购买的××大厦×层×室房屋已经竣工。按购房合同规定,您来办理入住手续时,请同时缴清以下款项:

1. 购房余款,计人民币____元。
2. 预收×个月管理费,计人民币____元。
3. 水电管理备用金,用于供水、供电、机电、电梯、消防等重要设备的更新及突发事故抢修时的储备资金,计人民币____元。
4. 装修管理费,装修完毕按规定退还,计人民币____元。
5. 建筑垃圾清运费,用于清理业主入住装修时产生的建筑垃圾所预收的管理费,装修完毕后,按规定清退,计人民币____元。
6. 其他费用(具体列出项目及金额供业主选择)

××房地产开发公司
××物业服务公司
年　月　日

图 4.6　缴款通知书

5. 入住常用表格示例

(1) 用户登记表见表 4-1。

表 4-1　用户登记表

姓　名		性　别		婚否		
出生年月		籍　贯		文化程度		
专业职称		政治面貌		邮编		(照片)
住　址						
工作单位						
联系电话						
物业编号 1._____, 2._____, 3._____,面积 1._____, 2._____, 3._____						
本人简历						

续表

家庭主要成员	
主要社会关系	
备注	

(2) 业主(租户)入住房屋验收表见表 4-2。

4.4.3 业主入住的办理程序

1. 入住流程与手续

1) 入住流程

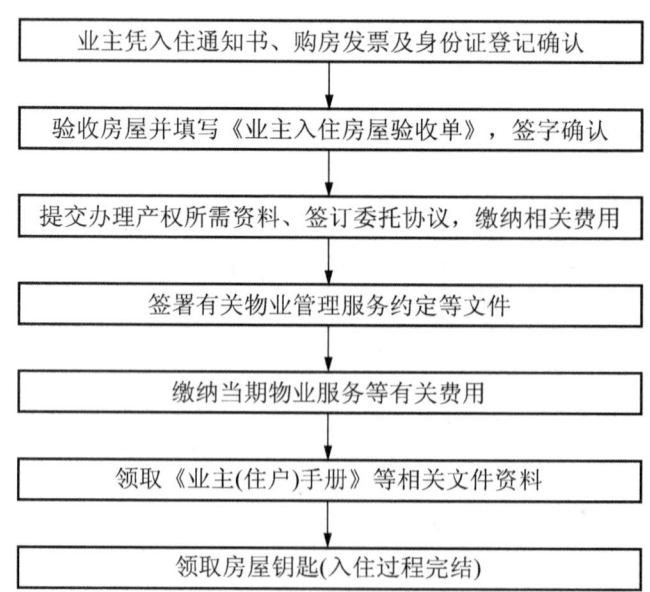

图 4.7 入住流程图

2) 入住手续

(1) 持购房合同、入住通知书等进行业主登记确认。

(2) 房屋验收，填写《业主(租户)入住房屋验收表》(表 4-2)，建设单位和业主核对无误后签章确认。

(3) 产权代办手续，提供办理产权的相关资料，缴纳办理产权证所需费用，一般由建设单位承办。

(4) 建设单位开具证明，业主持此证明到物业管理单位继续办理物业入住手续。

(5) 业主和物业管理单位签署物业管理的相关文件，如物业管理收费协议、车位管理协议、装修管理协议等。

(6) 缴纳入住当月物业管理及其他相关费用。

(7) 领取提供给业主的相关文件资料，如《住宅质量保证书》《住宅使用说明书》《业主手册》等。

(8) 领取物业钥匙。

业主入住手续办理完结之后，物业服务公司应将相关资料归档。

2. 费用缴纳

建设单位或物业管理单位根据收费标准向业主、用户收取当期物业服务费及其他相关费用，并开具相应票据给业主、用户。

3. 验房及发放钥匙

(1) 建设单位或物业管理单位陪同业主一起验收其名下的物业，登记水、电、气表起始数，根据房屋验收情况、购房合同双方在《业主入住房屋验收表》上签字确认。

(2) 向业主发放钥匙并记录。

(3) 对于验收不合格的部分，物业管理单位应协助业主敦促建设单位进行工程不合格整改、质量返修等工作。若发现重大质量问题，可暂不发放钥匙。

4. 资料归档

业主物业验收以及其他手续办理完结之后，物业管理单位应及时将已办理入住手续的房间号码和业主姓名通知门卫，并及时将各项业主、用户资料归档，妥善保管，不得将信息泄露给无关人员。

4.4.4 业主对物业的验收

购买物业对于每一位业主来说均是一项重大的投资活动。根据入住手续书和收楼须知，业主在办理第四道手续之前应由物业服务企业派人员带领业主验收其所购物业。业主对自己所购物业进行验收是业主的权益，业主在验收之前应尽量把物业可能产生的问题了解清楚，并逐项进行鉴定检查，尽可能把问题解决在入住之前，将"先天缺陷"减少到最低限度。

归纳众多物业服务企业的经验，一般物业可能存在的质量问题大致有以下几个方面。

1. 给排水系列

包括水管、水龙头、水表是否完好，下水道是否有建筑垃圾堵塞，马桶、地漏、浴缸排水是否畅通、有无泛水现象等。

2. 门窗系列

包括框架是否平整、牢固、安全，门窗是否密缝、贴合，门锁、窗钩有无质量问题，玻璃是否防水密封等。

表4-2 业主(租户)入住房屋验收表

栋　号　　　　　　　　　　　　　　　填表时间：

业主姓名　　　　　　工作单位　　　　　　联系电话

验收项目	验收详细内容							备注
	顶棚	墙面	地面	门	门锁	窗	天线插座	照明灯	开关	插座	防盗窗花	
客厅												
餐厅												
卧室1												
卧室2												
卧室3												
卧室4												
卫生间												

验收项目	地漏	排污管	给水管	给水闸阀	洗涤盆	洗涤龙头	卫生间坐便器	坐便器水箱	喷头	水龙头	煤气管道	煤气阀门	备注
厨房													
卫生间													

	空气开关	门铃	电子对讲器				煤气底数	水表底数	电表底数
室内配电箱									

验收内容	天棚	外墙面	地面	地漏	防盗网	照明灯	排水管	晾衣钩	煤气表	水表	电表
前阳台											
后阳台											

住户验收意见：　　　　　　　　　　　　　管理处意见：

住户签字：　　　　　　　　　　　　　　　房管员签字：　　　　　　　　　年　月　日

注：1. 以上项目合格的打"√"，不合格的用简要文字说明。
　　2. 此表必须在住户领钥匙之日起3日内交回管理处，否则后果自负。
　　3. 代表业主(住户)验房或代表集体验房是验收人必须在"备注"栏内填上验房代表姓名、联系电话。

3. 供电系列

包括电灯、电线(管线)是否有质量问题，开关所控是否火线，电表的流量大小能否满足空调、电脑等家用电器的需求等。

4. 墙面、屋顶、地板系列

包括是否平整、起壳、起砂、剥落，有否裂缝、渗水，瓷砖、墙砖、地砖贴面的平整、间隙、虚实等。

5. 公共设施及其他

包括垃圾桶、扶梯、电梯、防盗门、防盗窗、电话电线、天线、信箱等。

阅读资料 4-6

业主自备验房记录单

项目名称：_____ 开发商：_____ 物业公司：_____
房屋楼号：_____ 验房日期：_____ 验房人员：_____

文件

(1) 房屋权属文件：《国有土地使用权证》上是否有抵押记载？ 是 否
(2) 房屋质量文件：是否有《住宅使用说明书》《住宅质量保证书》《竣工验收备案表》？ 是 否
(3) 各种相关验收表格：是否有《住户验房交接表》《楼宇验收记录表》《商品房面积测绘技术报告书》、房屋管线图(水、强电、弱电、结构)等文件？ 是 否
(4) 如果是精装修，是否有厨、卫精装修物品的使用说明书以及保修单？ 是 否

门

(5) 每间居室的门在开启、关闭的时候是否灵活？ 是 否
(6) 门与门框的各边之间是否平行？ 是 否
(7) 门插是否插入得太少？ 是 否
(8) 门间隙是否太大？(门和门锁间的缝隙必须小于3mm) 是 否
(9) 每间居室的门的插销、门销是否太长太紧？ 是 否

窗

(10) 窗边与混凝土接口有否缝隙？(窗框属易撞击处，框墙连接处不能有缝隙) 是 否
(11) 各个窗户在开启、关闭的时候是否灵活？ 是 否
(12) 窗与窗框各边之间是否平行？ 是 否
(13) 窗户玻璃是否完好？ 是 否
(14) 窗台下面有无水渍？(如有则可能是窗户漏水) 是 否

墙

(15) 屋顶上是否有裂缝？(与横梁平行基本无妨，如果呈45°斜角，说明有结构问题) 是 否
(16) 承重墙是否有裂缝？(若裂缝贯穿整个墙面，表示该房存在隐患) 是 否
(17) 房间与阳台的连接处是否有裂缝？(如有裂缝很可能是阳台断裂的先兆) 是 否
(18) 墙身顶棚是否有隆起？用木槌敲一下是否有空声？ 是 否

(19) 从侧面看墙上是否留有较大、较粗的颗粒或印迹粗糙？是　否
(20) 墙面是否有水滴、结雾的现象？(冬天房间里的墙面如有水滴，可能是保温层有问题)是　否
(21) 山墙、厨房，卫生间顶面、外墙是否有水迹？是　否
(22) 内墙墙面上有否石灰爆点(麻点)？是　否
(23) 墙身有无特别倾斜、弯曲、起浪、隆起或凹陷的地方？是　否
(24) 墙上涂料颜色是否有明显不均匀处？是　否

天花板

(25) 是否有麻点？(如果顶部有麻点，对室内装潢将带来很大的不利影响)是　否
(26) 是否有雨水渗漏的痕迹或者裂痕？是　否
(27) 卫生间顶棚是否有漆脱落或长霉菌？是　否
(28) 顶棚楼板有无特别倾斜、弯曲、起浪、隆起或凹陷的地方？是　否

地面

(29) 检查地面有无空壳开裂情况？(用小木锤敲有"咚咚"声，说明空心，要返工)是　否
(30) 看地板有无松动、爆裂、撞凹？是　否
(31) 木地板踩上去是否有明显不正常的"吱吱"声？是　否
(32) 地板间隙是否太大？是　否
(33) 柚木地板有无大片黑色水渍？是　否
(34) 地脚线接口是否妥当，有无松动？是　否
(35) 用鞋在地上滑，是否能明显感受到地砖接缝处不平？是　否

卫生间

(36) 坐厕下水是否顺畅？是　否
(37) 冲厕水箱是否有漏水声？是　否
(38) 浴缸、面盆与墙或柜的接口处是否做了防水？是　否
(39) 是否有地漏，坡度是否向地漏倾斜？是　否
(40) 浴缸、抽水马桶、洗脸池等是否有渗漏现象？(裂痕有时细如毛发，要仔细观察)是　否
(41) 水口内是否留有较多的建筑垃圾？是　否
(42) 水池龙头是否妥当，下水是否顺畅？是　否
(43) 淋浴喷头安装是否过低？是　否

厨房

(44) 电、水、煤气表具是否齐全？是　否
(45) 电、水、煤气表的度数是否由零开始？是　否
(46) 是否有地漏，坡度是否向地漏倾斜？是　否
(47) 厨房瓷砖、马赛克有无疏松脱落及凹凸不平？是　否
(48) 墙面瓷砖砌筑是否合格？(砖块不能有裂痕，不能空鼓，必须砌实)是　否
(49) 厨具、瓷砖及下水管上有无粘上水泥尚未清洗？是　否
(50) 水池龙头是否妥当，下水是否顺畅？是　否
(51) 您住的房间上面的邻居家是否漏水？是　否
(52) 水口内是否留有较多的建筑垃圾？是　否
(53) 水池等是否有渗漏现象？是　否
(54) 厨柜柜身有无变形，壁柜门是否牢固周正，门能否顺利开合？是　否

水
(55) 上下管是否有渗漏？(打开水龙头，查看各个管道) 是 否
(56) 是否有足够的水压？(打开水龙头，尽可能让水流大一点，然后查水表) 是 否
(57) 自来水水质是否符合标准？(注意区分市政水和小区自供水) 是 否
(58) 供水管的材质？(目前大部分供水管采用铜管，可安全使用50年，并可净化管内水质) 是 否

电
(59) 配电箱、电表在户外的，拉闸后户内是否完全断电？(主要是查看电闸能否控制各个电源) 是 否
(60) 户内有分闸的、拉闸后，分支线路是否完全断电？ 是 否
(61) 各个开关、插座是否牢固？(电话、电视的线路接口看是否虚设) 是 否
(62) 是否市政供电？(每度临时电要比市政供电高0.2元，而且还没有保障) 是 否
(63) 试一下全部开关、插座及总电闸有无问题？ 是 否
(64) 所有灯是否能亮？所有插座是否有电？(使用试电笔或小型即插型电器) 是 否

供暖
(65) 暖气支管是否有坡度？(供水支管进水端应高于连接散热器的那端) 是 否
(66) 供暖管道是否有套管？(防止供暖管道热胀冷缩后拱裂墙面和楼板) 是 否
(67) 室内温度是多少？(冬季室内温度应高于16℃，不得低于14℃) 是 否

气
(68) 燃气是否已经开通？ 是 否
(69) 煤气、热水器开关位置是否妥当？ 是 否

管线
(70) 燃气管线是否穿过居室？(穿过居室易有安全隐患，且不符合设计规范) 是 否
(71) 居室、客厅有否各种管线外露？ 是 否

隔声
(72) 将房门关闭，在房间外制造较大噪声，看隔声效果是否满意？ 是 否

精装修
(73) 核对买卖合同上注明的设施、设备等是否有遗漏，品牌、数量是否符合？ 是 否

4.5 装修管理

装修，在这里一般指房屋室内装修，是指业主和使用人在办理完入住手续后，根据自己生活或工作的特点和要求，在正式入住之前，对所购(所租)房屋进行重新设计、分隔、装饰、布置等活动。有时住户调换后，新住户往往把原来的装修拆除，按自己的意愿重新进行二次装修。

装修管理就是在业主和使用人进行装修期间，对装修方案、装修材料、装修质量以及装修人员等方面的综合管理。由于入住后，特别是入住新建楼宇的业主和使用人，几乎都要进行装修，因此，物业管理的装修管理是日常物业管理的重要内容之一。业主和使用人在收楼后有权对自己所购(所租)物业进行装修，但装修必须在规定范围内进行。其有关规定包括：住宅和城乡建设部发布的《建筑装饰装修管理规定》和物业服务企业制定的《住

户装修管理规定》。根据上述规定，业主在装修前必须向物业服务企业进行申请登记，包括填写业主装修申请表、领取《装修管理规定》，根据约定在申请表上签字，缴纳装修管理押金及保证金，经批准后方可动工。业主在装修完成以后，物业服务企业应组织验收，合格后即退还装修押金及保证金。

同时，装修管理也是物业管理的难题之一，因为在这一阶段，为保障公共设施的正常使用、楼宇安全和房屋外观的统一美观，为了全体业主的共同利益，必须规范装修行为，物业服务企业比较容易与业主发生矛盾。因此作为物业管理从业人员，必须熟悉有关法律法规，了解、掌握房屋建筑的基本构造知识，了解装修管理运作程序及熟悉装修施工中的常见问题，明确有关人员的职责范围，尽可能消除或减少违章引起的负面影响。在工作实践中，对违章装修既要做到有据有理、坚持原则，做到知法依法、违规必究，又要尽量做劝告说服工作，晓之以理，尽可能减少与业主发生矛盾。

4.5.1 装修管理的范围和要求

装饰装修管理是一个系统工程，要真正达到科学管理、细致服务，不仅要严格遵守上述装饰装修管理流程，还要对装饰装修过程中的各个环节、涉及的各个方面进行全面的分析。在综合各方因素的基础上，科学地制订装饰装修管理细则，使物业装饰装修管理真正落到实处。物业管理单位应当按照装饰装修管理服务协议实施管理，加强现场检查，及时发现问题加以制止。一般而言，物业装饰装修管理包括以下内容。

1. 物业装饰装修范围和时间管理

物业装饰装修的区域应按照相关装饰装修管理规定和业主权益予以限定，原则上应统一要求、统一形式。如室内装饰装修只限于房屋本体单元内的自用部位；封闭阳台不得超过阳台顶部外边缘垂直投影面，封闭款式、材料力求统一等。

装饰装修时间应根据各地不同的作息时间、季节变换以及习惯习俗等综合确定。装饰装修时间包括一般装饰装修时间、特殊装修时间和装饰装修期。

(1) 一般装修时间是指除节假日之外的正常时间。一般装修时间因地域和季节的差异而有所不同，如南方某些地区规定作业时间及拆打时间为：作业时间 8:00—12:00，14:00—18:00；拆打时间 8:30—11:30，14:30—17:30。

(2) 特殊装修时间是指节假日休息时间。为保障其他业主的休息和正常生产生活秩序，原则上一般不允许在节假日进行装修。因特殊情况需要装修，应视具体情况相应缩短装修时间。

(3) 装修期是指装饰装修过程的完结时间。目前国家颁布的法规虽无明确规定，但一般情况下不超过 3 个月。

2. 物业装饰装修管理的要求

为确保物业安全和全体业主的合法权益，物业装饰装修管理应重点检查以下项目。
(1) 有无变动建筑主体和承重结构。
(2) 有无将没有防水要求的房间或者阳台改为卫生间、厨房间。
(3) 有无扩大承重墙上原有的门窗尺寸，拆除连接阳台的砖、混凝土墙体。
(4) 有无损坏房屋原有节能设施，降低节能效果。
(5) 有无其他影响建筑结构和使用安全的行为。

(6) 有无未经有关单位批准的下列行为:
① 搭建建筑物、构筑物。
② 改变住宅外立面,在非承重外墙上开门、窗。
③ 拆改供暖管道和设施。
④ 拆改燃气管道和设施。
⑤ 超过设计标准或者规范增加楼面荷载的。
⑥ 改动卫生间、厨房间防水层的。

同时,还应注意检查以下方面。

(1) 施工现场有无采取必要的安全防护和消防措施,有无擅自动用明火和进行焊接作业等。

(2) 有无任意刨凿楼地面、穿凿梁柱等。

(3) 楼地面铺设材料是否超过10mm,新砌隔墙是否采用轻质材料等。

(4) 是否符合物业装修公共及室外统一要求(如空调室外机的安装和排水的统一要求、阳台栏杆的统一要求等)。

(5) 物业装修方案和材料的选择是否符合环保、节能的要求。

3. 物业装饰装修管理费用和垃圾清运的管理

物业装饰装修管理既涉及公共权益,也涉及业主个人权益。装饰装修管理费用的收取要严格按照国家和地方的相关规定办理,不得自行设置收费项目和任意确定收费标准,即使无统一规定而又确需临时设置收取的,也应科学测算并报经相关主管行政部门批准。在我国物业管理实践中,装饰装修管理收费的项目和标准,因各地规定的不同,差别较大。为确保物业装饰装修工程的有序进行,维护装饰装修活动涉及的各方的合法权益,目前较为通常和相对合理的做法是:在物业装饰装修之前,由装修人和物业管理单位签订《物业装饰装修管理协议》,约定物业装饰装修相关事项和管理收费,并以此为依据规范各方行为。一般而言,《物业装饰装修管理协议》中物业管理单位向装修人约定收取的费用包括装饰装修管理服务费和垃圾清运费。

1) 管理服务费

管理服务费是指因物业装饰装修工程增加物业管理服务工作量而设置的临时性收费项目,国家对于具体的收费标准没有明确规定,一般由装修人和物业管理单位双方约定,该费用可向装修业主收取,也可向装饰装修工程单位收取。

2) 垃圾清运费

垃圾清运费系指由装饰装修工程所产生的垃圾的管理和清运费用。如业主按照要求管理并自行清运装修垃圾,则该费用可免予缴纳;否则,装修人应向物业管理单位缴纳该费用,装修垃圾由物业管理单位代为清运。

装饰装修垃圾是装修管理中的一个重要内容,其对物业环境和业主以及物业使用人的工作生活有着极大的影响,甚至会产生环保、安全等方面的隐患。因此,物业装饰装修管理的基本要求如下。①装饰装修垃圾需袋装处理;②装饰装修垃圾应按指定位置、时间、方式进行堆放和清运。

4. 物业装饰装修现场管理

1) 严把出入关，杜绝无序状态

由于装饰装修工人的来源控制有极大的不确定性、施工过程中的自我约束不足、施工单位管理不力等原因，在物业装饰装修期间，物业管理单位应严格物业区域出入口(包括电梯)的人员和材料管理。凡未佩戴物业装饰装修施工标识的施工人员和其他闲杂人员，应一律禁止入内，保证装饰装修人员管理的有序化、规范化。

装饰装修材料和设备是装修违章的一个重要因素，应着重从以下两个方面加强控制和管理：①核对是否为审批同意的材料；②核对是否符合相关规定。

对于有特别要求的材料或设备(如电焊机)，应按照规定办理相应手续；施工队需进行动火作业的，必须办理申报审批手续；进入物业区域的装饰装修材料、设备等，应符合物业装饰装修规定要求，否则拒绝入场。通过加强装饰装修材料和设备的出入管理，杜绝不安全因素的出现。

阅读资料4-7

物业管理人员在巡视时发现有未佩戴标识(工牌)的施工人员在小区进行装修作业。经询问，其称未来得及办理相关手续。

[分析]未办理相关手续进入物业区域施工的属明显的违规行为，要立即检查装修申报、出入口和装修管理等环节。同时，要求未办理装修人员入场手续的立即补办，否则拒绝相关人员入场。

2) 加强巡视，防患于未然

物业装饰装修期间，物业管理单位要抽调专业技术人员、管理人员和保安力量，加大物业装饰装修管理巡视力度，对有违规违章苗头的装饰装修户，要重点巡视盯防、频繁沟通，做到防患于未然。出现违规违章行为的，要晓之以理，动之以情，必要时需报告有关行政主管部门处理。同时，要检查施工单位的施工人员是否如实申报和办理了施工证，强化施工人员的管理。

阅读资料4-8

巡视人员发现某栋高层顶楼有较大量钢材堆放，经了解得知是某业主准备利用坡顶加设钢结构阁楼。巡视人员当即告诉业主此项装修工程应委托设计单位出设计图，并应事先申报，得到许可后方可施工。

分析：这个案例中的情形是目前大多数装修管理中容易出现的，往往会导致不安全因素产生。增设钢结构楼面板，需经专业设计单位或有同等资历的设计单位进行具体设计，而装修单位一般无钢结构设计能力，物业管理单位也没有设计权限。因此，需经专业设计单位进行设计。从管理角度看，有较大量钢材在楼顶堆放，说明在建筑装修材料进出管理上存在问题，物业管理方应检查相关管理环节，尤其是加强材料出入控制和巡视检查工作，防患于未然。

3) 控制作业时间，维护业主合法权益

物业装饰装修管理要特别注意装修施工(尤其是拆打)的作业时间，避免影响其他业主和物业使用人的正常生活工作秩序。另外，还应针对不同的物业类型，制定相应的管理规定，区别对待。

阅读资料 4-9

某高层写字楼物业在国庆长假期间实施装修，物业管理员以装修时间不合适为由，要求其停止装修活动。

分析： 装修作业的时间控制要根据不同楼盘类型和特点实施管理，本例系写字楼项目，不像一般的住宅项目在节假日不宜施工，相反，其合理的装修时间应是节假日。因此，物业管理员的管理要求是错误的。

4) 强化管理，反复核查

物业集中装修期间，要增派人力，做到普遍巡查和重点检查相结合。一方面，要检查装饰装修项目是否为已登记的项目，一是要检查装饰装修项目是否申报，二是检查装修、装饰物业的内容、项目有无私自增加，在巡视过程中发现新增装修、装饰项目的，应指导用户及时申报，办理相关手续。另一方面，要检查施工人员的现场操作是否符合相关要求，如埋入墙体的电线是否穿管、是否用合格的套管，施工现场的防火设备是否配备，操作是否符合安全要求，现场的材料堆放是否安全；垃圾是否及时清运，有无乱堆放，装修户门外是否保持清洁卫生等。

阅读资料 4-10

(1) 某日，某高层楼宇巡楼员在巡检过程中，发现某户业主未经申报擅自违章更换了 4 扇铝合金窗。于是巡楼员开出违章整改单，要求其进行整改。

分析： 此案例表面上看是在巡查中发现了问题，但仔细分析就不难看出，更换 4 扇窗是需要一定时间的，因此，此案例中有如下问题需引起注意：第一，在发现问题之前，巡楼员的巡查工作做的是否到位？为什么事前没有发现违章？这就需要检查巡楼员的巡检工作落实情况。第二，大堂负责值班的岗位是如何控制材料进出的？这需要检查大堂值班的环节。第三，开出违章整改单，必须说明违章的依据、要求整改的时限以及拒不整改时将采取的措施，而不能简单要求其整改就行了。这是巡楼员如何出具整改通知单必须掌握的基本要点。

(2) 装修管理人员在某物业楼层巡视时发现某装修单位现场材料堆放混乱，工人在用电炉做饭，且无灭火设备，于是立即对该装修户提出整改要求。

分析： 装修现场材料应堆放有序，施工人员不得在现场采用简易方式点火做饭，易燃易爆材料应专门堆放，现场必须配备灭火装置。否则，应当勒令其停工整改。

案例 4-5

业主装修私拆承重墙

董先生买了一套商品房，面积不大。为了使房屋使用起来更合意，就改变了房屋的墙体结构，把房屋的原有墙体拆了，按照自己的装修方案进行装修，特别是把承重墙也拆了。这样改造后，房屋宽敞多了。由于有董先生的先例，其他业主入住后也比照董先生的做法装修房屋。业主的装修行为被物业服务公司的保安发现了，保安对这一装修行为予以制止，并要求已经拆了承重墙的业主必须恢复原状。然而，董先生认为装修是自己的个人行为，物业服务公司无权干预。物业服务公司认为，业主装修虽然是个人行为，但是拆了承重墙会使整栋楼的承重结构遭到破坏。双方为此一直争执不下。物业服务公司提出要起诉董先生和其他业主。

分析： 装修私房确实是个人行为，但必须在法律和规范的原则下进行。董先生等业主为了让自己的房屋更具有使用价值，而拆掉承重墙的做法既不符合有关家装法规，也违反了建筑规范。《建设工程质量管理条例》第 15 条规定，房屋建筑使用者在装修过程中，不得擅自变动房屋建筑主体和承重结构。《住宅室内装饰装修管理办法》第 5 条也明确规定：未经原设计单位或者具有相应资质等级的设计单位提出设计方案，严厉禁止在住宅室内装饰装修活动中变动建筑主体和承重结构。本纠纷中，董先生等业主擅自拆掉承重墙，物管公司有权干预并制止。董先生等业主应当停止这些行为并恢复承重墙原状。

进入角色： 假设你是该物业服务公司的负责人，你会怎样做？

4.5.2 装修管理程序

1. 备齐资料

资料由装修人和装修企业分别准备和提供。一般包括物业所有权证明、申请人身份证、装修设计方案、装修施工单位资质、原有建筑、水电气等改动设计和相关审批，以及其他法规规定的相关内容。物业使用人对物业进行装修时，还应当取得业主书面同意。

2. 装修申报登记

物业管理单位在进行装饰装修登记时，可以书面形式将装饰装修工程的禁止行为和注意事项告知装修人和装修人委托的装饰装修企业，并且督促装修人在装饰装修开工前主动告知邻里。

物业管理单位应该在规定工作日(一般为 3 个工作日)内完成登记工作；超出物业项目管理单位管理范围的，应报主管部门。

物业管理单位应详细核查装饰装修申请登记表(表 4-3)中的装修内容，有下列行为之一的将不予登记。

(1) 未经原设计单位或者具有相应资质等级的设计单位提出设计方案，擅自变动建筑主体和承重结构的。

(2) 将没有防水要求的房间或者阳台改为卫生间、厨房间的。

(3) 扩大承重墙上原有的门窗尺寸，拆除连接阳台的砖、混凝土墙体的。

(4) 损坏房屋原有节能设施，降低节能效果的。

(5) 未经城市规划行政主管部门批准搭建建筑物、构筑物的。

(6) 未经城市规划行政主管部门批准改变住宅外立面,在非承重外墙上开门、窗的。
(7) 未经供暖管理单位批准拆改供暖管道和设施的。
(8) 未经燃气管理单位批准拆改燃气管道和设施的。
(9) 其他影响建筑结构和使用安全的行为。

表4-3 装修申报表

业主(物业使用人)	业主(物业使用人):		联系电话:	
	地址:			
装修公司	名称:		联系电话:	
	地址:		联系电话:	
	负责人:		承建资格证号:	
资料发放	《装修手册》□	《小区统一要求》□	执行保证□	
资料收集:(复印件需核对原件)			动火申请表 （原件）□	
装修设计图	张(清晰简要明确)□		业主委托书 （原件）□	
装修合同	（复印件）□		业主认可书 （原件）□	
消防审批文件	（原件）□		租赁合同 （复印件）□	
改造设计图	张(原件)□		营业执照 （复印件）□	
装修内容:(位置、材料、施工方式)			物业管理项目机构意见:	
			物业服务公司(或相关单位)意见:	
施工时间: 年 月 日至 年 月 日				
开工意见	准予本申报项目开始施工。 物业管理项目机构责任人签名: 日期:			
装修验收	完工验收情况:		物业管理项目机构完工小结:	
	验收人: 日期:		负责人: 日期:	

3. 签订《物业装饰装修管理服务协议》

在物业装饰装修之前,物业管理单位和装修人应签订《物业装饰装修管理服务协议》,约定物业装饰装修管理的相关事项,应当包括下列内容。

(1) 装饰装修工程的实施内容。
(2) 装饰装修工程的实施期限。
(3) 允许施工的时间。
(4) 废弃物的清运与处置。
(5) 外立面设施及防盗窗的安装要求。
(6) 禁止行为和注意事项。
(7) 管理服务费用。
(8) 违约责任。

(9) 其他需要约定的事项。

4. 办理开工的一般手续

(1) 装修人按有关规定向管理处交纳装修管理费和装修押金。

(2) 为装修企业办理施工卡，如施工人员出入证等。

(3) 备齐灭火器等消防器材，以防不测事件的发生。为防止装修人或装修企业不按要求办理，管理处当时或事后应监督检查。

(4) 签署装修施工责任承诺书(图 4.8)。

装修施工责任承诺书

××物业管理有限公司：

(1) 本人/本公司已收到××物业管理有限公司发给的《装修指南》《装修补充规定》《防火手册》及《电梯管理规定》，现声明已详阅以上文件，已经明白并承诺遵守以上文件之所有规定，若有违反，愿接受物业公司的任何处罚。

(2) 承诺在装修期间按审批的装修方案和图样施工。

(3) 愿意在装修期间担任消防负责人，负责对进场装修的有关人员进行消防教育，并在装修施工过程中，严格遵守消防规定，采取有效的防范措施，并承担因装修而引发灾难所造成的一切后果。

特此承诺！

签署人：
身份证号码：
(单位盖章)
年　月　日

图 4.8　装修施工责任承诺书

(5) 发放装修施工许可证(图 4.9)。

室内装修施工许可证

编　　号：
施工范围：
施工项目：
有效日期：　　　　　　　　　　　年　月　日至　年　月　日
施工责任人：　　　　　　　　　　　联系电话：
发证单位：××物业管理有限公司
工程部消防监管人：　　　　　　　　装修监管人：

图 4.9　室内装修施工许可证

5. 施工

装修施工期间需要特别注意施工时间、材料的进出口、施工要求、垃圾清运时间、公共环境保洁和施工人员的跟踪管理。

6. 验收

管理处现场对照装修申报方案和装修实际结果进行比较验收,验收合格签署书面意见,以便装修人押金的退还办理。验收不合格,提出书面整改意见要求装修人和装修企业限期整改。发生歧义、无法统一意见或装修人拒不接受的,报请上级主管部门处理。

阅读资料4-11

装修施工中的常见问题及处理

1. 常见问题

(1) 破坏承重墙。一般砖混结构的建筑物中,凡是预制板墙一律不能拆除或开门开窗;超过24cm以上的砖墙也属于承重墙。如果在承重墙上开门开窗,会破坏墙体的整体承重,这是不允许的。

(2) 破坏墙体中的钢筋。如果把房屋结构比作人的身体的话,墙体中的钢筋就是人的筋骨。如果在埋设管线时将钢筋破坏,就会影响墙体和挡板的承受力,遇到地震,这样的楼板就容易坍塌或断裂。当然房间中的梁柱更是不能动的。

(3) 拆除阳台边的配重墙。一般房间与阳台之间的墙上,都有一门一窗,这些门窗拆改问题不大,但窗以下的墙体是不能动的。这段墙叫"配重墙",它像秤砣一样起着挑起阳台的作用。拆改这墙体,会使阳台承重力下降,导致阳台下坠。

(4) 改变阳台功能。通常是把没有防水要求的阳台更改为卫生间、厨房间或者封闭阳台,拆除阳台与厅之间的墙体,使之连成一厅房。这样的违章将造成:破坏外观的整体性,改变了排污、排水管道,加重阳台的负荷,造成下面漏水。

(5) 破坏卫生间和厨房的防水层。这些地方的地面上都有防水层,所以在更换地面材料、重新安装卫生洁具等时,可能破坏防水层,导致楼下成"水帘洞"。重新修建防水层,必须作24h渗水实验。实验合格才能重新使用。

(6) 在管理实践中遇到的其他违章通病,简列如下。

① 擅自开工。

② 在承重墙上穿洞。

③ 不适当增加楼面静荷载,包括在室内砌墙、超负荷吊顶、安装大型灯具、铺设大理石地板等。

④ 任意刨凿、重击顶板、外墙内侧及排烟管道,不经穿管直接埋设电线或改线。

⑤ 破坏或者拆改厨房、卫生间的地面防水层。

⑥ 使用不符合消防要求的装修材料。

⑦ 擅自改动燃气线路,安装燃气用具。

⑧ 空调机不按位置安装。

⑨ 随意改变窗台、窗框、玻璃、阳台、护栏、户门颜色、格调。

⑩ 随意改变阳台功能。

⑪ 随意封闭阳台,装防盗门、网。

⑫ 随意拆改墙体,改变房屋承重结构。

⑬ 在承重墙、梁、柱上穿孔、削薄、挖槽。

⑭ 私自增加线路负荷。
⑮ 改动上下水管道。
⑯ 破坏、占用公共绿篱、绿地。
⑰ 擅自占用公共通道、天台、屋面。
⑱ 擅自在室外加装灯、牌、广告等。
⑲ 堵塞地漏和封闭排水管道。
⑳ 擅自移动、堵塞消防设施，使用消防禁用品。
㉑ 擅自动火作业。
㉒ 随意丢弃装修垃圾，利用公共部位、场地加工装修材料。
㉓ 随意向窗外抛扔物品。
㉔ 未经许可随意用电梯运送装修材料(散装料和超长重料)。
㉕ 不按规定时间施工，制造噪声。
㉖ 不按规定配置灭火器。
㉗ 随意改装智能化系统等。

2. 常见问题的处理

装修施工期间，发现违章装修的，应立即要求装修人停止违章装修，并视情况采取以下方式进行处理。

(1) 批评教育，规劝改正(如不按规定时间施工等)。
(2) 责令停工，出具《违章整改通知单》限期整改(如侵占公共场地等)。
(3) 责令恢复原状(如在承重外墙面打洞)。
(4) 扣留或没收工具。
(5) 水电集中供应的，视情况暂停水电(如改变管线等)。
(6) 要求赔偿损失或按规定罚没押金(如损坏电梯表面或其他公共设施等)。
(7) 情况严重的，上报当地上级主管部门(如破坏房屋结构，拒不整改等)。

4.6 物业档案管理

物业档案是指关于物业项目所有的包括过去和现在的一切活动中所形成的，具有参考价值，应当归档保存的各种文字、图表、音像等不同形式的历史记录。

物业档案管理是对物业资料的综合管理，是指对在物业的购置、维修变迁和管理过程中所形成的各种图、档、卡、册、表等物业资料经过收集和加工整理分类，运用科学的方法进行的综合管理。

物业档案是物业形成、变迁和管理工作中的历史记录，这是物业档案的本质属性。物业形成过程中各种有关立项、登记、审批和购置、建设、维修等图纸文卷及产权变迁等的原始记录，都是物业档案管理的对象。一般来讲，物业档案是图纸文卷等有条件地转化而成的，具有保存查考的价值，其载体多种多样。从物业档案的记录方式来看，就有文字、图形、表册、符号、声频、视频等。

做好物业档案管理是物业服务企业的职责，也是物业服务企业为业主和使用人所提供的服务内容之一。物业档案在物业管理中有着极其重要的作用，无论是维修养护物业设备设施、了解物业的使用情况，还是收取物业管理费用、开展经营活动，都离不开物业档案。

因此，管理规范的物业服务企业一般都很重视档案的管理工作。在物业管理实践中，物业档案分为业主档案和物业项目档案两大部分，涉及业主、使用人、业主委员会、产权产籍、房屋、设备设施、企业管理等许多方面，其管理工作主要是抓好收集、整理、归档、利用4个环节。

4.6.1 物业档案管理的内容

1. 业主档案

业主档案是指与物业管理辖区内业主和使用人有直接关联的，或由业主和使用人在工作、生活中形成的对物业管理工作具有保存价值的文字、图表、音像等历史记录。

业主档案的形成者包括：业主和使用人、前来探访业主和使用人的外来人员，业主大会或业主委员会与物业服务企业相关的文件资料。

1) 业主

业主是物业的所有权人。因此，业主的资料是物业服务企业最重要的客户资料，这其中包括业主的家属，他们也是物业服务企业的服务对象之一。

针对业主需要收集的文件材料包括以下几项。

(1) 业主详细资料登记表。
(2) 产权登记及权属变更材料。
(3) 物业(包括房屋、车库)购置合同及身份证复印件。
(4) 与物业服务企业签订的物业管理服务合同、管理规约等。
(5) 家庭主要成员登记表。
(6) 入住手续全套资料。
(7) 房屋装修全套资料。
(8) 交纳各种交费凭证。
(9) 房屋维修资料。
(10) 与业主有关的其他材料。

2) 使用人

使用人是指物业的承租人，即物业的使用权人，这也是物业服务企业的服务对象。由于使用人有较大的流动性及不稳定性，因此收集使用人的档案需要更详细。

针对使用人需要收集的文件材料包括以下几项。

(1) 使用人详细资料登记表。
(2) 业主与使用人签订的租赁合同的复印件。
(3) 物业服务企业与使用人签订的合同、公共契约等。
(4) 家庭主要成员登记表。
(5) 交接手续全套资料。
(6) 房屋装修全套资料。
(7) 使用人交纳各种费用的凭证。
(8) 房屋维修资料。
(9) 与使用人有关的其他材料。

3) 探访业主和使用人的来访者

探访业主和使用人的来访者是指探访业主和使用人的外来人员。对于来访者，物业服务企业主要是通过来访登记簿对其实行约束管理的，物业服务企业通过登记其姓名、被探访者姓名、被探访者住室、出入时间等掌握其行踪。来访登记簿是物业服务企业需要保存的档案，假设事后发现异常，可以通过翻查来访登记核对或寻找证据。

4）业主大会和业主委员会

业主大会和业主委员会档案是全体业主在行使权利、义务等自我管理活动中形成的各种文字、图表、音像等文件材料。

针对业主大会和业主委员会需要收集的文件材料包括以下几项。

(1) 业主大会和业主委员会关于筹备、换届、选举、人员变更情况等文字材料。

(2) 业主大会和业主委员会制定的章程、制度、公约等文字材料。

(3) 业主委员会发出的各种通知、会议记录、纪要及形成的报告等文字材料。

(4) 业主委员会采用招投标选聘物业服务企业形成的选聘方案、标书、标底、评标结果、中标协议书、有关合同、招标会议记录等文字材料。

(5) 业主委员会与物业服务企业协商备忘录等文字材料。

业主大会和业主委员会形成的档案属于物业产权人及使用人共同所有，但在一般情况下，由于业主委员会不具备档案管理的基本条件，往往由物业服务企业代为保管。那么在实践中，物业服务企业一要注意尊重业主大会和业主委员会的权利，二要注意一旦条件具备时，应及时、完整地将这些档案返还给业主委员会。

2. 物业项目档案

物业项目档案是指物业项目在形成与使用过程中所留下的对物业服务企业在该物业项目管理活动中具有查考和保存价值的各种文字、图表、音像等历史记录。

1）产权与工程技术资料

(1) 住宅区规划图纸、项目批文、用地批文。

(2) 建筑许可证、投资许可证、开发许可证。

(3) 拆迁安置资料。

(4) 红线图、竣工总平面图。

(5) 地质勘察报告、开工竣工报告、图样会审报告、工程设计变更通知。

(6) 工程合同、工程预决算。

(7) 竣工图。

(8) 单位建筑、结构及隐蔽工程竣工图，消防、燃气等工程及地下管网竣工图，房屋消防、燃气竣工验收证明书，水电、消防等设备的检验合格证书及设备技术资料。

(9) 主要材料质量保证书，新材料、配件的鉴定合格证书。

(10) 砂浆、混凝土块试压报告。

(11) 绿化工程竣工图。

(12) 住宅区各类房屋清单、出售房屋的产权范围或成本按算清单。

(13) 住宅区未完工的房屋公用设施设备及公共场地的竣工日期。

(14) 其他工程技术资料。

2）装修档案

(1) 二次装修登记表，装修责任书。

(2) 施工企业资质证明、装修人员登记表。

(3) 室内装修设计平面图。
(4) 装修竣工图。

3) 维修资料

(1) 维修申请记录、回访记录。
(2) 维修派工单。
(3) 公共设施巡检记录。

4) 治安交通管理资料

(1) 日常巡视记录、交接班记录、值班记录、巡逻路线。
(2) 日常抽检记录、查岗记录、闭路电视监控系统录像带。
(3) 搬入/出记录、突发事件处理记录。
(4) 车辆管理记录、车辆详细资料。

5) 设备设施管理资料(包括消防)

(1) 公用设备设施维修保养记录。
(2) 机电设备运行、巡视记录。
(3) 设备承包方案。
(4) 公用设备设施台账及更新记录。

6) 绿化、清洁资料

(1) 清洁班检记录。
(2) 清洁周检记录。
(3) 绿化工作记录。
(4) 病虫害检查记录。

7) 社区文化资料

(1) 社区文化活动计划及实施情况记录。
(2) 社区文化活动图片及录像记录。
(3) 传媒报道资料。
(4) 文化活动场所、设施台账及使用记录。

8) 业主反馈资料

(1) 服务质量回访记录。
(2) 业主意见调查、统计记录。
(3) 业主投诉及处理记录。

9) 员工管理资料

(1) 员工个人资料，聘用记录。
(2) 员工业务考核及奖惩记录。
(3) 员工培训计划、培训档案、考核记录。
(4) 员工薪金变动及内务管理记录。

10) 行政文件资料

(1) 管理处值班及检查记录。
(2) 财物记录。
(3) 内部管理规章制度、通知、通报等文件。

 案例 4-6

档案资料让物业服务公司节省百万余元

上海浦东某住宅小区,是浦东开发初期建造的安置房,前期物业管理由开发商自行管理。

2000年年末,该新村成立业主委员会,通过招投标方式,从社会上重新选聘了一家物业服务公司。新来的物业服务公司接手物业管理后,根据有关规定,将对该地区进行天然气通气。此时,有业主反映说,该地区的煤气管道有渗漏现象。物业公司立即进行检查,发现煤气管道都存在不同程度的锈蚀,情况严重的管道表面全部锈迹斑斑,并且有煤气渗漏现象。物业服务公司立即联系天然气公司的有关部门,对该地区煤气管道再次进行检查,天然气公司专业人员认为,天然气的压力比煤气高,鉴于煤气管道严重锈蚀,建议尽快调换煤气管道。

经测算,调换新村煤气管道,所需费用约为122万元。面对严重锈蚀的煤气管道和122万元的巨款,物业服务公司经理心急如焚。情急中他突然想到了接手该新村时的档案,档案中的资料应该是最完整的,"能不能研究资料档案从中获得什么好办法?"于是经理立即查阅资料。经查当时归档的案卷,该新村共6个街坊,建造时涉及15家施工单位,其中自来水、煤气管所用管材基本上由施工方供应,6个街坊所用镀锌管的供货商系上海的两家建材公司,它们都是非正规建材供货单位,所用的管材是国家已明令禁止使用的冷镀锌管。

鉴于以上情况,该物业服务公司立即起草了一份《关于某新村某街坊室内煤气管道严重锈蚀的情况》,并附上调查材料,送到了开发商手中,希望他们能予以配合,共同将这一问题解决。开发商有关领导看了调查情况后,认为该物业服务公司的请求完全是合理的,于是请物业服务公司委托天然气公司实地查勘,并报预算,工程费用由开发商列支。物业服务公司随即与天然气公司联系,签订了工程合同,并以最快的速度对所有煤气管道进行了调换,及时消除了事故隐患。

分析: 档案资料管理对于一个物业服务公司来说,是一笔十分宝贵的财富。物业服务公司在提供管理与服务的过程中,会产生各种各样的文件、资料,这些原始资料是物业管理的基础资料,将它们整理、汇总起来,可以为许多日常管理和服务工作提供资料参考。具体地说,设备、设施的台账可以为设备、设施的维修保养提供依据,让维修人员清楚什么时候需要更换零件、什么时候需要维护保养;业主的基本信息,可以使物业公司更好地为他们提供个性化服务。而且在关键时候,这些无声的资料会像证人一样"站"出来"说话"。案例中的物业公司正是利用了"当初提供煤气管道的供货商"这一资料,及时地发现了问题的症结所在,找到了解决问题的途径和办法。

进入角色: 假设你是该物业服务公司的负责人,在查阅档案时找不到文中所提及的管材相关资料时,你会怎样做?

4.6.2 物业档案的保存与安全

1. 档案保存

1) 档案的保存价值和保存期限

某个单份档案文件的价值是不能孤立鉴定的,应当从相互关联的一组档案文件来综合考虑档案的保存价值和保存期限。例如,某物业在施工过程中有一份混凝土试块检测报告,单个来看也许并不显得有多重要,但从施工过程中产生的一系列文件来考虑的话,这一组文件完整地反映了施工过程中的基本情况，即使是在该物业投入使用多年之后，仍然可以透过这一组文件获得该物业在施工过程中的完整信息，因此，有必要将这份文件列入长期保存的档案中。

各物业服务企业可结合自身实际情况和管理要求综合确定有关档案保存期限的划分标准。为便于把握，表4-4列出了某物业服务企业档案的保存期限的划分标准。

2) 档案保存注意事项

(1) 物业承接查验期和入住期收集整理的档案资料属于物业基础资料档案，是物业管理档案中最重要和基础性的档案，它的保存管理十分重要。

表4-4 某物业服务企业档案保存期限的划分标准

保存期限	时间	划分标准	备注
永久	无限期	凡是记载和反映物业、大型或重要附属设施设备及物业管理活动的基本历史情况，对物业维护和使用以及科学研究有长远研究参考价值的文件	1. 有关所管物业及重要的附属设施设备的基础性文件资料，有关更新改造、大中小修的会议决议的文件、记录、验收报告和技术参数等文件； 2. 有关物业管理工作中产生的重要决议、决定、合同协议、通知、记录、工作计划、统计报表及相关的请示、报告等； 3. 业主及业主大会的基础资料、会议决议、决定、请示报告记录等文件
长期	15～60年	凡是在相当长的时间内对所管理的物业及物业管理工作需要进行查考、经验总结的文件与记录	1. 有关物业管理工作中的年度季度计划、总结、报告； 2. 与物业相关的附属设施设备(工作寿命在5年以上10年以内)的基本技术和商业资料，维修维护合同和记录，大中小修、更新改造记录和会议决议等文件； 3. 物业本体及大型或重要附属设施设备的维护记录
短期	15年以内	其他只在较短时期内有查考意义的文件与记录	1. 小型设施设备的更新、维修记录； 2. 有关物业管理服务和运行记录的相关文件和记录

(2) 房屋共用部分和共用设施设备的检测、检修与运行记录档案，在分析房屋主体安全、设备运行状况和事故分析中，有时起着十分关键性的作用，因此这类档案的真实性和保存期限应有明确规定，一般不能低于设备的使用年限的两倍。

(3) 各类小型设备的运行和维护记录档案、环境与安全管理记录档案的数量较大，这部分档案的保存期限较短。这类档案应有一个销毁的管理方案和程序，以腾出空间，避免档案室空间被无谓占用。

2. 安全管理

1) 档案安全管理

档案毁损有人为的原因和自然的因素。人为原因的毁损，如遗失、损坏、被盗、不当使用和故意毁损等。自然的因素一方面是文件的介质和记录方式随时间的推移而产生自然失效，如文件的纸张自然老化和墨迹的自然消失等；另一方面是环境的影响，如火、水、潮湿、虫鼠啃咬、紫外线以及机械磨损等因素都会造成档案寿命缩短或毁损。

档案保管应注意室内空气流通，经常采取防霉、防潮、防虫、防水、防火、防盗等安全措施。同时，要制订一套切实可行的档案管理制度并加以严格执行，如改善档案保存的条件，采取有效的档案修复技术，最大限度延长档案的寿命，保障档案的安全。

2) 档案信息安全

档案的安全包括：档案本身不受到损坏与丢失；档案信息不被非法复制、查阅和传播。由于档案载体的不同，保障档案信息安全的方式也有不同。但均应制订文件的密级体制，严格规定借阅、复制制度。

纸介质档案的信息安全主要是从档案的查阅、外借、复制和销毁等方面制订详细的制度，设定权限。对无权查阅、外借和复制的人员，管理人员不得私自给予查阅、外借或复制。有权限的人员在查阅、外借时必须承担保管责任。复制必须由档案管理人员进行，并须获得相应授权方可实行。销毁档案时，应经上级批准，并在主管领导和部门主管的监督下采用适当的方式销毁。

电子媒体档案主要是通过设立严格的多级权限机制和密码保管制度，严格进入检索系统、复制和下载的管理；对进入互联网的计算机应安装防火墙和杀毒软件，经常更新，防止黑客入侵和非法人员进入，保障电子档案的信息安全。

情境工作小结

本情境内容所涉及物业管理业务工作较多，且多为物业管理前期的基础性工作。这些工作的质量和水平不但涉及能否给业主留下良好的"第一印象"，而且还决定了今后物业管理工作能否具有可持续发展力。因此，本情境内容是需要我们掌握的重点内容之一。

学习本情境，我们首先应该了解早期介入、接管验收、业主入住、装修、装修管理、物业档案和物业档案管理这几个基本概念，这样我们才能弄清物业前期管理包括的管理服务业务有哪些，这些业务要做的是什么，以引导我们去进一步地了解这些业务的核心，把握学习的重点。从物业管理的实践看，业主入住、装修管理和物业档案管理这3项业务较之早期介入和接管验收，更具有普遍性和日常性，因而在本情境的学习中，我们应以此为学习的重点，熟悉这3种业务的处理程序和内容，以使自己能够具备一定程度的独立的业务处理能力为目标。

若想实现这一目标，在学习过程中要注意分别把握它们各自的业务核心，结合实践需要，有针对性地突出重点。例如业主入住，我们一要熟悉教材中的业主入住的相关文书，了解入住的基本流程和业主所应提供的文件资料、应交纳的各项费用；二要通过业主入住的办理程序，清楚我们应给业主提供哪些资料、安排业主签署哪些文件。对于装修管理，重点是要掌握管理的范围和要求，其次才是管理的程序。而对于物业档案管理，一方面我们要清楚物业档案所包括的内容，以保证收集环节的全面完整，另一方面则要强化分类、立卷、案卷排列和案卷目录编制的实践动手能力。

最后需要提到的是，本情境所涉及的这些业务，若想真正掌握，都需要较为广泛的专业知识面，如早期介入、接管验收、业主入住、装修管理都离不开房屋结构、物业设备设施等知识的支撑。也就是说,在学习中,我们要体会到相关知识的这种紧密关联,重视对专业知识的整体把握。还有,理论知识的学习如果只是停留在纸上谈兵的层次,忽略了实践经验的积累,那也只会一无所成,所以,重视实习,参与实践,对于学好本情境是不可忽视的。

思考题

1. 物业服务企业在早期介入中承担什么样的角色?
2. 物业服务企业在接管验收时,应从开发商那里取得哪些资料?
3. 物业接管验收中遇有房屋质量问题,物业服务企业应怎样处理?
4. 业主入住时,应准备的文书、资料有哪些?
5. 业主入住时,物业管理人员陪同业主验房应提醒业主哪些问题?
6. 装修管理期间,物业服务企业主要负责哪些工作?
7. 物业服务企业在装修管理中如遇到业主违章装修应怎样处理?

实训练习题

一、基础理论知识

1. 单项选择题

(1) 在下列阐述中,不正确的说法是(　　)。
A. 早期介入是前期物业管理的重要铺垫
B. 前期物业管理为早期介入打下良好基础
C. 前期物业管理是后期物业管理的基础
D. 后期物业管理是前期物业管理的延续

(2) 档案管理现代化的内容可以理解为(　　)的结合。
A. 现行文件和历史文件　　　　B. 理论知识和实践经验
C. 传统管理和现代管理　　　　D. 现代化技术手段和现代管理科学方法

(3) 物业服务企业应当配合建设单位在销售物业之前,制订(　　),对有关物业的使用、维护、管理,业主的共同利益,业主应当履行的义务,违反公约应当承担的责任等事项依法作出约定。
A. 管理规约　　　　　　　　　B. 临时管理规约
C. 前期物业服务协议　　　　　D. 物业管理各项规章制度

(4) 物业管理档案有(　　)作用。
A. 动态性　　B. 基础性　　C. 标志　　D. 凭证

2. 多项选择题

(1) 物业管理人员在办理入住手续时的注意事项包括(　　)。
A. 确认收楼接收手续　　　　　B. 确认客户本人身份证原件
C. 按规定与客户交接钥匙　　　D. 与客户之间工作要配合衔接

(2) 房屋室内装修申请的审批包括(　　)。
　　A. 装修申请的审核　　　　　　B. 装修申请的批准
　　C. 告知注意事项　　　　　　　D. 签订装修管理服务协议
(3) 《住宅室内装饰装修管理办法》规定，住宅室内装饰装修应当保障工程质量和安全，符合工程建设强制性标准。住宅室内装饰装修活动，禁止(　　)。
　　A. 未经原设计单位或相应资质等级设计单位提出设计方案，变动建筑主体和承重结构
　　B. 扩大承重墙原有门窗尺寸，拆除连接阳台的砖、混凝土墙体
　　C. 损坏房屋原有节能设施，降低节能效果
　　D. 将没有防水要求的房间或阳台改为卫生间、厨房间
(4) 物业服务企业接待客户办理入住手续时，要请客户签署(　　)。
　　A. 《临时管理规约》　　　　　B. 《房屋装修责任书》
　　C. 《安全及防火责任书》　　　D. 《客户登记表》
(5) 为了尽可能齐全地收集物业管理档案资料，应收集(　　)等物业施工及验收阶段的资料。
　　A. 竣工图　　B. 物业使用资料　　C. 设备技术清单　　D. 隐蔽工程的验收记录

二、案例分析

1. 业主余某在房屋装修时擅自拆除了承重墙，经群众举报，所在地房地产行政主管部门发了限期整改通知，要求其恢复原状。余某在规定时间内恢复了承重墙，不料物业服务公司却告知他承重墙的恢复不符合规定，余某很生气，认为物业服务公司是在存心整人。

问题：如果你是该物业公司的工作人员，你会怎样向余某作出正确的解释？

2. 小王所在的物业服务公司受建设单位委托物业服务企业为某园区提供管理和服务，经理要求小王查阅文件，弄清物业服务企业承接物业时与建设单位应办理何种法定手续。

问题：若小王向你进行咨询，你应提出怎样的建议？

3. 某物业服务公司在前期物业管理工作中，由于疏忽大意未将"业主、使用人在装修住宅中，应预留共用设备的检修孔，方便共用设备的维修"的该项小区内住宅装修规定告知业主。多名业主在不知的情况下，装修时封闭了共用管道检修孔。此后的物业使用中，共用管道发生堵塞，在疏通修理的过程中，给业主的装修造成了一定程度的损坏。业主向物业服务公司提出赔偿要求。

问题：你认为物业服务公司应否承担赔偿责任？

4. 一天深夜，胥某回到某小区4号居民楼，搭乘电梯回家。谁料电梯刚运行到一半，就突然失控下坠，载着胥某一直坠落到电梯井井底，胥某当场昏迷。2h后，胥某被人发现并送入医院救治，由于出现了头痛发晕、呕吐鲜血的症状，医院诊断其为应急性胃溃疡合并出血。伤愈后，胥某随即向负责电梯运行管理的物业服务公司索赔，要求其支付医疗费、营养费、精神损失费等共计1.3万余元。

庭审中，物业服务公司辩称胥某的胃出血与电梯坠落无直接的因果关系，所以不同意承担相应的赔偿。法院遂委托市高院对胥某的伤情进行了鉴定，结论为胥某全身多发性软组织挫伤并出现应急性胃溃疡合并出血。法院据此认为，胥某在电梯坠落后出现上述伤情，两者之间存在因果关系，物业服务公司理应承担胥某由此造成的经济损失。

问题：在这种情况下，你认为该物业服务公司应该怎么办？

本情境"进入角色"参考答案

[案例 4-1] 参考答案

(1) 突出主题社区"生活格调"。提供安逸、休闲、物有所值的高品质服务,主题社区的物业管理将根据业主和游客不同的需求观念,来区分物业管理的"闹"与"静",对业主住宅的私密性和供"业主+游客"参与的开发区采取不同的管理服务方式,以实现"景区式物业管理"的新目标。

(2) 体现社区观赏价值。一草一木,一步一景,甚至于员工的一言一行均具有观赏价值。如建筑、庭园、水景、石径、堤岸、商业街等都将成为基本的观赏内容。

(3) 强调安全第一和预防为主的原则。社区的安全主要包括三个方面,一是消防安全,二是治安防范,三是及时处理各类突发事件。在消防安全方面,强调预防为主,防大于治,在社区内增加各类防火防烟、禁止易燃易爆物品标识,利用"员工人人是导游"这一理念,使员工随时提醒业主和游客注意防火;在治安防范方面,根据华侨城物业区域化综合型物业管理的经验,从全局布防、全员防范的观点出发,利用社区技防硬件,走"人防、技防、物防"相结合之路,实行动态管理;在应急事件处理方面,关键是要做到有预见性、有方案、有组织、有演练,做到处事不惊,处事不乱,应对有方。

(4) 积极组织健康的、开放式的社区活动。营造开放式社区氛围需要物业管理的组织和引导,邀请业主和游客的参与,配合业主及游客的意见,组织积极向上的社区活动。

[案例 4-2] 参考答案

书面列出国家消防设计规范的有关条款,并和原消火栓设计进行对比分析,指出其不合理所在。开发商据此再次找到设计院,设计院这次无法予以拒绝,只好修改了设计。

[案例 4-3] 参考答案

(1) 在进行空调运行准备过程中发现 F 公司对机组的维护保养工作做得很差时,立即采用摄像、摄影的方式留下影像资料,并通知 F 公司相关人员到场。

(2) 用冬季环境温度无法达到开机条件的事实,说明接收人员"一切正常"的签字完全是工作疏漏造成的,并不能反映事情的真实状况。

[案例 4-4] 参考答案

合同的期限虽然已届满,但业主委员会没有选出新的物业服务企业,也没有订立新的物业服务合同,A 物业服务公司作为小区的物业管理部门,以原合同的标准对小区进行管理和提供服务。王先生作为该小区的业主实际享受 A 物业服务公司提供的服务,并未提出异议,理应按约支付物业管理费。

[案例 4-5] 参考答案

首先责令其停工,出具《违章整改通知单》限期整改,恢复原状;如对方仍不配合,可上报当地上级主管部门或对董先生和其他业主提起诉讼。

[案例 4-6] 参考答案

这种情况说明物业服务企业在接管项目时,资料收集不全面、不完整,应该马上与开发商沟通,要求开发商提供相关资料。如果开发商拒绝,就寻找当时施工有关人员帮助回忆;同时,要与业主委员会沟通,请业主委员会出面要求开发商提供,因为,这涉及业主的知情权受到开发商侵害。

情境5

如何维护公共秩序与安全

情境设定

青岛联军物业管理有限公司承接的某物业服务项目，日前发生了一起盗窃案。在今年夏天的一个清晨，住在5号楼1单元101的业主王某，发现自家被盗，随即报警。经公安部门调查：盗窃人员于凌晨1:00—2:00，从业主家敞开的窗户爬入房间，实施盗窃。

王某事后找到物业管理公司，以管理不善为由要求物业管理公司进行赔偿。你作为物业管理公司经理，该如何应对呢？

物业管理实务

引 例

预案带来效率

某住宅小区,大部分房屋为20世纪五六十年代建造的,小区内的电源进表线容量较小,用电高峰时故障频繁。2012年8月中旬的晚上11:00,气温在37℃左右,忙碌了一天的业主正在享受着空调送来的丝丝凉风,突然间整幢楼里一片漆黑,空调戛然而止。显然是由于用电量过大,部分架空线及进表线烧毁。

接到报修后,小区物业管理处马上启动处理突发事件应急预案。该公司的应急预案程序如下。

(1) 突发事件一经发生,当事人或知情人同时向小区物业管理处报告。管理处根据事件的类别立即做出反应,报告上级,派员解决。在解决的过程中,需要向公司有关部门求助时,有关部门立即主动配合与支持。

(2) 监控中心值班员接到报修后,立即通报相关方位的固定岗和巡逻岗保安人员迅速赶往事发现场,查明缘由并将现场情况立即报告监控中心。在时间不允许的情况下,管理处可以采取边向公司报告边自行处理的方法,对事件直接进行应急服务。

(3) 突发事件的应急服务由经理负责统一指挥,如经理不在,由保安部主管负责统一指挥。

(4) 在紧急情况下,有权调动公司一切现有的资源,全权处置后,再进行总结。如有偏差,待处理下次类似事件时,再吸取教训。

(5) 应急服务过程中涉及公司以外的人和事统一由公司行政部门对外交涉。

(6) 突发事件的事发报告,应急服务过程及事后结果报告由管理处写就,报公司领导。

(7) 突发事件的起因经调查分析,通报给相关人员吸取教训。

这一预案发挥了独特作用,不到20min,5名设备维修工带好工具、材料到达现场。经过一个多小时的紧急抢修,整幢房子的电源恢复正常,空调又吹起了凉风。

分析: 对突发事件的应急处理,是检验物业公司综合能力的试金石。俗话说:"台上一分钟,台下十年功。"物业公司有一个好的应急预案,平时又加强训练,才能临危不乱。

突发事件,件件都关系到业主生命与财产的安全,若没有一个好的应急预案,就很难在关键时刻从容应对。事件的突发性和紧急性要求物业管理人员及时、准确地应对,把业主的损失降低到最低限度。为确保及时、有效地解决问题,物业公司不但要备有各种应急处理预案,还要提前培养有应急服务技能的队伍,并能够对事件的起因和变异做好调查分析,以不断丰富应急处理预案,确保为业主提供更满意的应急服务。这种把充分准备做在事发前的服务,无疑是高水平、高质量的物业服务。

进入角色: 假如你是该项目负责人,对停电这样的突发事件,你会有怎样的准备?

公共秩序管理服务是指物业管理公司采取各种措施和手段,保护业主和物业使用人的人身财产安全,维持社会工作和生活秩序的管理活动,包括物业安全管理、物业消防管理、物业车辆与道路管理、突发事件的处理预案与物业保险。

5.1 物业安全管理服务

物业治安管理服务是物业管理企业(或由其委托的保安公司)配合社区管理机构对物业区域的公共秩序进行的管理活动。其目的是保障物业管理企业所管辖的物业区域内人身和财产安全，维护辖区的工作和生活秩序。

5.1.1 物业安全管理服务的内容

1. 制止扰乱公共秩序的行为

扰乱公共秩序的行为包括噪声扰民、宠物扰民、侵犯他人人身权利、侵犯个人及公共财产权利、违反辖区消防管理规定、违反辖区车辆与道路管理规定、违反辖区绿化管理规定等在公共场合影响、干扰他人正常生活、工作的行为。

2. 出入管理

依照国家法律、政策和物业管理辖区的有关规章制度，对出入大门的人员、车辆、物资进行严格的检查、验证和登记，防止不法人员进入，防止物资丢失，以维护物业管理辖区内部秩序，保证其人、财、物的安全。其具体任务包括以下几方面。

(1) 对出入辖区人员的身份、证件和所携带物品进行检查、登记，控制外部无关人员进入，确保业主和使用人的人、财、物安全。为外来人员做好引导、咨询。

(2) 对进出辖区的车辆、物资进行认真的检查、核对，防止危险品的进入，防止盗窃及其他物资流失现象的发生。

(3) 对进出辖区车辆的进行疏通，清理无关人员，保证进出口的秩序和通畅无阻，防止人员、车辆造成门口堵塞及事故的发生。

(4) 对可疑的人和事，应及时通报，主动配合公安保卫部门开展工作。

3. 守护保安服务

这是指保安人员根据保安服务合同的规定，采取各种有效措施，对指定的人、财物、场所进行看护和守卫的活动。其主要任务是采取各种有效的措施，防范和制止违法犯罪分子的各种破坏活动，预防治安事件的发生，确保守护对象的安全，维护物业管理辖区内的正常秩序和安全。其具体任务包括以下几方面。

(1) 保护人身安全。主要通过对守护对象的住宅、办公场所的守护，保护人身安全。

(2) 保护财产安全。工作重点是做好防火、防盗、防破坏等安全防范工作。

(3) 维护物业管理辖区内正常的秩序。对发生在守护范围内的各种有碍正常秩序的行为和活动，尽快采取办法予以劝阻、制止，防止事态扩大、蔓延。

4. 巡逻保安服务

这是指保安人员在物业管理辖区内有计划地巡回观察，以确保物业管理辖区内安全的活动。其具体任务包括以下几方面。

(1) 维护物业管理辖区内的正常治安秩序，以保证工作、生活正常进行。

(2) 充分利用巡逻对时空控制的有利条件，堵塞各种违规违法活动的空隙，预防、发现、制止各种违规违法行为，防止各种危害的发生。

(3) 及时发现各种可疑情况，对嫌疑人员要进行必要的盘查，搞清其身份，查清原因；个别嫌疑重大，一时难以搞清的，可移送保卫部门或公安机关审查处理；有现行违法犯罪行为的人，应毫不犹豫地将其抓获，送交公安保卫部门处理。

(4) 对巡逻中发现的案件或事故，要做好案件或事故现场的保护工作，根据现场保护的规定和要求，划定保护范围，布置警戒，维护秩序，不准无关人员进入现场，更不得随意触摸、移动现场上的任何物品。

(5) 检查发现防范方面的漏洞,针对不同部位、不同场所在防范方面存在的某些漏洞,如建筑物不坚固以及防护上有空档等,认真检查,及时发现,并将存在的问题及时改进。

(6) 对巡逻中发生的突发性事件或意外事故,如雷电伤人、建筑设施倒塌、爆炸、挤伤挤死人等事故,巡逻人员要全力维护好现场秩序,协助有关方面做好人员、物资抢救工作,对群众进行劝导、教育、疏散及平息事态等工作,并注意发现故意煽动闹事的人。

5. 电子保安系统的维护与管理

(1) 闭路电视监视系统。由摄像头、控制、传输和显示部分组成。有监听功能的需求时,可增设伴音部分。对于保安工作要求较高的住宅、办公大厦、宾馆酒店、超级商场、银行或金融交易所等场所,常设有保安监控中心,通过闭路电视监视系统随时观察出入口、重要通道和重点保安场所的动态。

(2) 电子保安系统。由检测器件、控制器件和报警输出器件组成。一旦发现非法侵入、盗窃等情况,该系统可立即报警。常用的检测器件电磁开关、振动传感器、红外线传感器、光电传感器、超声波传感器和微波传感器等;常用的报警输出为报警发声器、警号、警灯和可集中或分散打开的灯光。电子门禁系统常设置功能齐全的监控中心,由微型计算机、录像机、闭路电视和检测系统等组成,设专人值班监控。

维护、使用阶段,定期对系统进行维护和管理,包括由保安人员定期模拟一定的现场,对保安系统进行功能上的测定。若发现保安系统出现问题应立即向专业管理人员报告,并立即到场维修。保安系统较易损坏的器件、设备,必须有足够的备件,以便及时更换。对保安系统所做的维修和管理,应有严格的记录,并有负责此项工作人员的签字。

5.1.2 物业安全管理的要求

1. 安防人员的仪表和礼貌礼仪

(1) 执勤时整洁着装、佩戴工牌号。

(2) 精神饱满,站立、行走姿态规范。

(3) 执勤中认真履行职责,不脱岗、不做与工作无关的事情。

(4) 举止文明大方,主动热情,耐心周到。

2. 巡逻、门岗等执勤岗位

(1) 服从领导,听从指挥。

(2) 熟悉物业及业主(或物业使用人)基本情况,如业主(物业使用人)家庭成员、楼宇结构、消防设备、各类技防设备、各类机电设备分布情况、消防中心、应急反应等。

(3) 按规定路线和方式巡逻、签到,未签到或不及时签到要记录原因。

(4) 熟悉人员和物品出入管理流程,具备条件的,可对外来人员及外搬物品做好记录及控制。

(5) 观察细致,反应迅速,按照有关规定及时发现、处理各种事故隐患及突发事件。

(6) 相互配合,妥善处理各种问题。对于超出职权或无法处理的情况,应及时汇报。

具体管理深度和配备人员的多少,要根据物业管理服务费用的水平和管理合同的约定来确定。

3. 值班记录

(1) 记录及时、齐全、规范和真实。
(2) 交接班事项及物品记录清晰，未完成事项有跟进记录。
(3) 接班人员分别签名确认。
(4) 记录、分类和归档正确及时，记录本整洁完好，记录字迹清楚。

4. 技防设施设备

(1) 各类安防设施设备齐全、完善，使用正常。
(2) 定期检查和维护，并有完整记录。
(3) 标识明显、正确，相关制度应张贴在墙壁的醒目处。

案例 5-1

是否应该破门而入

一天，物业管理公司的值勤保安接到与住户联网的报警器发出报警信号，值勤保安随即立即赶赴报警信号发出的住户家门口，值勤保安听到住户家中有响动的人声，但敲门却没有回答。于是，值勤保安就用工具将门强行破开。门破开后，发现家中只有一位白发苍苍的老人，而报警信号则属于报警器误报，该物业管理公司领导闻讯后立刻赶到住户家中赔礼道歉，并负责修理好损坏的房门。接下来业主向该物业管理公司提出了赔偿的要求。

进入角色：请问在本案例所述情形下，物业管理公司接到住户家中报警信号后是否可以破门而入？在什么情况下，物业管理公司在接到住户家中报警信号后可以破门而入？请你评判在这件事情的处理上，该物业管理公司做法是否妥当？还有什么不足之处？

5.1.3 安全防范的注意事项

(1) 遇到有人在公共区域聚众闹事，应立即向公安机关报告，并及时上报上级领导，协助公安机关迅速平息事件，防止事态扩大。

(2) 遇有违法犯罪分子正在进行盗窃、抢劫、行凶和纵火等违法犯罪活动时，应立即报警，协助公安机关制止，并采取积极措施予以抢救、排险，尽量减少损失。对于已发生的案件，应做好现场的保护工作，以便公安机关进行侦查破案。

(3) 管辖范围内公共区域有心智不正常的特殊人员进入或闹事时，应将其劝离管辖区，或通知其家属、单位或公安派出所将其领走。

(4) 辖区公共区域内出现可疑人员，要留心观察，必要时可礼貌查问。

(5) 管辖区域内发生坠楼等意外事故，应立即通知急救单位及公安部门、家属，并维护好现场，并做好辖区客户的安抚工作，等待急救单位及公安部门前来处理。

5.2 物业消防管理

物业消防管理是指在日常管理中通过有效措施预防物业火灾发生，在火灾发生时采取应急措施，以最大限度地减少火灾的损失。消防工作包括防火和灭火两个方面的内容。

5.2.1 物业消防管理的内容

1. 消防队伍的建立与培训

1) 建立消防队伍

物业管理企业应根据所管辖物业项目的类型、档次、数量，设立消防机构，组建相应的专职或兼职消防队伍。

2) 消防队伍的职责

负责消防工作的管理、监督、检查和落实，进行消防值班、消防检查、消防培训、消防宣传、消防器材的管理与保养，协助公安消防队灭火。

3) 消防队伍的具体工作

消防监控报警中心的日常值班。消防监控报警中心是接受火灾报警、发出火灾信号和安全疏散指令，控制消防水泵，固定灭火、通风、空气调节系统和防烟排烟等设施，并能操纵电梯到达指定位置和保证消防电梯的运行的控制中心。定期进行消防安全检查。专职消防员需进行日常安全检查，每天巡视大厦或小区的每个角落，及时发现和消除火险隐患。

4) 消防队伍的演练

消防员必须坚持灭火管理的平时训练，通过训练，掌握防火、灭火的措施和技术等。物业管理企业还应根据自己的实际情况，最好每年进行一次消防演习，通过演习来检验物业管理辖区防火、灭火的整体功能，如防火、灭火预定方案是否科学，指挥是否得当，专职消防队员是否称职，消防设施是否发挥作用。

2. 搞好消防教育宣传

1) 增强消防意识

在众多的火灾事故中，导致火灾发生的主要原因是由于很多人缺乏消防法制观念和消防安全意识，违反安全操作规程，违章用火、用电、用燃气造成的。因此，按《中华人民共和国消防法》规定经常进行消防宣传教育，提高业主和使用人的消防意识，是物业管理企业物业消防管理的重要内容。

2) 普及消防知识

普及防火知识、灭火知识、疏散逃生知识，对增强业主和使用人预防、抗御火灾，控制和减少火灾损失具有十分重要的意义。

3. 消防设备设施和器材的配备与管理

1) 设备设施和器材的配备

消防设备设施和器材是搞好消防工作，保证人身财产不受火灾危害的物质技术基础。因此，物业管理企业应在辖区建筑物内外，配备必要的消防设备设施和器材。

2) 消防设备设施和器材的管理

为了使消防设备设施和器材随时处于完好状态，确保火灾发生时有效启动和使用，物业管理企业必须加强对消防设备设施和器材的管理。

4. 发生火灾时应配合消防部门实施灭火工作

当项目发生火灾时，物业服务企业应当立即报警，同时启动火灾应急预案，组织力量进行人员疏散及灭火工作，同时还应做好现场的隔离警戒及伤员救治协助工作。

火灾扑灭后，物业服务人员应当协助公安机关消防机构现场调查取证，按照公安机关消防机构的要求保护现场，接受事故调查，如实提供与火灾有关的情况，并对调查结果进行总结，吸取教训。

阅读资料 5-1

灭火设备和器材的种类与正确使用

1. 消防栓

消防栓是一种最常用的固定消防供水设备，有室内消防栓和室外消防栓两种基本类型。室内消防栓，一般固定设置在建筑物内防火部位，或楼层防火部位的墙壁消防柜中，并配备消防水带、水枪等灭火工具。室外消防栓，是固定设置在建筑物外防火重点部位地面上的一种消防设备，可为室外实施灭火作业的消防队、消防车提供灭火所需要的水源。

2. 自动喷水灭火系统

自动喷水灭火系统是一种固定在建筑物内的消防供水装置，由火灾探测器、自动报警器、喷水装置、供水管网、水泵等组成。其喷水装置一般在大型建筑、高层建筑、高档建筑等防火重点部位的上方位置设置。一旦发生火灾，自动喷水灭火系统能及时报警，并自动启动水泵喷水，可有效控制和扑灭可燃固体等初期火灾。

3. 二氧化碳灭火器

二氧化碳灭火器是灌装了具有灭火功能的二氧化碳液体的灭火装置。二氧化碳灭火器分为固定式和移动式两种类型，其中移动式又分为手提式和车辆式。常用的是手提式二氧化碳灭火器。使用二氧化碳灭火器实施扑救时，要先拔去插销或去掉铅封，在距燃烧物 5m 左右的位置，一手握喷嘴把手，另一手紧握启闭阀把，气体即自动喷出。在施救时，要选择上风方向，对准燃烧物喷射，这样做能防止救火人发生窒息，并可很好地利用二氧化碳气体。当扑救流淌的液体燃烧物时，要由近而远喷向火焰，不能直接向正在燃烧的液面喷射，防止液体喷溅引起更大的火焰。在室内空间狭窄的地方使用二氧化碳灭火器，灭火后应迅速离开，防止救火者窒息。

4. 泡沫灭火器

泡沫灭火器内有两个容器，分别盛放硫酸铝和碳酸氢钠溶液两种液体，并加入了一些发泡剂。两种溶液平时互不接触，不发生任何化学反应；当需要泡沫灭火器时，把灭火器倒立，两种溶液混合在一起，就会产生大量的二氧化碳气体。它有化学泡沫灭火器和空气泡沫灭火器两种，其中最常用的是化学泡沫灭火器。泡沫灭火器适用于扑灭不溶于水的汽油、柴油、油漆等油类液体火灾，也可用于扑灭木材、纤维橡塑类固体火灾。因为泡沫灭火剂中含有一定量的水，所以不能用来扑灭带电设备火灾和忌水性物品火灾。

使用泡沫灭火器扑救可燃液体火灾时，要距燃烧物 10m 左右，将灭火器颠倒过来，对准燃烧物喷射，并使泡沫完全覆盖燃烧液面，扑灭火焰。当燃烧的液体流淌时，要向流淌的燃烧物火焰喷射泡沫，防止火焰随液体蔓延。使用泡沫灭火器扑救容器内燃烧液体时，应将泡沫射向容器的内壁，不能直接对准液面喷射，防止液体喷溅，引发更大的火焰。扑救燃烧的固体火灾时，应将泡沫射向燃烧最猛烈的着火点，并依次向其他燃烧部位移动，直至扑灭全部燃烧物为止。使用泡沫灭火器灭火时，要始终使灭火器处于倒置状态，只有这样，才能使泡沫连续不断地向燃烧物喷射，否则会中断喷射，影响灭火效果。

5. 干粉灭火器

干粉灭火器是灌装了一种干燥、易于喷洒的流动微细固体粉末的灭火装置。干粉灭火器钢瓶内的粉末由具有灭火作用的碳酸氢钠、磷酸盐以及防潮剂、流动促进剂、防结块剂等组成。常用的干粉灭火器为手提式干粉灭火器。干粉灭火器使用范围较广泛，适用于扑灭可燃固体、可燃液体、可燃气体火灾和带电设备等电气火灾。但由于干粉灭火剂基本上没有冷却作用，灭火后，易发生燃烧物复燃的情况。所以，灭火后还应采取其他冷却灭火方法相配合。

使用手提式干粉灭火器灭火时，要先去掉灭火器头上的铅封，拔去保险插销，在距火点5m左右的位置，一手将喷粉嘴对准火焰根部，另一手按下压把，使干粉喷出灭火。在扑救流淌的液体火灾时，要由近而远，对准火焰的根部左右喷射，直至扑灭。在扑救容器内的液体火灾时，要对准容器壁面喷粉，使干粉覆盖在容器口整个表面；不能将干粉直接对准液面喷射，避免液面喷溅和外溢，使火焰蔓延容器外。

6. 1211灭火器

1211灭火器是利用氮气的压力将装在灭火器内的二氟一氯、溴甲烷灭火剂喷出灭火的工具。1211灭火器适用于电器设备、各种装饰物等贵重物品的初期火灾扑救。使用这种灭火器时，应先拔下安全封，紧握压把，打开阀门，使灭火器中的灭火剂喷出。然后，将喷嘴对准着火点，由近而远，左右喷射，直至把火熄灭。这种灭火剂属于卤代烷类灭火剂，毒性比较高，因此，在使用时要注意安全，要在通风条件好的上风头喷射。由于它对大气臭氧层的破坏作用，在非必须使用场所一律不准配置1211灭火器。

5.2.2 物业消防安全检查内容与方法

1. 消防安全检查的内容

物业消防安全检查的内容主要包括：消防控制室、自动报警(灭火)系统、安全疏散出口、应急照明与疏散指示标志、室内消防栓、灭火器配置、机房、厨房、楼层、电气线路以及防排烟系统等场所。

2. 消防安全检查的组织方法和形式

消防安全检查应作为一项长期性、经常性的工作常抓不懈。在消防安全检查组织形式上可采取日常检查和重点检查、全面检查与抽样检查相结合的方法，应结合不同物业的火灾特点来决定具体采用什么方法。

1) 专职部门检查

应对物业小区的消防安全检查进行分类管理，落实责任人或责任部门，确保对重点单位和重要防火部位的检查能落到实处。一般情况下，每日由小区防火督查巡检员跟踪对小区的消防安全检查，每周由班长对小区进行消防安全抽检，监督检查实施情况，并向上级部门报告每月的消防安全检查情况。

2) 各部门、各项目的自查

(1) 日常检查。应建立健全岗位防火责任制管理，以消防安全员、班组长为主，对所属区域重点防火部位等进行检查，必要时要对一些易发生火灾的部位进行夜间检查。

(2) 重大节日检查。对元旦、春节等重要节假日，应根据节日火灾特点对重要的消防设备、设施、消防供水和自动灭火等情况重点检查，必要时制定重大节日消防保卫方案，确保节日消防安全。节假日期间大部分业主休假在家，用电、用火增加，应注意相应的电气设备及负载检查,采取保卫措施,同时做好居家消防安全宣传。

(3) 重大活动检查。在举行大型社区活动时,应制定消防保卫方案,落实各项消防保卫措施。

3. 消防安全检查的程序和要求

1) 消防安全检查的基本程序

(1) 按照部门制订的巡查路线和巡检部位进行检查。

(2) 确定被检查的部位和主要检查内容得到检查。

(3) 对检查内容的完好情况进行判断,并通过直观检查法或采用现代技术设备进行检查,然后把检查结果和检查情况进行综合分析,最后得出结论,进行判断,提出整改意见和对策。

(4) 对检查出的消防问题在规定时间内进行整改,对不及时整改的应予以严肃处理。对问题严重或不能及时处理的应上报有关部门。

(5) 对检查情况进行登记存档,分析总结,提出检查安全报告。

2) 消防安全检查的要求

(1) 深入楼层对重点消防保卫部位进行检查,必要时应做系统调试和试验。

(2) 检查公共通道的物品堆放情况,做好电气线路及配电设备的检查。

(3) 对重点设施设备和机房进行深层次的检查,发现问题立即整改。

(4) 对消防隐患问题,立即处理。

(5) 应注意检查通常容易忽略的消防隐患,如单元门及通道前堆放单车和摩托车,过道塞满物品,疏散楼梯间应急指示灯不亮,配电柜(箱)周围堆放易燃易爆物品等。

 **案例 5-2**

化险为夷救业主

一日,某小区两位保安员正在进行例行巡查时,突然发现 8 号楼某窗口不断冒出烟雾,两人随即呼叫小区消防控制中心。经观察,烟雾源自 9 层某室。为此,消防控制中心一边采取门铃对讲呼叫和打电话的方式,紧急联络业主,一边令保安迅速上楼敲门呼喊,同时还报警求援。谁知,门铃对讲机无人应答,业主的电话也没人接听,狠命拍门更不见任何动静。这时,这户居民家透出的烟雾已越来越浓,情急之下,物业负责人果断决定破门而入。由于防盗门十分坚固,保安人员齐心协力狠命猛砸方打开了大门。待保安冲进失事居室,却见业主仍在床上未起,人已被烟雾熏得有些昏迷了,失火点的鱼缸已被烧得变了形。保安随即切断电源,拖出业主,迅速灭火。清醒过来的业主想到自己刚才身陷险境,看到被保住了的家,不免一阵后怕,拉住保安员工的手连声感谢。

分析: 遇到这类紧急事件,及时处理是关键。物业公司员工,尤其是保安人员应该具备这类突发事件的处理能力。

进入角色: 物业负责人的决定是否恰当?如果你遇到类似情况是否有更好的办法?

资料来源:中国物业管理信息网,www.pmabc.com

5.3 物业车辆与道路管理

物业车辆与道路管理是指物业管理企业通过对物业管理辖区内道路管理、交通管理和车辆管理，建立良好的交通秩序、车辆停放秩序。

5.3.1 道路交通管理

1. 道路交通管理的内容

(1) 建立机动车通行证制度，禁止过境车辆通行。

(2) 根据物业管理辖区内道路情况，确定部分道路为单行道、部分交叉路口禁止左转弯。

(3) 限制车速，确保小区内行人安全。

(4) 禁止乱停放车辆，尤其在道路两旁。

2. 不同类型物业道路交通管理的特点

(1) 居住小区。大力提倡步行空间的建立，发展公共交通、开通小区班车，为居民提供上下班服务、节假日集中出行服务。对于停车场的管理应注意扰民问题，最好停车场设在物业小区的4个边缘地带。

(2) 办公物业。重点应放在车辆调度上，物业管理企业应对物业中的单位上下班情况进行了解统计，统一安排好车辆行走路线和通行办法，防止上下班时出现塞车现象。

(3) 商业物业。应配合公交系统车辆进行定线定站，双休日增加车辆，为顾客提供方便。一些好的物业管理企业可以拥有自管班车，为顾客提供定线不定站的服务。

5.3.2 车辆管理

1. 车辆出入管理

对物业管理区域内出入及停放的车辆，宜采用出入卡证管理。卡证根据停车场的性质采用不同的方式。一般对居住在物业区域内的业主(或物业使用人)，其车辆多以办理年卡或月卡的方式管理，出入时只需出示年卡或月卡即可。外来的车辆或暂时停放的车辆应采用发临时卡的方式进行管理，即每次进入时发给一张临时卡，上面记录进入的时间、道口、车牌号、值班人等，此卡在车辆出去时收回。是否收费，应根据相关法规、物业类型、停车场性质和物业服务合同约定做相应处理。

2. 车辆停放管理

车辆进入管理区域后，管理人员应引导车辆停放。有固定车位而任意停放，或不按规定任意停放，或在消防通道停车等现象出现时，管理人员应及时劝阻。同时，车辆进入停车位停放时，管理人员应及时检查车辆，观察车辆是否有损坏，车窗是否已关闭，是否有贵重物品遗留车内等，必要时做好记录并通知车主，避免出现法律纠纷。

3. 车辆管理注意事项

(1) 车辆管理的交通标识及免责告示应充足明显，避免发生法律纠纷。完善的交通标识及提示既可以确保管理区域车辆交通的有序，又可以减少安全事故的发生。而车辆停放票据、卡、证及收费牌上的相关免责提示等则可以提醒车主做好相应的安全防范措施，减少安全事件的发生,并且避免发生安全事件时引发法律纠纷。

(2) 车辆停放服务关系明确。在相关协议上应对车辆是有偿停放还是无偿停放、是保管关系还是仅仅车位租用关系、停放过程中的安全责任等法律责任问题予以明确,避免在车辆出现划损或丢失时引起法律纠纷。

(3) 车辆停放必须符合消防管理要求,切忌堵塞消防通道。部分车主为了方便,经常会将车辆停放于消防通道,或部分物业公司为了提高车辆停放收入,擅自将部分消防通道划为停车位,这样往往会导致消防通道的堵塞,严重影响消防疏散及抢救。因此,车辆停放管理应特别注意对消防疏散通道的管理,确保车辆停放符合消防管理的要求,绝对不能堵塞消防通道。

(4) 对于电梯直接通往室内停车场车库的小区,必须做好电梯入口的安全防范监控措施,避免不法人员直接从地下车库进入楼内。

 阅读资料 5-2

物业安全服务的责任

某花园 A 栋 1604 房业主李某深夜回家时,在小区内被不法分子袭击受伤。李某以某物业管理公司未尽物业管理职责,安防人员不合格导致小区不安全,业主人身受到伤害为由,将某物业公司告上法庭,要求物业公司赔偿医疗费、交通费、误工费、营养费、护理费及精神损失费共计人民币 108605 元。某物业公司辩称,物业管理保安服务的范围是指为维护物业管理区域的公共秩序而配合公安机关实施的防范性安全保卫活动,其在进行物业管理时,并不负有保证每个居民人身安全的义务。而且该物业公司也已按合同要求配置了 24 小时安防人员。在案件发生时,门岗当班的安防人员及巡逻安防人员并未发生违规操作或脱岗现象,也未发现陌生人进入大厦。因此,不同意原告的诉讼请求,但愿意从道义上给予原告一次性经济补偿人民币 3000 元。

法院判决: 一审法院经审理认为:原告与被告订立的物业服务合同系双方自愿,合法有效。被告某物业管理公司虽在合同中承诺 24 小时安全防范服务,但治安管理是一项社会责任,物业公司的这种安全防范服务仅限于防范性安全保卫活动,并不能要求完全根除治安案件。被告某物业管理公司确已在小区设置了门岗及安全防范人员,并实施了 24 小时安全防范值班。李某不能提供其被袭击系物业管理公司不履行职责所致的证据,其要求被告某物业管理公司承担侵权的赔偿责任缺乏事实和法律依据,法院不以支持。被告某物业管理公司自愿补偿人民币 3000 元,于法无悖,可予准许。故做出如下判决。

(1) 原告要求被告赔偿人民币 108605 元的诉讼请求不予支持。

(2) 被告某物业管理公司在本判决生效之日起 10 日内补偿原告人民币 3000 元。

一审判决后,李某不服提出上诉,坚持原审诉讼理由,要求二审法院撤销一审法院的第一项判决。二审法院经审理认为,本案双方在物业服务合同中没有关于人身、财产损害赔偿的特别约定,故某物业管理公司不承担李某人身损害的赔偿之责。一审法院在事实认定及判决上是正确的,判决驳回上诉,维持原判。

案例分析: 本案的焦点是物业管理公司是否履行了物业服务合同约定的保安防范服务义务,这是物业管理公司是否承担法律责任的依据。《物业管理条例》规定:"物业管理企业未能履行物业服务合同的约定,导致业主人身、财产安全受到损害的,应当依法承担相应的法律责任。"

物业管理安全服务的性质是一种群防群治的安全防范服务，关键是看物业管理公司的保安防范工作是否到位。如果安全防范工作没有疏忽，不存在管理上的缺陷，则物业管理企业就不应当承担责任；相反，如果根据物业服务合同的约定，物业管理企业存在明显的过错，则应当承担未履行合同或履行合同存在瑕疵的赔偿责任。物业管理保安的义务不能等同于保镖的义务，也不能要求物业管理公司确保物业小区内所有财产和人身的安全。安全防范的义务重在履行过程，只要履行了安全防范义务，但仍无法阻止损害结果发生的，提供安全防范义务的一方应当不再承担民事责任。

本案中的李某虽然在其居住的小区内遭受不法侵害，但并不能因此认定物业管理公司在履行安全防范义务上存在过错。物业管理企业不可能确保所有公共场所内人身和财产的安全，也不可能接受这种义务。因此，物业管理企业对业主在电梯、楼道等公共场所遭受侵害所致的损失，如果没有证据证明物业管理企业存在管理上的过错，就可不承担民事责任。

案例 5-3

业主购一个车位停两辆车怎么办

2014 年 10 月上旬夜里 10 点左右，某家园小区地下车库值班护卫员报告某号楼的一位业主，只购买了一个车位，却在车库停了两辆车。护卫员劝其将未购车位的车开走，但业主对护卫员不予理睬，将车子锁好后扬长而去。无奈，护卫员只好求助楼间护卫员使用对讲系统同其联系，要求其将车子开出车库。业主对护卫员的行动先是采取了不接对讲的方式，后来对护卫员进行谩骂，甚至扬言谁再打他家的对讲，就倒开水下来烫谁。

了解到这些情况后，办公室值班人员当即同业主联系，得到他的同意后，登门拜访。首先对护卫员反复拨打对讲影响业主生活道歉(有理也要先说自己的不是，给足对方面子和台阶，为双方的进一步交流创造条件)，然后向他说明车库内的大多数车位已售出，一个车位只允许停放一辆车，如果占用别人车位，别的业主就会有意见。接着，又特别指出这样事情多了，大家互相效仿，总有一天他自己的车位也会被别人占用。看到他不断点头，值班人员趁热打铁，建议他再租个车位来从根本上解决泊车问题(不仅着眼一时一事，而且争取一劳永逸，这样去做工作就更有效率)。他听了这番话，觉得入情入理，便提出要求，让值班人员替他找一个空位租下来。值班人员自是满口答应。

第二天一早，管理人员就同他联系，告诉他车位已找好，请他抓紧到办公室来办理。果然，他没有食言，当天下午便来到办公室，顺利地办理了租位手续。

分析："以其人之道还治其人之身"，是古人总结出来的一种处世哲学。纠正某些违章行为，亦不妨用用这一办法。当然我们这里讲的"治"，没有鼓励以错制错的意思，而是说用语言创造一种客户本身受违章困扰的情境，使之能"己所不欲、勿施于人"。

进入角色：你认为车辆管理人员的做法是否恰当？如果你是车辆管理人员，面对如此业主，发生类似事件应如何处理？

5.4 紧急事件处理

5.4.1 紧急事件

1. 概念

物业管理紧急事件,是指物业管理服务活动过程中突然发生的,可能对服务对象、物业管理企业和公众产生危害,需要立即处理的事件。

2. 紧急事件的性质

(1) 紧急事件能否发生、何时何地发生、以什么方式发生、发生的程度如何,均是难以预料的,具有极大的偶然性和随机性。

(2) 紧急事件的复杂性不仅表现在事件发生的原因相当复杂,还表现在事件发展变化也是相当复杂的。

(3) 不论什么性质和规模的紧急事件,都会不同程度地给社区、企业和业主造成经济上的损失或精神上的伤害,危及正常的工作和生活秩序,甚至威胁到人的生命和社会的和谐。

(4) 随着现代科技的发展和人类文明程度的提高,人们对各种紧急事件的控制和利用能力也在不断提高。

(5) 面对突如其来的、不可预见的紧急关头或困境,必须立即采取行动以避免造成灾难和扩大损失。任何紧急事件都有潜伏、暴发、高潮、缓解和消退的过程,抓住时机就可能有效地减少损失。面临紧急情况要及时发现、及时报告、及时响应、及时控制和及时处置。

物业管理企业在处理紧急事件的过程中,通过对处理原则、处理程序和处理策略的正确理解和运用,将更有助于有效地处理好紧急事件,降低物业管理风险。

5.4.2 紧急事件的处理过程

紧急事件处理可以分为事先、事中和事后三个阶段。

1. 事先准备

1) 成立紧急事件处理小组

紧急事件处理小组应由企业的高层决策者,公关部门、质量管理部门、技术部门领导及法律顾问等共同参加。

2) 制定紧急事件备选方案

紧急事件处理工作小组必须细致地考虑各种可能发生的紧急情况,制订相应的行动计划,一旦出现紧急情况,小组就可按照应急计划立刻投入行动。对物业管理常见的紧急事件,不仅要准备预案,而且针对同一种类型的事件要制定两个以上预选方案。

3) 制订紧急事件沟通计划

紧急事件控制的一个重要工作是沟通。沟通包括企业内部沟通和与外部沟通两个方面。

2. 事中控制

在发生紧急事件时,首先必须确认危机的类型和性质,立即启动相应行动计划;负责人应迅速赶到现场协调指挥；应调动各方面的资源化解事件可能造成的恶果；对涉及公众的紧急事件，应指定专人向外界发布信息，避免受到干扰，影响紧急事件的正常处理。

3. 事后处理

对于紧急事件的善后处理，一方面要考虑如何弥补损失和消除事件后遗症；另一方面，要总结紧急事件处理过程，评估应急方案的有效性，改进组织、制度和流程，提高企业应对紧急事件的能力。

5.4.3 典型紧急事件的处理

在物业管理服务过程中经常会面临的紧急事件有火警、气体燃料泄漏、电梯故障、噪声侵扰、电力故障、浸水漏水、高空坠物、交通意外、刑事案件和台风袭击等。

1. 火警

(1) 了解和确认起火位置、范围和程度。
(2) 向公安消防机关报警。
(3) 清理通道，准备迎接消防车入场。
(4) 立即组织现场人员疏散。在不危及人身安全的情况下抢救物资。
(5) 组织义务消防队。在保证安全的前提下接近火场，用适当的消防器材控制火势。
(6) 及时封锁现场，直到有关方面到达为止。

阅读资料 5—3

事件描述：某日上午 9:30 左右，某小区控制中心收到报警，发现 C 座 6 层厨房附近窗户有浓烟冒出。中心立即通知安防员携带消防工具赶到现场，并及时关闭了 6 层的电源总开关及燃气总阀，来到单元门口时正遇业主返回，便协助业主迅速打开房门，此时屋内烟雾较大，厨房基本已经被浓烟覆盖。安防员迅速打开各窗户，在做好自我防护措施后进行灭火操作。事后确定是消毒柜短路引发火灾。

事件处理：由于发现及时，当值安防员在监控中心指挥下，快速赶到事发地将火扑灭。此次火灾烧毁了部分橱柜及一些餐具等，部分天花板被熏黑。由于扑救及时，未对业主财产造成更大损失。

事件点评：物业管理单位工作到位，安全员训练有素，处理方式正确果断，避免了更大的损失。

2. 气体燃料泄漏

(1) 当发生易燃气体泄漏时，应立即通知燃气公司。
(2) 在抵达现场后，要谨慎行事，不可使用任何电器(包括门铃、电话、风扇等)和敲击金属，避免产生火花。
(3) 立即打开所有门窗，关闭燃气闸门。
(4) 情况严重时，应及时疏散人员。
(5) 如发现有受伤或不适者，应立即通知医疗急救单位。
(6) 燃气公司人员到达现场后，应协助其彻底检查，消除隐患。

3. 电梯故障

(1) 当乘客被困电梯时,消防监控室应仔细观察电梯内情况,通过对讲系统询问被困者并予以安慰。

(2) 立即通知电梯专业人员到达现场救助被困者。

(3) 被困者内如有小孩、老人、孕妇或人多供氧不足的需特别留意,必要时请消防人员协助。

(4) 督促电梯维保单位全面检查,消除隐患。

(5) 将此次电梯事故详细记录备案。

4. 噪声侵扰

(1) 接到噪声侵扰的投诉或信息后,应立即派人前往现场查看。

(2) 必要时通过技术手段或设备,确定噪声是否超标。

(3) 判断噪声侵扰的来源,针对不同噪声源,采取对应的解决措施。

(4) 做好与受噪声影响业主的沟通、解释。

阅读资料 5-4

事件描述: 某小区一业主反映每天晚上后半夜在家里听到"嗡嗡"的声音,影响入睡,于是向物业管理单位反映,希望得到及时处理。

事件处理: 接到业主反映后,物业管理单位派人到业主家里检查。首先怀疑是电梯运行所致,经测试噪声不超标,且后半夜电梯几乎停用,不发出噪声。为进一步验证,又将电梯在晚上 10 点后停止运行,业主反映当晚仍有噪声干扰。经进一步排查,噪声源最后锁定在住户卫生间排水管,该排水管与发生共振的二次供水加压水管接触,加压水管共振由水泵电源故障所致,于是通知负责小区供水系统运行的自来水公司处理,噪声得以消除。

事件点评: 业主投诉后,应及时查找原因,逐个排除。由于此案例系自来水公司工作失误造成的,物业管理单位应加大监督力度,跟踪服务。

5. 电力故障

(1) 若供电部门预先通知大厦/小区暂时停电,应立即将详细情况和有关文件信息通过广播、张贴通知等方式传递给业主,并安排相应的电工人员值班。

(2) 若属于因供电线路故障,大厦/小区紧急停电,有关人员应立即赶到现场,查明确认故障源,立即组织抢修;有备用供电线路或自备发电设备的,应立即切换供电线路。

(3) 当发生故障停电时,应立即派人检查确认电梯内是否有人,做好应急处理;同时立即通知住户,加强消防和安全防范管理措施,确保不至于因停电而发生异常情况。

(4) 在恢复供电后,应检查大厦内所有电梯、消防系统、安防系统的运作情况。

6. 浸水、漏水

(1) 检查漏水的准确位置及所属水质(自来水、污水、中水等),设法制止漏水(如关闭水阀)。

(2) 若漏水可能影响变压器、配电室和电梯等,通知相关部门采取紧急措施。

(3) 利用现有设备工具,排除积水,清理现场。

（4）对现场拍照，作为存档及申报保险理赔的证明。

7. 高空坠物

（1）在发生高空坠物后，有关管理人员要立即赶到现场，确定坠物造成的危害情况。如有伤者，要立即送往医院或拨打急救电话；如造成财物损坏，要保护现场、拍照取证并通知相关人员。

（2）尽快确定坠落物来源。

（3）确定坠落物来源后，及时协调受损/受害人与责任人协商处理。

（4）事后应检查和确保在恰当位置张贴"请勿高空抛物"的标识，并通过多种宣传方式，使业主自觉遵守社会公德。

8. 交通意外

（1）在管理区域内发生交通意外事故，安全主管应迅速到场处理。

（2）有人员受伤应立即送往医院，或拨打急救电话。

（3）如有需要，应对现场进行拍照，保留相关记录。

（4）应安排专门人员疏导交通，尽可能使事故不影响其他车辆的正常行驶。

（5）应协助有关部门尽快予以处理。

（6）事后应对管理区域内交通路面情况进行检查，完善相关交通标识、减速坡、隔离墩等的设置。

9. 刑事案件

（1）物业管理单位或控制中心接到案件通知后，应立即派有关人员到现场。

（2）如证实发生犯罪案件，要立即拨打110报警，并留守人员控制现场，直到警方人员到达。

（3）禁止任何人在警方人员到达前触动现场任何物品。

（4）若有需要，关闭出入口，劝阻住户及访客暂停出入，防止疑犯乘机逃跑。

10. 台风袭击

（1）在公告栏张贴台风警报。

（2）检查和提醒业主注意关闭门窗。

（3）检查天台和外墙广告设施等，防止坠落伤人，避免损失。

（4）检查排水管道是否通畅，防止淤塞。

（5）物业区域内如有维修棚架、设施等，应通知施工方采取必要防护和加固措施。

（6）有关人员值班待命，并做好应对准备。

（7）台风过后要及时检查和清点损失情况，采取相应措施进行修复。

5.5 物业保险

物业保险是指物业管理中有关的保险事务，物业管理中经常涉及的险种有财产保险、公共场所责任保险和雇主责任保险等。

5.5.1 物业保险的目的及作用

1. 购买物业保险的目的

(1) 分散意外损失。
(2) 利于善后工作。

2. 物业保险的作用

(1) 可以抵御意外不幸。
(2) 增强投保人的信用程度。
(3) 可以促进住房制度改革。
(4) 可以增强社会防灾救灾力量。

5.5.2 物业公司对于保险险种及保险公司的选择

1. 物业管理中涉及的险种

1) 财产保险

物业管理中涉及的财产保险主要是物业的火险。

(1) 火灾保险。

火灾保险是财产保险的一种，而我国现行的企业财产保险、家庭财产保险、涉外财产保险实际上是由火灾保险及其附加险组成的财产综合险。

① 火灾保险对因火灾、闪电、爆炸所造成的保险标的物的损失负赔偿责任。除非经保险人同意并缔结特别合约，对下列财产的损失，火灾保险合同不予承保：寄托或寄售的货物；金银珠宝、古玩、古画、艺术珍品、计算机数据资料等；票据、现金、邮票等有价证券以及图册、文件、枪支弹药、爆炸物品等。

② 火灾保险的除外责任。火灾保险的除外责任包括：保险标的自身变化、自身发热或烘焙所致的损失；由于地震、飓风、洪水、冰雹等自然灾害以及战争、暴乱、罢工等政治风险所造成的损失；直接或间接由于核反应、核子辐射和放射性污染所带来的损失；投保人的故意行为或重大过失所造成的损失。

③ 火灾保险的保险金额和赔偿计算。固定财产的保险金额可以按照账面原值或原值加成数确定，也可以按重置重建价值确定。

a. 全部损失。保险金额等于或高于保险价值时，其赔偿金额以不超过保险价值为限；保险金额低于保险价值时，按保险金额赔偿。

b. 部分损失。按账面原值投保的财产保险金额等于或高于保险价值时，其赔偿金额按实际损失计算，保险金额低于保险价值时，其赔偿金额按保险金额与保险价值比例计算；如果是按账面价值加成数，或按重建重置价值投保的财产，则按实际损失计算赔偿金额。

c. 多项财产。如果保险单所载财产不是一项时，应分项计算，其中每项固定财产的赔偿额分别不得超过其投保时确定的保险金额。

④ 火灾保险的费率。火灾保险费率的计算方法有分类法和表定法两种。

a. 分类费率：即将性质相同的危险进行归类，给每类以确定的费率。

b. 表定费率：即在以上分类费率的基础上。按各种危险因素的大小进行调整而形成的费率。

(2) 物业火险的投保范围。

物业火险投保的范围有两种：一种是建筑结构火险；另一种是建筑物内部物件火险。

2) 公众责任保险

(1) 保险责任。

公众责任保险承保的是被保险人在保险期限内，在保险地点发生的，依法应由被保险人承担的，由于被保险人的侵权行为造成的对第三者的民事赔偿责任。这里要注意以下几点。

① 保险人在任何情况下均不承担任何刑事责任。

② 被保险人依法应承担对第三者人身伤害的经济赔偿仅指身体上的伤残、疾病、死亡，不包括受害人的精神伤害。

③ 公众责任保险直接保障的对象是被保险人，受害人无权直接向保险人索赔。

④ 有关费用是指被保险人因侵权行为而应付受害人的法律诉讼费用及经保险人事先同意的被保险人自己支付的费用。

(2) 赔偿限额与免赔额。

① 赔偿限额是公众责任保险人承担经济赔偿责任的最高限额。

② 免赔额是保险人的免责限度。

③ 法律费用的承担。如果被保险人承担的对第三者的赔偿金超过了赔偿限额，则法律费用按以下公式分摊：

$$保险人应摊费用 = 全部法律费用 \times 赔偿限额 \div 被保险人应付赔偿额$$

2. 投保决策及保险公司的选择

1) 投保决策过程

物业管理者为了能正确地投保，必须遵循一定的决策步骤，以获得降低风险和增加成本之间的最佳平衡。其基本步骤如下。

(1) 详细调查。

(2) 确定所需的保险。

(3) 确定保险费和保险金。

(4) 选择信誉良好的保险公司。

(5) 分析保险条款。

2) 保险公司的选择

一般来说，选择的标准有以下几条。

(1) 保险公司的实力。

(2) 工作效率与服务态度。

(3) 保险成本。

5.5.3 物业购买保险后应注意的要点

要特别提醒注意的是物业管理企业在购买保险后并不意味着可以高枕无忧、轻率从事。其理由如下。

(1) 一旦发生保险事故，不仅会带来重大的经济损失，而且会给用户带来诸多不便，这会给提供优质的物业管理服务造成不便。

(2) 有些意外除了涉及经济责任以外,还会涉及法律责任,而在这方面,保险公司就无能为力了。

(3) 如果保险公司察觉物业管理者处事轻率致使他们赔偿,则他们会将保费提高,增加了业主或物业管理者的负担。若投保人存在过错,保险公司有权拒绝理赔。

5.6 相关物业管理预案实例

1. 火灾事故紧急处理预案

无论何时,一旦发现有火灾苗头,如烟、油、味、色等异常状态,每一位员工都必须立即向消防监控室报警(注意当现场异味为液化气等易燃气体时,严禁在现场用手机、对讲机、电话报警,应该脱离现场到安全区域后再报警,以防电火花引爆易燃气体),请其派人查明真相,并做好应急准备。

1) 目击报警

(1) 辖区任何区域一旦着火,发现火情的人员应保持镇静,切勿惊慌。

(2) 如火势初期较小,目击者应立即就近用灭火器将其扑灭,先灭火后报警。

(3) 如火势较大,自己难以扑灭,应采取最快方式用对讲机、电话或打碎附近的手动报警器向消防监控室报警。

(4) 关闭火情现场附近的门窗以阻止火势蔓延,并立即关闭附近的电闸及煤气。

(5) 引导火警现场附近的人员用湿毛巾捂住口鼻,迅速从安全通道撤离,同时告诉疏散人员不要使用电梯逃生,以防停电被困。

(6) 切勿在火警现场附近高喊"着火了",以免造成不必要的混乱。

(7) 在扑救人员未到达火警现场前,报警者应采取相应的措施,使用火警现场附近的消防设施进行扑救。

(8) 带电物品着火时,应立即设法切断电源,在电源切断以前,严禁用水扑救,以防引发触电事故。

2) 消防监控室报警

(1) 消防监控室值班人员一旦发现消控设备报警或接到火警报告后,应立即通知保安人员赶赴现场确认,并通知消防专管员。

(2) 火情确认后立即通报保安部经理或当班领班,由其迅速召集人员前往现场灭火、警戒、维持秩序和组织疏散。

(3) 立即将火情通报物业总经理或值班领导以及工程物料部经理。

(4) 值班人员坚守岗位,密切观察火警附近区域的情况,如有再次报警,应立即再次派人前往查看确认。如有业主打电话询问,注意不要慌张,告诉业主:"火情正在调查中,请保持冷静,如果需要采取其他措施,我们将会用紧急广播通知您。"同时提醒业主关好门窗。

(5) 接到现场灭火指挥部下达的向"119"报警的指令时,立即按要求报警,并派人前往路口接应消防车。

(6) 接到现场灭火工作总指挥传达的在辖区内分区域进行广播的指令时,立即按要求用普通话(或中、英文)进行广播,注意广播时要沉稳、冷静,不要惊慌,语速要适当,语音要清晰。特殊情况下，应派保安员或管理员逐单元上门通报，通报顺序为：①起火单元及相邻单元；②起火层上面两层；③起火层下面一层。

(7) 详细记录火灾扑救工作的全过程。

3) 报警要求

(1) 内部报警应讲清或问清：①起火地点；②起火部位；③燃烧物品；④燃烧范围；⑤报警人姓名；⑥报警人电话。

(2) 向"119"报警应讲清：①物业辖区名称；②火场地址(包括路名、门牌号码、附近标志物)；③火灾发生部位；④燃烧物品；⑤火势状况；⑥接应人员等候地点及接应人；⑦报警人姓名；⑧报警人电话。

4) 成立临时指挥部

(1) 物业公司总经理或值班经理接到火警报告后，应立即赶赴指定地点或火警现场，并通知相关人员到场，成立临时灭火指挥部。

(2) 临时指挥部由物业公司总经理、保安部经理、工程物料部经理、行政部经理、消防专管员以及其他相关人员组成，由物业公司总经理任临时总指挥。物业公司总经理尚未到场时，由保安部经理或值班经理代任总指挥。

(3) 临时灭火指挥部职责。

① 根据火势情况及时制定相应对策，向各部门下达救灾指令。

② 根据火势情况确定是否疏散人员。

③ 立即集合义务消防队，指挥义务消防队员参加灭火，并保证消防用水的供应。

④ 在火势难以控制时，应及时下达向"119"报警的指令。

⑤ 根据火势情况，成立疏散组、抢救组、警戒组，组织救人，抢救和保管重要物资及档案，维持现场秩序。

⑥ 根据火势情况决定是否启用紧急广播进行报警。

⑦ 下令将消防电梯降至首层，派专人控制，专供灭火工作之用。同时停止起火区域的其他电梯和中央空调运行。

⑧ 根据火势情况决定是否采用部分或全部断电、断气、打开排烟装置等措施。

⑨ 消防队到达后，及时向消防队领导准确地提供火灾情况和水源情况，引导消防队进入火灾现场，协助消防队灭火，并协助维持现场秩序，安顿疏散人员。

⑩ 火灾扑灭后，组织各部门员工进行善后工作。

5) 人员疏散和救护

物业管理区域内发生火情时，各部门员工的任务是扑救火灾、疏散人员、抢救重要物资和维持秩序，危急关头以疏散、救护人员为主。火灾发生后，每一位员工都要牢记自己的首要职责是保护业主、访客及自己的生命安全。

(1) 火灾发生后，由疏散组负责安排人员，为业主和访客指明疏散方向，并在疏散路线上设立岗位进行引导、护送业主和访客向安全区域疏散。这时切记要提醒大家不要乘坐电梯，如果烟雾较大，要告知大家用湿毛巾捂住口鼻，尽量降低身体姿势，有序、快速离开。

(2) 人员的疏散以就近安全门、消防通道为主，也可根据火场实际情况，灵活机动地引导人员疏散。

(3) 认真检查起火区域及附近区域的各个单元,并关闭门窗和空调。发现有人员被困在起火区域,应先营救被困人员,确保每一位业主和访客均能安全撤离火场。

(4) 接待安置好疏散下来的人员,通过良好的服务稳定人们的情绪,并及时清点人员,检查是否还有人没有撤出来。

(5) 疏散顺序为:先起火单元及相邻单元,后起火层上面两层和下面一层。疏散一般以向下疏散为原则(底层向外疏散),若向下通道已被烟火封住,则可考虑向屋顶撤离。

(6) 在火场上救下的受伤业主、访客以及扑救中受伤的员工,由抢救组护送至安全区,对伤员进行处理,然后送医院救治。

6) 警戒

(1) 保安部接到火警通知后,应迅速成立警戒组,布置好辖区内部及外围警戒。

(2) 清除辖区外围和内部的路障,疏散一切无关车辆和人员,疏通车道,为消防队灭火创造有利条件。

(3) 控制起火大楼底层出入口,严禁无关人员进入大楼,指导疏散人员离开,保护从火场上救出的贵重物资。

(4) 保证消防电梯为消防人员专用,引导消防队员进入起火层,维持灭火行动的秩序。

(5) 加强对火灾区域的警戒,保护好火灾现场,配合公安消防部门和调查组对起火原因的勘察。

(6) 保证非起火区域和全体业主、访客的安全,防止犯罪分子趁火打劫。

7) 善后工作

(1) 火灾扑灭并经公安消防部门勘察后,工程物料部应迅速将辖区内的报警和灭火系统恢复至正常状态。

(2) 保安部组织人员清理灭火器材,及时更换、补充灭火器材。

(3) 管理运作部统计人员伤亡情况和辖区财产损失情况,上报灭火指挥部及总经理。

(4) 综合管理部组织员工对受灾业主/用户进行慰问,并根据实际需要给予切实帮助。

(5) 清洁绿化部组织员工对火灾现场进行清理,恢复整洁,对因逃生或救火损坏的花木进行抢救或补种。

(6) 灭火指挥部应召开会议,对火灾扑救行动进行回顾和总结。

(7) 由物业公司总经理发动员工,收集可疑情况,配合调查组对火灾事故进行调查,并责成消防专管员写出专题报告,分清责任。

(8) 如果辖区财产办有保险,则由财务部门联系保险公司进行索赔。

2. 爆炸、恐吓事件应急处理预案

爆炸犯罪具有危害性大,突发性强,不易防范的特点,所以应采取全员防范的措施。

1) 如何应答爆炸恐吓电话

(1) 接听爆炸恐吓电话时,最好同时有两人以上,以便及时通知其他有关部门(如安保部、工程部等)。

(2) 要冷静面对爆炸恐吓电话,以期获得更多的信息,这对最大限度地避免和减少人员的死伤起着很重要的作用。如通知来电者楼内有许多人,并难以及时疏散,恐吓人也许愿意提供有关炸弹的详细位置、数量或爆炸方式的信息。

(3) 应最大限度地从来电者那里获取更多的信息。

2) 应向打电话人提的问题

(1) 炸弹何时爆炸?

(2) 炸弹位于何处?

(3) 炸弹的形状?

(4) 是何种炸弹?

(5) 在何种情况下炸弹会爆炸?

(6) 是你放置的炸弹吗?

(7) 为什么要这样做?

(8) 你从何处打来电话?

(9) 请问你的地址?

(10) 请问你的姓名?

3) 如何处理爆炸恐吓信

(1) 接到爆炸恐吓信后,保留全部线索,包括信封等。一旦确认为爆炸恐吓信,不要自行盲目处理,力争保护证据,如指纹、字体、纸张、邮戳,这些都会为寻找寄信人提供证据。

(2) 偶尔会收到安放了明确爆炸装置的书面警告,尽管恐吓信内容仅涉及一般的恐吓和勒索,但这同样不容忽视。

(3) 可疑的包裹信件的特征。

① 大多数人亲自投递此类包裹、信件。

② 如有邮递员投递,关注在正常状态下邮件凸出的部分。

③ 邮件的摆放不均匀,有硬框架结构。

④ 寄自公司的信件使用手写的信封或贴有标签。检查此公司是否存在或它们是否寄出过邮件、包裹。

⑤ 较小的邮件贴有高额的邮票,证明寄出时未经邮局称重。

⑥ 未付邮资或没有邮戳的邮件。

⑦ 邮件上有以下的字样"请本人拆阅""密件""今天是你的幸运日""内附奖品"等。

⑧ 破损、污点或有明显的电线、绳索和胶带等。

⑨ 没有发信的地址和地址明显不存在。

⑩ 当信件或包裹在未收到之前有陌生人电话询问是否接到邮件的。

4) 注意可疑情况

(1) 注意可疑人员。

(2) 发现可疑行李物品或无主的行李时,应立刻报告。

(3) 注意平时不易被注意的角落。

5) 其他注意事项

(1) 准备布巾。

(2) 协助抢救和转运伤员。

(3) 协助疏散人群。

(4) 协助内保部负责现场周围的搜索。

(5) 协助报案。

情境工作小结

本情境的内容涉及公共秩序与安全,包括公共安全防范管理服务、消防管理服务和车辆停放管理服务等方面。

学习本情境,我们首先应该了解治安服务、保安部及各岗位职责、消防设备设施和器材的配备与管理、灭火设备和器材的种类与正确使用、防火巡查、检查制度、安全疏散设施管理制度、道路交通管理的内容、车辆管理员的职责、停车场管理规定,清楚突发事件的种类,掌握常见突发事件的处理办法。

学习本情境的目的,不只是为了掌握维护公共秩序与安全知识,也应对公共秩序与安全有一个清醒的认识,提高安全防范意识,也为后续综合实训课的学习奠定基础。公共秩序管理服务的实施,一要以国家相关法规为准绳,二要以物业服务合同的约定为根据,明确相关各方的责任义务,不得超越职权范围,不得违规操作。

思考题

1. 什么是物业治安管理服务?物业治安管理服务包括哪些内容?
2. 什么是物业消防管理?物业消防管理包括哪些内容?
3. 道路交通管理的内容有哪些?
4. 停车场的规划应考虑哪些内容?
5. 什么是突发事件?突发事件的种类有哪些?
6. 物业保险主要有哪些险种?

实训练习题

一、基础理论知识

1. 单项选择题

(1) 下列选项中,(　　)不是物业门卫的保安服务任务。

A. 对出入客户单位人员的身份、证件和所携带物品进行检查、登记

B. 对进出车辆、物资进行检查,确保客户单位人、财、物的安全

C. 疏通车辆,清理无关人员,维持正常的工作、生活与生产秩序

D. 发现可疑的人、事,及时通报,并可代替公安部门执行抓捕

(2) 物业管理区内的某处发现火灾,以下(　　)处理不可取。

A. 发出火灾警报

B. 组织现场人员使用消防设施灭火

C. 采取隔离方法,将着火楼层的通道封闭,严禁人员进入

D. 组织人员撤离

(3) 管理员在巡查中，看到一独自在家的小孩烧蜡块引燃物品，火势较大，管理员最好( )。
A. 马上通知家长　　　　　　　　　B. 闯入屋内用布覆盖火源
C. 携带灭火器闯入屋内灭火　　　　D. 叫小孩用水灭火
(4) 消防工作的指导原则是( )。
A. 预防为主，防消结合　　　　　　B. 重点突出，防消结合
C. 日常检查为主，重大活动重点检查　D. 专职检查为主，自查自防结合
(5) 突发事件的事前预防程序不包括( )。
A. 识别可知的安全隐患　　　　　　B. 人员的培训
C. 应急物资的准备　　　　　　　　D. 突发事件处理预案的演习

2. 多项选择题
(1) 以下房屋的组成部位中，属于重点防火部位的有( )。
A. 机房和地下人防工程　　　　　　B. 公共娱乐场所、桑拿浴室及卡拉 OK 厅
C. 业主专用会所　　　　　　　　　D. 资料库和计算机中心
(2) 保安守护工作的主要职责就是保护客户的财产安全。其工作重点是( )。
A. 做好防火工作　　　　　　　　　B. 做好防盗工作
C. 做好防破坏工作　　　　　　　　D. 做好保密工作
(3) 物业管理区域的治安防范应注意事项有( )。
A. 遇到有人在公共区域聚众闹事，应立即向公安机关报告，并及时上报上级领导
B. 遇有违法犯罪分子正在进行盗窃、抢劫、行凶、纵火等违法犯罪活动时，应立即报警
C. 辖区公共区域内出现可疑人员，应责令其离开，或通知公安派出所将其带走
D. 管辖区域内发生坠楼等意外事故，应以救人为主
(4) 进入物业区域内的车辆，必须服从物业管理公司的( )管理规定。
A. 车辆必须按规定的行驶路线行驶，不得逆行
B. 不得在人行道带上行驶
C. 不得高速行驶和高声按喇叭
D. 进入车库时限速 20km 以下
(5) 物业管理中涉及的险种有( )。
A. 公众责任保险　　B. 人身意外伤害险　　C. 地震险　　D. 火灾保险

二、案例分析
1. 某小区的业主钟先生的女儿一人在家洗澡时，3 名歹徒从楼梯间的窗户爬进他们家的厨房，将其双手、双脚捆绑起来，并用菜刀威胁她，抢走价值 2 万多元的现金和首饰。据调查，钟先生家厨房的窗户与楼梯间的窗户仅有 1m 左右的距离。钟先生称，出事时，属于公用面积的楼梯间的窗户并没有安装防盗窗，歹徒也正是利用这一点从楼梯间翻入他们家实施抢劫。

钟先生买房时，物业管理公司承诺"提供封闭式防盗系统和 24 小时固定岗哨，定时保安巡逻"。事发后，他们一家人找到此小区的物业管理公司讨说法。物业管理公司认为，自身没有责任，但表示，可以免去钟先生一年的物管费。

情境 5　如何维护公共秩序与安全

问题：(1) 住户被抢，物业管理公司有责任吗？
　　　(2) 要做好物业治安与安全管理有哪些具体措施？

2. 11月26日晚，山东省潍坊市大虞区一居民住宅楼因液化石油气泄漏发生爆炸火灾，造成9人死亡，2人受伤。液化石油气主要成分是丙烷，因为它在容器或管道中是承受压力的，一旦发生泄漏，就会很快扩散，气体比重为空气的1.5~2倍，容易聚集，在空气中达到一定比例时，遇有火星，就会引起强烈爆炸火灾，这次火灾之所以造成众多人员的伤亡，同环境通风条件较差，现场聚集可燃气体较多有关。

问题： 结合本案例谈谈住宅内突发火灾，应如何尽快组织求援？应采用什么方法灭火？

3. 雷小姐住在2层，3层的邻居国庆期间外出。有一天，雷小姐发现天花板开始滴水，意识到3层邻居家可能漏水了。她向该楼宇的物业管理公司反映情况，公司称：3层住户不在家，不能入室检修。结果，情况越来越糟，雷小姐的屋子里像在下雨，天花板、家具、衣服、被褥等都受到不同程度的损害，但物业管理公司仍然不来维修。雷小姐没有办法，只好打110求助，在巡警的要求下，物业管理公司只得砸开3层房门入内维修，发现屋内的东西也被泡得不成样子。

对此，雷小姐极为不满，斥责物业管理公司没有尽到责任。物业管理公司则称，住户不在家，公司无权破门而入。3层业主回来后，对于他们破门而入的行为感到很恼火。三方矛盾很大。

问题：(1) 在紧急情况下物业管理公司人员有权破门而入吗？
(2) 物业管理公司人员破门而入后应采取何种应急措施？

4. 某大学物业管理公司对住宅小区进行物业管理，其中有一住户家里有辆小货车，做运输业务，该人过去经过劳改现已释放，蛮不讲理，他拒不交停车费，物业管理公司三番五次找他做工作，但就是不交。因此，物业管理公司通知他，如再不交就不让他的车进入小区，该住户称：如果不让进，就把车堵在大门口。为此，物业管理公司请教了交通部门，了解到堵塞交通可以用拖车将其拉走。因此，在该住户不交停车费的情况下，拒绝了该车进入小区大门，该住户就将车堵在了门口，物业管理公司立即打电话给交通部门，交通队来了拖车将其拖走。该住户起先认为物业管理公司还会将车还给他，过了三天见车未归还，就着急了，找物业管理公司要车，物业管理公司告诉他"你的车是交通队拉走的"。他更着急了，开始请求物业管理公司出面帮他要车，最后在物业管理公司的帮助下，交了罚款要回了货车，该住户再也不拒交停车费了。

问题： 你认为该物业管理公司的做法好不好？为什么？

5. 某大厦26楼的电梯机房突然发生跳闸，造成电梯及其他设备停止运行。事故发生后，该大厦管理处设备部员工迅速投入抢修工作。由电梯公司派驻大厦的工作人员留守电梯机房，并关闭电梯电源，以免突然恢复供电对电梯及其他设备造成冲击。

设备部员工进入楼面，使用三角钥匙首先开启了其余25层电梯各外门，又准确判断电梯轿厢所在层面，并及时到达该层，以手动方式开启内外门，营救了被困乘客。同时，对乘客及业主进行解释及安抚，全过程耗时仅10min。由于客梯电源暂时不能恢复，大部分业主使用消防梯下楼，造成消防梯严重堵塞。管理处安排大厦保安在1层消防梯口维持秩序，消防梯驾驶员及时到场使用手动方式运行。45min后，电梯故障排除，经通电试验无误后，客梯恢复正常运行。

问题： 本案例工作人员处理电梯应急事件是否妥当？其工作步骤是什么？

本情境"进入角色"参考答案

[引例] 参考答案

首先应加强平日对电气设备设施和线路的巡查和维护，防止停电这样的突发事件发生；其次，在熟知电气设备设施和线路安全隐患的基础上，制订应急预案要有针对性，应有多种预选方案，以提高应急效率。

[案例5-1] 参考答案

(1) 在本案例所述的情形下，物业公司不可以直接破门而入。

物业公司对报警系统有管理和维护的职责，对报警器的误报所造成的损失，物业公司应负管理不当的责任。本案中因报警器误报，物业公司没有调查清楚报警原因，就擅自破门而入，侵犯了业主的财产权和住宅不受侵犯权。

(2) 若接到住户家中报警，有明显的迹象表明住户家中存在危险，因情况紧急无法采取其他方式或来不及采取其他方式进入，属于法律规定的紧急避险情形，为避免业主家遭受损失或损失扩大，保安可以破门进入。

(3) 值得肯定的是，物业公司对报警反应迅速，在发现错误后，主动赔礼道歉，态度积极，避免了与业主间的矛盾激化。

不足在于，物业公司对报警系统管理不善，检查不及时，致使保安员不得已破门而入，给住户造成财产损害和精神损害。

[案例5-2] 参考答案

物业负责人的决定很恰当、很及时。

具体操作的时候，应首先报警，破门时应通知业主委员会、社区委员会和派出所人员在场做证；同时，派专人对全程录像、拍照，为可能发生的纠纷提供现场证据。

[案例5-3] 参考答案

车辆管理人员的做法不恰当。

考虑到时间为夜里10点多，应先不打电话，因为此时影响业主休息，容易激化矛盾。待第二天了解情况后，再处理此事。

情境6

创建美好的物业环境

情境设定

日前业主关于物业服务区域内的环境问题投诉较多,经理安排你对物业环境管理进行重新规划和整治,你该做哪些准备工作呢?

引 例

绿地护栏刺伤女孩　物业服务公司承担责任

11岁女孩在居住的楼下与同学一起打网球时,网球被打到楼上一层平台上。她便攀登草坪边的70余厘米高的钢筋护栏拿网球,但不慎脚下一滑,倒在了钢筋护栏上的尖头上,该护栏尖头扎进她的胸部。受伤女孩将小区物业服务公司告上法庭。

分析:物业服务公司认为安装钢筋护栏的目的是为了保护栏内草坪,不允许进去践踏。该女孩脚登70余厘米的护栏拿球时倒在护栏上被扎伤,孩子11岁了应承担责任;作为家长的监护人没有起到监护之职,也应负一定责任;物业服务公司不应承担责任,不同意原告人的诉讼请求。

但法院认为:作为物业服务公司,在住宅小区内为保护绿地安装钢筋护栏时,应考虑到居民特别是孩子的安全。该钢筋护栏70余厘米高,且留有10余厘米的尖头,埋下了安全隐患,给女孩造成伤害事故,应承担一定责任。

进入角色:假如你是物业服务公司的负责人,你在这个案例中得到了哪些启示?

物业环境管理是指物业服务企业通过为业主和使用人提供保洁服务、绿化管理等业务活动,为业主和使用人提供整洁、舒适、美化的居住和工作环境。

6.1　保　洁　服　务

在物业区域中,良好的环境卫生所带来的舒适和幽雅,对提升物业服务公司的服务水准是一个直观的指标。整洁的物业区域环境就需要常规性的保洁服务。

6.1.1　保洁服务概述

1. 保洁管理的含义

保洁服务是指物业服务公司通过宣传教育、监督治理和日常保洁工作,保护物业区域环境,防止环境污染,定时、定点、定人进行垃圾的分类收集、处理和清运,通过清扫、擦拭、整理等专业性操作,维护辖区所有公共地方、公共部位的清理卫生,保持环境整洁,提高环境效益。

2. 保洁服务的原则

(1) 扫防结合,以防为主。"扫"和"防"是保持整洁的两个重要方面,"扫"是指清扫,"防"是指防治。搞好清洁卫生,首先要清扫干净,要保持下去就要靠防治。通过管理服务,纠正业主和使用人的不良卫生习惯,防止脏乱差现象发生。

(2) 依法依规,严格管理。在实施物业管理之初,企业就要与业主就保洁服务的有关事项签订协议(一般在《管理规约》中有具体规定),提出切实可行的措施和要求,规范业主和物业服务公司双方的行为,并通过长期的宣传教育,以达到深入人心的目的。

(3) 责任明确,分工具体。保洁本身是一个很烦琐的工作,工作内容多、时间长。服务过程中,为保证各个环节的有机衔接,防止出现卫生保洁的空白点,要周密安排岗位,明确岗位职责、责任人,保持良好的卫生状况。

3. 保洁服务的质量标准

(1)"五定"。指卫生保洁工作要做到定人、定地点、定时间、定任务、定质量。

(2)"六净""六无"。指清扫保洁的标准。"六净"是指路面净、路沿净、人行道净、雨(污)水井口净、树坑墙根净、果皮箱净;"六无"是指无垃圾污物、无人畜粪便、无砖瓦石块、无碎纸皮核、无明显粪迹和浮土、无污水脏物。

(3)"当日清"。即指清运垃圾要及时,当日垃圾当日清。要采用设置垃圾桶(箱),采取垃圾分类、袋装的方法集中收集垃圾。

6.1.2 清洁卫生服务内容与基本方法

1. 建筑物外公共区域清洁

建筑物外公共区域的清洁主要包括道路清洁、游乐场等公共设施清洁、公共绿地清洁、各种露天排水井沟的清洁、水池景观清洁、露天停车场清洁等。室外公共区域的清洁方法主要包括扫、洗、捡等。

2. 建筑物内公共区域清洁

建筑物内公共区域的清洁包括大堂清洁、墙面清洁、电梯及公共楼梯走道清洁、卫生间清洁等。室内公共区域的清洁涉及玻璃清洁、地毯清洁与保养、各种石材的保养及翻新、打蜡、晶面处理,以及各种不同材质装饰面的清洁与养护等,对清洁专业知识、技能及设备等的要求较高。

3. 垃圾收集与处理

垃圾的收集与处理工作包括收集公共区域及业主住户日常生活垃圾、清运装修及建筑垃圾、垃圾分类,以及将垃圾统一清运到市政垃圾填埋场填埋或焚烧等。

4. 管道疏通服务

管道疏通服务主要是对公共区域的雨水污水排水主管、排水沟及化粪池等定期进行清掏,确保其畅通不溢漏,同时为业主户内排水管道的堵塞提供上门疏通服务。

5. 外墙清洗

外墙清洗是指为了维护整个建筑的外观形象,减缓其老化而定期对建筑物的外墙进行清洗的保洁工作。它是清洁工作中安全风险较大、操作技术要求较高的一项工作。

6. 泳池清洁

泳池清洁包括了泳池水面漂浮物清理、池壁清洁、水质处理等,包括定期对泳池水的pH值、余氯含量、混浊度、细菌含量等进行测试。经过清洁的泳池应确保水质达到国家卫生防疫部门要求的标准,确保泳客的健康安全。

7. 上门有偿清洁服务

上门有偿清洁服务是为了满足业主(客户)的需求而提供的上门家居清洁及清洁拓荒、定期保洁、专项清洁等服务,它是常规物业管理清洁服务的延伸服务。

8. 专项清洁工作

专项清洁是指清洁工作中技术要求较独特,需用专门的设备、药剂及技术进行的清洁工作,包括打蜡、晶面处理、洗地、地毯保洁、玻璃清洁及金属器具清洁等。

6.1.3 清洁卫生服务管理的基本方法

1. 清洁卫生操作的基本方法

清洁卫生操作的基本方法包括：全面清扫、水清洗、垃圾收集和垃圾处理、管道疏通、外墙装饰面清洁保养、打蜡、抛光、晶面处理、泳池循环过滤、泳池日常清洁和泳池加药消毒等。

2. 清洁卫生服务管理的基本方法

清洁卫生服务管理的基本方法大致可分为外包管理及自行作业两大类；外包是将清洁工作交由专业清洁公司具体实施；自行作业是由物业服务企业在物业管理区域内自行实施清洁服务工作。无论是外包管理或是自行作业，物业服务企业均应根据物业服务合同的要求，实施清洁服务相关工作。管理中，前者的重点是监督检查外包清洁公司的工作质量并对其进行考核与管理，后者则不仅要监督检查，更要强化清洁服务工作。

6.1.4 日常清洁方法

1. 地台清洁

使用有硬毛、尼龙或钢绵底垫的洗擦机，配合适当的去污剂将所有污渍包括深藏地台内的沙泥及尘埃清除，然后用吸水机吸净，再用湿地拖拖地台表面，干毛巾抹干即可。

2. 墙角线清洁

使用棉质湿软布加去污剂去除表面积尘，如遇顽固污渍，除使用已认可的清洁剂擦洗外，还可用刮刀或天那水配合，再用干抹布抹干表面即可。

3. 竖面除尘

使用除尘刷、毛刷或真空吸尘器清除附在墙表面的污渍、蜘蛛网及污尘等，同时使用湿布将照明灯片抹净。

4. 金属表面清洁

使用快洁布或软质棉布，浸放适当分量的专用清洁剂，将金属表面彻底清洁，直至有附着物生锈的地方恢复光亮，不可用硬物抹擦，以保持其统一色泽（金属保护膜只可在核准情况下方可使用）。

5. 地台打蜡

先用起蜡剂加适量清水用地拖均涂在地台表面，浸泡数分钟后用洗地单刷机来回擦洗，直至原蜡彻底去除，然后用吸水机吸干，再用干净地拖加清水拖洗地台表面二遍，如有顽固污渍，必须用专用清洁剂或专用工具彻底清除干净，用烘干机将地台吹干，再用干净棉布抹一遍，即可进入打蜡程序。

(1) 先用底蜡从纵向上第一遍，待干后横向上第二遍，每层蜡不宜太厚，且要均匀涂抹。

(2) 按上底蜡程序再上二层面蜡。

(3) 待地台面蜡干后，使用打蜡磨光机对地台表面进行抛光处理，直至光洁明亮（在抛光时可用喷壶对地台表面喷射少许喷洁蜡再抛光）。

6. 卫生间清洁

(1) 所有表面必须喷上清洁消毒剂。

(2) 用棉质干布搓擦表面及抹干。

(3) 用橡胶手套加洁厕灵洗净厕具。
(4) 镜面用玻璃水洗擦并抹干。
(5) 洗手盆用去污粉洗净。
(6) 地面用洁厕灵洗拖,用干地拖拖干。
(7) 门窗及其间隔的污点用洗涤净或去污粉清洗抹干。
(8) 定时喷射空气清新剂。

7. 地毯清洗

(1) 使用专用设备清洗(单刷直立式或喷吸式洗地机)。
(2) 使用高泡干洗地毯清洁剂或低泡湿洗地毯清洁剂。
(3) 清洗前,务必将地毯上的尘埃用吸尘器吸净。
(4) 如发现地毯上有茶迹、墨水迹或其他污迹,务必使用已认准的清洁剂先将其去除。
(5) 清洗地毯过程中,个别较脏或有固渍的地方,务必重复清洗几遍,直至干净为止。
(6) 新装地毯作干洗处理,较脏地毯作湿洗处理。

阅读资料6-1

表6-1 某小区每日保洁操作细则和要求

序号	保洁项目和内容	保洁方式	保洁次数
1	各楼层楼梯(含扶手)过道	清扫、抹擦	1
2	居民生活垃圾、垃圾箱内垃圾	收集、清除、集送	2
3	电梯门、地板及周身	清扫、抹擦	2
4	通道扶手、电梯扶手、电梯两侧护板与脚踏	抹擦、清扫	2
5	男、女卫生间	拖擦、冲洗	3
6	会议室、商场等公众场所	清扫、拖擦	2～4

表6-2 某小区每周保洁操作细则和要求

序号	保洁项目和内容	保洁方式	保洁次数
1	天台、天井	清扫	1
2	各楼层公共走廊	拖洗	1
3	用户信箱	抹擦	1
4	电梯表面保护膜	涂上	1
5	手扶电梯打蜡	涂上	1
6	公用部位门窗、空调风口百叶	抹擦	1
7	地台表面	拖擦	2
8	储物室、公共房间	清扫	1

表6-3 每月保洁操作细则和要求

序号	保洁项目和内容	保洁方式	保洁次数
1	公用部位天花板、四周围墙	清扫	1
2	公用部位窗户	抹擦	1

续表

序号	保洁项目和内容	保洁方式	保洁次数
3	公用电灯灯罩、灯饰	抹擦	1
4	地台表面打蜡	涂上	1
5	卫生间抽排气扇	抹擦	2
6	公用部位地毯	清洗	1

表6-4 某高层小区清洁服务的检查标准

序号	项目	频率	标准
1	保洁员仪表礼节	上岗时间之内	工服整洁、佩戴工卡。仪表礼节符合公司标准
2	公共场所	跟踪保洁	无积物、果皮、纸屑、烟蒂、痰迹、灰尘、泥垢
3	电梯	轿厢每月打蜡或晶面研磨两次,每天用钢水擦内壁1次	目视无果皮杂物、烟蒂、痰迹、灰尘杂物、明显手印、门槽无沙粒杂物、轿顶无积尘杂物,轿厢打蜡有工作人员签字记录,白手套抹四壁无明显灰尘,电梯按钮无污渍
4	电梯厅	每天清洁2次,每3天用油拖拖地1次,每季打蜡2次	无灰尘,洁净,打蜡后光泽均匀,打蜡或晶面处理每次有记录
5	大厅大堂	每月做1次晶面研磨处理	地面光洁,植物小品、信箱、宣传栏无灰尘,晶面研磨后光泽均匀
6	走廊楼梯	每天清洁1次,每周用地拖拖走廊、抹楼梯扶手各1次,各层电梯门口墙壁(至两边消防门)砖缝污垢,每季药水洗1次	清洗砖缝污垢,做到每次有记录,做到目视无污渍、积尘,走廊楼梯、墙壁、防火门无痰迹、污渍、蛛网、地面清洁光亮
7	绿化带及人行道绿化带	每天清扫,保持洁净	无烟蒂、果皮、纸屑、杂物
8	天台、设备房	每周清洁1次	地面清洁,无痰迹、污物、纸屑、灰尘,设备无灰尘或蜘蛛网,排水畅通,墙面、镜框光亮、无积尘
9	垃圾清运	每天清运2次	垃圾袋口扎紧,电梯内无滴漏,及时清运,清理垃圾桶及桶点周围,桶点周围无污渍、臭味,垃圾桶洁净
10	雨水井、排污井沟、沙井	沙井每周清理1次	无积土、垃圾
11	停车场/棚	每天清洁,各种指示牌每周擦洗1次	地面洁净,无垃圾杂物积水,无泥沙、油迹,顶棚无蜘蛛网或明显灰尘,每 $100m^2$ 烟头不超过1个
12	公共卫生间	每天清洁两次,喷空气清新剂4次	地面无积水、杂物,墙面瓷片、门、窗户无明显灰尘,便器无污渍,顶棚、灯具目视无灰尘、蜘蛛网,灯能亮,空气清新
13	灯罩、吹风口、指示灯	每月清洁1次	无污渍、灰尘、蛛网,无破损

续表

序号	项目	频率	标准
14	果皮箱	每周擦洗1次,每天清运里面垃圾	外表无污渍,清洁,无异味,没有积攒的垃圾

案例 6-1

业主因积水骨折　责任谁负

王某出门下楼时,由于楼梯积水湿滑,摔成骨折。事发当天分项承包的××清洁服务有限公司员工只在3层拖地,未用水冲楼梯,而当时楼梯间及地面已形成较大积水。在此前两天该楼梯下水道堵塞维修过,且当时也无其他住户因其他原因造成漏水,故可认定当时的积水是由下水道堵塞形成的,他认为是负责打扫卫生的小区物业服务公司的责任,于是一纸诉状把物业服务公司告上法庭。

分析:物业服务公司认为他们与××清洁服务有限公司(即本案第三人)签订了《保洁合同》,因此第三人才是本案的直接责任人。

那楼梯的积水是物管的责任还是清洁公司的呢?事发当天××清洁服务有限公司员工只在3层拖地,未用水冲楼梯,且当时也无其他住户因其他原因造成漏水,故可认定当时的积水是由前两天下水道堵塞形成的,而下水道堵塞的责任依合同约定为物业服务公司,故造成王某滑倒致伤的责任在物业服务公司。

进入角色:假如你是物业服务公司的负责人,你在这个案例中得到了哪些启示?

6.1.5 外围保洁服务

1. 外墙保洁

1) 清洗条件

由于外墙情况一般是在室外高空进行,危险性大,因此要注意清洗的气候条件及人员的身体条件。

(1) 气候条件。一般情况下,风力应小于四级,尤其是高空风力。此如果下雨、下雪、下雾及高温(35℃以上)气候条件,均不宜进行外墙的清洗。

(2) 人员条件。外墙清洁工人须经过专门培训、取得高空作业证书,并在证书有效期内,持证上岗。

2) 清洗方式

(1) 擦窗机。擦窗机也叫作室外吊篮,通过吊篮上、下、左、右移动,达到清洗的目的。吊篮内有电话,可以与外界随时联络,比较安全,是今后高楼外墙清洗的发展趋势。

(2) 吊板。吊板是由悬挂支架、大绳(直径16mm)、吊板、安全带和安全滑动锁组成。清洗时,将清洁工吊到工作位置上进行外墙清洗作业。使用这种清洗方式,危险较大,因此,要求各项安全措施到位,避免危险事故发生。

3) 擦窗机的操作

(1) 操作程序。

① 查看清洁现场,确定工作方案,做好准备工作。

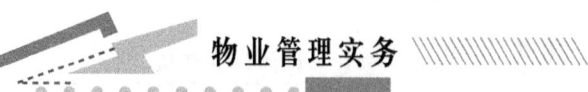

② 现场测风力，是否符合工作条件。
③ 检查擦窗机性能，工作位置地面设好围栏，安全告示牌，由安全员现场监督。
④ 准备清洗工具。
⑤ 清洁人员携带清洗工具和用品进入吊篮，系好安全带。

(2) 安全操作规程。

① 清洁工人须经专门培训，经考试合格后持证上岗，且定期体检，确认身体合格。
② 清洁工人在工作前及工作期间，不准喝酒、嬉笑，更不准在吊篮内打闹或投掷物品。
③ 作业期间必须穿工作服，戴安全帽及手套，系好安全带。在吊篮工作时要设法使吊篮稳定，防止大的晃动。
④ 作业前应由安全员进行现场安全检查，对屋面结构悬挂装置的连接件、紧固件、牵引绳等进行检查，确认无隐患后方可作业。
⑤ 在吊篮作业中，严禁修理或移动吊篮悬挂机构及制动器等。在移动屋面某部分结构或吊篮跨越障碍移动时，吊篮中严禁站人，必须用缆绳稳定吊篮以防止碰撞到其他地方。
⑥ 严禁用吊篮作垂直运输，更不能超负荷。
⑦ 注意气候条件，雨天应停止作业。
⑧ 指挥人员必须集中精力从事专项指挥工作，不得兼做其他工作。
⑨ 爱护设备及工具，提升机每 24h 注油并检查一次。悬挂钢丝绳每工作 56h 全面检查一次，提升机制动器每日检查一次。
⑩ 作业后，保养设备及工具按指定位置集中放置。吊篮停放或悬挂在安全地点，并上好安全锁，防止损坏。

2. 室外场地

1) 保洁范围

(1) 清扫地面的灰尘和垃圾。
(2) 每星期进行两次大面积的冲洗，冲洗后及时清扫干净，保证无积水。
(3) 不间断地循环清扫，保持地面无灰尘、无垃圾、无烟蒂。
(4) 各垃圾点垃圾集中到垃圾转运站。
(5) 保持室外场地的各类标牌、栏杆、墙面、灯座的清洁。
(6) 保持室外场地的上下水道干净、通畅。

2) 卫生标准

(1) 地面保持清洁，无垃圾、无纸屑、无污迹、无水渍、无脚印。
(2) 公共部位垃圾箱内应套有垃圾袋，四周无散积垃圾，无异味。

 案例 6-2

业主不缴物业管理费　能否降低保洁服务标准

十多天来，某小区的居民一直生活在肮脏、恶臭的环境中。小区楼前楼后到处是垃圾。小区为何成了"垃圾小区"？负责小区物业管理的物业服务公司负责人抱怨说，这是因为住户不交物业管理费所致。去年下半年只有少数住户交了费，而今年以来，则几乎没有住户交费，公司目前已亏空 6 万多元。对此，居民认为，物业服务公司物业服务质量差，光收钱不办事，这钱不能交。

分析：小区物业管理出现的问题其实带有相当的普遍性。根据《物业管理条例》规定，如果物业服务公司认为业主违约不交物业管理费并且屡催无效，可以向法院提起诉讼。本案例中的物业服务公司非但没有按法规保护自己的权利，反而用这种降低保洁服务标准的方法去激化矛盾，实在是不明智的。

进入角色：假如你是物业服务公司的负责人，住户不交物业管理费，你认为应该怎么做呢？

6.1.6 垃圾清运

垃圾的收集及清运是住宅小区及商贸楼宇清洁服务的重要项目，如果垃圾收集处理不当，不仅影响物业的环境美观，还会产生臭味，滋生细菌、蚊蝇、害虫，严重污染工作和生活环境，影响人们的身心健康。

1. 环境卫生设施

1) 废物箱

废物箱一般设置在道路的两旁和路口。废物箱应美观、卫生、耐用，并能防雨、阻燃。

2) 垃圾容器和垃圾房

(1) 供居民使用的生活垃圾容器，以及袋装垃圾收集堆放点的位置要固定，既应符合方便居民和不影响市容观瞻等要求，又要利于垃圾的分类收集和机械化清除。

(2) 生活垃圾收集点的服务半径一般不应超过 70m。在规划建造新住宅区时，未设楼内垃圾道通的多层住宅一般每四栋楼设置一个垃圾收集点，并建造生活垃圾房，安置活动垃圾箱(桶)。生活垃圾房内应设有冲洗设备及通向污水窨井的排水沟。

(3) 医疗废弃物和其他特种垃圾必须单独存放。垃圾容器要密闭并具有识别标志。

(4) 各类垃圾容器的容量按使用人口、垃圾日排出量计算，垃圾存放容器的总容纳量必须满足使用需要，避免垃圾溢出而影响环境。

3) 垃圾通道

(1) 多层及高层建筑中排放、收集生活垃圾的垃圾通道包括：倒口、管道、垃圾容器、垃圾间。垃圾通道应满足机械装车的需要。

(2) 垃圾管道应垂直，内壁应光滑无死角。内径应按楼房不同的层数和居住人数确定，并应符合下列规定：多层建筑管道内径 600～800mm；高层建筑(20 层以内，含 20 层)管道内径 800～1000mm；超高层建筑管道内径不小于 1200mm。管道上方出口须高出屋面 1m 以上，管道通风口要设置挡灰帽。

(3) 垃圾通道应采取防火措施，其设计和建造应符合有关防火规定。

(4) 垃圾通道在楼房每层应设置倒口间，但不得设置在生活用房内。倒口间应封闭，并便于使用、维修和清理管道。

(5) 垃圾通道底层必须设有专用垃圾间。高层垃圾通道的垃圾间内应安装照明灯、水嘴、排水沟、通风窗等。北方地区应考虑防冻措施。

4) 垃圾转运站

(1) 供居民直接倾倒垃圾的小型垃圾收集、转运站，其收集服务半径不大于 200m、占地面积不小于 $40m^2$。

(2) 垃圾转运站外型应美观，操作应封闭，设备力求先进。其飘尘、噪声、臭气、排水等指标应符合环境监测标准,其中绿化面积为10%～30%。

2. 垃圾的收集与清运

1) 收集方法

(1) 划分垃圾类别,分为可回收垃圾与不可回收垃圾,如塑料瓶、玻璃瓶、铝罐等属于可回收垃圾,单独收集;泡沫塑料盒、塑料带等属于不可回收垃圾。用户要严格地按照分类要求,将垃圾投放到标明分类用途的垃圾回收容器中,管理人员将各个用户投放的垃圾逐级集中送至垃圾站。

(2) 规定特种垃圾收集日期,废弃的旧家具、旧电器等,必须到规定的日期才可以抛弃。在楼宇的各个场所分别放置垃圾筒、垃圾箱、字纸篓等存放垃圾的容器。放置这些容器时应考虑按垃圾种类和性质配备存放垃圾的容器;按垃圾的产生量放置在合适的位置;存放容器要易存放、易清倒、易清洗;存放垃圾容器的周围环境要保持清洁。

2) 卫生标准

(1) 无堆积垃圾。

(2) 垃圾做到日产日清。

(3) 所有垃圾集中堆放在指定地点。

(4) 垃圾堆放点应定期喷洒药水,不得产生异味,防止发生虫害。

6.2 卫生虫害防治

6.2.1 白蚁防治

白蚁是一种群居性昆虫。白蚁因其特有的"食住行"生活方式,对房屋建筑、江河堤坝、森林树木、文档书籍、服装家具、文物古迹等进行蛀食和破坏,给国民经济造成严重危害,对社会造成不可估量的损失。因此,白蚁防治已成为物业管理不可或缺的一项重要内容。

白蚁的防治有挖巢法、药杀法、诱杀法及生物防治法等,可根据不同的情况采用相应方法来治灭白蚁。

1. 挖巢法

挖巢法是根据蚁路、空气孔、分飞孔及兵蚁、工蚁的分布等,判断、找出蚁巢后将其挖除的办法。一般的树巢、墙心巢、特别是泥砖墙的墙心巢,较浅的树头巢或地下巢,都可用挖巢法,挖巢法最好在冬天进行,因为天气冷,挖巢后的残余白蚁会被冻僵,能较彻底地消灭白蚁,挖巢后最好再施一些白蚁药。

2. 药杀法

药杀法是通过在白蚁蛀食的食物中或在白蚁主要出入的蚁路中喷入白蚁药物,使出入的白蚁身体粘上白蚁药粉,药粉通过相互传染传递给其他白蚁,导致整巢白蚁中毒死亡。为了保证白蚁在回到蚁巢前不死亡,一般所使用的药物都是慢性的药物,施药后一周或一个月白蚁才全部中毒死亡。常用的白蚁药粉主要成分有亚砒酸、灭蚁灵等。用药后一周即可检查白蚁是否全部中毒死亡。

3. 诱杀法

诱杀法有药物诱杀和灯光诱杀两种方法。诱杀法主要用于发现白蚁又未能确定蚁巢地点，或者知道蚁巢地点又不能将其挖出，或者用药杀法不能彻底消灭时使用。药物诱杀通常用木制诱杀箱诱杀。灯光诱杀主要用于白蚁分飞时诱杀分飞蚁。

4. 生物防治法

生物防治法的原理就是利用白蚁的天敌或病菌对白蚁进行生物灭杀。

6.2.2 鼠害防治

鼠害防治的主要方法有以下几种。

1. 防鼠

防鼠的主要方法包括环境治理、断绝食源，以及安装挡鼠栅、挡鼠板等设施进行隔防等。

2. 化学灭鼠

化学灭鼠采用灭鼠毒饵灭鼠。在用毒饵灭鼠时须注意所选用的毒饵不得含有国家禁用的急性灭鼠剂，其主要有效成分含量应符合标准，选用的毒饵的适口性要好，不变质或发霉。投放毒饵时应遵循少量多堆、定时补充的办法。

3. 器械灭鼠

器械灭鼠就是将鼠笼、鼠夹、粘鼠板等放置于鼠类经常活动的地方，放置食物诱饵引诱鼠，从而捕捉消灭。

4. 生物灭鼠

生物灭鼠就是利用鼠类天敌、病原微生物、不育遗传等方法灭鼠。

6.2.3 蚊害防治

蚊子的防治方法有以下几种。

1. 环境治理

环境治理就是通过清除积水、水池放养鱼类等环境治理方法防止蚊虫滋生。

2. 药杀

药杀的主要方法有：在无法清除的积水(如下水道进水口等)投放浸药木塞或杀虫剂杀灭蚊幼虫；在鱼塘、菜地沟积水投放球型芽孢杆菌类等生物制剂灭蚊幼虫；采用超低容量喷雾或打烟炮等方法喷洒杀虫剂或点燃灭蚊片等方法来对付成蚊。

6.2.4 蝇害防治

苍蝇的防治方法有以下几种。

1. 环境治理

环境治理的主要方法有：保持垃圾日产日清，不乱丢垃圾和果皮，不用粪肥、花生麸饼等洒于地表作植物肥料，消除苍蝇的滋生场所。

2. 诱杀

诱杀就是利用苍蝇喜好的饵料将苍蝇引入蝇笼或具黏性的物体上，然后用热水烫杀。

3. 药杀

药杀就是对可能滋生苍蝇的地方(垃圾堆放地等)和成蝇喷洒杀虫剂灭杀。

6.2.5 蟑害防治

蟑螂的防治方法有以下几种。

(1) 对建筑物各种孔缝进行堵眼、封缝，防止蟑螂入内。
(2) 严格控制食物及水源，及时清理生活垃圾，消除蟑螂食物。
(3) 彻底整顿室内卫生，清除残留卵荚，控制和减少高峰季节的蟑螂密度。
(4) 利用灭蟑药粉、药笔、杀虫涂料及毒饵粘捕等进行化学防治。

6.2.6 其他卫生虫害的防治

其他卫生虫害包括蚤类、螨类、蚂蚁等。防治的主要方法是做好清洁保养工作，改善环境，控制宠物行动和卫生，做好个人卫生防护，定时进行药物防治等。

阅读资料 6—2

某小区入夏以来蚊子突然增多，物业管理项目机构对小区的公共区域及小区周边进行了灭蚊消杀处理，但蚊害依然严重。通过进一步检查，物业管理项目机构发现该小区某栋15层一空置房的阳台有大量积水，怀疑此区域为蚊子滋生源。物业管理项目机构立刻与该户业主取得联系，在业主的配合下清除堵塞阳台雨水口的塑料袋，排干阳台积水，加药杀灭水中蚊子幼虫，并再次对小区进行一次成蚊扑杀，几天后整个小区蚊子明显减少。

[分析]积水是蚊子得以繁殖的基本条件，如果某区域内发现大量蚊子，那么一般其周围100m内必有积水。对于大面积的积水，若无法投药，则可适当养鱼，让水中的鱼将蚊子幼虫吞食；对于小面积的积水，一般通过排水或加药来杀灭幼蚊；对于工地上不流动的死水可通过加入少量机油等方法来减少蚊子的滋生。小区内蚊子滋生的地方多为水沟、地下车库集水坑、天面积水、业主家阳台或花槽积水、绿化带中的空罐头或空饭盒等。为了达到群防群治，物业管理项目机构除应定期清理积水，保证卫生及适当喷杀成蚊外，还应积极做好"四害"知识宣传，发动业主做好自家的清洁卫生，消除"四害"滋生场所。

6.3 绿 化 管 理

联合国确定的可以达到保障人类健康的城市人均绿地标准是50~60m^2，绿色是生命之色，可以使人益寿延年，可以陶冶情操，净化环境。物业管理中，通过行使组织、协调、督促、宣传教育等职能，创造出一个清洁、安静、优美、舒适的生活环境和工作环境，是物业管理的绿化管理工作内容。

6.3.1 绿化管理概述

1. 绿化管理的含义

绿化管理是指绿地建设和绿化养护管理。

绿地建设包括新建小区绿地建设、恢复整顿绿地和提高绿地级别三方面的内容。新建小区绿地一般由房地产开发公司建设，物业服务公司应争取早期介入，参与建设和了解掌握建设情况，以便日后更好管理。恢复整顿绿地主要是对原有绿地因自然或人为因素严重损坏部分进行整治和修复工作。提高绿地级别就是对原有绿地进行全面升级改造。

绿化养护管理主要是经常性地对辖区内的绿地进行浇水、施肥、除草、灭虫、修剪、松土、围护等活动，以及巡视检查，保护绿地等工作。

按照我国城市绿化分工的有关规定，居民小区道路建筑红线之内部分归房管部门或物业服务公司绿化和养护管理，小区内部没有路名的道路归房管部门或物业服务公司绿化和养护管理。

2. 绿化的作用

(1) 绿化具有保护和改善生态环境的作用。绿化树林能起到降低风速、阻挡风沙的作用；绿色植物能吸收二氧化碳，放出氧气，起到净化空气的作用。

(2) 绿化具有美化作用。绿化是美化城市的一个重要手段，运用园林植物树木花卉不同的形状、颜色、用途和风格，可以使园区、楼宇披上瑰丽的色彩，美化周边的环境。

(3) 绿化能陶冶人的情操，起到修身养性作用。人们在色彩丰富的园林绿地中生活，不仅能得到美的享受，还能陶冶人的情操，提高人的审美能力。

3. 绿地规划的基本要求

居住区绿地规划的指导思想是"适用、经济、美观"。居住区绿地规划的基本要求包括以下几方面。

(1) 合理组织，统一规划。要采取集中与分散，重点与一般，点、线、面相结合，以居住区中心花园为中心，以道路绿化为网络，以住宅间绿地为基础，使居住区绿地自成系统，并与城市绿地系统相协调，成为有机的组成部分。

(2) 因地制宜，节约用地。要充分利用自然地形和现状条件，尽量利用劣地、坡地、洼地和水面作为绿化用地，以节约城市用地。对原有的树木，特别是古树名木应加以保护和利用，以期早日形成绿化面貌。

(3) 植物为主，注意景观。居住区的绿化，应以植物造园为主，合理布局。植物的选择和搭配置，要结合居住区的绿地的特点，结合居民的能力，力求投资节省，养护管理省工，充分发挥绿地的防护功能。为了居民的休息和景观的需要，适当布置一些园林小品，其风格及手法应朴素、简洁、统一、大方。

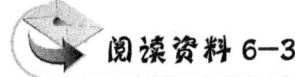

阅读资料6-3

《城市绿化条例》的相关规定

根据《城市绿化条例》的规定，城市绿化分工如下。

(1) 城市的公共绿地、风景林地、防护绿地、行道树及干道绿化带的绿化，由城市人民政府城市绿化行政主管部门管理。

(2) 各单位管界内的防护绿地的绿化，由该单位按照国家有关规定管理。

(3) 单位自建的公园和单位附属绿地的绿化，由该单位管理。

(4) 居住区绿地的绿化，由城市人民政府城市绿化行政主管部门根据实际情况确定的单位管理。

(5) 城市苗圃、草圃和花圃等，由其经营单位管理。

城市绿化管理的相关法规如下。

(1)《城市绿化条例》。
(2)《城市绿线管理办法》。
(3)《城市绿化规划建设指标的规定》。
(4)《城市园林绿化企业资质管理办法》和《城市园林绿化企业资质标准》。
(5)《城市绿化工程施工及验收规范》。

6.3.2 物业绿化管理的内容

物业绿化管理的内容包括对绿化植物及园林小品等进行养护管理、保洁、更新、修缮，使其达到改善、美化环境，保持环境生态系统的良性循环的效果。物业绿化管理除了日常绿化养护管理工作外，还包括绿化翻新改造、花木种植、环境布置、绿化有偿服务等工作。

1. 日常管理

绿化的日常管理包括浇水、修剪造型、施肥、中耕除草、病虫害防治、绿化保洁等。另外，日常管理中还包括园林建筑及园林小品维护、绿化标识制作、园林观赏鱼喂养等。根据不同地点的园林，室内绿化与室外绿化的质量要求及环境条件各不相同，日常管理也有比较大的差别。

2. 翻新改造

绿化翻新改造内容包括草坪翻新与补植、绿篱翻新补植、林下绿地改造、园林建筑小品翻新、花坛植物更换等。另外，对于一些用时令花卉摆设的花坛也应根据不同时期及节庆要求，及时进行更换翻新。

3. 花木种植

花木种植包括苗圃花木种植及工程苗木种植。苗圃花木种植是物业服务企业为了方便绿化管理而自建花木生产基地，用于时令花卉栽培、苗木繁殖及花木复壮养护等。花场花木种植工作包括时令花卉栽培、阴生植物繁殖与栽培、苗木繁殖、撤出花木复壮养护、盆景制作等。

工程苗木种植是指在绿化工程施工中，按设计要求栽种绿化苗木。

4. 环境布置

环境布置是指节假日或喜庆等特殊场合，对小区公共区域或会议场所等进行花木装饰等布置。

5. 绿化有偿服务

绿化有偿服务是利用物业服务企业所拥有的园林绿化专业人才，开展针对业主、物业使用人甚至是物业管理区域外其他单位的绿化有偿服务。此服务既可方便客户，充分利用资源，又可以增加收入。绿化有偿服务包括园林设计施工，绿化代管，花木出租出售，花艺装饰服务，插花及开办盆景培训班、花卉知识培训班等。

6.3.3 物业绿化管理的要求

1. 基本要求

(1) 保持植物正常生长。应加强对植物病虫害、水肥的管理，保证病虫害不泛滥成灾，确保植物正常生长，没有明显的生长不良现象。

(2) 加强枯枝黄叶的清理及绿化保洁工作。为了保证小区环境整洁及安全，应及时清除园林植物的枯枝黄叶，对园林绿地范围进行清扫保洁，每年要对大乔木进行清理修剪，清除枯枝。在灾害天气来临前还应巡视所辖物业园林树木，防止其对业主、物业使用人造成潜在危害。

(3) 及时对妨碍业主、物业使用人活动的绿化植株进行改造，减少人为践踏对绿化造成的危害。如对交通道路行道树进行适当修剪，对因设计不合理而造成的对居民正常生活有明显影响的园路分布进行合理化改造。这样既方便业主、物业使用人，也减轻物业公司绿化补种的压力。

(4) 创建社区环境文化，加强绿化保护宣传。要对主要花木进行挂牌宣传，注明其植物名、别名、学名、科属、原产地、生长习性等方面的知识。引导业主主动参与绿化管理，使绿化管理达到事半功倍的效果。

2. 针对性要求

除绿化的基本要求外，还应根据物业的不同特点和要求，实施针对性管理。

1) 酒店及会所绿化

(1) 合理划分工作范围。由于酒店、会所绿化管理工作内容较多，技术要求较高，为了提高工作效率及工作质量，可根据绿化员工的技术特长进行合理的工作范围划分。如将绿化工人分为插花组、机动组、生产组及酒店(会所)植物管养组等。

(2) 灵活调整工作时间。为了不对客人的活动造成影响，酒店或会所的绿化布置、养护工作应在客人到达前或休息时进行。如对于白天营业或客人较多的餐厅、大堂，可在晚上停止营业后进行植物的浇水、施肥、病虫防治、绿化保洁等管理工作。

2) 学校绿化管理

对于校园布局紧凑、人员活动较多的区域，如教学楼、学生及教职工生活区、实验楼、办公楼等场所，应采用精品式管理，对绿篱、灌木等进行人工造型修剪，及时清除残花败叶，保持绿化环境整洁、富于生气。对小游园、坡地、备用地等人员活动较少的地方，以及全校的大乔木，则宜采用自然式的管理，保持树形生长自然，以保持学校绿化环境的幽静、协调。

3) 医院绿化

在进行医院绿化管理时，要对园林绿化植物的保洁(包括景点保洁、植物叶面保洁等)、清残(包括残花败叶、枯枝等)及植物长势进行重点管理。避免过多的人为修剪，保持植物良好的长势，创造清新、幽雅、舒适的环境。

4) 机关单位的绿化

机关单位的绿化管理要求庄严、整洁、高雅。机关单位的绿化多作规则式设计，比较讲究立体空间的垂直绿化，其绿化造型及材料选用一般都比较严格，在进行绿化管理时，应按设计意图进行规则式修剪。修剪及清除枯枝黄叶应是机关绿化管理的重点。

5) 工厂绿化

工厂绿化植物受周围环境影响较大，其植物绿化功能以环保为主，在植物选择上多选用生长快、成活率高、抗性强的树种。绿化管理中，要注意合理浇水，尤其注意不要使用工厂排出的有污染的水来浇植物，尽量使用自然水。另外，由于工厂常会排放一些杂质对土壤造成影响，因此在施肥时应针对土壤的污染情况采取针对性施肥，避免造成植物的缺素症状。

6) 大型公共物业绿化

大型公共物业有人流量大、交通疏导要求高、人为破坏绿化植物多等特点。针对这些特点，在进行绿化管理时必须注意以下几方面。

(1) 不宜使用带刺、有毒、易断的绿化植物。

(2) 不宜使用果树或大花植物作绿化。

(3) 植物养护应注重对绿地的围护，避免人为因素造成植物损坏。

6.3.4 物业绿化管理方法

1. 建立健全绿化管理制度

绿化管理制度的主要内容与清洁卫生管理制度基本相同。

2. 日常绿化检查内容与重点

各类绿化植物检查的重点内容如下。

1) 乔木

虫害、病害的情况；攀爬及寄生植物情况；有无枯黄枝及折断枝；植物长势及肥水情况；植物修剪状况(株型及造型是否合理，有无徒长枝及重叠枝等)；等等。

2) 灌木

植物虫害、病害的情况；有无攀爬及寄生植物；植物肥水状况；有无枯黄枝及折断枝；植物修剪、造型状况；植物生长势；松土除草状况；等等。

3) 绿篱及造型植物

虫害、病害情况；修剪造型情况(重点注意有无变形、崩露、徒长现象)；有无寄生或杂生植物、杂草；施肥及水分状况；有无枯黄枝、空膛、空脚现象；生长势；有无垃圾杂物；等等。

4) 地栽花卉

有无残花、观花植物结果枝、黄叶；有无虫害、病害；施肥及水分状况；有无枯黄枝；植物花卉修剪状况；生长势；松土除草；有无垃圾杂物；等等。

5) 草坪

杂草状况；修剪是否及时；施肥、淋水是否合理；表面平整度如何、是否有秃斑；是否有垃圾杂物；等等。

6) 绿化保洁

草坪内垃圾杂物及落叶；灌木及绿篱下落叶杂物；地栽花卉内垃圾杂物；有机肥料裸露情况；花盆花槽内烟头等杂物；室内花木叶面是否积尘；等等。

7) 棕榈科植物

枯黄叶及时清除；花苞及花果枝及时清除；病虫害情况；等等。

8) 花坛

花坛摆设造型、花坛植物的残花清理情况、花坛卫生；等等。

9) 室内植物

植物枯黄叶情况、植物叶面积尘情况、植物盆内杂物清理情况、植物生长情况；等等。

阅读资料 6-4

某花园入住不到三年,其园林设计曾得过景观设计大奖。但入住一年多后,业主、物业使用人为抄近路,在绿化带走出几条小道。尽管物业管理项目机构多次补种,并在小道入口处增设了"爱护绿化"警示标识牌及护栏,但依然收效甚微。后物业管理项目机构经过分析,了解到业主抄近路是因为原设计园路不合理,不便于业主出行。发现此问题后,物业管理项目机构采取了"疏"的方法,在已踩出"路"地面铺设石板路径,既方便了业主物业使用人,又保护了园林景观。

分析:小区园林设计与公园园林设计不同之处在于其十分强调"实用"。小区园林的用户是相对固定的,其活动方向也是基本固定的,在设计时必须首先考虑"方便""实用",然后才是美观。物业公司在前期介入时必须注意园林的园路分布及园林功能的合理性,提前请建设单位做好安排,避免给日后的使用带来不便。

阅读资料 6-5

北方地区园林植物浇水时间、次数参考表见表 6-5,各类草坪浇水时间、次数参考表见表 6-6。

表6-5 北方地区园林植物浇水时间、次数参考表

植物类型	生长期内每月浇水次数	浇水时间	湿润深度/cm	冬灌深度/cm
低矮地被植物	2~3	早、晚	10	40
一年生草本花卉	3~4	早、晚	10	40
多年生灌木、藤木	1~2	早、晚	20	40
竹类	3~5	早、晚	30	50
1~5年生乔木	2~5	早、晚	40	50
5年以上乔木	1	早、晚	40	50

表6-6 各类草坪浇水时间、次数参考表

植物类型	生长期内每月浇水次数	浇水时间	湿润深度/cm	冬灌深度/cm
观赏草坪	2~3	早晨、下午	6~8	30
休息草坪	3~4	早晨、下午	5~8	20
球场草坪	1~2	傍晚与夜间	6~10	20
活动性草坪	3~5	傍晚	6~10	20
南方冷季型草坪	2~5	傍晚	3~4	20

情境工作小结

本情境以物业环境管理为中心,主要阐述了保洁服务与绿化管理两大问题。保洁服务、

绿化管理可以说是物业管理中的两大形象工程,不仅是人们了解物业管理的窗口,也是人们评价物业服务企业管理服务水平最直观的认识,因此,无论是业主和使用人,还是物业服务企业,都十分重视这两大业务活动。

物业环境管理是物业管理专业应重点讲授、重点学习的内容。但在本课程学习中,我们能够了解物业环境管理的基本内容以及管理服务的标准,对物业环境管理有一个概貌性的认识,就基本达到了本情境的学习目的。这是因为物业环境管理在今后的专业课程学习中,将以一门专业课程的形式出现,它将全面、系统地向我们介绍物业环境管理的具体业务内容,操作流程、质量标准等。因此,本情境学习,要重在了解物业环境管理中保洁、绿化管理的工作及保洁工作程序,垃圾的收集方法和清运程序,绿地养护管理的质量要求和考核目标等内容,归纳、把握其业务性质和特点,通过实训、实习,掌握今后课程学习的重点,为今后强化保洁、绿化两项业务技能奠定扎实的基础。

思 考 题

1. 简述清洁卫生服务的主要内容。
2. 清洁卫生管理制度有哪些?
3. 白蚁防治的主要方法有哪几种?
4. 物业绿化管理的基本要求包括哪些内容?
5. 简述日常绿化检查内容与重点。

实 训 练 习 题

一、基础理论知识

1. 单项选择题

(1) 物业服务中清洁卫生服务不包括(   )。
　　A. 建筑物外公共区域的清洁　　B. 垃圾收集与处理
　　C. 外墙清洗　　　　　　　　　D. 衣物清洁
(2) 外墙保洁必须在良好的气候条件下进行,风力(   )以上停止工作。
　　A. 3级　　　　B. 4级　　　　C. 5级　　　　D. 6级
(3) 吊板是由悬挂支架、大绳、吊板、安全带和安全滑动锁组成。大绳的直径应不小于(   )mm。
　　A. 10　　　　B. 14　　　　C. 16　　　　D. 20
(4) 小区绿化美化服务管理的内容不包括(   )。
　　A. 给植物浇水、施肥、锄草、松土　B. 植物整形、修剪
　　C. 种植花卉、环境景观管理　　　　D. 给小区以外的绿化浇水
(5) 居住区绿地规划的基本要求不包括(   )。
　　A. 合理组织、统一规划　　　　B. 环境治理、防风防沙
　　C. 因地制宜、节约用地　　　　D. 植物为主、注意景观

2. 多项选择题

(1) 外墙保洁方式有(   )。
A. 吊板方式　　　B. 塔吊方式　　　C. 擦窗机方式　　　D. 升降方式
(2) 物业环境保洁的通用标准是(   )。
A. 六无　　　　　B. 五美　　　　　C. 五定　　　　　D. 六净
(3) 白蚁防治的方法包括(   )。
A. 挖巢法　　　　B. 药杀法　　　　C. 诱杀法　　　　D. 生物防治法
(4) 居住区绿地是指城市居住用地内的绿地，包括(   )。
A. 组团绿地　　　B. 宅旁绿地　　　C. 配套公建绿地　D. 小区道路绿地
(5) 物业环境管理的内容主要包括(   )等环节。
A. 防治污染　　　B. 保洁管理　　　C. 绿化管理　　　D. 消防管理

二、案例分析

1. 某物业小区内草坪，一片茎叶葱绿茂盛，而另一片草坪枯萎变黄。业主与物业服务公司之间发生争议，业主认为是物业服务公司养护不当，而物业服务公司认为是业主对草坪爱护不够。

问题：(1) 你认为他们的看法是否正确？应如何处理？
(2) 请说出草坪管理的方法和要求。

2. 金龙管理公司刘经理在巡视物业管理区内的安全和环境管理时看到：管区内草坪竖立着一个产品广告牌；在路边停放一辆越野车；大厅放置一花盆遮住宣传广告；在楼道禁烟告示牌处，有两人在吸烟；在走廊有一传销人员正在向业主门缝中塞小招贴；保洁人员在工作时间清洁楼道；保洁人员在洗面池投洗抹布。

问题：上述现象是否有问题？请说明理由或规范要求。

3. 某物业服务公司刘经理与物业部李经理在巡视下属的一个物业小区时发现：小区室外停车场上部分车辆停放无序，有小孩在玩耍；室外垃圾筒敞开，周围堆放一些装修垃圾；草坪上有人在跳绳，有人在打羽毛球；保洁人员在用保洁设备清洗擦地时东张西望，原地不动；走廊里堆放纸箱；楼内垃圾筒无盖；电梯滑道有垃圾纸屑。

问题：指出上述现象是否是物业管理中的问题，说明其理由或规范要求。

本情境"进入角色"参考答案

[引例] 参考答案

在对小区进行室外绿化时，应考虑业主、使用权人的安全，特别是儿童及老人的安全，同时还要对居民进行宣传教育，这样，就能避免此类事件。

[案例 6-1] 参考答案

物业服务公司对给排水设备的日常维修管理，每天都应巡视检查给排水系统，一旦发现问题，及时维修解决；保洁人员在清扫楼内卫生时应注意不要有积水。

[案例 6-2] 参考答案

首先要保持各项具体业务的管理服务标准不变，积极开展宣传，讲清道理，讲明利害。然后争取政府主管部门的调解。如果收效不大，就找出典型，走法律诉讼的路子，起到敲山震虎的作用。

情境 7

物业租赁管理

情境设定

本公司接管的写字楼物业管理项目,双方在物业服务合同中对物业的出租率与租金的收缴水平进行了约定,同时约定我方对提升物业品质与声誉负有责任,为了更好地完成项目的物业服务工作,同时也是有效地提升本公司的商业物业服务市场中的美誉度,我们需要制订切实有效的租赁计划,掌握一定的市场技巧。作为一家初次接触该类型物业的公司,应该做哪些知识储备呢?

引 例

客户拖欠租金，物管公司应该怎么做

某高级商务办公楼内有一 A 公司，其业务并未因入驻了一个好的办公楼而有进一步发展，较为昂贵的房租反倒成了不小的负担，一年多以后，欠租的情形出现了。物业管理部门发出在指定的期限内，如果 A 公司仍不付清欠款的话，将不得不采取必要措施中止部分服务的通知，A 公司对此未做出任何反应，也没有能力做出反应。期限到了，物业管理部门将其通信线路从接线大盘上摘除。随后 A 公司通信中断。这时 A 公司负责人认为写字楼物业管理部门侵犯了他们的权利，遂双方引起纠纷。

分析： 一般情况下，对欠租租户的处理要依据原建设部《关于物业转让、租赁的管理准则》规定：对欠租人先进行书面催租，如果没有得到有效回应，则以书面形式说明期限，并采取措施，这类措施的实施要坚决有效，要有层次，要能够解决问题，并且可以把出现后遗症的可能性降至最低。对欠租租户采取措施的基础是与之签署了具备法律效力的租赁合同。该物业服务公司采取中断通信服务的措施是侵权行为，因为提供通信业务是 A 公司与通信公司通过合同关系建立的，与物业服务公司并未构成合同关系。

进入角色： 如果你是该物业服务公司领导，针对 A 公司的欠缴租金的情况会如何处理？

物业租赁管理是物业服务公司重要的业务内容。通过物业管理者的努力，将会增加物业出租率，而且物业管理者的知名度也可吸引客户，因此许多业主或投资者愿意将物业交给物业服务公司进行租赁管理。为了更好地从事物业租赁管理工作，我们需要进行以下的知识储备：物业租赁的形式、租赁契约的构成要素、物业租赁管理的具体操作过程以及租约的编写内容与技巧等。

7.1 物业租赁管理概述

7.1.1 物业租赁的概念

物业租赁就是物业所有者或经营者作为出租人，将物业使用权出让给承租人，并向承租人定期收取一定数额租金的一种经营形式。

在业主或物业管理者(作为业主的代理人)为某种利益，授权租用者在规定的期限内占用物业的权利时，物业租赁便产生了。

7.1.2 物业租赁的特点

物业租赁作为一种特定的商品交易的经济活动形式，具有以下特点。

1. 物业租赁不转移房屋的所有权

房屋租赁只转移房屋权属中的使用权，不转移物业所有权。因此，承租人拥有的是占有权、使用权和部分收益权，房屋的处分权和最终收益权仍属出租人所有。而且这种权属转移是有期限的，一旦租赁期满，承租人有义务将房屋出租权利归还出租人。

2. 物业租赁的标的是作为特定物的房屋

房屋租赁的标的是特定物而不是种类物。房地产租赁的标的必须是特定的，不能像大多数其他产品一样可以以同类物来代替，出租人在提供房屋时，只能按合同的规定出租，而不能用其他的同样房，包括其他区域、地段的房屋代替。租赁合同终止后，承租人必须将房屋奉还。因此，在租赁合同中必须对标的物做详细的区别性的描述。

3. 物业租赁关系是一种经济要式契约的关系

房屋租赁关系是一种经济的关系，应体现契约双方有偿、互惠互利的关系。同时由于房屋租赁的特殊性，租赁契约必须是要式合同，而且是法定要式合同。我国法律规定，租赁合同必须采取书面形式，而且必须登记备案。

4. 物业租赁关系不因所有权的转移而中止

在房屋租赁的有效期内，即使出租人房屋的所有权发生转移，原租赁关系仍然有效，房屋新所有权人必须承担房屋原所有人在租赁合同中确定的义务，尊重承租人的合法权益。

5. 物业双方都必须是符合法律规定的责任人

租赁作为一种民事法律行为，对其主体一租赁双方都有相应的法律要求，其表现为：租赁双方必须具有民事行为能力；出租人必须是房屋所有权人或其指定的委托人或法定代管人；要求承租人遵守法律限制承租的要求，例如我国规定机关、团体、部队及其他企事业法人不得租用或变相租用城市私房，外国人不能租用内销房等。

7.1.3 物业租赁的管理模式

根据业主对物业服务企业的委托内容与要求的不同，物业服务企业对物业租赁采用不同的管理模式。

1. 包租转租模式

1) 含义

物业服务企业在接受业主对物业管理的委托时，将出租物业全部或部分包租下来，然后负责转租，即由物业服务企业零售出租。

2) 双方责任及利弊

包租转租模式，业主不负责物业的租赁，不承担市场风险，只收取包租的租金。包租按惯例在租金上应有所优惠。在租赁市场不景气或不容易把握时，业主通常选择包租转租模式，将市场风险转移。

物业服务企业此时既要承担物业的租赁经营，又要负责物业的管理服务工作。除赚取一般物业管理正常收取的管理费用之外，还将从承租活动中获取一定的批零差价利润。但以固定的租金包租的物业服务企业，一旦不能全部将物业出租，或空置率过大，将自行承担风险。关键是批零差价的确定，要充分考虑到空房率，避免或减少风险。

2. 出租代理模式

1) 含义

业主全权委托物业服务企业负责租赁活动以及租赁中的管理与服务。物业服务企业只获取佣金，佣金的计算与出租物业的多少成比例。

2) 双方责任与利弊

出租代理模式，业主同样不负责物业租赁，但要承担一定的市场风险，获取扣除代理佣金后的全部租金收入。在租赁市场活跃时，业主通常选择出租代理模式。此时，物业服务企业按委托代理合同,从事租赁活动及租赁过程中的管理和服务,并根据合同承担一定的责任,如管理不善或经租活动的失误都将受到惩罚,但风险较小,尤其空置房对业主的影响大,对物业服务企业的影响小。

物业服务企业所获得的收益主要是管理和服务费用。在经租活动中,物业服务企业得到的只是佣金。

3. 委托管理模式

1) 含义

业主自己直接负责租赁活动,不让物业服务企业介入,业主将物业管理服务工作委托给物业服务企业负责,这种模式与多业主楼宇物业管理中所做的工作近似,但物业服务企业届时所面对的不是诸多业主,而是一个业主和诸多承租人。

2) 双方责任与利弊

委托管理模式,业主负责物业租赁的所有活动,承担全部市场风险,也获得全部租金收入。物业服务企业负责物业管理和服务,只要没有失职行为就不承担风险,经租中的风险完全由业主承担,因此,经租所获得的利润与物业服务企业无关,它只获取物业管理和服务的费用。

7.1.4 物业租赁的形式

1. 按物业租赁方式分

1) 定期租赁

房产的定期租赁是物业管理中最常见的租赁形式。它包含确切的起租日期和结束日期,租期可以是1周,也可以是99年。当期限届满,租约自动失效而不需要预先声明,租用者必须把产权交还给物业所有者。定期租赁不因所有者或租赁者死亡而失去法律效力,即所有权益的归属形式不变。

因为固定期限租赁有确切的终止日,因此,如果业主希望通告租户租约期满搬迁,租约上必须注明截止日期。

2) 自动延期租赁

自动延期租赁又称周期性租赁,除非租约一方提出要中止合约,否则将自动续约。租约按周、月、年的周期延续,中止通知应与周期对应。租约中止的提前时间可以是1~6个月不等。该形式的租赁行为不因租约一方的死亡而失效。

自动延期租赁可由双方根据协议达成,也可依法建立。当物业所有者与租赁者之间的租赁行为,在本期租赁期限到期时以相似的租赁条件自动延续时,协议就达成了。许多居住租约既包含定期租赁又包括延期租赁。一般开始于定期租赁(半年或1年),然后转为周期性租赁。

周期性租赁是租用者按租赁手续所规定的期限已经到期,或租约中未指明租赁期限,租赁者依旧按原来的方式占用物业,并照常按期缴纳租金的租赁行为。在这种情况下,实际上租金的缴纳周期就自动延续到了下一期限,即如果租金是按月缴纳的,则延期也是按月进行的。从物业管理者的权益角度考虑,自动延期的延长期限最好是在最初的租约中明确地规定下来,如按月自动延续等。

3) 意愿租赁

意愿租赁就是给租户以时期不确定的物业租用权，意愿租赁的延续依赖双方的意愿。意愿租赁可以未经提前通知而随意中止，但一般的做法是提前以书面形式提出中止租赁的通知。与定期租赁不同的是，意愿租赁关系在双方中的一方死去时自动中止。

4) 强制占据租赁

强制占据租赁是指租户在租约到期时，在未经所有者许可的情况下强制地占用物业。

此时，除非业主诉诸法律或租户自动搬离，否则物业将被继续占用。如果租户在租赁合同规定期限内没有将产权还给业主，所有者或其代理人(物业管理者)可以采取两种措施：一是不通知占用者就直接向法院提出诉讼；二是默许占用者的租用行为。当所有者接受对方缴纳的租金时，即表示默认对方在意愿租赁的模式下拥有对物业的租用权或租赁行为自动延续。物业管理者可以通过签订合法而详尽的租约来避免这一复杂棘手的问题。

2. 按租金支付方式分

物业管理者通常采用的毛租、净租和百分比租赁三种形式，就是根据租金的计算和收缴的形式来分的。

1) 毛租

毛租有时又称连续租赁，是租用者按期支付一笔固定的租金，物业所有者负责支付源于物业的其他所有费用。水电等耗费通常由租用者支付，当然也可由双方预先商定。住宅租约通常采用毛租的形式。

2) 净租

净租租金要求租户除了支付规定的租金外，要额外支付物业费用的一部分甚至全部。净租通常在长期租赁中采用，租赁时间可达50年甚至更长。理论上净租金还可以有三种形式：在第一种形式下，租户除向业主支付租金外，还要负担水电费、房地产税和其他国家征收的费用；第二种形式下，租户除了负担第一种中所提及的各项费用外，还要支付房地产保险费用；第三种形式下，净租金内甚至要求租户负担物业维护和修缮等一切开销。

实际操作中，三类净租金形式可以交叉使用，因为它们的不同仅仅在于在多大程度上支付额外的费用。因此，物业管理者就要在租约中明确地定义租约形式的具体内容。

3) 百分比租赁

百分比租赁通常也称为超出性租赁，常用于零售物业的租用。租用者除向所有者定期支付固定租金外，还要根据其超出预定销售量的部分，按百分比向所有者缴纳毛租金中的部分收入。

大型购物中心或超市常常采用百分比租约。大型购物中心或超市的物业管理者要举办许多特别的展览，来最大范围地吸引潜在的购物者。如常举行新车、帆船或模型等展览来吸引顾客，使人们一旦为看展览而进入购物中心或超市时，就会进入租户的商铺购物，这就构成了一个双赢的局面。

虽然百分比租金每月会被提升或被要求支付，但该部分的分成通常按年度来计算兑现。租户支付的毛利润百分比随房屋的位置、性质、经营种类和大的经济环境的不同而不同，有时悬殊甚大。业主的提成一般都要对租户毛收入的下限做规定，很少情况是不做任何规定的。业主为了保证其物业在出租过程中获得预期的经济收入，常在租约中订立有强制收回使用权的条款，该条款就确定了一个最低的租期内收入下限。当该限度在核算周期中未能达到时，所有者有权收回物业的使用权。另一种比较公平合理的做法是，当租用者未能完成条款中规定的最低租金时，可以另外追加费用以达到最低租金水平。

案例 7-1

物业服务公司擅自出租楼顶是否构成对业主侵权

某小区业主委员会聘请 A 物业服务公司(以下称 A 公司)负责小区的物业管理。之后不久，A 公司与 B 电信公司(以下称 B 公司)订立租赁协议一份。协议约定：A 公司将所管理的小区住宅楼楼顶出租给 B 公司用于搭设电信设备，B 公司按年向 A 公司支付租金，租金为每年 5 万元。不久，小区居民均感身体不适，有头疼、头晕、恶心、失眠等症状。经调查，业主们发现楼顶搭设了电信设备，正是电波辐射造成了上述危害。业主们随即将 A 公司和 B 公司诉至法院，称 A 公司只是负责小区的物业管理，无权将楼顶出租给 B 公司。在楼顶搭设电信设备，也给小区居民身体健康带来损害。因此提出请求：B 公司拆除搭设的电信设备；A 公司与 B 公司对业主的损失承担连带赔偿责任。

面对诉讼，A 公司辩称：将楼顶出租给 B 公司搭设电信设备不仅未造成业主任何损失，而且使业主还可以少交物业管理费。业主要求承担赔偿责任没有道理。而 B 公司则辩称：我公司并不知道 A 公司无权出租楼顶，属于善意第三人，应受法律保护。

分析：(1) A 公司无权直接将楼顶对外出租。物业管理合同属于服务合同，在合同未作特别约定的情况下，A 公司不能取得对小区楼顶层的处分权。楼顶层属于建筑物的共有部位，全体业主对其享有共有权。在事先未征得业主同意，事后又没有得到业主追认的情况下，A 公司无权将楼顶层对外出租。

(2) B 公司取得楼顶使用权的行为不应受法律保护。B 公司在诉讼中称其并不知道 A 公司无权出租楼顶层，因此属于善意第三人，这种借口不能成立。理由是：善意取得的标的物仅限于动产物权，不动产物权不适用善意取得。楼顶层属于不动产，不能适用善意取得。楼顶层属于共有部位，是楼房的构成部分之一，属于从物。从物不能脱离主物单独转让，也不能适用善意取得。

(3) B 公司应对业主的人身损害承担赔偿责任。小区居民健康受损的后果是电信设备发出的电波辐射造成的，B 公司应承担排除妨害、赔偿损失的责任。A 公司未经允许，擅自将楼顶层出租给 B 公司，与 B 公司一道造成了业主健康受损，属于共同侵权行为，应承担连带责任。法院经司法鉴定，结果表明：小区居民出现的症状正系 B 公司搭设的电信设备电波辐射造成。

在此基础上，法院做出如下判决：

(1) A 公司与 B 公司之间的楼顶层租赁协议无效。

(2) B 公司限期拆除电信设备。

(3) B 公司赔偿业主医药费用共计 0.1 万元。

(4) A 公司对本判决第(2)、(3)项承担连带责任。

进入角色：如果你是物业服务公司负责人，对楼顶租赁一事会怎么处理？

7.2 房屋租赁的行政管理

为规范房屋租赁行为，加强城市房屋租赁管理，2010 年 12 月，住房和城乡建设部出台《商品房屋租赁管理办法》，于 2011 年 2 月 2 日起施行，旨在加强商品房屋租赁管理，规范商品房屋租赁行为，维护商品房屋租赁双方当事人的合法权益。

7.2.1 房屋租赁登记备案的一般程序

房屋租赁，出租人和承租人应当签订书面的租赁合同。合同签订后，要到当地房地产行政主管部门登记备案。房屋租赁登记备案的一般程序为申请、审查、颁证三步。

1. 申请

签订、变更、终止租赁合同的，房屋租赁当事人应当在租赁合同签订后 30 日内，持有关证明文件到市、县人民政府房地产管理部门办理登记备案手续。申请房屋租赁登记备案应当提交的证明文件包括：房屋租赁合同，房屋租赁当事人身份证明，房屋所有权证书或者其他合法权属证明，直辖市、市、县人民政府建设(房地产)主管部门规定的其他材料。出租共有房屋，还须提交其他共有人同意出租的证明。出租委托代管房屋，还须提交委托代管人授权出租的证明。

2. 审查

房屋租赁登记备案不同于简单的备案，登记本身包含审查的含义。对符合要求的，直辖市、市、县人民政府建设(房地产)主管部门应当在 3 个工作日内办理房屋租赁登记备案，向租赁当事人开具房屋租赁登记备案证明。

3. 颁证

房屋租赁登记备案证明应当载明出租人的姓名或者名称，承租人的姓名或者名称、有效身份证件种类和号码，出租房屋的坐落、租赁用途、租金数额、租赁期限等。

7.2.2 房屋租赁的条件

公民、法人或其他组织对享有所有权的房屋和国家授权管理和经营的房屋可以依法出租，但有下列情形之一的房屋不得出租。

(1) 属于违法建筑的。
(2) 不符合安全、防灾等工程建设强制性标准的。
(3) 违反规定改变房屋使用性质的。
(4) 法律、法规规定禁止出租的其他情形。

7.2.3 物业租赁关系终止的条件

1. 出租人终止租赁关系的条件

(1) 承租人擅自将承租的房屋转租、转让或转借的。
(2) 承租人用承租的房屋进行非法活动，损害公共利益的。
(3) 承租人不按合同规定的期限缴纳租金达到一定期限的。
(4) 承租人全家迁离本市或去国外定居的。
(5) 承租人违反合同规定擅自改变房屋用途的。
(6) 出租人因不可预见的原因需要收回房屋的。

2. 承租人终止租赁关系的条件

(1) 承租人已经有了房屋，不需要再租房的。
(2) 承租人全家迁离本市或承租人出国定居、留学、探亲的。
(3) 出租房屋发生重大损坏，有倒塌危险，出租人拒不进行修缮的。

3. 房屋租赁关系终止的几种情况

(1) 房屋租赁期限届满。

(2) 房屋拆迁。

(3) 出租房屋毁损。

(4) 在房屋租赁期限内，一方当事人依据法律的规定强制解除合同。

(5) 房屋承租人死亡。

(6) 当事人一方违约。

7.3 物业租赁管理

租赁管理是指针对包括写字楼、零售商业物业、出租公寓等在内的收益性物业租赁活动的管理，包括租约签订前、租约执行过程中和租约期满时共三个阶段。租约签订前，租赁管理的主要工作内容包括制定租赁方案与策略、租户选择、租金确定和租约谈判与签约管理。租约执行中，租赁管理的主要工作内容是房屋空间交付、收取租金、租金调整和租户关系管理。租约期满时，租赁管理工作则主要集中在租金结算、租约续期或房屋空间收回管理。租赁管理过程中，还始终贯穿着物业市场营销工作。

7.3.1 物业租赁程序

1. 租赁方案与策略

租赁方案是对租赁过程中主要事项的安排，租赁策略是为提升物业吸引力而制定的一些特殊手段，两者是贯穿在一起的，在这里并不进行严格区分。租赁方案与策略主要涉及如下内容。

1) 确定可出租面积和租赁方式

在制定租赁方案时，需要首先确定物业中能够对外出租的面积和租赁方式。例如，写字楼内有些面积是业主自用，零售商业物业中一部分面积是由业主自营，所以需要明确供出租的面积和在物业中的分布，这样才能够对需要吸引的客户数量和规模有所把握。业主对出租人一般会有一定的要求，例如，对于写字楼物业，是整栋出租给一个大租户，还是分层出租给几个租户，或是出租给散户；对于商业零售物业，是引入几家大型零售企业，还是大小兼顾，在引入主力店的同时吸引一批中小租户。

2) 编制租赁经营预算

预算是租赁管理中租赁方案的核心，预算中包括详细的预期收益估算、允许的空置率水平和经营费用，且这些数字构成了物业经营管理的量化目标。要根据实际经营情况对预算进行定期调整，因为租金收益可能由于空置率的增加而较预期收益减少，此时物业经营管理者往往要就空置率增加的原因进行认真的分析。维护费用超过预算一般预示着建筑物内的某些设备需要予以更新。

3) 定位目标市场

物业租赁所面向的目标市场群体，主要由该物业所处子市场的供求关系决定。首先，物业的档次决定了其在该物业类型市场中所处的位置，例如，写字楼分为甲级写字楼、乙级写字楼、丙级写字楼；零售商业物业分为社区级零售物业、区域级零售物业以及城市级

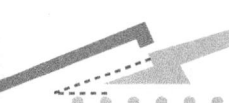

零售物业。这实际上已经限定了该物业所处的子市场。在不同的子市场中，需求群体有明显的差异。社区级零售物业内主要是一些便利店和小规模商场；而区域级或城市级零售物业就需要引入一些知名的超级市场或者百货商场，以吸引除零售物业所在社区之外的顾客光顾。

同时，该物业所处区域的商业特征也会影响到租赁对象的构成，例如，在北京中关村地区，零售商业物业主要以电子商场为主，其租户大部分都是批发和零售计算机相关产品的经销商。而在北京西单地区，零售商业物业则以大型商场和小型专卖店为主，租户主要是经销服装、鞋帽、箱包的制造商和代理商。业主的要求也会影响到对目标租户群体的定位。例如，写字楼的业主如果希望该物业成为某一领域的顶尖写字楼，那么就需要吸引该领域知名企业入住。

4) 确定租金方案

租金方案是租赁管理的核心，十分重要。在租赁方案中就需要对租金水平的确定方式做出指导性的安排。

从理论上来说，租金的确定要以物业出租经营成本和业主希望的投资回报率来确定，但在市场经济条件下，物业租金水平的高低主要取决于同类型物业的市场供求关系。过高或过低的租金都有可能导致业主利益的损失，因为若某宗待出租物业确定的租金高于市场租金水平，则意味着物业的空置率会上升；而低于市场租金水平的租金，虽然可能使出租率达到100%，但可获得的总租金收入并不一定理想。

对于大型物业服务企业来说，一般较容易确定租金水平或方案，因为他们往往拥有大量类似物业出租的租金数据。当然，为准确判断物业的市场租金水平，需要比较已出租的类似物业和待出租物业的差异，并对已知的租金进行相应的修正，进而求取待出租物业的市场租金水平。例如，对于出租写字楼，其租金水平可能会依下述情况的不同而不同：单元面积大小、楼层、朝向，大厦坐落地点，距商业中心区的距离，装修档次，建筑设备状况，所提供服务的内容，有效使用面积系数，康乐设施完备情况，物业维护措施，等等。

租金方案还会受到出租策略的影响。仍然举出租写字楼的例子，其租金水平受下列情况的影响：租期长短和承租面积的大小，租户的资信状况，为租户提供服务的水平，附属设施的收费水平，是否带家具等。这里所列的情况并不完全，它仅仅是为了说明出租策略的不同会带来物业租金水平的差异。

对出租期限内租金水平的调整没有数学公式可循，物业价格、租金指数对租金定期调整虽有参考价值，但直接意义也不大。

5) 明确吸引租户的策略

吸引租户的策略可谓多种多样，主要有宣传手段和租约条款优惠等。

为了吸引更多的租户和使物业达到一个较为理想的租金水平，需要进行相应的市场宣传工作。这种宣传一般围绕着物业的特性来进行，如宣传物业所处的位置、周围景观、通达性和方便性等。也可以通过强调租金低廉来吸引租户，但对于经营性物业来说，租金水平相对于物业的其他特性对租户可能并不十分重要。所以，一般认为，只要租金相对于其他竞争性物业来说相差不大，则物业的特性和质量是吸引租户的主要因素。通过对大量租户的调查表明，他们选择物业时所考虑的众多因素中，租金是否便宜只占第五或第六位。

租约条款优惠也是吸引租户的好办法。租约条款优惠的形式非常多，且时有创新。例如，给新入住的租户一个免租期，为租户从原来租住的写字楼迁至本写字楼提供一定的资金帮助，替租户支付由于提前终止与原租住写字楼的业主间的租约而需缴纳的罚金或对租户入住前的装修投资提供资金帮助，允许租户将来能够扩展空间等。在制定优惠方式时，最关键的是把握目标租户的心理，了解到哪些方式最能够让租户感觉到真正的实惠，从而吸引租户签订租约。

2. 租户选择

租户选择是租赁管理的核心内容。选择合适的租户，形成最佳租户组合，对于保证经营性物业的现金流收入，实现物业价值最大化的目标，是非常关键的。正像租户选择写字楼非常慎重一样，物业经营管理企业或业主对于选择什么样的租户并长久与之保持友好关系也很重视。虽然相对于居住物业的租户来说，写字楼租户的这些信息比较容易获得(公开的年度财务报告)，但如果对这些信息研究不够也可能会给业主或物业经营管理企业带来损害。

在租户选择中考虑的主要准则是潜在租户所经营业务的类型及其声誉、财务稳定性和长期盈利的能力、所需的面积大小及空间组合，其需要提供的特殊物业管理服务的内容。

1) 潜在租户的登记

恳请每一个位前来咨询或参观物业客户填写一份来客登记表(表 7-1)。这是收集客户资料的主要途径之一。

表 7-1 居住物业来客登记表(示例)

租赁顾问：

```
非常欢迎您的光临！
请协助我们填写此表：
客户的背景资料：
姓名：           日期：           需要租赁日期：
住址：国家           省(市)           区           路
电话(H)：           其他电话：
租户人数：
对物业的租赁要求：
卧    室：                           浴    室：
客    厅：                           价格范围：
对您来说什么条件最重要：

与我们认识的途径：


您是从哪里知道我们的信息的？
(1) 住户标识                    (2) 广    播
(3) 报    纸                    (4) 公告牌
(5) 电    视
其他(请注明)：
```

2) 潜在承租人的身份证明

核对潜在承租人的身份，尤其是零售性的商业物业了解何种生意是很重要的，它关系到与其他承租人能否协调。如有些承租人就要求同在一个购物中心中限制有竞争性的承租人。

3) 租赁经历

潜在承租人的租赁经历能够反映其经济状况、信用状况，应尽量寻找租赁史稳定可靠的、租赁期较长的潜在承租人。对于有改造物业要求的租户，其以往租赁是否稳定可靠则更为重要。

4) 资信状况

业主或物业管理者可以从租户以往的拖欠记录中了解潜在租户的资信状况。一般来说，以往总是拖延或不按期付款的租户多数还是不会改变的，而以往总是稳定地按期付款的租户则总会保证信用。因此，对那些有拖欠赖账史的潜在租户可不予考虑，当然如果仅有偶尔拖欠记录的，则应请对方亲自对此做出解释。物业管理者可通过调查得到所需要的潜在租户的以往信用资料。

3. 租金管理

1) 做好租金的评定工作

出租物业不论规模大小，数量多少以及何种方式，都要做到合理准确评定租金。租金的评定，必须符合国家法律法规，以物业价值为基础，适当考虑承租人支付能力、市场供求状况、房屋质量等因素，同时要兼顾企业自身的经济利益。

(1) 租金的计算单位和所包含的内容。

租金常常以每平方米可出租面积为计算基础，通常有毛租金和净租金之分。当使用毛租金的形式出租物业时，所有的经营费用都应由业主从其所收取的租金中全额支付。然而，许多租户喜欢净租金的形式，也就是说一些物业的经营费用由租户直接支付。而如果业主提供净租金的形式，业主需要明确要支付哪些费用、哪些费用是属于代收代缴费用、哪些费用是按租户所承租的面积占整个物业总可出租面积的比例来收取、哪些费用主要取决于租户对设备设施和能源使用的程度。租户在租金外还需支付的费用项目都要在租约中仔细规定。租户为了保护自己的利益，有时还会和业主就租金外的一些主要费用项目(如公用面积维护费用)协商出一个上限，以使租户对自己应支付的全部承租费用有一个准确的数量概念。

(2) 基础租金与附加租金。

经营性物业的租金水平，主要取决于当地房地产市场的状况(即市场供求关系和在房地产周期中处于过量建设、调整、稳定、发展中的哪一个阶段)。在确定租金时，一般应首先根据业主希望达到的投资收益率目标和其可接受的最低租金水平(即能够抵偿抵押贷款还本付息、经营费用和空置损失的租金)确定一个基础租金。

对于写字楼物业，建筑内某一具体出租单元的租金依其在整栋建筑内所处的位置有一定差异。物业管理师在确定各出租单元的具体租金时，常使位置较好的出租单元付出一定的超额租金，用这部分收入来平衡位置不好的出租单元较低的租金收入。对于零售商业物业，租约中载明的租金通常为基础租金，租户可能还要按营业额的一定比例支付附加的百分比租金，这种百分比租金能够将业主和租户的利益联系在一起，使之共同为物业经营效益最大化而努力。

(3) 租金的调整。

房地产市场中供求变化比较剧烈，租金和价格也往往处于波动之中，因此需根据市场状况经常对租金水平进行调整。对于租期较短的租户，可设定一个租金水平，在租期中保持不变，而如果租户需要再次续租，需要按照当时的租金水平重新签订租约。对于租期较长的租户(如3~5年或以上)，为保护业主和租户双方的利益，需要在租约中对租金如何调整做出明确的规定。

2) 建立租金底账

物业服务企业对出租的物业应以承租户为单位建立租金底账，将每月、每季和每年应收租金全部登记入账。每期收入的租金，均要逐户与底账进行核对，发现未交租户要及时催交上来。努力提高收租率，清理拖欠租金。

3) 按时收取租金

物业服务企业要坚决按租赁合同的时间规定收取租金。为此必须建立健全规章制度，有效调节与承租人之间的关系，保证租金交收活动的顺利开展。

4) 坚持专款专用

为了保持物业的使用价值与增值保值，对收取的租金必须专户存储、专款专用。对收取租金中的维修费和管理费，应全部用在房屋及其附属设施的维修管理方面，以提高房屋的完好率和使用功能。

4. 租约条款谈判

若潜在租户对物业感兴趣并且其资质也符合业主的条件，具体的谈判过程就开始了。谈判的目标就是要签署租赁双方都满意的、公平合理的租约，物业服务公司往往要监控谈判的全过程。

1) 控制签约进程

要使谈判有所进展，物业管理者就要有能够驾驭谈判局面、控制签约进程的能力。物业管理者要设法避免业主与租户的冲突和租赁业务无果而终的情况发生。物业管理者可通过不让业主和租户过早接触等方法，来规避可能出现的冲突。一般的技巧是当谈判快要结束准备签约时，再让双方见面。成功的物业管理者总是在开始谈判前拟定谈判策略，使业主不至于太早进入面对面的谈判中。

2) 利用经纪人

在办公物业、零售及商业物业和工业物业的租赁谈判中，业主为了满足专业知识的需要往往会聘请第三方——专业知识与经验都丰富的租赁经纪人加入进来，这时除非物业管理者能够很好地与这类经纪人配合，否则，他们的介入会使谈判更加复杂。在谈判开始前，物业管理者与经纪人应已商定好由谁直接去面对租户。一般情况下由物业管理者去面对租户，由经纪人在幕后提出建议和策略。因为在谈判中与租用者建立良好的忠实关系是非常重要的，而物业管理者就比租赁经纪人更能建立这种关系。

3) 谈判妥协

(1) 谈判妥协的原则。

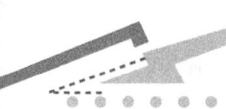

妥协是指业主降低原始条款而给租户的一种优惠，妥协的目的是让潜在租户成为真正的租户，有价值的妥协会使租户在基本问题或财政问题上有舒缓的感觉。对条款的每一次妥协都意味着业主租赁收益的减少，因此物业管理者在谈判中要时刻坚持业主的立场，在业主不可能做出的让步上不妥协。一般来说，租赁妥协的原则是租用规模越大、租期越长，租价妥协的空间越大。但要注意的是，一旦对一位租户做出妥协，就可能对其他租户也要有同样的妥协。

(2) 谈判妥协的小技巧。

在谈判中不管妥协的大小，都要让租户感到是在业主不情愿的情况下做出的，是来之不易的。值得注意的是，有时候妥协对业主影响很大，但对租户却无价值；而有时租户认为做出了巨大的让步，但对业主意义不大。因此，物业管理者弄清楚租户一方的需求是非常必要的。

(3) 妥协的程度。

租约中几乎所有的条款都有谈判的余地，关键在于双方立场的坚定性，任何一点点的妥协都可能引导潜在租户接受并签署租约，成为真正租户。因此，物业管理者在谈判中要考虑的是妥协程度多大时才能打动租户，即妥协的尺度。一般来说，决定妥协程度的因素有三：一是业主的财务和战略目标；二是该地区物业租赁市场竞争的情况；三是租户租赁的紧迫性。

(4) 租价与折扣的谈判。

在租金上做出让步，无疑是最具吸引力的，也是最具负面影响的让步。虽然任何租价折扣，都不是业主或物业管理者情愿做出的，但面对激烈的物业租赁市场有时不得不这么做。因此任何时候物业管理者都要分析租价折扣的利弊得失，在保证物业的一定租金水平上才能考虑给予租户短期的租金减免优惠。一般租金上的让步只能在市场状况最坏的时候做出。

租金折扣一般是对个别租户做出的，但这类消息会传播得很快，因此一旦对个别租户妥协后，其他租户也会纷纷提出同样的要求，这样最终会导致租赁效益的降低，甚至造成严重的损失。因此，在谈判中物业管理者要坚持最起码的租金水平。如果物业管理者发现物业的实际价值在整个租期内因租金的降低而发生损失，这时的租赁市场又是低迷的，提升租价的可能性不大，那么最好的做法是让物业空着，留待市场好转，租价合适时再租。因为长期以低廉价格出租物业，会使租金收入与物业的日常营运开支相抵后所剩无几甚至无利可图或收支倒挂，这是比物业空置还要糟糕的事。

① 办公物业的租价折扣。在办公物业出租中经常采用分级定价的方法，基本标准租金以每平方米计算。在高层办公楼中，标准租金一般随楼层的增高而增加，因为楼层越高越安静，如同样位置的房间在 21 层的要比在 14 层的高 2~3 元/m²。而同样，每一层处于楼角的单元往往比其他单元的租价高 2 元/m² 左右。每一层处于视野好的一面的单元，其租价就要比其他的单元贵一些。

② 居住物业的租价折扣。居住物业的租价也采用分级定价，使所有的单元在价格和价值上取得平衡。如一幢无电梯的 6 层公寓楼，顶层单元的月租费可能就要比楼下同样单元的月租费便宜些；同样一幢高层住宅楼，高层视野广、风景优美的单元肯定要比底层包围

在中间的单元的租价贵。

(5) 免租的谈判。

租金折扣中最常见的一种方式是短期减免租金,这种方法在一定程度上满足了租户和市场的要求。例如,在市场空置率很高的时候,物业管理者可以以减免两个月租金的妥协,来引使租户签约。物业管理者在实施这一妥协条款时要注意一般是在租期的最后执行,而不是在租期开始的第一个月免租。如租赁期是一年,则在最后两个月可以不收租金。因为这样可以避免租户不付钱就入住,直到被驱逐出去时都未付租金的情况发生。一般来说,短期减免租金的妥协比平均降低整个租期内的租金的妥协要好,因为平均降低租金的妥协无形中已降低了物业的市场价值,它造成的损失要比短期减免租金的损失大。

(6) 租期的确定。

潜在承租人的更换,都要使物业服务企业花费时间和费用,增加租赁的成本和风险,因此租期的确定也是很重要的。租期过短,增加租赁成本;租期过长又没有逐渐提高租金的条款,也可能带来租金损失。一般来说,居住物业租期以 2~3 年为宜,办公、商用物业租期以 5~10 年为宜,而工业厂房租期则要高达 10~25 年或更长。

(7) 关于物业改造的谈判。

承租人在入住前,一般总会提出改造或改进物业的要求。改造费用一般通过租金的形式收回。但所有超标改造装修费用或承租人自负,或由出租人提供并在租金中收回。

(8) 限制竞争承租人条款的谈判。

这是指承租人在物业中享有排他的、从事某一行业的经营垄断权。该附加限制条款常常出现在商业物业尤其是零售物业的租约中,有时也在服务业的物业租赁中出现。谈判中要注意如果这一限制条款不致影响出租人的利益,或承租人愿意为此交付额外的补偿,可以考虑采纳。

5. 签订合同

签订合同前,应按照双方达成的各项条件填写合同,并收集出租人与承租人双方的有效证明文件,然后请双方在租赁合同的有效位置签名盖章。

6. 核查物业

承租人入住前,物业服务企业应派专人陪同承租人验收物业,检查所租物业是否符合租赁条款中的条件,如果租赁双方都同时认可物业的状况,就应请承租人办理接受物业的签字手续。同时,双方都要填写"物业迁入—迁出检查表"(表 7-2),租户离开时也将使用该表。

表 7-2 物业迁入—迁出检查表(示例)

物业名称:	
公寓名称:	
地 址:	
租户姓名:	日 期:
租户在入住时需填写下表。请指出是否提供下列项目,并在底端签名。	租户在迁出时物业管理者需要填写下表。

续表

钥匙	钥匙
屋内清洁	屋内清洁
厨房瓷砖	厨房瓷砖
电冰箱	电冰箱
下水道	下水道
壁橱	壁橱
浴盆	浴盆
洗脸盆	洗脸盆
便盆	便盆
柜橱	柜橱
洗澡间瓷砖	洗澡间瓷砖
照明设施	照明设施
墙纸	墙纸
粉刷	粉刷
窗	窗
床	床
写字台	写字台
隔断	隔断
地板	地板
空调	空调
微波炉	微波炉
电话	电话
其他	其他
租户签名：	租户签名：
物业管理者签名：	物业管理者签名：
日期：	日期：

7. 提供有效的租赁服务

1）建立联系途径

通过电话或私人拜访等途径与承租人保持联系，要设法抓住一切机会并创造机会与承租人面谈，广泛征求他们对舒适、服务、维修、管理等方面的意见。

2）开展租赁服务

物业管理者在所开展的租赁服务中，最应重视和最为关键的是维修服务，应确保租户了解维修程序、维修范围、收费范围、收费标准和责任划分等。物业服务企业应建立一个快速有效的服务系统，使租户要求能够得到满足。

8. 收缴租金

1）租金缴纳时间的管理

物业服务企业一般在月初开始租金收缴工作。物业服务企业的收费政策直接关系到承租人上缴租金的态度。如果物业服务企业不遵守租金缴纳时间，承租人也不会遵守。

2）滞纳金的管理

对迟交租金的承租人要么采取罚款制度，要么给予一定的宽限期。物业服务企业对迟交租金所持的态度，影响承租人缴纳租金的行为。因此，在接受新物业的管辖时就要建立严格的收费制度，可以对按期缴纳的给予一定的奖励，对迟交的收取一定的滞纳金。

3) 收费通知单的管理

由于各种物业的管理服务不同，加上同一物业中的各租户享受的服务也不同，因此在收费通知单中应单列租金。

9. 续签合同

续签租约对业主和物业服务企业都是有好处的，因为对再装修以及更换其他设施的要求，原承租人不像新承租人那样多，另外也节省了寻找新承租人的费用。承租人是否续约，主要取决于对物业管理的满意程度和新合同的条款内容。新合同条款是否改变，一方面取决于初次租赁谈判中未考虑的因素，如租户以往是否准时缴纳租金等；另一方面取决于市场的情况，通常改变租赁条款的内容主要集中在租赁期限、维修、更换、再装修的程度和租金水平上。

10. 租赁终止

1) 租赁终止的种类

(1) 承租人提出的租赁终止。承租人提出搬迁的通告按租约条款规定办。但如果一个表现良好的承租人要求搬迁，物业服务企业就应检讨是否为管理过失所致。如果是这样的话，物业服务企业应通过保证改变这种状况等承诺，来尽量挽留租户。

(2) 物业服务企业拒绝续签。物业服务企业及时发出终止租赁通知而不允许续签是可以的，但物业服务企业拒签的理由必须是充分的。

(3) 强制性的终止租赁。当承租人违反法律法规、不缴纳租金、违反租约协议条款时，物业服务企业有权通过法律途径强制性终止合同。

2) 租赁终止的程序

(1) 搬迁前的会面。物业服务企业在承租人搬迁前，要与承租人进行一次会面，填写搬迁前会面表。

(2) 物业检查。在承租人搬出之后，双方一起检查物业。检查时应带上物业迁入一迁出检查表(表 7-2)，记下物业的实际情况和需要的维修量，决定是否需要扣除押金，计算出应扣除的押金额。

(3) 归还押金。归还承租人押金时，物业管理者要说明押金扣除了哪些方面及其数额。如果物业管理者未按租赁协议动用了部分押金，那么他必须向租户逐条说明其使用情况。如果租户不能接受，物业服务公司必须承担相应的责任。

7.3.2 衡量物业租赁经济效果的指标

衡量物业租赁经济效果的指标主要有以下几个。

1. 租赁房屋总量

这是指投入出租经营的房屋数量，可以用面积指标或价值指标来反映。该指标反映了租赁经营活动对社会需要的满足能力，是考察物业服务企业经营水平的基础性指标。

2. 租赁房屋结构

这是指投入租赁经营的房屋中各类房屋所占比重。类别可按使用性质划分为住宅与非住宅；按使用功能与质量划分为别墅、花园公寓、普通住宅、简易房屋；按地理位置划分为中心地段、繁华地段、一般地段和偏远地段；等等。该指标反映了物业服务企业满足社会不同层次、不同目的需要的情况，是物业服务企业保持整体平衡的重要指标。

3. 房屋完好率

这是指租赁经营房屋中使用功能与质量完好或基本完好房屋占租赁房屋总量的比重。该指标反映某一时期内物业服务企业可以满足社会需要的实际能力和对存量资产的利用能力，也体现了物业服务企业对房屋建筑的维修保养状况。

4. 房屋租出率

这是指实现出租的房屋占投入租赁经营的房屋的比重。它以投入租赁经营的房屋总量和完好率为基础，同时反映租赁房屋的市场需求状况和物业服务企业的市场竞争能力，因而是衡量租赁经营效果的最主要的指标之一。

5. 租金收缴率

这是指某一租赁期内实收租金总额占同期内应收租金总额之比，体现了租赁房屋的价值实现程度。该指标既直接反映物业服务企业的经营管理水平，也间接表明其管理服务质量，同时也体现了承租人的配合与支持状况。

7.4 物业租赁合同

物业租赁合同是出租人与承租人就房屋租赁事宜，明确双方的权利义务和责任的协议，也即以房屋为租赁标的物的契约。

7.4.1 租赁合同的构成

物业管理者应以书面的形式签订所有的租约，以保护业主的利益。租约也是一种合同，签约双方必须具备合法的身份以达成合约中的协议。一般来说，居住物业的租约要比工商物业或零售物业的租约简洁。租约包括以下基本组成部分。

1. 签约双方的法定签名

租约既是一份正规的合同，又意味着房地产权益的转移，因此租约上必须注明出租者和租赁者的姓名，并且要由物业所有者或其合法代表签名方能生效。当然，租约的签署权可由业主在物业管理合同中授予其物业管理者。在实践中，物业管理者应保证租赁一方在租约上签字后方能行使其对物业的使用权。如果租赁方属于公司或组织机构，租约的签署者应为租赁方法人，并且应在租约上加盖公章。

2. 物业的具体描述

在签订合同时，对租赁场所做精确的法律描述是至关重要的。如果出租对象是楼宇或公寓的一部分，租约应明确其所占空间的边界，如明确房间号和街道地址；但出租对象若是商业用房时，则需要在租约中附加所出租空间的楼面布置。为详细起见，租约中还要注明租户对楼梯、电梯、大堂、车道、道路享有的权限，以及被租房间的装饰、器具等项目及其状况和其他附属空间，如车库、储藏室、露台等的权限。在工商物业出租中，对物业描述的另一项内容是物业所有者将要为租户进行的物业改造。例如要指明改造项目和所需要的费用分摊情况以及由哪一方实施改造。

3. 规定租期的条款

租约中应明确租用期及其开始与截止日期,如可以叙述为:"租用期30年,起始日期201×年4月1日,截止日期203×年5月31日。"

很多租约中还包含续租条款,就租户续租细节加以说明。续租细节包括租户提出续租的最迟期限、方式、向谁提出以及续租条件和租金追加额等。如下例:

在第_____条第_____款规定的租用期限到期时,租户可以根据意愿提出续租,续租期为_____年。本租赁合同中除以下需要更新的各条款外,其余均在续租期间继续有效。被更新的条款包括:续租期年租金为人民币_____元,自新租期开始的第一个月第一日起按月支付。租户提出续租的请求必须在本租期到期的六个月以前以书面形式向物业所有者提出。

由于续租条款对租户有利,业主一般在与租户达成续租协议时要求续租租金有较大的提高,提高的幅度起码要与物价涨幅持平。无限期续租必须在租约中写明。

有的租约还允许租户在缴纳罚金的条件下提前中止租约。在工业租约中(尤其是在租户自建厂房的情况下),有时允许租户在租约到期时购买物业的全部产权。

4. 规定租金支付方式的条款

租约中应注明租户租金的交付方式。无论毛租、净租,还是百分比租赁,支付租金的时间和总数必须说明。如果租金是按平方米计算的,在租金计算时必须注明"每平方米/每年"等字样。

5. 取得物业实际占有权的条款

在租约中,物业所有者必须保证租户对物业的实际占有权。如果在新租期开始时,物业仍被上期的租户占用,物业所有者或其代理人(物业服务公司)必须对占用者采取措施,且所有费用自负。若不注明,则如何实际获得物业的权利就可能是租户自己的事情,为避免日后发生纠纷,因此一般都要在租约中明确有关此方面的内容。

6. 调整租价的条款

由于通货膨胀、税收等因素的影响,一般租约越长,业主的利益就越可能受到威胁,因此在原始租约中应规定特定的租价调节法,这一点非常重要。提高租金率的方法有以下几种。

1) 渐进调整

在毛租和净租中,常见的调整租金的方法是用渐进调整(又称自动升级租约)法,即规定租金定期提高。

例如,一幢办公楼第一、第二年的租金是100元/(月·m^2),第三年是150元/(月·m^2),第四年、第五年为200元/(月·m^2)。在租约中可以这样描述:

租用者立据保证上述租用期内向物业所有者的指定的代理人——××物业服务公司缴纳租金,每租期人民币62000元整;租金为按月在每月第一日以前向所有者指定代理人——××物业服务公司缴纳。其中最初的六个月每个月人民币4000元,以后的四个月每个月人民币6000元,最后的两个月每个月人民币7000元。

2) 百分比租赁

百分比租赁中租金的调整是按租户经营收入的增长而增加的。

3) 指数租赁

指数租赁是指以某种经济环境的宏观统计指数为依据，进行百分比租赁的调整方法，最常用的指数是消费价格指数和批发价格指数。指数资料应与租户的经营项目有关，可以从可信赖的独立机构中获取。对于办公楼宇、服务机构、经济组织、经纪人公司等业务组织的租户，可以用此方法。

租价的调整频度和幅度由双方在租约拟订前商定。例如，租金数额可以确定为：基本租金 4800 元/月，调节租金与商品消费价格增长同步，即商品消费价格每增长 1%，租金提高 1%，依此，若第一年物价涨幅为 6%，则下一年租金为 5088 元/月。

4) 价格收缩条款

价格收缩条款是指租金价格的调整除了随经济指数变动外，还要考虑其他因素，如工资水平、税率、水电费价格和物业运行开支等的变动，有升有降。当考虑物业运行费用时，租户仅增加负担超出预先确定开支的部分。预先确定开支的部分称为支出基点，超出部分被称为运行超支，该条款常见于办公租赁。

5) 重估定价

重估定价就是在租约生效的一段时期(通常为 5 年)后，双方同意由独立评估人就当时的市场价格对物业的租价重新评估并确定。

7. 承担不可预见费的条款

一般来说，租约越长，出现无法预期的费用变化或其他不可预见的突发问题就越多。因此，租约中应该附有要求租户分担不可预见费的条款，以保护业主的利益。

此外，租约中还要有附加条款。

8. 规定物业用途的条款

物业所有者在租约中要增加对物业用途加以限制的条款。例如，在办公物业租赁中可限制物业从事的业务类型，如"建议仅从事一般的保险代理业务，而不可涉及其他"或不得进行违法用途(如制假等)，在公寓租约中可添加"只供居住不供商用"条款。

此外，对合租物业的，在租约中还要附加"物业管理公约"，各租户要共同遵守。

9. 规定转租和分租的条款

转租是指租户将其对物业的所有权利转让给第三者，而分租是指租户将部分权利进行转让。多数租约是禁止上述行为的，除非经过所有者事先允许。如果租约中没有明确禁止转租或分租行为，租户就有权对其租用权进行转租或指派他用。这样可以确保业主对物业的控制权和对租户的选择权。

10. 承担灾祸损失的条款

火灾损失、毁坏资产及赔偿等问题在租约中也应有明确的规定。任何由租户造成的对物业的损毁都必须由租户负责，对损毁的物业，业主有权中止租约，并保留对租户追究法律责任的权利。物业的毁损若不是由租户造成的，则租户有权中止租约，租户还可以让业主对物业进行修复并在以后的一定时间内免交租金。租户也可以空出不能使用的部分，并适当降低租金数额。

11. 租户责任条款

租约中要规定租户的责任,包括要求租户及时修复由租户直接或间接造成的损坏;要求租户对所有管道、电梯和其他设备进行规范操作;不得故意毁坏物业的任何部分并防止他人破坏;不得妨碍其他租户对安静环境的要求等责任。

12. 租户对物业改造的条款

租户在未经业主或其代理人(物业服务公司)书面允许的条件下,不得对物业结构做任何改动。多数租户自行进行的对物业的改造将被作为物业的附属物而成为所有者物业的一部分。但商业和工业物业则一般容许租户为了生产经营的需要而进行自行改造,这些改造部分就属于租户自己的资产。因此,在租户能够恢复物业本来面貌的条件下,可以在租期结束时将其移走。但要注意,在租约中对租户移走自有改造部分的措辞的微小差别就可能造成不同的后果。例如,一个长期租用的租户在初次租赁时做了部分装修,在第三个租赁期他搬走了,而条款现在只要求恢复到租赁初期的状态;此时,租户只要恢复到上一次租赁时的装修情形即可,而第一次租赁时的装修他可以不管,可不再恢复,这时业主不得不承担再装修的费用。

13. 规定保证金的条款

租约还应该包含租户缴纳保证金和保证金归还条件等内容。保证金可以是现金、支票、转让的票据等。在租期结束后,业主或物业管理者应归还租户保证金,若需要扣留,必须指出租户对自己物业造成的损失。

14. 规定业主职责的条款

1) 账单与通知单的及时送达

租约上应注明业主或其代理人(物业服务公司)通过邮寄或递送的方式在适当时间及时向租户发送有关通知或账单。

2) 保障租户的隐私权

保障租户的充分隐私权是业主的职责,为此租约条款中应注明:限制业主和物业管理者随便进入租户所租用的物业内,紧急情况、必要的维修需要以及临近租赁期满除外。如果物业被拍卖,条款中就应允许购买者参观物业。

对商业与工业物业,为保证所有者对物业监督的合法性,物业管理者应保留随意出入并巡视物业的权利,以便随时发现对物业的滥用行为和未经允许的增建或改建。精明的物业管理者还可以从巡视中发现租用公司的经营情况。

3) 物业的维护

租约中还应该规定业主对物业维护所负的责任。一般要求业主负责所有必需的维修事务,业主一般通过物业服务公司来维护电梯系统、水电设施和排污系统等设施的良好状态,以保证使用。此外,业主还要通过物业管理者提供诸如公共区域的管理、保洁等一系列服务。

如果业主对提供物业维护和其他服务确有困难的,物业服务公司在草拟租约中应尽量减轻业主在这些方面的责任。当然如果业主将物业变卖,则除了将保证金交还或移交给新业主外,其对该物业不再负任何责任。

15. 关于索赔的规定条款

1) 业主失责时的租户索赔

(1) 业主违约。租约中应注明如果业主或物业管理者未能履行租约规定的责任，租户可以因违约造成的损失中止租约并提出赔偿的诉讼请求。

(2) 未按期缴纳被租用物业。有时业主由于前租户未能空出物业或因维修、改建工程未能及时完成等原因，而拖延交付物业使用权。在这种情况下，如果租户未能在租期开始时获得所租物业的相应权利，可以拒付租金或中止租约，也可通过法律手段获得相应的权利，要求业主赔付由此造成的损失和律师费用。因此，物业管理者在签约时应留有余地，在租约中写明允许业主在必要时推迟交付被租物业，以使租户在容许的推迟期限内不中止租约或采取其他行动，容许租户在实际租用开始后再计算租金等。租约中可以这样表述：

在租期开始时，业主可能因不可控制原因而未能实质地向租户交付物业的使用权。这种事件的发生并不对租户造成损失，也不能影响租约其他条款和租约的有效性。但业主要放弃租金直至租户获得对物业的实际使用权。

(3) 未能提供租约规定的服务。如果业主未能向租户提供必要的服务，如不能正常地供热、供水或提供其他设施，以及没有对物业提供必要的维护而使物业无法正常使用等，租户有权要求中止租约，放弃对物业的租用。因此为了业主的利益，租约中应要求租户在业主的服务未提供时，向业主提出书面通知并给予一定的恢复被中断服务的时间。

2) 租户过失时的业主索赔

因租户过失而引起的业主索赔情况如下。

(1) 租户违约。若租户违反租约合同，租户将失去租约权利，还要赔偿业主的损失。一般租约中规定业主应在规定时期内书面通知租户，责令其修正。如果租户对所造成的损失未采取必要的手段加以修复，业主或物业服务公司有权自行对物业受到损害部分进行必要修复，所需的材料与人工费应由租户承担，并在下个租金缴纳期一并缴纳。如果租户选择中止租赁，租户应立即支付所需维修费用。

(2) 驱逐诉讼。如果租户拒交房租和租约中规定的分摊费用、利用物业从事非法活动以及租约中止后不搬出或实施破坏等，业主可以给予对方通知后，提出诉讼要求并收回物业，这个过程就叫驱逐诉讼或执行驱逐行为。

(3) 失职。这一条款是指如果租户不缴纳租金，业主或物业管理者可以中止租赁。

(4) 破产。业主在签约时就要确定租户如宣布破产时应采取的措施，并写入租约条款中。

(5) 违法行为。租约中应明确列入禁止租户违法行为的条款。

7.4.2 订立物业租赁合同应注意的问题

(1) 承租方首先要明确出租人和出租房屋之间的关系。

(2) 承租人还要搞清出租房屋的性质。

(3) 租赁房屋时，出租人和承租人双方都应注意该房屋是否已经设押。

(4) 在我国，法人与公民之间发生的房屋租赁关系最为广泛并有许多特殊性。

(5) 军队系统的用于非军事设施的房地产，根据实际情况可以出租。

(6) 为加强对房屋的管理，承租人应出具有关证明。

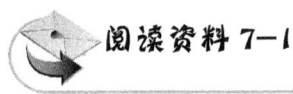

阅读资料 7-1

房屋租赁合同文本格式

房屋租赁合同

合同编号：_____

出租人：_____　　　　签订地点：_____

承租人：_____　　　　签订时间：___年___月___日

第一条　租赁房屋坐落在_____、间数_____、建筑面积_____、房屋质量_____。

第二条　租赁期限从____年____月____日至____年____月____日。(提示：租赁期限不得超过二十年。超过二十年的，超过部分无效。)

第三条　租金(大写)：_____

第四条　租金的支付期限与方式：_____

第五条　承租人负责支付出租房屋的水费、电费、煤气费、电话费、光缆电视收视费、卫生费和物业管理费。

第六条　租赁房屋的用途：_____

第七条　租赁房屋的维修：_____
出租人维修的范围、时间及费用负担：_____

承租人维修的范围及费用负担：_____

第八条　出租人(是/否)允许承租人对租赁房屋进行装修或改善增设他物。装修、改善增设他物的范围是：_____
租赁合同期满，租赁房屋的装修、改善增设他物的处理：_____

第九条　出租人(是/否)允许承租人转租租赁房屋。

第十条　定金(大写)_____元。承租人在_____前交给出租人。

第十一条　合同解除的条件

有下列情形之一，出租人有权解除本合同：

1. 承租人不交付或者不按约定交付租金达_____个月以上。
2. 承租人所欠各项费用达(大写)_____元以上。
3. 未经出租人同意及有关部门批准，承租人擅自改变出租房屋用途的。
4. 承租人违反本合同约定，不承担维修责任致使房屋或设备严重损坏的。
5. 未经出租人书面同意，承租人将出租房屋进行装修的。
6. 未经出租人书面同意，承租人将出租房屋转租第三人。
7. 承租人在出租房屋进行违法活动的。

有下列情形之一，承租人有权解除本合同：

1. 出租人迟延交付出租房屋_____个月以上。
2. 出租人违反本合同约定，不承担维修责任，使承租人无法继续使用出租房屋。
3._____

第十二条　房屋租赁合同期满，承租人返还房屋的时间是：_____

```
第十三条  违约责任：_____
_____
    出租人未按时或未按要求维修出租房屋造成承租人人身受到伤害或财物毁损的，负责赔偿损失。
    承租人逾期交付租金的，除应及时如数补交外，还应支付滞纳金。
    承租人违反合同，擅自将出租房屋转租第三人使用的，因此造成出租房屋毁坏的，应负损害赔偿责任。
    第十四条  合同争议的解决方式：本合同在履行过程中发生的争议，由双方当事人协商解决；也可由有关部门调解；协商或调解不成的，按下列第_____种方式解决：
    1. 提交_____仲裁委员会仲裁。
    2. 依法向人民法院起诉。
    第十五条  其他约定事项：_____
_____

出租人(章)：              承租人(章)：              鉴(公)证意见：
住所：                   住所：
法定代表人               法定代表人
(签名)：                 (签名)：
居民身份证号码：         居民身份证号码：
委托代理人               委托代理人
(签名)：                 (签名)：
电话：                   电话：
开户银行：               开户银行：                鉴(公)证机关(章)
账号：                   账号：                    经办人：
邮政编码：               邮政编码：                    年    月    日
监制部门：               印制单位：
```

情境工作小结

本情境内容涉及物业租赁管理，物业租赁管理是物业服务公司重要的业务内容。通过物业管理者的努力，将会增加物业出租率，而且物业管理者的知名度亦可吸引客户。因此许多业主或投资者愿意将物业交给物业服务公司进行租赁管理。

学习本情境，我们首先应该了解物业租赁、物业租赁管理的概念，熟悉物业租赁关系建立的程序、租赁备案制度的程序，物业租赁关系终止的条件。在此基础上，清楚物业租赁管理程序及租赁物业管理内容、租赁物业的管理程序、物业租赁合同的内容，注意订立物业租赁合同应注意的问题。

思考题

1. 物业租赁关系是一种怎样的关系？
2. 建立物业租赁关系有哪些程序？
3. 物业租赁关系的终止要具备哪些条件？
4. 租赁物业的管理有哪些内容？

5. 物业租赁合同包含哪些主要条款？
6. 订立物业租赁合同应注意哪些问题？

实训练习题

一、基础理论知识

1. 单项选择题

(1) 以下(　　)类型的房屋不能出租。
 A. 经规划部门批准建设，并已向房地产行政管理机关办理产权登记的房屋
 B. 私房业主出租私有房屋同时租用享受福利性租金的公房
 C. 结构安全、设备齐全、能够正常使用的房屋
 D. 能够确保在租赁期内使用的房屋

(2) 开发商保留物业的出租经营性场所需改变照明设备，该费用由(　　)承担。
 A. 开发商　　　B. 全体租户　　　C. 物业服务公司　　　D. 相关铺位的承租人

(3) 物业租赁的标的物是(　　)。
 A. 动产　　　B. 不动产　　　C. 地上附着物　　　D. 作为特定物的房屋

(4) 物业管理委托合同的主要条款包括：管理项目、合同期限、(　　)、管理费用、双方的权利和义务、违约责任。
 A. 管理方式　　　B. 管理规定　　　C. 管理目标　　　D. 管理内容

(5) 为方便租户，物业管理者建立的收缴租金系统不应包括(　　)。
 A. 租金缴纳时间的管理　　　B. 滞纳金的管理
 C. 收费通知单的管理　　　D. 租赁房屋的管理

2. 多项选择题

(1) 出租人具备(　　)条件，可以终止租赁关系(解除租赁合同)。
 A. 承租人擅自将承租的房屋转租、转让或转借的
 B. 承租人用承租的房屋进行非法活动，损害公共利益的
 C. 承租人按合同规定的期限交纳租金的
 D. 承租人违反合同规定擅自改变房屋用途的

(2) 在物业租赁管理中寻找在承租人的方法有(　　)。
 A. 通过广告捕捉潜在承租人
 B. 使用"免费"噱头捕捉潜在承租人
 C. 通过报纸、期刊、广告捕捉潜在承租人
 D. 建立租售中心捕捉潜在承租人

(3) 承租人资格的审查程序包括(　　)。
 A. 潜在承租人的登记　　　B. 潜在承租人的身份证明
 C. 租赁经历　　　D. 资信状况

(4) 在物业租赁管理中，面对租户的迟疑，物业管理者主要采取(　　)缔约技巧。
 A. 单刀直入式　　　B. 以攻为守式
 C. 总结式　　　D. 迂回曲折式

(5) 租赁终止的程序包括( )。
A. 搬迁前的会面　　B. 物业检查　　C. 归还押金　　D. 签订协议

二、案例分析

1. 黄某有楼房两间，其中一间于 1988 年出租给某市百货总店。双方在租赁契约中约定，出租人在租赁期间如确要收回自用或出卖、出典、拆建等，得于 3 个月前通知承租人搬迁，承租人不得借故拖延或有任何要求。2013 年 9 月，黄某以房屋需要修建和自己急需用房为由，要求收回该房。市百货总店则提出，该房已作为商业网点不能撤销，不同意退租。2014 年 9 月，黄某领到翻建房屋许可证后，即行拆房改建，因百货总店拒不腾房，拆房中途停止。经市有关部门调解，同年 12 月出租人在一定压力下，不得已与承租人签订了租赁、修建协议。协议书的主要内容是承租人要在 2014 年 12 月 30 日以前搬出该房。出租人应于 2015 年 4 月 30 日前把房修好交承租人租用。但在市公证处办理公证过程中，出租人没有在公证书正本上签名盖章，并拒绝受领公证文书。2015 年 4 月房屋修好，承租人要求用房，出租人不承认公证文书，坚持要求按 1988 年的租赁契约收房自用。为此，承租人诉讼到法院。法院经审理认为，由于双方所订租赁、修建协议并非出租人真实意思的表示，故协议无效，不予保护。至于公证问题，出租人没有在公证文书正本上签字，此公证不能成立。本案应按 1988 年双方所订的房屋租赁契约的规定处理。据此判决如下：双方于 2014 年 12 月所签订的租赁、修建协议无效，出租人因自己急需用房，确要收回自用，承租人应于判决生效后 3 个月内搬出现承租房。

问题：结合本案件分析，意思表示不真实的租赁合同应如何处理？

2. 2013 年 10 月 28 日，张女士以每月 2000 元的租金将其所有的本市杨浦区延吉四村一处私房租赁给某房产经纪公司，租期从 2013 年 11 月 8 日至 2014 年 11 月 7 日。2014 年 3 月 25 日，房产公司又以同样的租金将该房转租给了杭先生，租期从 2014 年 4 月 1 日至 2015 年 3 月 31 日。而 2014 年 4 月 6 日，张女士与杭先生又签订了一份"房屋租赁协议书"，约定了出租期限及各自应承担的治安管理责任。不幸的是，杭先生父子于 2015 年 1 月 4 日凌晨在该房中死亡。经公安机关的刑队和法医确认，受害人系使用淋浴器不当煤气中毒死亡。同日，上海燃气市北销售有限公司营业所也出具了事故报告，指出事故原因系房屋内安装的燃气热水器无烟道所致。而早在 2013 年 9 月 15 日，上海燃气市北销售有限公司对该房屋的燃气设备进行安全检查时，就发现张女士安装的烟道式燃气热水器未设置烟道，并向张女士指出，张女士也在安检记录上签字确认。2015 年 5 月 31 日，杭先生的女儿杭小姐向杨浦区法院提起诉讼，要求张女士、房产公司和上海燃气市北销售有限公司共同赔偿丧葬费人民币 24396 元，死亡赔偿金人民币 667320 元，精神损害抚慰金人民币 40000 元。

问题：你认为法院会怎样审理此案？

3. 某花园小区的一租户想要搬出一部分家具。他千方百计联系此时正在国外的业主，但就是联系不上。按照管理规定，租户搬出家具，必须有业主的书面许可证明，而没有业主的书面许可，管理处不予放行。急于搬出家具的租户万般无奈，找到租户管理处领导，恳求给予特殊照顾。该部门领导考虑，若简单放行，恐怕损坏业主的利益；若拒不放行，又会使租户感到不便，处于两难境地。

问题：(1) 如果你是该租户管理处的领导，你该怎么办？
(2) 你如何看待物业管理规章制度中的原则性与灵活性？

本情境"进入角色"参考答案

[引例] 参考答案

首先按租金催缴程序发出催缴通知书,规定明确的租金缴纳期限。如果 A 公司仍未缴纳,先要了解情况,积极沟通,弄清是善意欠费,还是恶意欠费,根据情况区别对待。如是善意欠费,应妥善处理,并给予适当的帮助,但这也是有期限、有限度的。如是恶意欠费,根据合同内容,应当机立断终止租赁,或提请诉讼,以挽回损失。

[案例 7-1] 参考答案

在业主提出异议时,就应该查找有关规定或进行咨询,确认该行为违法,应该主动向业主致歉,并说明为业主节省物业管理费的本意。然后,与通信公司终止协议,并协助业主要求通信公司予以赔偿。随后,主动与业主协商,就公共部位的对外租赁进行洽谈,要求业主授权代理租赁,明确租赁范围、租赁用途、利益分配等事宜,避免今后出现问题。

情境8

房屋及设施设备管理

情境设定

某小区因建成年限较长，出现设备老化、运行故障、屋面漏雨、物业外立面污损等情况，有部分业主不断到物业服务处反映，也令物业公司领导大伤脑筋。你认为，该公司应从哪些方面入手，以提高服务质量？

情境 8　房屋及设施设备管理

引　例

物业服务公司漏检供暖设备的责任

A 花园的陈某与刘某是同一单元楼上楼下的邻居，一个住 6 楼，一个住 5 楼。去年 10 月 21 日上午 9 时许，物业服务公司开始给这个单元加压供热。当时，陈某发现自己家的暖气栓(系分户供暖)未开，就找到物业人员将他家的供热栓打开。下午陈某及妻子离开了家，15 时许，住在楼下的刘某家人发现楼上往下淌水，就赶紧上楼找陈某，但发现其家无人，后找到物业服务公司将总阀门关闭。但这时，刘某新装修的房屋地板块、门框、家具、屋顶及衣物等已受到不同程度的损害。经查，是陈某家的暖气接头处松动漏水而淹了楼下。由于责任纠缠不清，刘某将物业服务公司及陈某告上法庭。市法院司法鉴定中心及市物价局价格认证中心对刘某的"损失"鉴定结论为：被水浸物品折合人民币 3576 元。

分析： 物业服务公司应负全部赔偿责任，赔偿刘某财产损失 3576 元。因为物业服务公司对所管理的房屋供暖设备及设施负有管理、修缮的义务。本案中，物业服务公司在对住户加压供水前，未对陈某家室内暖气设备进行认真检修，致使陈某家的暖气未能如期加压检验，属于漏检，造成陈某家的暖气设施在加压供暖时漏水，给刘某家的财产造成了损害。故判决物业服务公司负全部赔偿责任。

进入角色： 你认为漏水这一事件能否避免？为什么？

房屋及设施设备管理是指物业服务企业通过掌握房屋与设施设备的质量状况和运行状况，对房屋及设施设备进行日常维修养护或维修施工，以保证房屋及设施设备的安全、正常使用。

8.1　房屋及设施设备管理概述

房屋及设施设备管理是指对已建成的房屋及设备进行小修、中修、大修、翻修以及综合维修和日常维护保养。房屋及设施设备维修管理的目的主要是为了保持、恢复或提高房屋及设施设备的安全性，延长房屋及设施设备的使用寿命，其次是改善或改变房屋及设施设备的使用功能。经常性及时地进行维修保养，是物业服务企业重要的基础性的工作内容之一。

房屋竣工交付使用后，由于受各种因素的影响或作用而逐渐损坏。导致房屋及设施设备损坏的原因很多，基本上可分为自然损坏和人为损坏两类。在实际中，以上因素往往是相互交叉影响或作用的，从而加剧了房屋及设施设备损坏的程度和速度。因此，为减缓房屋及设施设备损耗速度、延长使用年限、维持和恢复原有质量和功能、保障住用安全和正常使用，以达到物业保值、增值的目的，物业服务企业开展好房屋及设施设备维修管理工作是十分必要的。

8.1.1　房屋及设施设备的种类和组成部分

1. 房屋的种类和基本组成部分

1) 房屋种类的划分

(1) 按房屋的建筑结构类型和材料可分为砖木结构、混合结构、钢筋混凝土结构和其他结构。

(2) 按房屋承重受力方式可分为墙承重结构、构架式承重结构、筒体结构或框架筒体结构承重和大空间结构承重。

(3) 按房屋的层次和高度可分为低层建筑、多层建筑和高层建筑。

(4) 按房屋的用途可分为居住用途、商业用途、工业用途和其他用途。

2) 房屋的基本组成部分

(1) 结构部分：基础、承重构件、非承重墙、屋面、楼地面等。

(2) 装修部分：门窗、外抹灰、内抹灰、顶棚、细木装修等。

(3) 设施设备部分：水卫、电气、暖通、特殊设备(如消防、避雷、电梯)等项目。

2. 设施设备的种类和组成

各类物业常见设施设备的种类和组成见表 8-1。

另外，在物业管理中还可能涉及一些其他的设施设备，如游泳池水处理系统、中水系统、直饮水系统、立体车库系统等。

表 8-1 各类物业常见机电设备一览表

设备种类		多层住宅	高层住宅	工业厂房	商业楼宇	设备种类		多层住宅	高层住宅	工业厂房	商业楼宇
供配电	变压器	O	O	O	O	给排水	水泵	S	O	S	O
	配电柜和线路	O	O	O	O		水箱水池	S	O	S	O
	发电机	N	O	S	O		阀门和管网	O	O	O	O
	公共照明	O	O	O	O		沉砂井和化粪池	O	O	O	O
消防	报警系统	N	O	S	O	电梯	载人电梯	S	O	S	O
	消防控制中心	N	O	S	O		载货电梯	N	N	O	S
	消防水泵	N	O	S	O		手扶电梯	N	S	N	S
	消火栓	O	O	O	O		杂物电梯	N	S	N	S
	喷淋系统	N	S	S	O	电信和智能化系统	电话	O	O	O	O
	自动灭火系统	N	S	S	S		有线卫星电视	O	O	N	O
	防排烟系统	N	O	S	O		闭路电视监控	S	S	S	O
空调	中央空调	N	S	S	O		对讲报警	S	O	N	O
	局部空调	S	S	S	S		公共信息服务	S	S	N	O
	混合空调	N	S	N	O		网络专线接入	S	S	S	O
采暖	热水供暖	O	O	S	S		周界防越系统	S	S	N	S
	蒸汽供暖	S	S	O	S		电子巡更系统	S	S	S	S
	热风供暖	N	S	S	S		室内报警系统	S	S	N	S
管道煤气		O	O	N	S		车场管理系统	S	S	S	S

8.1.2 房屋及设施设备管理的基本要求

1. 基本要求

(1) 做好房屋及设施设备的维护保养工作，充分发挥设施设备功能，有效延长设施设备的使用寿命,并自始至终把安全管理工作放在最重要的位置上。

(2) 开展技术更新与改造,降低能源消耗,改善房屋及设施设备状态。

2. 评价参考主要指标

房屋及设施设备评价参考的主要指标包括房屋完好率、危房率和设施设备完好率。

(1) 房屋完好率,是指完好房屋与基本完好房屋建筑面积之和占房屋总建筑面积的百分比,即:

$$房屋完好率=\frac{完好房建筑面积+基本完好房建筑面积}{总的房屋建筑面积}\times100\%$$

(2) 房屋完好等级,在计算房屋完好率之前,必须先进行房屋完好等级评定,分别得出完好房屋建筑面积、基本完好房屋建筑面积,然后按上述公式进行计算。

根据各类房屋的结构、装修、设备等组成部分的完好及损坏程度,房屋的完损等级分为以下 5 类。

① 完好房。指房屋的结构构件完好,安全可靠,屋面或板缝不漏水,装修和设备完好、齐全完整,管道畅通,现状良好,使用正常或虽个别分项有轻微损坏,但不影响居住安全和正常使用,一般经过小修就能修复好的房屋。

② 基本完好房。指房屋结构基本完好,少量构部件有轻微损坏,装修基本完好,油漆缺乏保养,设备、管道现状基本良好,能正常使用,经过一般性的维修即可恢复使用功能的房屋。

③ 一般损坏房。指房屋结构一般性损坏,部分构部件有损坏或变形,屋面局部漏雨,装修局部有破损,油漆老化,设备管道不够通畅,水卫、电照管线、器具和零件有部分老化、损坏或残缺,需要进行中修或局部大修更换部件的房屋。

④ 严重损坏房。指房屋年久失修,结构有明显变形或损坏,个别构件已处于危险状态,屋面严重渗漏,装修严重变形、破损,油漆老化见底,设备陈旧不齐全,管道严重堵塞,水卫、电照的管线、器具和零件残缺及严重损坏,需要进行大修或翻修、改建的房屋。

⑤ 危险房。指房屋承重构件已属危险构件,结构丧失稳定和承载能力,随时有倒塌可能,不能确保住用安全的房屋。

(3) 设施设备完好率。

设施设备完好率是指完好设施设备数量占全部设施设备数量的百分比。

$$设施设备完好率=\frac{完好设施设备数量}{全部设施设备数量}\times100\%$$

注:完好设备的具体标准,由行业主管部门统一制定。

8.1.3 房屋及设施设备管理的内容与方法

1. 使用管理

房屋及设施设备的使用管理,一方面要通过物业使用说明书、管理规约及物业管理单位展开的其他宣传沟通工作,使业主和物业使用人在充分了解房屋及设施设备使用方法的基础上,正确使用房屋及设施设备。另一方面,物业管理单位应认真做好房屋及设施设备的维修保养、巡视检查工作,确保房屋及设施设备的稳定、可靠、安全使用和运行,降低维护费用,延长房屋和设施设备的物理寿命。

2. 维修保养

维修保养的主要内容包括：对房屋和设施设备进行的定期检查、维护、清洁及润滑；损耗或故障时的维修；必要情况下(如较为复杂的设备和系统)的专业测试；无法修理或无修理价值时的更新以及材料、结构和设计方面的改善等。

3. 安全管理

(1) 通过安全教育使员工和业主、物业使用人树立安全意识，了解安全防护知识和安全管理规定。

(2) 建立健全各类安全管理制度并严格遵守。

(3) 提供必要的安全和防护装置装备。

4. 技术档案资料管理

房屋及设施设备相关技术资料在归档前，物业管理单位的相关部门和人员要加强管理，妥善保管，避免遗失，确保物业管理档案资料的完整性。

5. 采购和零备件管理

(1) 加强计划采购，尽可能减少零星采购，建立符合实际情况的库存备件名录和最低库存量。

(2) 对不设库存的零部件，建立起畅通的采购和供应渠道。

(3) 严把采购质量关。

(4) 妥善保管设备供应商或安装单位采购文件，建立有效的备品备件合格供货商名录和相关资料。

6. 工量具和维修用设备的管理

工量具和维修用设备的管理应该责任到人，建立健全使用、保养制度，定期进行校验，以保证其使用性能。对于多人共用或价值较高的工量具或仪器仪表，应指定责任人，固定保管地点，强化领用归还手续。对于普通的工量具和维修用设备，则要求使用人和保管人会使用、会维护、会修理。

7. 外包管理

外包主要有两方面的内容：一是将某类设施设备的管理全部外包给专业公司，包括运行操作、维护保养和修理等项工作，如电梯、中央空调等；二是将某类维修(通常是大中修)、改造、更新工程进行外包。

8. 技术支持

技术支持是对个别具体问题寻求外界的帮助，如故障诊断、维修方案等，多数情况下以聘请技术专家担任顾问的方式进行。技术支持是降低管理成本、提高管理效率和服务质量，培养专业技术人才的有效方法。

 案例 8-1

住户不配合施工应该怎么办

一居民小区因楼内共用上水管年久锈蚀老化，该小区物业管理部门于 2000 年着手对所属小区的上水管道进行调换，但由于个别业主不认同，部分楼的换管工程一度搁浅。

物业服务公司为了大多数居民的利益，仍决定在受到阻碍的28号楼进行施工，并派人到持反对意见的陈先生家告知施工日程，但施工那天陈先生夫妇并没有在家等候。对此，物业服务公司不得不绕开陈家对其他住户的上水管进行了调换。为了不影响陈家继续使用旧水管，施工人员遂将该水管从陈先生所住二楼以上予以截断，并封住了端口。

然而，就在对老水管施行"手术"的第二天下午，该老水管发生漏水，陈先生家中水漫金山，家中地板、家具等受损。按陈先生的算法，由于水管漏水，给他家造成的经济损失达30000余元，但和物业服务公司交涉多次，仍未对赔偿事宜达成协议。最终他只得将物业服务公司告上法庭，要求判令物业服务公司对其家中的电器设备进行安全检查和维修，并赔偿因水管漏水造成的装潢、财产损失30527元，以及临时借房过渡费等费用8790元。

审理中，法院委托上海市价格认证中心先后两次对陈先生家的财产物品受损情况进行鉴定，结论为室内装潢受损7640元，室内财产物品受损960元。法院审理后认为，物业服务公司从居民生活用水卫生和安全角度考虑调换上水管，在职责范围内，但在未做通全体居民工作、未征得全体业主同意，特别是在陈先生夫妇家中无人的情况下，因施工造成其家中进水、物品损坏之后果，物业服务公司具有过错，理应承担主要责任；而陈先生夫妇在物业服务公司上门通知后未予配合，由此造成家中财产受损，其自身也有过错，故应承担次要责任。

据此，徐汇区法院作出一审判决，物业公司赔偿陈先生夫妇财产损失6440元、临时借房过渡费等其他费用1897元。

分析： 对设施老化的物业进行大修，本是件利于业主的好事，但因考虑不周导致工作不到位，就会收到适得其反的效果。在进行具体的维修工程前，我们不仅要考虑维修工作本身，还要从是否方便业主的生活、工作的角度多做思考。做到真正维护好业主的实际利益。如果这样，本案例所发生的事件应该是可以避免的。

进入角色： 如果你是该物业服务公司的员工，碰到陈先生这样的住户你会怎么办？

8.2 房屋及设施设备维修养护计划与实施

8.2.1 房屋及设施设备维修养护计划的制订

1. 维修养护的方式与类别

1) 维修方式

对各类不同的对象应采用不同的维修方式，房屋及设施设备维修应遵循其自身的客观规律，在保证运行的前提下，合理利用维修资源，达到物理寿命周期内费用最经济的目的。

(1) 预防性维修。为了降低故障率或防止房屋及设施设备性能劣化，按事先规定的修理计划和技术要求进行的维修活动，称为预防性维修。预防性维修是一种主动的具有预防作用的维修策略，能够降低故障率，将事故隐患消除在初级阶段，从而提高系统的稳定性和可靠性，保障房屋及设施设备的正常使用，是物业管理应提倡的主要维修养护方式。特别是对重点和重要设施设备，更应该实行预防性维修。

预防性维修有以下几种方式。

① 计划性预防维修。计划性预防维修又称定期维修，具有周期性特点。它是根据零件的失效规律，事先规定修理间隔期、修理类别、修理内容和修理工作量。

② 状态监测下的预防维修。这是一种以设施设备技术状态为基础，按实际需要进行修理的预防维修方式，是在状态监测和技术诊断基础上，掌握设施设备劣化发展情况，在高度预知的情况下，适时安排的预防性修理，又称预知的维修。它主要适用于重点设施设备，利用率高的精、大、稀设备等。

③ 改善性的预防维修。为消除设施设备先天性缺陷或陈旧老化引起的功能不足、故障频发，对设施设备局部结构和零件设计加以改造，结合修理进行改装以提高其可靠性和维修性的措施，称为改善性维修。

(2) 事后维修。事后维修是对一些没有列入预防维修计划的项目，在其发生故障或性能降低到不能满足使用要求时才进行修理。采用事后维修策略可以发挥主要构件的最大物理寿命，单位维修经济性好。但对物业管理而言，由于设备故障或性能减低通常会给物业的使用或安全造成较大的影响或威胁，因此一般情况下，应该尽量避免事后维修，仅在下述场合可以采用：故障停机后再修理不会给物业使用造成影响；修理技术不复杂，修理迅速而又能及时提供备件；某些利用率低或有备用的设备。

(3) 紧急抢修。紧急抢修是对意外事件引发的故障进行的紧急修理，这类意外事件是偶然发生的，往往不具有预见性，难以进行事前准备。由于发生紧急事件会对物业的使用或安全造成重大影响，因此物业管理应该将紧急抢修列为单独的项目加以考虑。通常采取设计紧急事件处理程序的方法对紧急抢修进行准备。实践证明，这是提高房屋及设施设备管理水平的重要手段。

2) 修理类别

(1) 大修。设施设备大修是工作量最大的一种计划修理。它是在房屋及设施设备基础构件或主要零件损坏严重，主要性能大部分丧失，安全性和可靠性严重下降，必须经过全面修理才能恢复其效能的情况下使用的一种修理形式。进行设备大修时，一般需要对设备进行全部解体，消除缺陷，恢复设备的规定精度和性能。为了补偿设备的无形磨损，还可结合大修，采用新技术、新工艺、新材料进行改造、改进和改装，提高设备效能。

(2) 中修。中修的工作量介于大修和小修之间。在实际工作中大修与中修的差别往往不太容易界定，特别是在结构和构成不复杂的情况下，可取消中修类别。

(3) 小修。设施设备小修是维修工作量最小的一种计划修理。对于实行状态(监测)维修的设备，小修的工作内容主要是针对日常点检和定期检查发现的问题，拆卸有关的零部件，检查、调整、更换或修理失效的零件，以恢复设备的正常功能；对于实行定期维修的设备，小修的内容主要是根据掌握的损耗规律，更换或修复在修理间隔期内失效或即将失效的零件，并进行调整，以保证设备的正常工作能力。

3) 修理周期和修理周期结构

(1) 修理周期。对已在使用的设施设备来说，修理周期是指两次相邻大修之间的间隔时间；对新设备来说，修理周期是指从开始使用到第一次大修理之间的间隔时间(单位：月或年)。

(2) 修理间隔期。修理间隔期是指两次相邻计划修理之间的工作时间(单位：月)。确定修理间隔期时应使设施设备计划外停机时间达到最低限度。

(3) 修理周期结构。修理周期结构指在一个修理周期内应采取的各种修理方式的次数和排列顺序，如小修—小修—中修—小修—小修—大修。物业服务企业在实行计划修理时，应根据实际情况，确定各种修理形式的排列顺序，既要符合设备的实际需要，又要研究其修理的经济性。

2. 维修养护计划的种类

1) 按时间进度编制的计划

(1) 年度维修保养计划。包括大修、项修、技术改造、实行定期维修的小修和定期维护，以及更新设备的安装等项目。

(2) 季度维修保养计划。包括按年度计划分解的大修、项修、技术改造、小修、定期维护及安装和使用部门提出的季度追加项目。

(3) 月维修保养计划。包括按年度和季度计划分解的本月各项目；根据上月设备故障修理遗留的问题及定期检查发现的问题，必须且有可能安排在本月的项目。

2) 按修理类别编制的计划

包括房屋维修养护计划、空调系统维修保养计划、消防系统维修保养计划等。

3. 维修养护计划的编制依据

(1) 房屋及设施设备的修理周期与修理间隔期。

(2) 房屋及设施设备的使用要求和管理目标。

(3) 安全与环境保护的要求。

(4) 房屋及设施设备的技术状态。

4. 编制维修养护计划应考虑的问题

(1) 物业使用或运行急需的、影响其他系统使用的、关键性的设施设备应重点提前安排修理，这样可减少对日常使用的影响。

(2) 应考虑到维修保养工作量的平衡，使全年工作能均衡地进行。对待修理的设施设备应按轻重缓急安排计划。

(3) 应充分考虑维修前的准备时间和维修保养工作时间。

(4) 应切实考虑企业资源和能力能否保障各项目的维修保养，如果能力或资源不足，就应该考虑项目外包或寻求技术支持，不应降低维修保养的技术要求。

(5) 计划最后确定前，资金一定要落实，确保计划内每项工作的资金都有足额的保障，否则，应该按照轻重缓急做删减调整，重新制订计划。

(6) 所制订的计划应该包括必要的工作程序和检验程序，使计划具有可操作性和可验证性。

(7) 对物业使用或运行有较大影响的关键设备，应尽可能安排在非高峰期检修，以缩短停歇时间(如中央空调系统的冬季检修、采暖系统的夏季检修等)。

5. 维修养护计划的编制

维修养护计划的编制流程如图 8.1 所示。

6. 维修养护计划的内容

维修养护计划的内容如图 8.2 所示。

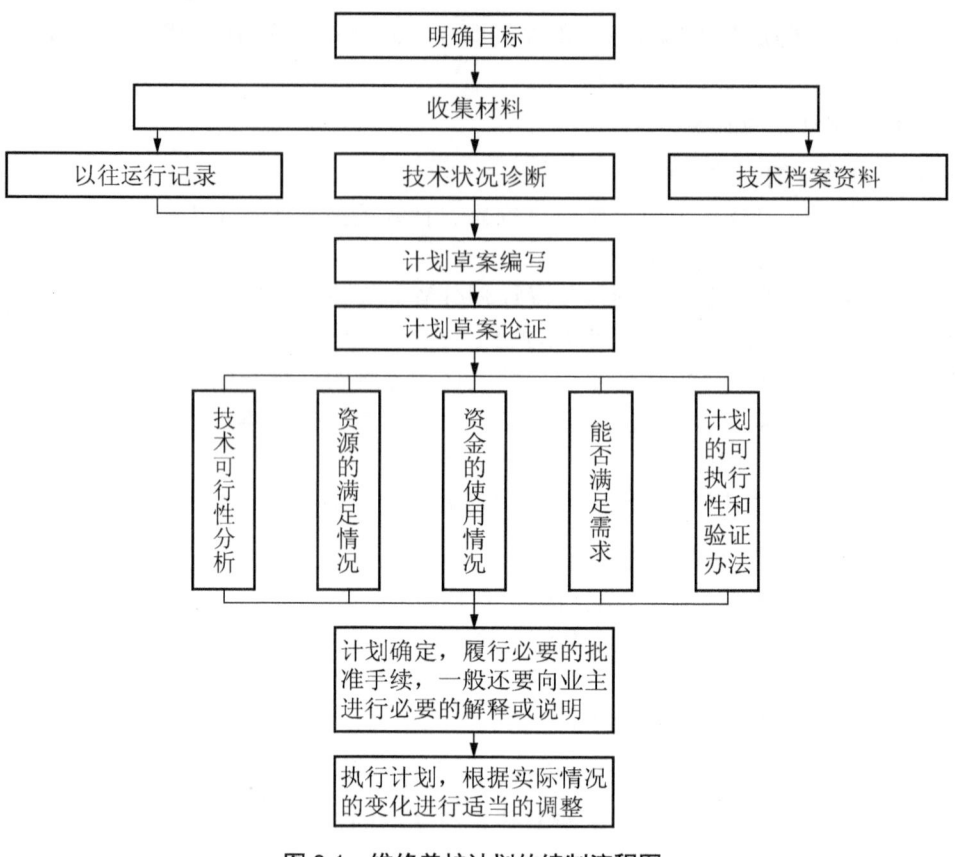

图 8.1 维修养护计划的编制流程图

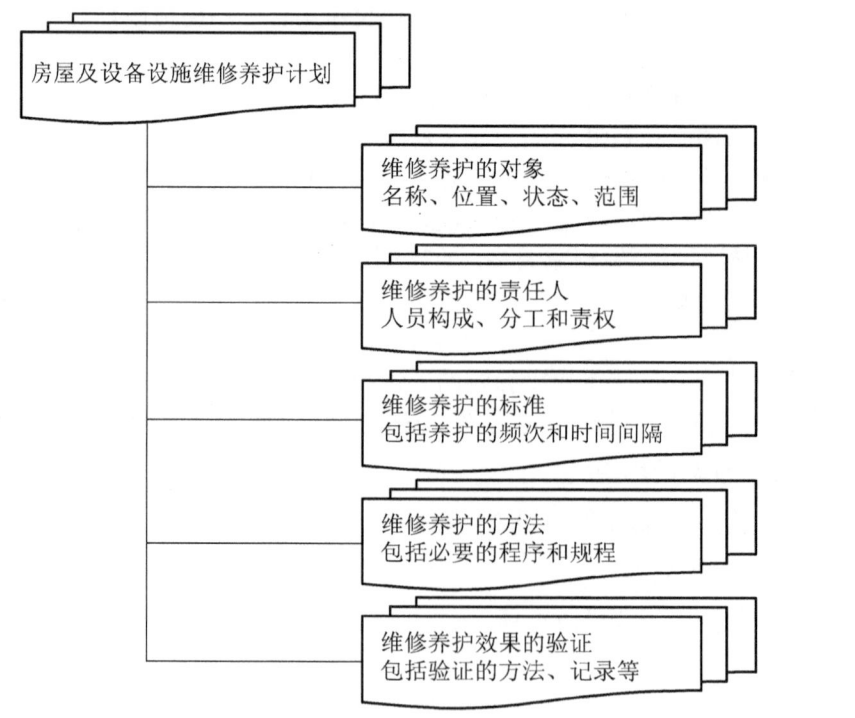

图 8.2 维修养护计划的内容

8.2.2 房屋及设施设备维修养护计划的实施

1. 修前预检

修前预检是对待修房屋、设施设备进行全面的检查，目的是掌握修理对象的技术状态。修前预检可按下面的步骤进行。

(1) 技术人员首先要阅读技术说明书和各类图纸，熟悉对象的结构、性能和技术指标。其次是查看技术档案，了解对象的故障及其修理的历史情况。

(2) 使用和维护人员介绍对象目前的技术状态和主要缺陷。

(3) 进行外观检查，如磨损、油漆及缺损情况等。

(4) 进行运行检查，开动设备，观察运行情况。

(5) 按部件解体检查。将有疑问的部件拆开细看是否有问题，拆前要做好记录，以便解体时检查及装配复原之用。

(6) 预检完毕后，将记录进行整理，编制维修工艺准备资料，如修前存在问题记录表、零配件修理及更换明细表等。

2. 修前资料准备

修前预检结束后，工程技术人员需准备各类图纸、图样、记录表格以及其他技术文件等。

3. 修前工艺准备

资料准备工作完成后，根据情况决定是否编制修理的工艺规程或设计必要的工艺装备等。

4. 其他准备

其他准备包括对材料及零备件、专用工、量具和设备的准备，以及具体落实停修日期和时间、向业主和有关部门发出通知、清理作业现场等设施设备停修前的准备工作。

5. 组织实施

要严格按照房屋及设施设备的维修计划实施，在确保安全的前提下，注意控制以下几个因素。

(1) 质量的控制。对维修养护质量有影响的要素进行有效控制，并加强对工程质量的验收检查，确保维修养护工作能够达到计划的质量标准。

(2) 进度的控制。物业的房屋和设施设备的使用率较高，停机维护一般都会给物业的使用造成不便。对维修养护工作进度进行有效控制，既可以减少维修养护工作对物业使用的影响，也有利于降低成本。

(3) 成本的控制。通过对维修养护成本的构成要素进行有效控制，提高维修养护工作的经济性。

6. 验收和存档

企业应该根据房屋及设施设备维修养护项目实际情况和工程量，采取适当的验收方式。验收时应注意以下几个问题：维修养护工作是否按照计划全部完成？维修养护工作是否达到要求的质量标准？维修养护工作的效率如何？成本控制的效果如何？如果未能满足计划要求，原因是什么？采取何种补救措施？

维修养护工作的存档应该包括维修养护的计划、预算和批准文件、维修养护工作记录、更换材料和零配件记录、竣工图和验收资料等。

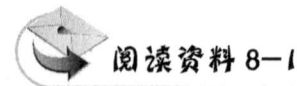

阅读资料 8-1

消防设施维修保养计划

1. 维修保养项目

1) 建筑名称：某大厦

地点：某市某区某路某号

建筑结构：一栋，高层(32层)，建筑面积 25800m²

2) 消防设施维修保养项目

火灾自动报警系统、消火栓系统、报警控制回路、自动喷水灭火系统、防排烟系统、气体灭火系统、泡沫灭火系统、消防联动系统(含事故广播和对讲电话)。

3) 维修保养费

计划内的维修保养费为每月××元，详见《大厦消防系统维修保养预算单》。

2. 技术资料及图样

为实施维修保养计划，必须准备以下技术资料和图样。

1) 竣工图

(1) 消防给水系统(含消火栓、自动喷水灭火、泡沫等)。

(2) 防排烟系统。

(3) 火灾自动报警系统(含联动、紧急广播、消防电话)。

(4) 气体灭火系统。

2) 详细技术资料

(1) 消防控制设备(含报警控制器、联动柜、紧急广播柜、消防电话柜、气体灭火控制柜等)的原理图、端子接线图。

(2) 消防被控设备(含消防水泵、防排烟机、电梯、防火卷帘、非消防电源、应急照明等)控制柜的原理图、端子接线图。

3) 设备资料

(1) 消防给水设备(含水泵、报警阀、压力开关、信号阀、水流指示器、气压罐、泡沫混合器装置等)产品说明书。

(2) 灭火系统设备(含灭火剂储存装置、启动装置、选择分配装置、称重装置和警告装置等)产品说明书。

(3) 火灾报警设备(含报警控制器、各种模块或中继器、探测器、气体灭火控制柜等)产品说明书，如联动柜、事故广播、通信柜为标准产品，亦应提供其产品说明书。

(4) 防排烟设备(含风机、风阀等)产品说明书。

(5) 防火分隔设备(防火门、防火卷帘及闭门装置、启动控制装置等)的产品说明书。

4) 文件

(1) 消防设备的运转记录。

(2) 系统编程表及系统软件。

3. 运行和使用者的责任和配合

(1) 指定负责消防系统运行的责任人 2～3 人，运行责任人必须由具备相关专业知识的人员担任。

(2) 运行责任人应对维修保养记录和报告进行审查和签字确认。
(3) 运行责任人的职责。
① 负责提供维修保养所需的水、电供应。
② 负责提供维修保养所需的垂直运输。
③ 负责通知楼宇住户(租客)有关维修保养的工作时间，避免造成不必要的恐慌。
④ 负责协助维修保养人员进入安装有消防系统的室内。
⑤ 负责加强维修保养期间的巡查，预防事故发生。

4. 维修保养人员职责
(1) 维修保养人员应由有消防设施调试维修保养资格和经验的工程技术人员担任。
(2) 维修保养人员进入现场后，在 5 个工作日内提供所保养设备的现状报告，并对存在问题提出解决方案，由有关领导确认。
(3) 维修保养人员进入现场后，提交月、季、年度保养计划，经审核批准后实施，并交运行责任人以便配合。
(4) 按照计划对建筑消防设施进行定期检查、维修和保养。
(5) 对维修保养的消防设施运行情况，每月不少于两次到现场做一般性检查并记录。检查结果应如实记录，并会同运行责任人共同签字确认。
(6) 实行 24 小时值班制度，对消防设施出现的故障及时修复，保证其正常运行。
(7) 接到运行人员通知后，应在 4h 内解决一般故障，2h 内解决严重故障；对无法解决的故障要作出书面说明，并将解决的具体日期作出书面保证，同时应得到运行责任人认可。

5. 月、季度检查
(1) 在进行每月检查时要对下列各系统逐项抽查，如实记录检查结果，发现故障应及时修复，保证消防设施的正常运行并记录故障修复的全过程(抽查比例应在月、季、年度检查计划中列明，但全年必须 100%覆盖)。
① 消火栓系统：水枪喷水试验、水泵自动启动。
② 自动喷淋系统：末端排水试验水流指示报警、水泵自动启动、湿式报警阀水力警铃检测。
③ 自动报警系统(季度试验比例按安装设备的 30%以上进行)：加烟试验报警(年终试验 100%)、加温试验报警、手动触发报警。
④ 防排烟系统：报警信号联动风阀、风阀联动风机、手动启动风机。
⑤ 气体灭火系统：手动启动试验、自动启动试验。
⑥ 联动系统：事故广播播音、对讲电话通话。
(2) 季度检查原始记录必须由参加维修保养的运行责任人签字。
(3) 季度检查结果和处理意见一式两份，由运行责任人和维修保养人员签字后各执一份。

6. 半年检查和书面报告
维修保养人员和运行责任人每半年将消防设施维修保养的情况和检查结果，形成书面报告并存档。其内容包括以下几部分。
(1) 消防设施各系统的运转情况。
(2) 半年维修保养和检查记录。
(3) 消防设施各系统稳定性和可靠性的分析。
(4) 保证消防设施正常运转的建议。

7. 更换材料、设备的供应
(1) 维修保养中发现需更换的材料、设备由维修保养人员以书面报告的形式，经批准后领用或采购。

(2) 定期检查需要重新灌装的灭火剂,由运行责任人负责,维修保养人员协助进行拆装。

8. 安全工作

(1) 维修保养人员应按安全工作有关规定,采取严格、科学的安全防护措施,确保操作者安全和第三者的安全。

(2) 维修保养人员在动力设备、易燃易爆和贵重的设备中进行维修保养时应向运行责任人提出安全保护措施,运行责任人应派人员在现场监督和协助维修保养人员进行有关工作。

(3) 在有毒有害环境中施工,应按有关规定提供相应的防护措施。

8.3 共用设施设备的运行管理

1. 制订合理的运行计划

根据设施设备和物业的实际情况所制订的合理使用计划,应包括开关机时间、维护保养时间、使用的条件和要求等方面的内容,如电梯的运行时间、台数和停靠楼层,中央空调机组的开关机时间和制冷量、供应范围和温度,路灯或喷泉的开关时间等。这些内容会根据具体物业的实际情况和季节、环境等因素的变化而有所区别,以满足安全、使用、维护和经济运行方面的需要。

2. 配备合格的运行管理人员

物业服务企业应根据设施设备的技术要求和复杂程度,配备相应工种的操作者,并根据设备性能、使用范围和工作条件安排相应的工作量,确保设施设备的正常运行和操作人员的安全。

必须采取多种形式,对职工进行多层次的培训,培训内容包括技术教育、安全教育和管理业务教育等,目的是帮助职工熟悉设施设备的构造和性能。操作人员经培训考核合格后,才能独立上岗操作相关工作专业的设备。供配电、电梯、锅炉运行等特殊工种还须经政府主管部门组织考核发证后凭证上岗。

3. 提供良好的工作环境

工作运行环境不但与设施设备的正常运转,减少故障,延长使用寿命有关,而且对操作者的情绪也有重大影响。为此,应安装必要的防腐蚀、防潮、防尘、防振装置,配备必要的测量、保险、安全用仪器装置,还应有良好的照明和通风设备等。

4. 建立健全必要的规章制度

(1) 实行定人、定机和凭证操作设备制度,不允许无证人员单独操作设备,对多人操作的设施设备,应指定专人负责。

(2) 对于连续运行的设施设备,可在运行中实行交接班制度和值班巡视记录制度。

(3) 操作人员必须遵守设施设备的操作和运行规程。

5. 设施设备的状态管理

1) 设备的检查

设备的检查就是对其运行情况、工作性能、磨损程度进行检查和校验,通过检查可以全面掌握设备技术状况的变化和劣化程度,针对检查发现的问题,改进设备维修工作,提高维修质量和缩短维修时间。

按检查时间的间隔,通常分为日常检查和定期检查:日常检查是操作人员每天对设备进行的检查,在运行值班巡视中实施;定期检查是在操作人员参加下,由技术人员按计划定期对设备进行的检查,属定期维护保养内容。

2) 设备的状态监测

设备的状态监测分为停机监测和不停机监测(又称在线监测),是在设备运行使用过程中通过相关的仪器仪表所指示的参数,直接或间接地了解掌握设备的运行情况和设备自身状态。设备的状态监测应根据不同的检测项目采用不同的方法和仪器,通常采用的方法有直接检测、绝缘性检测、温度检测、振动和噪声检测、泄漏检测、裂纹检测和腐蚀检测等。

3) 定期预防性试验

对动力设备、压力容器、电气设备、消防设备等安全性要求较高的设备,应由专业人员按规定期限和规定要求进行试验,如耐压、绝缘、电阻等性能试验,接地、安全装置、负荷限制器、制动器等部件试验,发电机启动、消防报警、水泵启动、管道试水等系统试验。通过试验可以及时发现问题,消除隐患,安排修理。

4) 设备故障诊断技术

在设备运行中或基本不拆卸的情况下,采用先进的信息采集、分析技术掌握设备运行状况,判定产生故障的原因、部位,预测、预报设备未来状态的技术,称为故障诊断技术。设备诊断技术是预防性维修的基础,目前应用中的技术手段主要是红外线温度检测、润滑油品化学分析、噪声与振动频谱分析、超声与次声波检测以及计算机专家分析与故障诊断系统等。

设备故障诊断技术在设备综合管理中具有重要的作用,主要表现在以下几方面。

(1) 它可以监测设备状态,发现异常状况,防止突发故障和事故的发生,建立维护标准,开展预防性维修和改善性维修。

(2) 较科学地确定设备修理间隔期和内容。

(3) 预测零件寿命,搞好备件管理。

6. 节能管理

1) 采用管理手段节能降耗

通过各种管理手段,在不投资或少量投资的情况下杜绝能源浪费,减少各种非正常的能源消耗,是一种最经济的节能方式。

能源消耗可以用下式表达。

$$\sum W_n = W_b + W_c + W_s + W_f + W_{sb}$$

式中 $\sum W_n$——设备系统的综合能耗量;

W_b——设备(或产品)标准能耗;

W_c——操作人员非正常操作浪费的能源;

W_s——因维护保养不善设备损坏造成的能耗;

W_f——运输、保管及其他非正常消耗;

W_{sb}——设备状况不良,运行中浪费的能源。

以上除 W_b 外,其余均属被浪费的能源,因此,节能的主要任务,就在于用各种管理手段,减少这些能源的浪费。要建立一个系统的管理体系,使物业运行中各环节的所有操作和管理人员密切配合。具体措施如下。

(1) 落实组织和管理体系。要建立有物业服务企业领导和业主参加的，覆盖各个管理环节和所有用能设施设备的节能体系。业主和有关物业服务企业领导在财力、计划、人力等多方面的支持是节能工作顺利开展的根本保证。

(2) 加强节能宣传和培训，树立节能意识。加强对各级管理人员、技术人员和操作工的培训。要系统地对上述人员进行能源科学管理知识、热工基础理论和节能技术改造途径等方面的教育，使其增强责任感和紧迫感。

(3) 建立能源消耗的计划和考核制度。要做到能源有计划的使用与消耗，根据物业设施设备的运行要求与性质，准确测算各年、季、月的能源需要量，确定能源考核标准。

(4) 在运行管理上，尽量安排设备能够连续、满载开动使用。这样可以减少设备的能量相对损失，减少固定能耗部分。

(5) 调整设备运行时间，实行节能运行程序，特别注意控制空调、室外照明和霓虹灯等的开关时间。

(6) 合理设定运行参数(如空调温控点)，既保证正常使用功能，又节省能源。

2) 采用技术改造节能

技术改造节能也称为投资性节能，通过对设备或工艺进行局部或全部改造，必要时包括对耗能较大设备的更换，提高设备技术水平或工艺水平，降低能源消耗。在设备和技术状况一定的情况下，采取管理手段节能是有一定限度的。由能源消耗表达式可见，当一切浪费的能源都得到了控制，剩下的就是设备或产品的合理消耗，这时以管理手段节能就达到了极限，要进一步提高节能水平，还可以靠改造和更换设备及技术。

由于技术和工艺的改进，一方面可以使标准耗能状况大幅度下降，即改变了 W_b；另一方面，在新设备、新工艺的条件下，又会产生新的非正常消耗。例如，由于工人的技术熟练程度不足、设备未达到最佳状态及未合理使用等原因，又会造成新的浪费，就需要通过管理手段来逐步提高、解决问题。由于管理水平的提高，管理节能效益也会不断提高，又会进一步提出需要解决的技术问题。通过科技进步，解决了生产中的技术问题或提高了技术水平，又会促进管理水平的提高。

房屋及设施设备的节能管理，必须将管理手段和技术改造两者有机结合，方能达到最佳效果。除了上述所列的方法外还有许多具体方法，设施设备管理人员可在不影响物业正常合理使用的前提下，根据实际情况采用相应的措施，实事求是，因地制宜。

案例 8-2

物业服务公司疏于养护付赔偿

李某是某住宅小区 501 室业主，一天凌晨，他在一场暴雨中发现，雨水滴滴嗒嗒从楼上渗漏到了他的家中，床垫、竹席、毛巾毯、被子、电风扇等物品都不同程度地被水浸湿，刚装修好的房间也遭到一定程度的损坏。李某沿着渗漏水一路查上去，最终发现是楼顶的排水管道被一只饮料瓶堵住，致使雨水不能从管道排出，沿着屋面缝隙从上而下流入了他家。李某找到物业服务公司要求赔偿，但物业服务公司认为是自然原因造成了这起事件。于是，李某向法院起诉要求追究物业服务公司的责任。

分析： 楼顶排水管道是房屋的共用部位，作为物业服务公司应对营区内的住宅共用部位、共用设备实施定期养护，保持其良好的状态。但由于物业服务公司疏于管理，致使楼顶落水管被异物堵塞，造成暴雨时排水不畅，给原告家庭造成了损失，对此，物业服务公司应当承担赔偿责任。

进入角色： 你认为本案例对物业服务公司有哪些启迪？

8.4 房屋及共用设施设备维护管理项目的外包控制

1. 共用设施设备外包的选择

由于技术的不断发展。共用设施设备的技术含量、复杂化程度也越来越高，对物业服务企业的设施设备管理提出了更高的要求。为了达到最佳和最经济的管理状态，实现共用设施设备系统的维护、保养，物业服务企业要进行综合的评估确认，在此基础上选择和确定适合本企业特点的管理维护方式。目前常见的管理模式主要是自行管理模式和外包管理模式。

1) 项目外包分析

如果物业服务企业采用外包模式，则可从以下几个方面进行综合分析。

(1) 物业服务企业的管理规模。
(2) 所管物业中共用设施设备的复杂程度及数量情况。
(3) 设施设备的生产年代、技术先进程度。
(4) 政府部门对此类设施设备系统管理的技术、标准要求。
(5) 自行管理此类设施设备的技术难度、管理风险大小。
(6) 设施设备生产厂家的技术服务情况，包括维修网点的分布、服务及时性、技术垄断程度等。
(7) 市场上此类设施设备管理维护技术人员的供求情况，社会平均工资水平。
(8) 本地市场能够提供系统分包服务的专业机构发展的成熟度，包括从业机构数量情况、技术水平、服务价格、业务规模、企业信誉、经济实力等。

2) 承包方评估

如果需要将设施设备业务实行外包管理模式，就应选择在服务质量和服务价格方面均满足企业需要的合格承包方。通常要从以下几个方面对承包方进行评估。

(1) 企业品牌状况。
(2) 企业规模。
(3) 资信信誉。
(4) 技术能力(是否具备相关许可、技术资质证书等)。
(5) 企业质量保证能力(如是否有质量保证体系)。
(6) 管理维护计划、标准。
(7) 预算价格、付款方式。

在评估时应注意：选取多家单位进行综合价格比较；同等条件下原承包方优先；不以价格为唯一选择标准；评估参与人与承包方有特殊关系时应予回避；秉承公开、公正、公平的原则；根据分包项目的内容，选择采取资料审核、现场考察、分项评分、逐级审核、评估会议等方式对承包方进行评估。

2. 共用设施设备外包管理合同的签署和外包控制

1) 订立外包管理合同应注意的事项

由于设施设备的重要性和发生故障所产生的损失和影响可能较大，在合同起草和签订过程中，应特别注意以下几个方面。

(1) 在签订合同时要注意保证签约主体与实施主体一致。

(2) 在合同中应明确因设施设备故障、事故造成的人员、财产等损失，明确在出现情况时的责任方，以免在出现问题时产生纠纷。

(3) 应在合同中明确服务的技术指标标准，并尽量采取量化形式，便于检验。

(4) 委托方应尽量保留受托方在服务过程中的有关质量记录文件，既便于监督服务过程，也便于掌握设施设备状况，保证设施设备历史资料的完整性。

2) 外包管理合同实施应注意的问题

(1) 建立针对承包方的检查监控制度并落实专人负责实施。

(2) 建立与承包方的定期沟通会议制度，及时解决合同履约过程中出现的问题。

(3) 建立定期效果评估制度。对评估过程中发现的较大或普遍存在的问题，以书面形式通知承包方，并提出整改要求，限期整改。

(4) 定期对承包方基本情况全面更新，以及时掌握承包方的企业状况，适时采取对策，确保承包方有能力持续履行服务合同。

8.5 房屋日常养护与管理

房屋日常养护与管理的具体内容包括以下几方面。

1. 地基基础的养护与管理

地基属于隐蔽工程，发现问题采取补救措施都很困难，应给予足够的重视。主要应从以下几方面做好养护工作。

1) 坚决杜绝不合理荷载的产生

地基基础上部结构使用荷载分布不合理或超过设计荷载，会危及整个房屋的安全，而在基础附近的地面堆放大量材料或设备，也会形成较大的堆积荷载，使地基由于附加压力增加而产生附加沉降。所以，应从内外两方面加强对日常使用情况的技术监督，防止出现不合理荷载状况。

2) 防止地基浸水

地基浸水会使地基基础产生不利的工作条件，因此，对于地基基础附近的用水设施，如上下水管、暖气管道等，要注意检查其工作情况，防止漏水。同时，要加强对房屋内部及四周排水设施，如排水沟、散水等的管理与维修。

3) 保证勒脚完好无损

勒脚位于基础顶面，将上部荷载进一步扩散并均匀传递给基础，同时起到基础防水的作用。勒脚破损或严重腐蚀剥落，会使基础受到传力不合理的间接影响而处于异常的受力状态，也会因防水失效而产生基础浸水的直接后果。所以，勒脚的养护不仅仅是美观的要求，更是地基基础养护的重要部分。

4) 防止地基冻害

在季节性冻土地区，要注意基础的保温工作。对按持续供热设计的房屋，不宜采用间歇供热，并应保证各房间采暖设施齐备有效。如在使用中有闲置不采暖房间，尤其是与地基基础较近的地下室，应在寒冷季节将门窗封闭严密，防止冷空气大量侵入，如还不能满足要求，则应增加其他保温措施。

2. 楼地面工程的养护与管理

楼地面工程常见的材料多种多样，如水泥砂浆、大理石、水磨石、地砖、塑料、木材、马赛克、墙砖等。水泥砂浆及常用的预制块地面的受损情况有空鼓、起壳、裂缝等，而木地板更容易被腐蚀或蛀蚀。在一些高档装修中采用的纯毛地毯，则在耐菌性、耐虫性及耐湿性等方面性能较差。所以，应针对楼地面材料的特性，做好相应的养护工作。通常需要注意以下几个主要的方面。

1) 保证经常用水房间的有效防水

对厨房卫生间等经常用水的房间，一方面要注意保护楼地面的防水性能，更须加强对上下水设施的检查与保养，防止管道漏水、堵塞，造成室内长时间积水而渗入楼板，导致侵蚀损害。一旦发现问题应及时处理或暂停使用，切不可将就使用，以免形成隐患。

2) 避免室内受潮与虫害

由于混凝土防潮性有限，在紧接土壤的楼层或房间，水分会通过毛细现象透过地板或外墙渗入室内；而在南方，空气湿度经常持续在较高的水平，常因选材不当而产生返潮(即结露)现象。这是造成室内潮湿的两种常见原因。室内潮湿不仅影响使用者的身体健康，也会因大部分材料在潮湿环境中容易发生不利的化学反应而变性失效，如腐蚀、膨胀、强度减弱等，造成重大的经济损失。所以，必须针对材料的各项性能指标，做好防潮工作，如保持室内有良好的通风等。

建筑虫害包括直接蛀蚀与分泌物腐蚀两种，由于通常出现在较难发现的隐蔽性部位，所以，更须做好预防工作。尤其是分泌物的腐蚀作用，如常见的建筑白蚁病，会造成房屋结构的根本性破坏，导致无法弥补的损伤，使得许多高楼大厦无法使用而被迫重建。无论是木结构建筑还是钢筋混凝土结构建筑，都必须对虫害预防工作予以足够的重视。

3) 控制与消除装饰材料产生的副作用

装饰材料的副作用主要是针对有机物而言的，如塑料、化纤织物、油漆涂料、化学胶粘剂等，常在适宜的条件下产生大量有害物质，危害人的身心健康，以及正常工作与消防安全。所以，在选用有机装饰材料时，必须对它所能产生的副作用采取相应的控制与消除措施，如化纤制品除静电、地毯防止螨虫繁殖等。

3. 墙台面及吊顶工程的养护与管理

墙台面及吊顶是房屋装修工作的主要部分，它通常包括多种类型，施工复杂，耗资比重大，维修工序繁琐，常常牵一发而动全身。所以，做好对它的养护工作，延长其综合使用寿命，直接关系到业主与管理机构的经济利益。

墙台面及吊顶工程一般由下列装饰工程中的几种或全部组成：抹灰工程，油漆工程，刷(喷)浆工程，裱糊工程，块材饰面工程，罩面板及龙骨安装工程。要根据其具体的施工方法、材料性能及可能出现的问题，采取适当的养护措施。但无论对哪一种工程的养护，都应满足以下几个共性的要求。

1) 定期检查，及时处理

定期检查一般不少于每年一次。对容易出现问题的部位重点检查，尽早发现问题并及时处理，防止产生连锁反应，造成更大的损失。对于使用磨损频率较高的工程部位，要缩短定时检查的周期，如台面、踢脚、护壁，以及细木制品的工程。

2) 加强保护与其他工程衔接处

墙台面及吊顶工程经常与其他工程相交叉，在相接处要注意防水、防腐、防胀。如水管穿墙加套管保护，与制冷、供热管相接处加绝热高强度套管。墙台面及吊顶工程在自身不同工种相接处，也要注意相互影响，采取保护手段与科学的施工措施。

3) 保持清洁与常用的清洁方法

经常保持墙台面及吊顶清洁，不仅是房间美观卫生的要求，也是保证材料处于良好状态所必需的。灰尘与油腻等积累太多，容易导致吸潮、生虫以及直接腐蚀材料。所以，应做好经常性的清洁工作。清洁时需根据不同材料各自性能，采用适当的方法，如防水、防酸碱腐蚀等。

4) 注意日常工作中的防护

各种操作要注意，防止擦、划、刮伤墙台面，防止撞击。遇有可能损伤台面材料的情况，要采取预防措施。在日常工作中有难以避免的情况，要加设防护措施，如台面养花、使用腐蚀性材料等，应有保护垫层。在墙面上张贴、悬挂物品，严禁采用可能造成损伤或腐蚀的方法与材料，如不可避免，应请专业人员施工，并采取必要的防护措施。

5) 注意材料所处的工作环境

遇有潮湿、油烟、高温、低湿等非正常工作要求时，要注意墙台面及吊顶材料的性能，防止处于不利环境而受损。如不可能避免，应采取有效的防护措施，或在保证可复原条件下更换材料，但均需由专业人员操作。

6) 定期更换部件，保证整体协调性

由于墙台面及吊顶工程中各工种以及某一工程中各部件的使用寿命不同，因而，为保证整体使用效益，可通过合理配置，使各工种、各部件均能充分发挥其有效作用，并根据材料部件的使用期限与实际工作状况，及时予以更换。

4. 门窗工程的养护与管理

门窗是保证房屋使用正常、通风良好的重要途径，应在管理使用中根据不同类型门窗的特点注意养护，使之处于良好的工作状态。如木门窗易出现的问题有门窗扇下垂、弯曲、翘曲、腐朽、缝隙过大等；钢门窗则有翘曲变形、锈蚀、配件残缺、露缝透风、断裂损坏等常见病；而铝合金门窗易受到酸雨及建材中氢氧化钙的侵蚀。在门窗工程养护中，应重点注意以下几个方面。

1) 严格遵守使用常识与操作规程

门窗是房屋中使用频率较高的部分，要注意保护。在使用时，应轻开轻关；通风雨天，要及时关闭并固定；开启后，旋启式门窗扇应固定；严禁撞击或悬挂物品。避免门窗长期处于开启或关闭状态，以防门窗扇变形，关闭不严或启闭困难。

2) 经常清洁检查，发现问题千万不要拖延

门窗构造比较复杂，应经常清扫，防止积垢而影响正常使用，如关闭不严等。发现门

窗变形或构件短缺失效等现象，应及时修理或申请处理，防止对其他部分造成破坏或发生意外事件。

3) 定期更换易损部件，保持整体状况良好

对于使用中损耗较大的部件应定期检查更换；需要润滑的轴心或摩擦部位，要经常采取相应润滑措施；如有残垢，还要定期清除，以减少直接损耗，避免间接损失。

4) 北方地区外门窗冬季使用管理

北方地区冬季气温低，风力大，沙尘多，外门窗易受侵害。所以，应做好养护工作。如采用外封式封窗，可有效控制冷风渗透与缝隙积灰。长期不用的外门，也要加以封闭。卸下的纱窗要清洁干燥，妥善保存，防止变形或损坏。

5) 加强窗台与暖气的使用管理

禁止在窗台上放置易对窗户产生腐蚀作用的物体，包括固态、液态以及会产生有害于门窗的气体的一切物品，北方冬季还应注意室内采暖设施与湿度的控制，使门窗处于良好的温湿度环境中，避免出现凝结水或局部过冷过热现象。

5. 屋面工程维修养护与管理

屋面工程在房屋中的作用主要是维护、防水、保温(南方为隔热)等，由于建筑工艺水平的提高，现在又增加了许多新的功能，如采光、绿化、各种活动，以及太阳能采集利用等。屋面工程施工工艺复杂，而最容易受到破坏的是防水层，它又直接影响到房屋的正常使用，并起着对其他结构及构造层的保护作用。所以，防水层的养护也就成为屋面工程维修养护中的中心内容。

屋面防水层受到大气温度变化的影响，风雨侵蚀、冲刷、阳光照射等都会加速其老化，排水受阻或人为损害以及不合理荷载，经常造成局部先行破坏和渗漏，加之防水层维修难度大，基本无法恢复对防水起主要作用的整体性，所以，在使用过程中需要有一个完整的保养制度，以养为主，维修及时有效，以延长其使用寿命，节省返修费用，提高经济效益。

1) 定期清扫，保证各种设施处于有效状态

一般非上人屋面每季度清扫一次，防止堆积垃圾、杂物及非预期植物如青苔、杂草的生长，遇有积水或大量积雪时，及时清除，秋季要防止大量落叶、枯枝堆积。上人屋面要经常清扫。在使用与清扫时，应注意保护重要排水设施如落水口，以及防水关键部位，如大型或体形较复杂建筑的变形缝。

2) 定期检查、记录，并对发现的问题及时处理

定期组织专业技术人员对屋面各种设施的工作状况按规定项目内容进行全面详查，并填写检查记录。对非正常损坏要查找原因，防止产生隐患；对正常损坏要详细记录其损坏程度。检查后，对所发现的问题及时汇报处理，并适当调整养护计划。

3) 建立大修、中修、小修制度

在定期检查、养护的同时，根据屋面综合工作状况，进行全面的小修、中修或大修，可以保证其整体协调性，延长其整体使用寿命，以发挥其最高的综合效能，并可以在长时期内获得更高的经济效益。

4) 加强屋面使用的管理

在屋面的使用中，要防止产生不合理荷载与破坏性操作。上人屋面在使用中要注意污染、腐蚀等常见病，在使用期应有专人管理。屋面增设各种设备，如天线、广告牌等，首

先要保证不影响原有功能(包括上人屋面的景观要求),其次要符合整体技术要求,如对屋面产生荷载的类型与大小会导致何种影响。在施工过程中,要有专业人员负责,并采用合理的构造方法与必要的保护措施,以免对屋面产生破坏或形成其他隐患,如对人或物造成危险。

5) 建议建立专业维修保养队伍

屋面工程具有很强的专业性与技术性,检查与维修养护都必须由专业人员来负责完成,而屋面工程的养护频率相对较低,所以为减轻物业服务企业的负担,并能充分保证达到较高的技术水平,更有效、更经济地做好屋面工程养护工作,应建立起由较高水平专业技术人员组成的专职机构。

6. 通风道的养护管理

由于通风道在房屋建设和使用过程中都是容易被忽略而又容易出问题的部位,因此对通风道的养护管理应该作为一个专项格外加以重视。首先在设计时就要尽量选用比较坚固耐久的钢筋混凝土风道、钢筋网水泥砂浆风道等,淘汰老式的砖砌风道、胶合板风道。而且必须选用防串味的新型风道。在房屋接管验收时,一定要将通风道作为一个单项进行认真细致的验收,确保风道畅通、安装牢固、不留隐患。在房屋使用过程中,应注意以下几点。

(1) 住户在安装抽油烟机和卫生间通风器时,必须小心细致地操作,不要乱打乱凿,对通风道造成损害。

(2) 不要往通风道里扔砖头、石块或在通风道上挂东西,挡住风口、堵塞通道。

(3) 物业服务企业每年应逐户对通风道的使用情况及有无裂缝破损、堵塞等情况进行检查。发现不正确的使用行为要及时制止,发现损坏要认真记录,及时修复。

(4) 检查时可在楼顶通风道出屋面处测通风道的通风状况,并用铅丝悬挂大锤放入通风道检查其是否畅通。

(5) 通风道发现小裂缝应及时用水泥砂浆填补,严重损坏的在房屋大修时应彻底更换。

8.6 几种典型设施设备的管理

1. 供配电系统

1) 种类

物业的供电种类按供电方式的不同分为高压供电和低压供电;按供电回路数目的情况分为单回路供电和多回路供电;按备用电源情况分为无自备电源供电和有自备电源供电;按供电性质分为长期供电和临时供电。

2) 管理工作主要内容

(1) 配备合格的专业工程技术人员和相应数量的操作和维修电工。

(2) 制定严格的供配电运行制度和电气维修保养制度,同时建立相应的检查监督机制保证各项制度的执行。

(3) 建立供配电系统技术档案。

(4) 配备各种必要的工具、仪器仪表和安全防护用品、常用零配件和易损易耗品等,并建立零配件供应渠道和供应商名册。

(5) 定期对用电计量仪表进行检查和校验,确保用电计量的准确性。进行用电统计分析，做好用电调度和用电计划工作。

(6) 建立临时用电管理制度，对任何新增加的用电都应进行用电负荷的计算，进行合理的负荷分配，尽可能保证三相平衡，任何情况下都不允许超负荷供电。

(7) 要建立火警、水灾、台风、地震等灾害时的供电预防措施。

(8) 做好节约用电工作，降低损耗。

(9) 限电、停电要提前通知业主、物业使用人。

(10) 供配电运行可建立 24h 值班制度，发生故障时应能及时组织力量抢修，尽快恢复电力供应。

(11) 定时对备用电源进行检查，对蓄电池进行充电，对备用发电机进行运行试验。

(12) 重视无功功率和补偿工作，提高功率因数，改善用电质量。

(13) 进行公共用电的测算和计量统计工作，为管理服务费的收取和调整提供依据。

2. 给排水系统

1) 种类

(1) 给水系统可分为生活给水、消防给水、中水和热水系统。

(2) 排水系统可分为以下几类。

① 污水系统，用于排放便溺用卫生器具排出的污水和人们日常生活中的洗涤用水。有的建筑物还分为粪便污水管道和生活废水管道，分别排出便溺用卫生器具的污水和洗涤用水。

② 雨水系统，用于排除屋面雨、雪水。

③ 工业废水系统，用于排除工业企业生产过程中排出的生产废水和生产污水。

2) 管理工作主要内容

(1) 建立给排水管理队伍，负责小区范围内室内外给排水设备、设施的运行管理和维修保养工作。

(2) 建立给排水运行管理和维修保养管理制度。

(3) 建立给排水工程技术档案，特别要收集保存好隐蔽的和地下的工程、管道的图纸资料。

(4) 配备必要的工具和安全防护用品，准备相应数量的零备件和易损易耗品。

(5) 制订供水计划，保证供水的水压、水质。如需限水、停水，则要提前通知用户。

(6) 有应付台风、暴雨、大面积跑水等紧急事件的应急措施，每年雨季来临前要清理疏通排水工程。

(7) 做好节约用水工作，防止跑冒滴漏。积极协助用户安排合理的用水计划。

(8) 对公共清洁用水和绿化用水进行计量和测算，为管理费的收取提供依据。

(9) 定期清洗供水水箱和水池，防止二次污染。

3) 注意事项

(1) 应保证消防用水的基本储备。

(2) 北方地区应注意冬季管道防冻，避免发生水管爆裂、跑水事故。

(3) 餐厅和食堂的厨房排水要建隔油池，防止油污直接排入排水管道，要定期清理化粪池和隔油池，防止污水管道堵塞。

(4) 采用分流排水系统的要坚持雨水和污水分流排放，不允许通过雨水管道排放污水。

3. 消防系统

1) 构成

物业管理所涉及的建筑物的消防设备以高层建筑最为齐全复杂，典型的高层建筑消防系统通常由 8 个部分组成。

(1) 火灾报警系统。火灾报警系统由烟感探测器、温感探测器、手动报警按钮、闭路电视监视系统、火警警铃、消防广播系统、电话和对讲机等通信联络器材组成。

(2) 消防控制中心。消防控制中心由集中报警器、联动控制柜、消防电梯控制器、管道煤气紧急切断装置、消防广播话筒扩音机和控制器、通信装置等组成。当火警发生后，控制中心指挥各项灭火、疏散和救护行动，并直接控制消防水泵、送排风机、消防电梯等设施。

(3) 消火栓系统。消火栓系统由消防水泵、管道、阀门、水龙带、喷水枪、消防水泵接合器等组成，是应用最为普遍的灭火装置。

(4) 自动喷洒灭火系统。自动喷洒灭火系统由喷洒泵、供水管道、喷头等组成。当火灾使环境温度达到临界值时，该系统自动喷洒水流灭火，是一种非常有效的灭火系统，其应用越来越广泛。

(5) 防排烟系统。防排烟系统由防烟防火门、通风管道、排烟风机、正压送风机组成，通过排烟风机抽走含烟气体，用正压风机强制送入新鲜空气，使保护区域当中的人员免受毒烟伤害。

(6) 安全疏散和防火隔离系统。安全疏散和防火隔离系统由安全疏散指示灯、防火门、防火卷帘门、水幕等组成，它为疏散人员指示方向，对火和烟进行隔离。

(7) 手提式灭火器。手提式灭火器是较为常用的灭火器具，携带使用方便，对范围不大的初期火灾灭火效果好，常见的有泡沫灭火器、干粉灭火器等。

(8) 其他灭火系统。其他灭火系统如气体自动灭火系统，主要用于变压器房、配电房，发电机房和油库等不宜用水灭火的特殊场合。

2) 管理工作主要内容

(1) 配备消防设施主管技术人员，要求这些人员既有机电设备管理的知识和经验，又有必要的消防知识，有较强的工作责任心。

(2) 建立严格的消防设施管理制度，每个消防设备都应指定设备责任人，设有消防控制中心的要安排 24h 值班。

(3) 建立消防设备、设施技术档案，包括消防设施分布、结构、性能、技术指标和图纸、使用说明书、测试数据等，还应包括每次实验、测试的结果和数据，更换和改造记录等。

(4) 建立消防设备巡视、检查、测试制度，具体内容可根据消防设备的使用要求和技术说明书编制。

① 每周检查项目：检查各处消火栓是否损坏，水龙带、水枪是否在位；检查各处消防水管是否漏水；检查各类手提式灭火器是否完好；检查防火门、安全出口指示灯、安全通道照明是否完好。

② 每月检查项目：消防加压水泵、正压送风、排烟风机试启动一次；检查各类信号指示灯是否正常；检查各类水压压力表是否正常；检查消防水泵泵体是否漏水，生锈；检查

消防备用电源是否正常,能否及时切换。

③ 每半年检查项目:检查手提式灭火器是否有效;检测烟感、温感探测器是否正常工作;消火栓放水检查一次;检查消防报警按钮、警铃及指示灯;检查消防广播系统;消防控制联动系统进行一次试验测试;检查自动喷洒系统管道和各消防水箱、水池排水;气体灭火装置的检查测压。

每年结合消防演习,对整个消防系统进行一次运行检查,对各消防设备的联动协调运行进行测试。

(5) 对日常巡检和测试发现的问题和安全隐患,一定要在限期内整改完毕,并进行调查分析,采取措施避免错误再次发生。

(6) 对消防设施日常运行、维修、更换的成本进行测算,为管理费的收取提供依据。

3) 注意事项

(1) 同其他机电设备不同,消防设备大多是在火警发生时才投入运行的待机设备,到实际使用时才发现故障并维修调整是不允许和来不及的,因此,日常的巡视、检查、试验和测试是保证设备完好的基本手段。要高度重视这项工作,要针对巡视、检查、试验和测试等工作制订计划,要有专人进行,要有记录,对发现的隐患要有整改方案和时限。

(2) 消防演习是测试消防设备的有效手段,它不仅能全面测试消防设备的运行情况,及时发现错误和隐患,还可以训练操作人员,避免在实际发生火警时发生由于紧张而产生的判断和操作失当的错误。

4. 电梯系统

1) 种类

常见电梯按用途分有乘客电梯、载货电梯和客货梯;按拖动方式分有直流电梯、交流电梯和液压电梯;按控制方式分有单机控制电梯、集选控制电梯等。

2) 管理工作主要内容

(1) 按照电梯管理需要配备专业电梯管理人员的规定,所有从事电梯管理的人员都要持有国家或地方有关管理部门认可的上岗资格证书。

(2) 根据电梯制造厂家提供的图纸资料、技术性能指标和维修保养说明,制订电梯安全运行和维修保养的规章制度和工作程序,包括值班安排,操作规程和应急处理,日常巡视、周检、月检内容,大、中修计划和工作程序等。

(3) 建立电梯技术档案,将电梯原始技术资料和检测维修资料归类存档,妥善保管。

(4) 备齐电梯维修保养所必需的工具、仪器等,以及电梯日常维修保养所常用的零件和消耗品,了解并登记电梯零件供应渠道和各专业技术服务公司。

(5) 根据物业的性质和人流物流的特点确定电梯的服务时间和清洁保养时间。

(6) 进行电梯的用电计量和运行成本核算,以此测算出电梯的使用成本。

(7) 电梯维护保养或故障停梯均应及时通告业主、物业使用人。

(8) 将电梯维修保养工作委托给专业公司承担时,要认真审核承包方的专业技术水准和专业资格,认真监督合同的执行情况,定期对承包方的服务进行评价。

(9) 电梯每年要由政府技术监督部门进行年检,获得年检合格证,才能继续使用。

5. 空调系统

1) 种类

空调冷源按工作原理可分为压缩式制冷机和吸收式制冷机；按冷源设备布置的情况可分为中央空调和独立空调等。

2) 管理工作主要内容

(1) 配备足够符合要求的专业技术人员负责空调系统的管理，并进行阶段性的岗位培训。

(2) 建立空调系统技术档案。

(3) 根据空调设备生产厂家和安装单位提供的技术资料和说明书，制定空调系统运行和保养制度，制订大、中、小修计划和测试调整计划。

(4) 备齐空调维修、测试用工具，准备恰当数量的零配件、润滑油和制冷剂等，建立空调专业维修服务公司和零件供应商档案。

(5) 根据物业性质和人流规律等特点，确定每年空调的开停日期和每日的开停时间，以及空调在各个时间的工作状态。

(6) 进行空调用电用水计量和空调运行成本核算，测算空调收费标准。

(7) 在空调设备新装和改装时要重点考虑用电负荷问题和噪声污染问题。

(8) 在业主和住户自己安装局部空调时提供技术指导，主要内容如下。

① 用电负荷的计算和供电线路的匹配。

② 安装位置和安装方式的选定，主要考虑空调的工作效率、建筑物外观的美观和统一性、空调安装的安全性及噪声和滴水对环境的影响等内容。

(9) 在空调系统停机一段时间(如冬季停机)重新投入运行或空调送暖和送冷交替之前，要对空调系统进行严格细致的检查调整工作，主要内容如下。

① 对冷冻机的密封部分进行检查、鉴定和调整。

② 清理各管道内的灰尘。

③ 检查各类测试和指示仪器仪表是否准确并进行调整。

④ 检查各类泵、水塔等设备是否工作正常。

⑤ 检查、清洁和更换各类密封垫、过滤材料，检查冷却水的水质是否合格，检查添加冷媒液和润滑油等。

(10) 定期对空调系统进行测试，以便进行相应的调整和改进，使空调系统保持在最佳运行状态。

3) 注意事项

(1) 空调系统运行消耗的水、电和其他能源在物业管理公共用水用电和耗能中占有很大比例，空调管理应该把节能运行作为一项重要的工作。常用的几种节能措施如下。

① 使用节能程序改变机器的启动和停止时间，对不同性质的负荷区别对待，这是空调节能的重要手段。

② 保证和加强相关管道的保温。

③ 尽可能消除或减少空调房间内各种干扰源的影响。

④ 保证冷媒液的恰当用量。

⑤ 冷凝水的排除等。

(2) 空调系统运行产生的噪声是物业噪声污染的主要来源之一,从物业的总体环境考虑,空调噪声的测量、评估、减小等工作不应被空调管理人员所忽视。

(3) 中央空调系统是保证建筑物内空气质量的重要设备,应注意恰当地控制新风比例并注意采取隔尘、杀菌和消毒措施。

情境工作小结

本情境内容涉及房屋维修管理和物业设施设备管理两大业务,是物业管理工作中最为持久、经常的工作。这两项工作由于其所管理的对象——房屋本体、物业设施设备均具有高值性的特点,应该说是责任重大,并且直接决定着能否充分发挥物业功能,延长物业使用寿命,实现物业保值增值。

学习本情境,我们首先应该了解掌握房屋完损等级的划分和评定方法、房屋维修工程的分类和范围、房屋维修日常养护的类型和内容、物业的设施设备分类、物业设施设备维修工程的分类等内容。这其中通过房屋完损等级的评定,了解日常巡房检查时应注意的内容;通过房屋维修日常养护的类型和内容,弄清日常养护的内容;通过物业设施设备分类,清楚物业设施设备管理应考虑不同类型设施设备特点,是本情境学习的重点。本情境学习的目的,不是为了完全掌握房屋及其物业设备的养护、维修,而是应对房屋维修管理和物业设施设备管理有一个初步的概括的认识,为后续这两门专业课的学习奠定基础。

思 考 题

1. 房屋及设施设备管理的主要内容与方法有哪些?
2. 什么是完好房?
3. 什么是设施设备完好率?
4. 房屋及设施设备预防性维修有哪几种方式?
5. 房屋及设施设备维修工作在组织实施时应注意哪些问题?
6. 节能管理的方式包括哪些?
7. 共用设施设备的运行管理主要包括哪些方面的内容?
8. 简述设备的状态监测、定期预防性试验和设备故障诊断技术。
9. 实施物业共用设施设备外包合同应注意哪些问题?

实训练习题

一、基础理论知识

1. 单项选择题

(1) 国家对安全性能要求高的设备实行(   )制度,并要求维修人员经培训考核后持证上岗。

    A. 资格认证   B. 合格证   C. 统一维修养护   D. 不定期审验

(2)（　　）是房屋附属设备设施日常养护工作的一个重要环节。
A. 巡视检查　　B. 加强巡视　　C. 做好工作记录　　D. 定期维护
(3) 主要是清洗、更换和修复少量易损件并做适当的调整、紧固和润滑工作的是(　　)。
A. 小修　　B. 中修　　C. 大修　　D. 系统大修
(4) 对设备进行局部或全部的解体，修复或更换磨损、腐蚀的零部件，力求使设备恢复到原有的技术特性，在修理时也可结合技术进步的条件对设备进行技术改造。这种情况属于(　　)。
A. 小修　　B. 中修　　C. 大修　　D. 系统大修
(5) 屋面工程维修养护的中心内容是(　　)。
A. 防水层的养护　　B. 二次装修的管理
C. 杜绝不合理荷载　　D. 避免虫害
(6) 个别分项有轻微损坏，但不影响居住安全和正常使用，一般经过小修就能修复的房屋属于(　　)。
A. 一般损坏房　　B. 基本完好房　　C. 完好房　　D. 严重损坏房
(7) 房屋结构和装修基本完好，少量结构部件有轻微损坏，经过一般性维修即可恢复使用功能的房屋属于(　　)。
A. 完好房　　B. 基本完好房　　C. 一般损坏房　　D. 严重损坏房
(8) 房屋年久失修，结构有明显变形或损坏，个别构件已处于危险状态的房屋属于(　　)。
A. 基本完好房　　B. 一般损坏房　　C. 严重损坏房　　D. 危险房
(9) 房屋小修工程的综合平均费用为所管房屋现时总造价的(　　)以下。
A. 1%　　B. 3%　　C. 5%　　D. 10%
(10) 不改变原房屋完损等级的维修工程是(　　)。
A. 大修工程　　B. 中修工程　　C. 小修工程　　D. 翻修工程

2. 多项选择题
(1) 电梯设备的(　　)要持证上岗。
A. 运行人员　　B. 使用人员　　C. 维修人员　　D. 乘坐人员
(2) 物业服务公司制定的房屋附属设备设施日常维修服务标准中应包括(　　)等内容。
A. 预约维修时间　　B. 完成维修时间　　C. 提供材料要求　　D. 服务态度要求
(3) 下列各项中属于房屋设施设备管理的基本内容的有(　　)。
A. 使用管理　　B. 维修养护管　　C. 安全管理　　D. 卫生管理
(4) 对房屋设备管理的基本要求包括(　　)。
A. 良好的服务质量　　B. 经济的管理费用
C. 及时的维修　　D. 确保设备的完好与使用安全
(5) 房屋给排水系统包括(　　)。
A. 给水设备　　B. 排水设备　　C. 消防设备　　D. 卫生厨房设备

二、案例分析
1. 某大厦6楼一住户洗菜池下水管堵塞，电话委托管理处维修班疏通。维修人员及时赶到现场。由于下水管堵塞严重，在6楼疏通不开，又下到5楼，从下水管检查孔反向往上清疏。经过三个多小时的努力，管道彻底疏通了。疏通中从下水管里掏出不少沙子、白灰和油漆块，证明堵塞是该住户装修造成的。但当维修人员收取 40 元维修费用时，该住户以维修未使用任何材料为由，拒不交费，并振振有词地说，自己装修完刚入住，别的楼房都有一年保修期，他也应当住满一年后再交费。

问题：你认为应怎样解决此事？

2. 夏季来临，P 小区的物业服务公司按规定打算清洗屋顶水箱，并向小区的业主委员会提出依据物价局的规定标准向业主收取有关费用开支。但业主委员会主任还是感到物业服务公司的收费太高，为节省开支，他决定自行在外找几名无任何健康证明的民工来清洗水箱。物业服务公司得知后表示反对。双方各持己见，相持不下。你认为此事应怎样解决？

3. 上海百联物业管理有限公司福兴大厦中央空调镍化锂机组，用蒸汽作为动力来制冷，由附近的热水站统一供应蒸汽。中央空调进气管口径为 100mm，每天用气起步计量为 7.2t，而在 5—6 月，每天实际用气量仅为 2~3t。为此，每天要多付 3~4t 的蒸汽费。

问题：面对这一情况，物业服务公司应该怎么办？

4. 某小区办理入住手续期间的一天，管理处接到某单元业主刘先生投诉，说家中所有木地板下有水往外冒。管理处立刻派维修工前去查看，业主的客厅、主人房、客房全部进水。经全面检查，发现在其家所有水龙头关闭情况下，水表仍在转动，基本可以确定给水管漏水，造成有水渗入地板。

问题：你认为此事应如何处理？

5. 某物业服务公司最近在对工程部的业务考核中对其扣了分，依据如下：某天工程运行班对××花园写字楼的空调机进行保养，从上午一直做到晚上 8 点多才完成，很辛苦，第二天又由于维修保养业务忙而拖到了第三天上午才补填了保养记录。此外业主还投诉工程部对××楼 19 楼上水池旁边的消防水阀进行维修时，在当天没有完成还有漏水现象时员工下班了，结果导致第二天水一直流到 16 楼步梯间。

问题：请分析该物业服务公司在工程管理中存在的问题，并提出你的改进建议。

本情境"进入角色"参考答案

[引例] 参考答案

漏水事件可以避免。开栓人员一是应在开栓后主动检查陈某室内供暖系统，确认没有问题存在后，才可离开；二是应提醒陈某应在家守候一段时间，确认供暖系统没有问题存在后，再离家外出。

[案例 8-1] 参考答案

首先应该了解陈先生的邻里关系状况，找到关系较好的邻居帮助做好思想工作；如果陈先生平时与邻里来往较少，邻里关系一般甚至紧张，那就求得业主委员会、居民委员会的帮助，由他们出面，做好思想工作。即使要采取现在案例中的技术处理方法，也应考虑技术上的多种因素，待陈先生在场时讲明利害关系，做好技术预防措施后再进行操作。

本案例中，物业公司做得是利民好事，关键就在于要调动舆论，让那些不合作的人感受到强大的压力。

[案例 8-2] 参考答案

本案例提醒我们,楼顶排水管道是否堵塞的问题,必须纳入定期检查和定期疏通的计划中,不能疏于管理,以致下雨特别是暴雨时排水不畅而水浸屋顶,造成居民不必要的财产损失。另外,根据国务院行政法规《建设工程质量管理条例》和原建设部《房屋建筑工程质量保修办法》规定的"屋面防水工程、有防水要求的卫生间、房间和外墙面的防渗漏,为五年"的保修期限,有必要建议开发商督促施工单位在保修期内做好防渗漏的整改工作。

情境9

如何测算物业服务费用

情境设定

李先生在某高层住宅买了一套房屋，花去其半生积蓄。谁知入住后，李先生发现买房费用只是一个开始，还要交维修资金、管理费、装修保证金等。这些都交齐后，本以为可以安心居住了，谁知物业服务公司又发通知要缴纳各类费用。李先生非常疑惑，到物业服务公司去询问费用的去向，要求物业服务公司提供物业费核算依据。物业服务公司财务人员回答："这是商业秘密，只可以向业主委员会公开，不是每位业主都可以了解的。"李先生非常气愤，先是向服务公司投诉该财务人员，又到政府主管部门投诉服务公司乱收费，还发动邻居拒交管理费。那么，物业服务成本或支出包括哪些方面？物业费又是如何核算的？

物业管理实务

引 例

业主不交物业服务费 物业是否有权拒绝出售天然气

润新住宅小区实行业主用燃气卡买气的消费方式。2010年2月16日上午,两名业主到物业公司购买天然气。因这两名业主长期不缴纳物业服务费,物业服务公司拒绝向这两名业主出售天然气,双方发生了争执。在争执中,业主损坏了物业服务公司的办公用品。物业服务公司最终也没有卖给业主天然气,而且要求业主赔偿损坏的物品。

分析: 业主不交物业服务费的问题与其到物业服务公司购买燃气的行为属于两个不同的法律关系,两者之间没有联系。物业服务公司拒绝向这两位业主出售天然气的做法是没有法律依据的。物业服务公司应当按照物业服务合同的约定提供相应的服务。因双方之间的其他矛盾,物业公司未给两位业主购买天然气提供服务,致使矛盾激化,物业公司是有责任的。

进入角色: 假设你是该物业服务公司的负责人,面对上述问题,你会怎样做?

物业管理资金分为资本金和物业管理经费。资本金是指物业服务企业设立所需资金——物业服务企业创立所必需的资金,即注册资金。物业管理经费是提供物业管理服务所需资金——补偿物业服务企业在提供物业管理服务活动过程中活劳动和物化劳动的消耗。

9.1 物业管理经费的来源

为推动和规范物业管理的发展,国务院和各地方政府先后制定了一系列有关政策,建立了多渠道、多层次的物业管理经费筹集机制。当前从总体上看,物业管理经费的来源主要有以下几个方面。

9.1.1 定期收取物业管理服务费

物业管理服务费是业主或(非业主使用人)与物业服务企业在物业管理服务合同中约定的,由业主(使用人)向物业服务企业缴纳的物业管理费用。

物业管理服务费是保证日常物业管理工作正常运转的主要资金来源。

物业管理服务费分为常规性的公共服务费用、针对性的专项服务费用、委托性的特约服务费用三类。物业服务费的构成与测算见9.2节。

9.1.2 物业共用部位、共用设施设备维修资金

物业维修基金又称代管基金,是物业服务企业接受业主委员会或物业产权人、使用人委托代管的专项用于房屋共用部分、共用设备和公用设施维修、更新的专项基金。

这是一笔归业主所有的较大数额的资金,用来解决保修期过后物业共用部位、公用设施设备的维修(大中修)、更新、改造所需的费用问题。这些费用一旦需要支出,其数额巨大,单靠日常管理所收取的费用无法负担。因此,有必要以专项资金形式事先提取,但专款专用,不得用于日常物业管理服务费的支出。

不同物业种类维修基金的筹措方式如下。

1. 商品住宅维修基金的筹措

购房者应当按购房款 2%~3%的比例向售房单位缴交维修基金。售房单位代为收取的

维修基金属全体业主共同所有，不计入住宅销售收入。

例如，青岛市首期房屋专项维修资金交存标准如下。

(1) 配备电梯的房屋按照建筑安装工程每平方米造价的 8%交存。

(2) 未配备电梯的房屋及配备电梯且未设地下车库的底层房屋按照建筑安装工程每平方米造价的 5%交存。

按照 2010 年的青岛住宅建筑安装工程造价：高层平均约为 1670 元/m^2，多层平均约为 1020 元/m^2，由此计算，高层房屋专项维修资金的交存标准为 133.6 元/m^2，多层房屋专项维修资金的交存标准为 51 元/m^2。

当房屋分户账中专项维修资金余额不足首期交存额的 30%的，该户房屋业主应及时足额续交。

以一套 100m^2 的新建高层商品住宅来算，则需要交纳的房屋维修专项资金为 13360 元。如果业主的账户余额为 4008 元，那么需要及时续交 9352 元。

2. 公有住房售后的维修基金筹措

公有住房出售后，维修基金由售房单位和业主(购房人)双向筹集。

(1) 售房单位按一定比例从售房款中提取，原则上多层住宅不低于售房款的 20%，高层住宅不低于售房款的 30%，该部分基金属售房单位所有。

(2) 购房者按购房款 2%的比例向售房单位缴交维修基金，售房单位代为收取的维修基金属全体业主共同所有，不计入住宅销售收入。

9.1.3 物业服务企业开展多种经营的收入和利润

在不向政府要钱，也不增加业主负担的情况下，物业服务企业可根据自身的情况，积极开办多种经济实体，开展多种经营，创造经济效益。如组建工程队，完善住宅小区配套设施；开办商店、餐饮店、健身房、美容美发厅等。这些经济实体既为物业业主和使用人服务，也向社会承接业务，用多种经营取得的部分利润，弥补管理经费的不足，实现以业养业的目的。

物业服务企业开展多种经营的收入和利润，从性质上讲属于物业服务企业的收入和经营利润，但是其收入和利润事先也无法准确地测算和预计。因此，这种收入和利润并不属于物业管理经费稳定的来源。之所以将物业服务企业开展多种经营的部分利润也作为物业管理经费的主要来源，主要是鉴于目前我国市场经济体制尚不完善的现状，从业主与使用人的经济承受能力的实际出发，为了推动物业管理的发展而提出的在一定时期内带有较强过渡色彩的措施。

9.1.4 政府多方面的扶持

目前，政府对物业管理的扶持主要体现在制定相关的政策和给予一定的资金支持，包括：规定住宅小区物业管理服务收费方法和标准，加强对收费的管理；规定对房改住房的电梯、高压水泵房、供暖锅炉房等共用设施设备的运行、维护和更新等费用仍由使用人所在单位支付，以减轻使用人的负担；规定物业服务企业可享受国家对第三产业的优惠政策，在开展多种经营中可适当减免部分税金等；拨发一定的城市建设维护费用于小区共用部位、共用设施设备的维护管理，以减轻小区日常管理费用的负担。

9.1.5 开发建设单位给予一定的支持

开发建设单位为了自身的声誉和经济效益,对所建造的物业,尤其是住宅日后的物业管理也会给予必要的支持,主要体现在以优惠的方式提供一定数量的物业管理用房和经营性配套商业用房、完善物业的各种配套设施和环境的建设等。

案例 9-1

业主拖欠巨额管理费催交困难怎么办

由于不便言明的非管理原因,某公司入伙某商城后,便不按时缴交管理费,甚至把交管理费作为与有关方面交涉的筹码,作为达到某种目的的交换条件。一年后,该公司已累计欠费达 35 万元之多。期间,管理处有关人员无数次上门催交未果。

分析: 在物业管理实践中,业主无故拖欠物业管理费是物业服务公司面临的一大难题。根据《物业管理条例》的有关规定,业主缴纳物业管理费是应尽的义务,《物业管理服务合同》及《管理规约》等对此都有明确表达。就本案例而言,业主委员会与物业服务公司签订的合同,对每一个业主都有约束力。物业服务公司依约提供了物业服务后,业主负有按约缴纳物业管理费的义务。即使是收费标准,业主委员会与物业服务公司在物业管理服务合同中也会有明确约定,根据自治原则,该公司应按照约定缴纳物业管理费用。

对于拖欠物业管理费的业主,物业服务公司应根据具体情况,区别对待,采取不同的对策。一般先应以反复协商为主,再者启动催缴程序,仍不见效可提请仲裁或向人民法院诉讼。

进入角色: 假设你是该物业服务公司的负责人,面对上述问题,你会怎样做?

9.2 物业服务费

9.2.1 物业服务费的性质和收费原则

1. 性质

(1) 物业服务费是针对公共服务和部分专项服务收取的费用。

(2) 物业服务费属于全体业主所有,AA 制。

2. 收费原则

根据《物业管理条例》,物业服务收费是由业主和物业服务企业按照国务院价格主管部门会同国务院建设行政主管部门制定的物业服务收费办法,在物业服务合同中约定的。当然,二者之间签订的物业服务合同作为普通的民事合同,其内容可以由当事人自由约定,但任何自由都是有限制的。物业管理服务合同关于物业服务费的约定,应当遵循如下原则。

1) 合理

在物业管理实际操作中,核定收取物业服务费用时,应当既要考虑物业服务企业的利益,使物业服务企业能有一定的利润,也要考虑业主的经济承受能力。国内物业管理市场尚处于发展阶段,具体收费标准应当因地制宜、以物业管理服务发生的成本为基础,结合物业服务企业的服务质量、服务深度进行合理核定,使业主的承受力与物业管理实际水平、服务深度相平衡;同时要充分考虑不同档次、不同类别的物业,不同对象、不同消费层次的需要，体现优质优价、公平合理。政府物业管理部门和物价部门既要扶持并支持物业服务企业的正当收费，又要坚决制止乱收费、重复收费、变相收费的不合理行为。

2）公开

物业服务合同的双方当事人，即业主和物业服务企业，是一种平等的民事法律关系。物业服务企业有义务公开服务项目和收费标准，规范物业服务企业对用户提供的特约有偿服务，并实行明码标价，定期向业主公布收支情况，接受业主和物业使用人的检查和监督。2004年10月，国家发展和改革委员会、原建设部联合颁布《物业服务收费明码标价规定》明确物业服务收费属于《中华人民共和国价格法》调整范围，应当明码标价，物业服务企业应在物业管理区域内的显著位置，依法向业主公示物业服务企业名称、物业服务内容、服务标准、收费项目、收费计价方式和收费标准。

3）费用与服务水平相适应

必须根据物业服务企业提供的服务质量、服务水平的不同采用不同的收费标准。提供高质量、高水平的服务，则相应得到高额回报；享受高水平、高质量的服务，也相应要缴纳较高的费用。要坚持质价相对应、收费项目与收费标准相对称，这样才能有效克服政府指导价下不管服务质量好坏、服务水平高低，一律按同一标准收费的方法，才能真正鼓励物业服务企业不断改进服务质量，提供更优质的服务。

 **案例 9-2**

房子没住，交不交管理费

某女士购买了一套期房，在办理入住手续时，对房屋内部提出了不少细部质量问题，认为该房没有达到入住条件，但因要举家出国，就在入住交接单上提出了自己的意见，并收了房门钥匙。半年后，该女士回国发现，有关的细部质量问题仍未解决，而物业服务公司却发出了多份催交物业费的通知。该女士觉得很冤，当初收房时就对房子不满意，这半年自己也没住，怎么还要缴纳这么多物业管理费？

分析： 认为房屋细部有问题，并提出了自己的意见，但却收取了房屋钥匙，该女士的这种做法意味着她已经认可房屋的交付使用了。

物业管理费实质上是向产权人、使用人收取公共区域管理服务费，主要包括公共卫生清洁、公用设施设备的维修保养及保安、消防、绿化等费用。此费用一般按物业100%入住率测算分摊到每平方米。因管理费的收费标准是"以支定收"的，若有一户业主因房屋未住不交管理费，物业管理管理公司收取的费用就减少了一份。要保证正常工作，只能挪用其他费用，侵占其他业主的权益。另外，从物业管理的运作过程来看，物业管理工作一旦启动，物业内的所有公共设备和配套设施都要运作，管理人员要到位，服务工作要开展，各项管理费用支出要发生。不可能因个别物业的空置，使物业整体的管理，如治安、消防、保洁、电梯、公共照明及管理维护人员间断或减少。

因此，该女士所购买的房屋，虽然未住过，但因管理公司的综合服务并未因此而减少，故仍应缴纳管理费。

进入角色： 假设你是该物业服务公司的负责人，面对上述问题，你会怎么做？

9.2.2 物业服务费的定价形式和计费方式

我国于 2004 年 1 月 1 日开始实施的《物业服务收费管理办法》，对物业服务费用的收取做了较为具体的规定。物业服务收费可以实行政府指导价和市场调节价。业主与物业服务企业可以采取包干制或者酬金制等形式约定物业服务费用。

1. 物业服务费的定价形式

1) 政府指导价

物业服务收费实行政府指导价的，由有定价权限的人民政府价格主管部门会同房地产行政主管部门根据物业管理服务等级标准等因素制定相应的基准价及其浮动幅度，并定期公布。具体收费标准由业主与物业服务企业根据规定的基准价和浮动幅度在物业服务合同中约定。政府主要是从宏观上对物业管理收费进行调控，而不指定价格。一般来说，公共性服务实行政府指导价。

2) 市场调节价

由经营者自主定价，通过市场竞争形成的价格。物业服务收费实行市场调节价的，由业主与物业服务企业在物业服务合同中约定。如为用户提供室内清洁服务的特约服务和用户室内设备的维修等专项服务收费就属于这一类。

具体定价形式由各省、自治区、直辖市人民政府价格主管部门会同房地产行政主管部门确定。

2. 物业服务计费方式

1) 包干制

包干制是指由业主向物业服务企业缴纳固定的物业服务费用，管理过程中无论盈余还是亏损都由物业服务企业享有或者承担的物业服务计费方式。

适用于小型物业服务公司，原则上不存在对物业服务企业进行账目监督和审计的问题，简便易行。前提是事先双方对物业服务费标准要有约定和承诺。

2) 酬金制

酬金制是指在预收的物业服务资金中按约定比例或者约定数额提取酬金支付给物业服务企业，其余全部用于物业服务合同约定的支出，结余或者不足均由业主享有或承担的物业服务计费方式。

由于预收的物业服务支出是代管性质，所以采取酬金制，这笔支出原则上不需要交纳相关税金。

9.2.3 物业服务费的构成

1. 包干制

实行物业服务收费包干制的，物业服务费用的构成包括物业服务成本、法定税费和物业服务企业的利润

$$物业服务费(X)=物业服务成本(X_1)+法定税费(X_2)+物业服务企业的利润(X_3)$$

2. 酬金制

实行物业服务收费酬金制的，预收的物业服务资金包括物业服务支出和物业服务企业

的酬金。

预收的物业服务资金(X)=物业服务支出(X_1)+物业服务企业的酬金(X_4)

3. 物业服务成本或物业服务支出

物业服务成本是物业服务费的核心部分。目前确定物业服务收费的依据主要是2004年1月1日起施行的《物业服务收费管理办法》(发改价格〔2003〕1864号)。根据该管理办法的规定,物业服务成本或者物业服务支出构成一般包括以下9个部分。

1) 管理、服务人员的工资、社会保险和按规定提取的福利费等

物业服务公司向所聘用的管理、服务人员按月发放的工资和按规定提取的福利费;具体有工资、津贴、福利基金、保险金、服装费以及其他补贴等,但不包括奖金。

2) 物业共用部位、共用设施设备日常运行、维护费用

外墙、楼梯、电气系统、给排水系统及其他机械、设备装置和设施等的维修保养费,公共照明等需要开支的费用等。

3) 物业管理区域清洁卫生费用

物业管理区域内公共区域的清洁卫生费用,包括清洁用具、垃圾清理、水池清洁、消毒灭虫等费用,有时还有单独对外承包需要的费用,如化粪池清掏。

4) 物业管理区域绿化养护费用

物业管理公共区域植花种草及其养护费用,开展此类工作所购买的工具器材,以及绿化用水等费用。

5) 物业管理区域秩序维护费用

物业管理公共区域的秩序维护费,包括保安人员的工资、夜班津贴、福利支出,保安系统设备的日常维护费、耗用电费,保安用的工器具以及保安人员的人身保险参保、保安用房的费用。

6) 办公费用

物业服务公司开展正常工作所需的有关费用,如交通费、通信费、易耗办公用品费、节日装饰费、公共关系费及宣传广告费。

7) 物业服务企业固定资产折旧

物业服务企业拥有的各类固定资产按其总额每月分摊提取的折旧费用。各类固定资产包括交通工具、通信设备、办公设备、工程维修设备等。

8) 物业共用部位、共用设施及公众责任保险费用

为物业管理区域的物业及时购买保险是物业管理中不可忽视的问题。为了从经济上保障物业管理区域内水电、电梯等设施遭受灾害事故后能及时有必要的资金保证进行修复和对伤员进行经济补偿,物业服务企业必须对这些建筑物及设备设施投财产保险和相关责任保险。对于险种的选择是由所管物业的类型、性质来决定的,同时也要考虑业主的意愿和承受力。

9) 经业主同意的其他费用

与业主协商,经过他们同意可以包括在物业服务费中的内容各地及各类型物业会有所不同。

以上物业管理区域是指物业管理区域内的公共区域。

注意事项:①物业共用部位、共用设施设备的大、中修和更新、改造费用。应当通过

专项维修基金予以列支。②在物业管理区域内，由物业服务企业接受委托收取供水、供电、供热、通信、有线电视等费用的，其委托手续费应向委托单位收取，不得向业主收取手续费等额外费用。

9.2.4 物业服务费的测算

1. 住宅小区公共性物业服务收费标准测算原则

1) 制定依据

(1) 本地区综合服务项目。
(2) 劳动付出状况。
(3) 物价指数变化。
(4) 住户的经济承受能力。
(5) 小区的档次。

2) 测算步骤

(1) 根据住宅小区的规模、档次和管理目标，设立岗位，配备相应能力的人力资源。
(2) 估算住宅小区进行统一管理、达到确定的管理目标所发生的各项费用。
(3) 考虑统一管理能取得的社会效益、环境效益和经济效益。

2. 物业服务成本或物业服务支出测算的具体方法

物业服务成本或物业服务支出可用一个简单的公式来表示

$$X_1 = \sum_{i=1}^{9} x_i (i=1,2,3,\cdots,9)$$

式中 X_1——物业服务成本或者物业服务支出收费标准，元/(月·m²)；
　　　x——各分项费用收费标准，元/(月·m²)；
　　　i——分项项数。

1) 管理人员的工资、社会保险和按规定提取的福利费等(x_1)

$$x_1 = \frac{F_1 + F_2 + F_3 + F_4 + F_5}{S} \;[元/(月·m²)]$$

式中 F_1——基本工资；
　　　F_2——社会保险费；
　　　F_3——规定提取的福利费；
　　　F_4——加班费；
　　　F_5——服装费；
　　　S——总收费面积。

注：此处 $F_1 \sim F_5$ 为月度费用。

(1) 基本工资。各类管理、服务人员的基本工资标准应根据企业性质，参考当地平均工资水平确定。

(2) 社会保险费。社会保险费包括医疗保险、工伤保险、养老保险、失业保险、住房基金(含住房公积金)等，应根据当地政府的规定由企业确定。

(3) 按规定提取的福利费。包括以下 3 项：福利基金按工资总额的 14%计算；工会经费按工资总额的 2%计算；教育经费按工资总额的 1.5%计算。

(4) 加班费。加班费按人均月加班 2~3 天，再乘以日平均工资计算，日平均工资按每月 22 个工作日计算。

(5) 服装费。按每人每年 2 套服装计算，其服装标准由企业自定。住宅小区物业服务企业一般应不超过中档服装标准。计算出年服装费总额后再除以 12 个月，即得每月服装费。

2) 物业共用部位、共用设施、设备日常运行维修及保养费(x_2)

该项费用在物业服务费用中占较大比例，且分项较多。

该项费用可以按以下两种办法进行测算。

(1) 成本法。

先分别测算各分项费用的实际成本支出，然后再求和，公式如下：

$$x_2 = \frac{\sum_{i=1}^{8} F_i}{S}$$

式中　　F_1——公用部位及道路的土建零修与保养费；
　　　　F_2——给排水设备日常运行、维修及保养费；
F_3、F_4、F_5——电气系统、燃气系统、消防系统设备维修保养费；
　　　　F_6——公共照明费；
　　　　F_7——不可预见费；
　　　　F_8——易损件更新准备金；
　　　　S——总收费面积。

注：此处 F_1~F_8 为月度费用。

(2) 简单测算法。

以住宅每平方米建筑成本为基数，普通住宅共用设施设备建造成本按住宅建筑成本的 15%~20% 计取，折旧年限按 25 年计算，每月每平方米建筑面积应分摊的共用设施设备的维修保养费按月成本额的 40% 提取。共用设施设备运行、维修和保养费的估算公式为

$$x_2 = \frac{每平方米建筑成本 \times 15\%}{25年 \times 12月/年} \times 40\%$$

上述两种测算办法，简单测算法简便易行，一般适用于普通住宅小区的费用测算。测算时，要注意建筑成本应取现实同类住宅的建筑成本计算。成本法需要较多物业管理的实践与经验，一般适用于高档住宅、写字楼和商贸中心等物业的费用测算。

3) 物业管理区域清洁卫生费用(x_3)

$$x_3 = \frac{\sum_{i=1}^{6} F_i}{12S} \left[元/(月 \cdot m^2)\right]$$

式中　　F_1——清洁工具购置费；
　　　　F_2——劳保用品费；
　　　　F_3——卫生防疫消杀费；
　　　　F_4——化粪池清掏费；
　　　　F_5——垃圾外运费；
　　　　F_6——清洁环节所需的其他费用；
　　　　S——总收费面积。

注：此处 $F_1 \sim F_6$ 为年度费用。

4) 物业管理区域绿化养护费用(x_4)

物业管理区域绿化养护费用计算方法有成本法和简单测算法。

(1) 成本法。

从成本角度，绿化养护费包括以下各项：绿化工具费、劳保用品费、绿化用水费、农药化肥费、杂草清运费、景观再造费。

$$x_4 = \frac{\sum_{i=1}^{6} F_i}{12S} [元/(月·m^2)]$$

式中　F_1——绿化工具费；
　　　F_2——劳保用品费；
　　　F_3——绿化用水费；
　　　F_4——农药化肥费；
　　　F_5——杂草清运费；
　　　F_6——景观再造费；
　　　S——总收费面积。

注：此处 $F_1 \sim F_6$ 为年度费用。

(2) 简单测算法。

按每平方米绿化面积确定一个养护单价，如 0.10～0.20 元/(月·m²)，乘以总绿化面积，再分摊到每平方米建筑面积上。

绿化面积用总收费面积除以容积率再乘以绿化覆盖率计算，也可以按实际绿化面积计算。

$$x_4 = \frac{绿化面积 \times 养护单价}{总收费面积}$$

$$绿化面积 = \frac{总收费面积}{容积率} \times 绿化覆盖率$$

5) 物业管理区域秩序维护费(x_5)

$$x_5 = \frac{\sum_{i=1}^{3} F_i}{12S} [元/(月·m^2)]$$

式中　F_1——保安器材装备费；
　　　F_2——保安人员人身保险费；
　　　F_3——保安用房及保安人员住房资金。

注：此处 $F_1 \sim F_3$ 为年度费用。

6) 办公费用(x_6)

$$x_6 = \frac{\sum_{i=1}^{7} F_i}{12S} [元/(月·m^2)]$$

式中　F_1——交通费；
　　　F_2——通信费；
　　　F_3——低值易耗办公用品费；

F_4——书报费；

F_5——广告宣传社区文化费；

F_6——办公用房租金费；

F_7——其他杂项；

S——总收费面积。

注：此处 $F_1 \sim F_7$ 为年度费用。

7) 物业服务企业固定资产折旧费(x_7)

$$x_7 = \frac{固定资产总额}{平均折旧年限 \times 12月 \times 总收费面积} = \frac{\sum_{i=1}^{5} F_i}{5 \times 12 \times S} [元/(月 \cdot m^2)]$$

式中　F_1——交通工具；

F_2——通信设备；

F_3——办公设备；

F_4——工程维修设备；

F_5——其他设备；

S——总收费面积。

注：此处 $F_1 \sim F_5$ 为年度费用。

计取方式如下。

(1) 物业服务企业自行出资或自带固定资产；

(2) 物业服务企业向业主方借款购买固定资产(债权关系)；

(3) 业主方购买固定资产供物业服务企业使用。

注意其中的产权区别。

8) 物业共用部位、共用设施设备及公众责任保险费用(x_8)

$$x_8 = \frac{F}{S}$$

式中　F——物业服务区域内总共交纳的共用部位、共用设施设备及公众责任保险费用；

S——总收费面积。

9) 经业主同意的其他费用(x_9)

业主大会、业委会活动经费，给物业服务企业的"赞助费用"等。

3. 法定税费

法定税费指按现行税法，物业服务企业在进行企业经营活动过程中应缴纳的税费，一般包括营业税及附加。

在计算营业税时，企业的营业总收入不包括物业服务企业代有关部门收取的水费、电费、燃(煤)气费、房租及专项维修资金，即对这些费用不计征营业税。但对其从事这些代收项目所收取的手续费应当计征营业税。

1) 营业税(F_1)

$$F_1 = X_1 \times 5\%$$

式中　X_1——物业服务成本。

2) 城市维护建设税(F_2)

$$F_2 = F_1 \times 7\%$$

3) 教育附加费(F_3)

$$F_3 = F_1 \times 3\%$$

合计：总税费 $X_2 = F_1 + F_2 + F_3 = X_1 \times 5.5\%$

4. 物业服务企业的利润

物业服务企业作为独立的自负盈亏的经济实体，也应获得一定的利润。利润率根据各省、自治区、直辖市政府物价主管部门结合本地区实际情况确定的比率计算。对普通住宅小区物业管理的利润率一般以不高于社会平均利润率为宜。

$$X_3 = (X_1 + X_2) \times \alpha \quad [元/(月 \cdot m^2)]$$

式中　α——利润率。

5. 物业服务企业的酬金

实行酬金制时，酬金的提取方式通常有两种：固定提取比例和固定提取金额。

1) 固定提取比例

$$X_4 = X_1 \cdot k$$

式中　k——事先约定的提取比例。

2) 固定提取数额

$$X_4 = \frac{f}{S}$$

式中　f——约定好的每年或每月提取的固定数额的酬金。

6. 物业服务费用计算和确定时需要注意的几个问题

(1) 前期物业管理的费用测算。包括：顾问费和开荒费、固定资产投入、保修期内维修费用的计算。

(2) 物业服务企业的酬金提取问题。如何计取酬金达到共赢，既是理论问题又是实际问题。

(3) 物业服务费的收缴率问题。

(4) 住宅小区内非住宅物业的收费问题。

(5) 物业服务费用的调整问题。国家发展和改革委员会、原建设部颁布的《物业服务收费管理办法》中规定：物业管理单位应当定期(一般为 6 个月)向住户公布物业管理收费的收入和支出账目，公布物业管理年度计划和小区管理的重大措施，接受业主委员会或业主的监督。公布的内容包括：①物业管理费的收入、支出情况；②超出预算的支出要向业主说明原因；③不合理的支出要接受业主的意见，改善和提高物业管理工作质量和水平。

9.3 收益性物业的物业服务费

根据物业的类型和特点不同，可以将物业管理分为住宅小区物业管理、商业物业管理、工业物业管理、特殊物业管理等。商业物业中常见的物业类型是零售商业物业和写字楼物业，有时也叫收益性物业，其物业费构成与测算与住宅物业相比较为复杂。

9.3.1 收益性物业服务费用测算的特点

由于大多数收益性物业都有其自身的特点,其费用项目还可能由于物业类型、规模以及物业服务合同的不同而有所差别,可根据实际需要将有关收支项目进一步细化或合并。

收益性物业管理中的收入包括租金收入和其他经常性收入(不含保证金和准备金)。而经营费用(支出)的数量和类型以物业类型和规模及所处的地区而有所不同,但目前物业管理行业内仍然存在着比较公认的通用费用项目。在与国家规定的物业服务费用构成不矛盾的前提下,每一个物业服务企业都可以用自己的方式来定义费用。某些费用项目还可能要进一步细分以适应特定物业在管理过程中经营费用管理的需要。此外,有时物业业主也会要求采用一种特定的费用分类方式。

物业服务企业必须清楚本企业习惯的费用分类和业主要求的费用分类方式,并使二者有机地结合起来。

9.3.2 收益性物业的物业服务费用构成

一般来说,对收益型物业收取的物业服务费,可以看成是该物业服务企业的主营业务收入。物业服务企业的业务收入构成了收益性物业的业主或投资人经营费用的一部分。换句话说,从物业服务企业的角度看,物业服务费是业务收入;但从业主或投资人的角度看,它却是业主或投资人经营费用的一部分。因为除此以外,业主的经营费用还包括办公费用、管理费用、固定资产折旧费等。

对物业服务企业而言,这部分物业服务费的具体项目如下。

1. 人工费

物业管理的人工费包括工资、补贴、福利和国家或地方政府要求缴纳的社会保险费(如医疗、养老、失业保险)、统筹费、公积金(如住房公积金)等。

2. 共用部位、共用设施设备日常运作、维修及保养费

该项费用在物业服务费用中占较大比例,且分项较多。主要包括以下几方面。

(1) 维修和保养费。该项费用主要用于核算物业外部和内部的总体维修和保养费用支出。

(2) 室内装修费。室内装修费是一项开支较大的经营性费用,所以该项费用与维修和保养费分列。该项工作可能与物业维修保养工作无关,而仅仅是为了改善物业的形象。

(3) 生活用水和污水排放费。该项费用随季节变化而有所变化。大多数物业同时收取生活用水和污水排放费用,因为在一宗物业中污水排放的数量和生活用水的使用量有关。

(4) 能源费(电、气、油料等)。为了较准确地计算,该项费用可能要根据物业所消耗能源的类型进一步划分为电、气、油料等详细科目。

(5) 康乐设施费。康乐设施主要设在写字楼物业中,供租客的员工使用。健身设备、游泳池和其他康乐设施的维修、保养和日常使用属于康乐设施费范畴。

(6) 杂项费用。该项费用主要记录那些为保持物业正常运作而需支出的非经常性的、零星的费用项目。停车位画线、配钥匙、修理或重新油漆物业内外的标志或符号等所支付的费用常列在该项。

3. 清洁卫生费

该项费用主要取决于清洁卫生工作所负责的楼面面积大小。

4. 绿化管理费

该项费用主要取决于物业环境绿化面积的大小和美化大堂、楼道等公共部位而支付的花卉等费用支出的多少。

5. 秩序维护费

出于对物业公共安全的考虑，大多数物业服务企业都与保安公司签署一个保安合同，请保安公司提供保安服务。

6. 办公费

办公费是一个宏观的概念，包括零星办公用品、低值易耗品支出、邮寄费和其他与现场办公室运作相关的费用，如聘请法律顾问的费用等。此外，广告宣传及市场推广费，也可列入办公费或单列科目。有时一些非标准的收费(如报税准备费等)，也在办公费支出。

7. 固定资产折旧费

该项费用指物业服务企业拥有的交通、通信、办公、工程修理、各类设备、机械等固定资产的折旧支出。其折旧年限通常按 5 年计算。按固定资产总额分摊到每月逐月提取，单独设立科目。

8. 不可预见费

收益性物业管理中常有一些预计不到的费用支出，如短期内物价的上涨，意外事件的发生等。为此，在经营费用的测算过程中，通常列入一项不可预见费，可按前七项费用之和的 5%计算。不可预见费应单独设账，其支出应严格控制。

9. 法定税费

法定税费包括营业税及附加，一般按上述各项总和的 5.5%计税，按月缴纳。

10. 企业管理费及利润

物业服务企业管理费和利润，通常是物业有效毛租金收入的一个百分比，有效毛租金收入低于预计的某一数值时，还可以确定物业管理费和利润的一个最低值。其具体比例，可根据政府有关规定和当地物业管理市场情况确定。通常，从事收益性物业的物业服务企业，其企业管理费和利润的提取比例，高于从事居住物业的物业管理。

11. 保险费

虽然保险费是每半年或每年支付一次，但保险费的实际支出还要受保险计划安排的影响。保险费项目通常只包括物业本身的保险，员工医疗保险和失业保险在人工费中开支。在保险费中开支的保险项目一般包括以下几项。

(1) 火险。指对由于火灾导致的投保物业的所有直接损失或损毁为保单持有人提供保障。

(2) 火险附加险。为火灾保险的附加险种，包括了在火灾扑救过程中由于风暴、冰雹、爆炸、空难、交通工具、水毁、烟雾、人员伤亡等可能导致的相关损失。

(3) 全损险。包括了保单中没有特别排除的其他任何损失。

(4) 锅炉保险。由于锅炉事故导致的所有损毁的保险。

情境 9　如何测算物业服务费用

(5) 财产毁损责任保险。投保物业对其他财产毁损应承担的责任。

(6) 租金损失保险。由于物业损毁而使部分或全部物业不能正常出租而引起的业主收入损失。

(7) 职工信用保险。由于其他人的非礼行为导致的某人财务收入损失。该险种常由物业服务企业为其职员购买。

(8) 业主和租户责任保险。物业内某人或某些人受伤而对业主或租户的索赔。

(9) 交通工具保险。该项保险主要是为驾驶物业所拥有的各种交通工具的雇员购买，当这些交通运输工具在使用过程中出现责任问题时，可以保护业主的利益。

12. 房产税

对收益性物业来说，业主应缴纳房产税。

情境工作小结

本情境内容所涉及物业管理经费的来源、物业服务费的构成及测算、收益性物业的物业服务费是物业服务企业资金管理的重要内容，对物业服务企业的成本控制有重要意义。因此，本情境内容是需要我们掌握的重点内容之一。

学习本情境，我们首先应该了解物业管理经费的来源有哪些，这样我们才能弄清物业服务企业的收入渠道。在此基础上，进一步了解物业服务费收入的核算，熟悉酬金制与包干制的内容，重点掌握住宅小区物业管理服务费的构成及测算方法，能够编制物业服务企业的物业管理费用测算。

物业服务企业在进行物业服务之前，必须清楚物业服务收入和物业服务费的构成。物业服务企业收缴物业服务费用之前必须对物业服务费用进行测算。要学好本情境，需要我们树立合理使用资金的意识，对物业管理过程中的收费难问题有理性的认识，同时，加强实践，勤于思考，按时完成相关实训任务。

思考题

1. 物业服务企业的资金通常来源于哪些渠道？
2. 物业服务费由哪些部分构成？如何测算？
3. 政府指导价和市场调节价有何不同？
4. 什么是包干制和酬金制？它们各包含哪些费用？
5. 简述住宅小区物业服务费用的构成。
6. 什么是专项维修资金？
7. 简述收益性物业的物业服务费用的构成。
8. 请做一个调查：目前有关物业服务费的纠纷都有哪些？
9. 再做一个调查：都说物业服务收费难，到底难在哪里？解决措施有哪些？

实训练习题

一、基础理论知识

1. 单项选择题

(1) 管理服务人员的津贴属于(　　)。
A. 管理服务人员的工资　　　　　　B. 物业共用部位维护费
C. 物业管理区域清洁卫生费用　　　D. 物业管理区域绿化养护费用

(2) 下列收入中应当计征物业服务企业营业税的是(　　)。
A. 代收的水费和电费　　　　　　　B. 代收的专项维修资金
C. 代收的房租收入　　　　　　　　D. 从事代理业务取得的手续费收入

(3) 物业服务费用包干制是指由业主向物业服务企业支付固定的物业服务费用,盈余或者亏损均由(　　)享有或者承担的物业服务计费方式。
A. 业主大会　　B. 物业服务企业　　C. 业主委员会　　D. 建设单位

(4) 物业管理区域内,供水、供电、供气、供热、通信、有线电视等单位应当向(　　)收取有关费用。
A. 业主　　B. 最终用户　　C. 业主委员会　　D. 物业服务企业

(5) (　　)是指在预收的物业服务资金中按约定比例或者约定数额提取酬金支付给物业服务企业,其余全部用于物业服务合同约定的支出,结余或者不足均由业主享有或承担的物业服务计费方式。
A. 物业服务费用酬金制　　　　　　B. 物业服务费用包干制
C. 物业服务管理佣金制　　　　　　D. 物业服务费用分成制

(6) 物业管理专项维修资金属于(　　)所有。
A. 全体业主　　B. 行业主管　　C. 建设单位　　D. 物业管理单位

2. 多项选择题

(1) 物业服务企业利润总额包括(　　)。
A. 企业所属项目上交的酬金　　　　B. 营业利润
C. 投资净收益　　　　　　　　　　D. 营业外收支净额

(2) 物业服务成本或者物业服务支出构成一般包括:管理、服务人员的工资、社会保险和按规定提取的福利费等;物业共用部位、共用设施设备日常运行、维护费用;物业管理区域清洁卫生费用;物业管理区域绿化养护费用;物业管理区域秩序维护费用;办公费用;(　　)等几个部分。
A. 管理服务人员的奖金
B. 物业服务企业固定资产折旧
C. 物业共用部位、共用设施及公众责任保险费用
D. 经业主同意的其他费用

二、案例分析

1. 李先生期盼已久的房子终于入住了,可他却高兴不起来,因为房子存在质量问题:

卫生间漏水、墙面有裂缝、门窗歪斜。李先生找开发商和物业服务企业后，他们只是把裂缝补了补，渗水及门窗歪斜问题还存在，这严重影响了李先生的使用。所以，李先生不准备再付物业服务费了。

问题： 这种做法是否合理、合法？

2. 李先生购买了某小区的一套住宅，购买时开发商承诺物业管理费为 1 元/m^2，并有管道煤气、24h 热水供应等配套设施，且写进了购房合同中。但李先生称入住已有半年，非但相关的配套设施没有落实(因施工问题，不能正常运行，因此未开通)，物业管理费反而涨到了 2 元/m^2。物管公司说"开发商说的不算数"，收费是依据有关标准。而开发商则称物业管理已移交，自己无权过问。

问题： (1) 物业公司的收费标准应如何确定？

(2) 如何看待开发商所作出的物业管理费 1 元/m^2 的承诺？承诺是否具有法律效力？

3. 2014 年 3 月，某广告公司入住某小区的 A1 栋别墅，久佳物业服务公司是该小区的物业管理者。根据物业服务合同，2014 年 3—7 月，该广告公司应交纳物业服务费 2296 元，水电费 1543 元。然而，2014 年 5 月 4 日，该广告公司发现有人进入公司窃取了价值 1 万元左右的财物，立即报了案。当久佳物业服务公司向该广告公司收取物业服务费等费用时，该广告公司以物业服务公司单方面违约，未能履行好治安管理职责为由，拒绝交纳物业服务费和水电费。双方为此发生纠纷，物业服务公司以该广告公司拒付所欠费用为由诉至法院。

问题： (1) 该广告公司是否可以拒付所欠物业服务费和水电费？为什么？

(2) 久佳物业服务公司应当怎样处理广告公司拒交物业服务费的问题？

本情境"进入角色"参考答案

[引例] 参考答案

物业服务公司的做法是不妥当的，应按如下方式妥善解决问题。

(1) 根据物业公司与业主之间的约定，业主购买燃气，应当到物业公司购买，物业公司应该按照约定向业主出售燃气。

(2) 物业服务公司拒绝向这两位业主出售燃气的做法是没有法律依据的，是错误的，应向业主承认错误，并赔礼道歉。

(3) 如果物业服务公司要追究业主损坏自己办公用品的责任，要求其赔偿损失，则必须保留足够的证据。若没有证据能证明自己有财产损失，则不能向业主提出索赔要求。

(4) 物业服务公司要向业主追讨拖欠的物业服务费，则需另行起诉。在正式起诉之前，可以向有管辖权的人民法院申请支付令，即根据法律提起督促程序。

(5) 为了起诉欠费的业主，物业公司应为诉讼准备充足的证据，包括物业服务合同、收费依据和对方欠费的证据等。物业公司作为原告应当向人民法院递交起诉书，并要在起诉书中写明具体的诉讼请求和事实、理由。

(6) 接到法院决定开庭的受理案件后，物业公司作为原告应当派代表按时到庭参加庭审，在法庭调查和法庭辩论中陈述事实、理由和诉讼请求，进行发言和答辩。

(7) 收到判决书后，若不服地方人民法院第一审判决，物业公司有权在判决书送达之日起十五日内向上一级人民法院提起上诉。第二审人民法院的判决、裁定，是终审的判决、裁定。若败诉方拒绝履行发生法律效力的判决，胜诉方可以向法院申请强制执行。

[案例 9-1] 参考答案

一方面主动与有关方面保持联系，帮助全面反映该公司的意见和要求，以取得其对管理处工作的信任和认可；另一方面盯住平时难得一见的该公司老板，频频征求意见并反映管理处的经济困难，以求得携手维护物业正常运行的共识。

在实际案例操作中，在赢得了该公司理解信任的基础上，管理处提出了适当减免滞纳金、分期付款等有利于促成该公司尽快缴清拖欠管理费的优惠条件。最后双方达成了一致，自约定之日起分 10 期，每月 3 万余元，随当月管理费一同缴交拖欠的费用。10 个月后，该公司拖欠的管理费已全部缴清。

[案例 9-2] 参考答案

接到该女士的投诉后，首先向她解释《物业管理条例》中的有关规定，说明只有开发商未卖出的房屋才可以减免部分管理费，而她的房屋不属免收之列，不但应足额补齐管理费，还需缴纳滞纳金。

在实际案例操作中，物业服务公司还把政府有关规定复印交给该女士，该女士最后缴纳了管理费。考虑到该女士的特殊情况，经请示业主委员会同意，管理公司减免了该女士的管理费滞纳金。

情境10

如何做好物业客服

情境设定

我们公司承接了青岛美丽之苑的物业管理工作，公司内部组织机构严谨，专业人员充足，岗位设置合理，也有全心全意为客户(业主)服务的热情。但工作了一段时间发现，客户(业主)对我们的工作很不理解，甚至不支持，使公司处理问题很被动。

面对这种情况，经专业人士分析，主要是物业服务企业与客户(业主)之间缺乏沟通和了解。那么，作为以赢利为目的，以服务为手段的物业服务企业，我们应该如何处理好与客户的关系呢？客户服务工作的内容有哪些？需要注意哪些问题呢？

引 例

投诉不作为，物业担责任

几年前，一刘姓业主在某小区购买了一套临街的位于二层的商品住宅，并兴高采烈地搬进了新居。乔迁后刘某本想好好享受一下新居的惬意生活，不料好日子没过多长时间，就大失所望了。楼下的业主王某于2013年年底在一层和地下室搞起了餐饮，红红火火的生意给他们一家生活带来了挥之不去的烦恼。

楼下王某一开始做的是小生意，开了一家馄饨铺。每天早晚用餐高峰时段，楼下的叫卖声不绝于耳，吵得刘某及其家人心烦意乱。更难以忍受的是，店铺的废水、废料被随意倾倒在地面上，时间一长气味难闻，令人作呕，以致刘某一家终日不敢开窗。刘某在这期间多次到物业公司投诉，请求物业公司出面制止王某的行为，但物业公司一直推三阻四、支支吾吾。

2014年6月馄饨铺扩建成饺子城，2015年又改建为饭店。楼下王某的生意越做越大，楼上刘某的烦恼也越来越多。窗外整天车水马龙，喧嚣声从中午绵延到深夜，一家人终日不得安宁，无法安心学习和正常休息。有时酗酒的食客在楼下斗殴，更让他们心惊肉跳。刘某及其家人一直没有中断到物业公司投诉，然而得到的答复仍旧不是"自己管不了"，就是"请去政府找"。最后，实在忍无可忍的刘某不得不将物业公司告上了法庭。法院审理认为，物业公司在业主刘某按时交纳了物业管理费后，并未按照购房时签订的《物业管理条约》规定，提供一个安全、卫生、舒适的生活环境，反而由于其不作为行为致使王某的违法行为愈演愈烈，刘某及其家人的合法权益受到严重损害，理应承担违约责任。依法审理后判决，被告物业公司双倍返还原告两年的物业管理费，并就其不作为行为给原告造成的损害予以赔偿。

分析： 本案例中的业主之所以能将物业公司告上法庭，其原因就在于物业公司对待业主的投诉所采取的"不作为"的做法，终于使忍无可忍的业主不能再忍受下去了。案情的孰是孰非本来是十分清楚的，物业公司的确应该有个鲜明的态度，这样对方心理多少也能平衡一些。否则对方一定会认为，莫非物业公司占了店主的便宜？莫非店主有什么来头？否则不该有什么难言之隐。一个并不复杂的问题，足足等了两三年还难以得到解决，业主在饱受折磨中努力着，物业公司仍旧无动于衷地旁观着，可见物业公司在处理纠纷的思路上，的确应该好好地反思了。

进入角色： 假设你是该物业服务公司的一名工作人员，你认为公司应该在哪些方面进行反思？

10.1 客 服 接 待

接待服务是指物业服务企业在会所或客户服务中心迎接客户休闲、咨询、报修和投诉等业务活动，以及为规范地完成这些业务所规定的礼仪行为。物业管理接待服务的工作宗旨是"宾客至上，服务第一"，其核心是以礼相待作为服务工作的先决条件。

10.1.1 会议接待服务

会议接待服务是指物业服务企业在接待会务时的作业程序和礼仪规范。

1. 会议服务的筹备

(1) 与会议承办单位负责人沟通协商，详细了解会议的性质、会议内容、规格档次、举办的具体时间、人数、场地大小、用餐标准、有无旅游安排、会议付款人和付款方式等。

(2) 会议服务负责人根据承办单位提供的资料，制定详细的接待方案。方案包括会议的活动安排、时间进程、会场布置、会议宣传等内容。方案确定后，提前2周送递会议承办单位负责人及内部有关部门和人员，然后填写会议通知。

2. 会议服务的准备

1) 拟定会议主题

会议主题，即会议的指导思想。

2) 拟发会议通知

会议通知内容包括以下几方面。

(1) 标题，它重点交代会议名称，如：山东省首届高职高专管理案例分析大赛。

(2) 主题与内容，这是对会议宗旨的介绍。

(3) 会期，应明确会议的起止时间。

(4) 报到的时间与地点，对交通路线，特别要交代清楚。

(5) 会议的出席对象，如对象可选派，则应规定具体条件。

(6) 会议要求，它指的是与会者材料的准备与生活用品的准备，以及差旅费报销和其他费用问题。

3) 准备相关会议文件

(1) 起草会议文件，最主要的是开幕词、闭幕词和主题报告。

(2) 为与会者准备所需文件。

4) 会场布置

(1) 会场选择。会场应该是一个舒适方便之所，设备空间都符合相关要求。

(2) 会场环境布置。会场应给人庄重、协调、整洁、舒适的感觉，环境整洁，灯光亮度适中。应适当摆放室内植物，控制适宜的室温和气味，选择桌面插花。根据会议内容，还应通过一定的物品和手段，渲染与之相配的气氛。

(3) 会议台型布置。根据参加会议的人数选择会场大小及台型布置。小型会议可采用圆桌或"回"字台型；大中型会议可采用礼堂型或教室型。

5) 现场设备设施准备

(1) 接通计算机与屏幕的数据传输线。

(2) 调整投影设备，亮度、大小适当。

(3) 调试话筒效果。

(4) 安排摄影、摄像位置。

(5) 调节空调调温器，冬季室内温度控制在18℃左右，夏季室内温度控制在22℃左右，并在会前30min左右喷洒适量空气清新剂，保持室内空气清新。

6) 会议用品准备

(1) 茶杯。须经过消毒，消毒时间不少于20min；茶杯、杯盖无黄斑、无缺口；茶杯无水迹且光亮。

(2) 玻璃杯。不得有破损和缺口，杯子清洁、光亮、透明，无指印，并列放在杯垫上。

(3) 矿泉水。矿泉水瓶无灰尘，密封完好，瓶内无沉淀物，并在保质期内。

(4) 小毛巾。无斑点和异味，需经过消毒，消毒时间在20min左右。重要会议一律用新的小毛巾。冬季毛巾必须保暖。

(5) 毛巾竹篓。不得有破损,每次使用结束后,需用热水浸泡,晒干后保存,以备再次使用。

(6) 签到台。台布无污迹,无破损。

(7) 鲜花。新鲜,无枯枝、败叶。

(8) 热水瓶。表面清洁光亮,无水迹,水温控制在90℃以上。

(9) 挂衣架。清洁完好,无损坏,无缺少。

(10) 文具。笔,油墨饱满,书写通畅;纸本,干净整洁。

3. 会议服务程序

1) 会议迎宾服务

(1) 会议开始前1h,迎宾员应在会议室门口立岗迎候参加会议的客人到达。来宾到达时应引领到签到处签到。

(2) 签到时,服务人员应主动微笑问候,询问来宾工作单位,并示意来宾在签到簿适当位置签到,然后引领至会场或休息室。

(3) 迎接来宾入座时,要面带微笑,用语礼貌,举止大方,手、语并用。

(4) 冬季,对进入会场的来宾脱下的衣帽,服务人员及时伸手去接,并挂至衣帽架上。

(5) 提供茶水服务的顺序是先主宾后主人,然后按顺时针方向提供服务。在客人较多的情况下,1人或多人同时服务时,分正反两个方向,但不可将主人放在最后。

(6) 添加茶水时,倒至七分满,并注意客人的动态,以免发生碰撞。服务过程中,应忙而不乱,快而稳地将茶水送到客人面前。摆放茶杯时,声音要轻,茶杯须放在宾客的右手位置,同时杯柄朝后45°,并说:"请用茶。"用矿泉水,必须先开瓶盖,再揿杯盖,倒入矿泉水时,矿泉水瓶不得与杯口接触,倒至八分满即可。

2) 会场服务

(1) 会议开始后,在会议室门口挂上"请勿打扰"牌子。

(2) 会议开始后,会议服务员应站立在会场周围,观察所负责区域宾客是否需要服务。

(3) 服务员一般不得随意出入会议室,确有紧急事项,服务员可用纸条传递信息。

(4) 送茶水等物品时,应对客人说:"请用茶。"每隔20min加茶水。

(5) 会议颁奖或邀请嘉宾上台,由专门礼仪小姐引领。礼仪小姐应走在嘉宾左前方1m处,并微笑示意嘉宾注意行走安全。

(6) 会议结束时,服务员应立即开启会议室大门,并在门口立岗送客,面带微笑道别。

(7) 将衣帽架上的衣、帽送还来宾,注意不可出错。检查会议室是否有来宾遗忘的物品,如有发现应立即交还来宾或交领班处理。

3) 会议结束

(1) 检查会议室内是否有电器设备损坏,发现损坏及时通知设备部进行修复。

(2) 清理会议桌上的资料、茶杯、毛巾、矿泉水等物品,并送到储水间进行清洗。

(3) 摆放桌椅,恢复原样,进行保洁清扫。

(4) 关闭所有的照明灯具,空调调节器可微略下降,以备下次会议使用。

(5) 关闭会议室。

4) 会场服务的注意事项

(1) 绝不能因为服务站立时间过长,而倚靠会场墙壁或柱子。

(2) 在会场服务时应尽量不干扰讨论中的客人或正在发言的客人。

(3) 会场服务过程,语言、动作要轻,避免影响发言者。

(4) 遵守会场规定,不得随意翻阅会议文件或打听会议内容。对于所听到的会议内容应保密。

5) 会后必须注意的问题

(1) 撰写新闻稿。会后及时撰写新闻稿,稿件内容应反映会议精神,报领导审核。

(2) 与会人员的返程。

(3) 会议文件整理立卷。

(4) 会议物品清退。

(5) 会议总结与评估。

案例 10-1

客户开业典礼影响办公怎么办

一家很有商业声望的制药公司进驻某高档写字大厦办公,为了加强对外宣传,该公司计划择吉日在大厦举行规模宏大的开业典礼仪式。届时,公司董事长及有关方面的领导将应邀参加。筹办开业典礼的策划部门负责人准备举办一场富有中华民族特色的舞狮表演,还准备放一些气球。大厦业主表示同意,但大厦管理处考虑舞狮表演锣鼓喧天,势必影响大厦的办公环境,未予批准。策划部门负责人非常生气,声称开业典礼议程安排已确定下来,现改影响不好,再说业主已经同意,管理处凭什么不批准。为此,策划部门负责人向管理处正式来函投诉。

分析: 配合用户做好开业典礼的各方面工作,是物业服务公司与新进驻的用户建立良好关系的有利契机,物业服务公司一般对此都极为重视,倾全力相助。但本案例中的用户安排的舞狮表演,的确对大厦的办公环境产生不利影响,因此管理处的不予批准做法是对的,理应坚持。然而问题的关键在于既要坚持原则,又不能损伤与用户的合作感情,如何找出两全其美的策略。

进入角色: 假设你是该物业管理处的负责人,面对此种情况,你会怎样处理此事?

10.1.2 客户服务中心接待服务

客户服务中心是物业服务企业接待客户咨询、报修和投诉并进行跟踪、回访的一个部门,具有协调、沟通、公关、服务等职能。

1. 客户服务中心的职责

(1) 负责客户服务中心问询接待、邮件发放的管理、控制工作,保证在规定的时间里有岗、有人、有服务。

(2) 组织、开展业户的意见征询工作,对管理服务质量进行严格控制。

(3) 处理业户的投诉和业户间的纠纷(服务热线的接听、记录、跟进、督促回访)。

(4) 落实物业管理费、有偿维修费、车场使用费、水电费、租金等费用的收缴、催缴工作。

(5) 协助保安、工程各部门做好突发事件、特殊天气的应急处理。

(6) 对外协调各种关系。

(7) 协助业户办理各项服务。

① 提供管理区域管理服务咨询。

② 办理业户收楼/铺、迁入、迁出手续。

③ 办理装修申请、办证、验收手续。

④ 办理出入证、IC卡、临时出入证、水牌。

⑤ 其他服务。

2. 客户服务中心服务作业规程

1) 接待服务程序

(1) 上岗前，应先自我检查，仪容仪表必须端正、整洁，符合要求。

(2) 查阅交接班记录，了解上一班的工作情况、交班事项，并在交接班记录上签名确认。

(3) 上岗后，站立在规定的岗位，精神饱满，面带微笑，做好接待客人的准备。

(4) 客人进入至离服务台两三步时，应主动招呼、热情问候、一视同仁、依次接待。

(5) 对访客应面带微笑询问对方情况，待出示相关证件后，方可填写"访客单"，引导客人至接待区等候。

(6) 接受宾客访客出示的证件时，应双手接过及时奉还，并致谢意。

(7) 遇不明身份者，应问清情况，及时用电话与被访人联系，视情况填写"访客单"。

(8) 当访客离开时，请其将"访客单"反馈服务台，并向客人微笑道别。

(9) 打扫岗位内卫生，台面物品堆放整齐。

(10) 建立岗位记事本，发现异常情况，无论如何处理，都应仔细记录。

(11) 如有重要通知或有待解决的问题，必须登记在交接班记录上，并做好交代。

2) 问询接待服务程序

(1) 查询接待服务程序。

① 接到电话或访客到服务台查询某被访者时，可通过电话与其联系，征得其同意后，可将电话转接给访客。

② 被访者不在时，原则上不把电话号码告知查询者，但可征询查询者是否需要留言。

③ 一时找不到被访者，绝不能轻易回复查询者。经过多次查找，仍找不到被访者，应向询问者表示歉意，并说明情况，同时请其留言或留下联系方式。

(2) 问询接待服务应掌握并备有的查询资料。

① 本项目服务功能、区域的划分及布局。

② 本项目周边地区的交通、商店、娱乐场所、银行。

③ 本项目各类活动的时间、地点、内容。

④ 本项目电话分布情况。

(3) 问询服务的注意事项。

① 接受问询时，倾听要专心，以示尊重和诚意。

② 答复问询时，做到百问不厌、有问必答、用词得当、简洁明了，不能说含糊不清的话。

③ 对于一时回答不了或回答不清的问题，可先向访客致歉，待查询或请示后再向其作答。凡是答应随后再做答复的事，一定要守信履约。

④ 回答宾客的问题时，要自动地停下手中的其他工作。在众多访客询问时，要从容不

迫,逐一作答,不能只顾一位而冷落了他人。

⑤ 对宾客的合理要求要尽量迅速做出答复,对宾客的过分或无理的要求要婉言拒绝。

10.2 客户服务管理

10.2.1 客户服务管理概述

1. 客户服务管理的含义

物业客户服务管理是指物业服务企业为了了解和满足客户(业主或使用人)需求,以实现客户满意为目的的企业全员、全过程参与的一种经营行为和管理方式。

2. 客户服务管理的意义

客户服务中心是源自宾馆服务的一种管理模式,是物业服务企业与客人直接接触最多的一个部门,具有协调、沟通、公关、服务等职能,是企业形象的重要标志。

对住户服务的执行与反馈,并提供多种直接服务的部门,物业公司的对客服务是通过住户服务中心的业务程序和服务环节来完成,是公司与业户之间的桥梁,是物业公司的窗口。

住户服务部的工作程序、人员职业道德、服务质量、操作技能应技巧、仪表、言谈、举止对物业公司的形象和声誉都会产生影响。对内各部门的协助、督导、沟通使各部门保证良好的工作质量和效率。

10.2.2 客户服务工作的要求

1. 员工仪表要求

(1) 保持手部干净,指甲长度不允许超过指头 2mm,指甲内不允许残留污物,不涂有色指甲油。

(2) 员工应经常洗澡防汗臭,勤换衣服;衣服因工作而弄湿、弄脏后应及时换洗。

(3) 上班前不允许吃有异味食品,保持口腔清洁,口气清新,早晚刷牙,饭后漱口。

(4) 保持眼、耳清洁,不允许残留眼屎、耳垢。

(5) 女员工应淡妆打扮,不允许浓妆艳抹,避免使用气味浓郁的化妆品。

(6) 每天上班前应注意检查自己的仪表,上班时不能在业主面前或公共场所整理仪容仪表,必要时应到卫生间或工作间整理。

(7) 女员工前发不遮眼,后发不超过肩部,不梳怪异发型。

(8) 男员工后发根不超过衣领(保安员头发不得长于20mm),不盖耳,不留胡须。

(9) 所有员工头发应保持整洁光鲜,不允许染除黑色以外的其他颜色。

(10) 所有员工不允许剃光头。

2. 员工举止要求

1) 立姿

(1) 男。立姿工作时:双脚以两肩同宽自然垂直分开,体重均落在双脚上,肩平、头正、两眼平视前方、挺胸、收腹。不准趴或靠在台面上。

(2) 女。标准站姿要求:站立时,头部应保持挺拔,目光平视前方,嘴微合,肩平并保持放松,收腹挺胸,两臂自然下垂,膝盖相碰脚跟并拢,两脚尖张开夹角成 45°或 60°。

从整体上产生一种精神饱满的体态。

2) 坐姿

(1) 男。就座时姿态要端正,入座要轻缓,上身要直,人体重心要稳,腰部挺起,手自然放在双膝上,双膝并拢,目光平视,面带笑容。

(2) 女。注意坐姿的娴雅自如,入座后,腰板仍需挺拔,头放松,目光平视,臀部只占椅子的 2/3,后背离椅背有一个拳头大小距离。膝盖必须靠拢,脚尖在膝盖垂直线以内。这样内敛的坐法便于起坐。双脚可稍向左侧或右侧,但膝盖与双脚要始终靠紧,否则就会难看。双手自然地放在膝盖上,两手交叠,右手压在左手上。两肘夹紧靠住肋骨,不要外张。

就座时不允许有以下几种姿势。

(1) 坐在椅子上前俯后仰,摇腿跷脚。

(2) 在上司或业主面前双手抱着胸前,跷二郎腿或半躺半坐。

(3) 趴在工作台上或把脚放于工作台上。

(4) 晃动桌椅,发出声音。

3) 行走

走姿轻盈,"行如风"。走起路来要像风一样轻盈、稳健。走路步伐轻快,不要像大象一样沉重。正确的走姿是:步履自然、轻盈、稳健,胸要挺,头要抬,肩放松,两眼平视,面带微笑。

行走时应注意以下问题。

(1) 行走时不允许把手放入衣袋里,也不允许双手抱胸或背手走路。

(2) 在工作场合与他人同行时,不允许勾肩搭背,不允许同行时嬉戏打闹。

(3) 行走时,不允许随意与业主抢道穿行;在特殊情况下,应向业主示意后方可越行。

(4) 走路动作应轻快,但非紧急情况不应奔跑、跳跃。

(5) 手拉货物行走时不应遮住自己的视线。

(6) 尽量靠路右侧行走。

4) 微笑

微笑是全世界通用最美的无声语言,微笑时要求自然、适度、真诚、甜美。

5) 目光注视区域

(1) 公事注视:目光所及区域在额头至两眼之间。

(2) 社交注视:目光所及区域在两眼到嘴之间。

(3) 亲密注视:目光所及区域在两眼到胸之间。

6) 文明待客——"三声"

(1) 来有迎声:主动、热情而友善地和接待的客人打招呼、问候。

(2) 问有答声:有问必答,按时回答,不厌其烦。

(3) 去有送声:在业主离开时,要主动与业主道别。

7) 握手礼仪

(1) 握手位置。女士握位:食指位;男士握位:整个手掌;一般关系,一握即放;屈前相握。

(2) 握手要领。

① 尊者先伸手:上级在先、主人在先、长者在先、女性在先(来时主人,走时客人)。

② 握手时间：3～5s。
③ 握手力度：以不握痛对方的手为宜(应根据与对方的亲密程度而定)。
(3) 握手禁忌。
① 用左手和别人握手。
② 戴手套和他人握手。
③ 戴墨镜(有眼疾病或眼有缺陷除外)、戴帽子和他人握手。
④ 两手交叉和别人握手；对初次见面的异性双手包住对方的手。
⑤ 握手时左手拿东西或插兜里。
⑥ 手上又脏又湿，当场搓揩后握手。

10.2.3 客户服务的技巧

1. 基本技能

(1) 记住业主的姓名，要求管理员第二次和业主见面时能说出业主姓名。
(2) 学会正确称呼，无论何时都能使用动听的语言。
(3) 善于同情业主。
(4) 尊重业主的隐私及习惯。
(5) 尽量少干扰业主。
(6) 学会赞美业主。

2. 了解业主的基本消费心理

(1) 花钱买服务。
(2) 我的困难总是最重要、最紧迫的。
(3) 消费就是追求心理或生理上的满足感。
(4) 我需要获得尊重。

3. 特殊服务制度

(1) "三米微笑制"。员工和业主相遇时，在业主注意到自己的适当范围内，应保持善意的微笑。
(2) "唱诺制"。"唱"是指员工对业主无论何时都应该使用动听的语言，"诺"是指员工在提供管理和服务时，不允许说"不知道""不清楚"或干脆大包大揽，要树立"一诺千金""信誉良好"的服务形象。
(3) "时效制"。在提供服务的过程中，时效制特别重要。要求在承诺的时间内，必须争分夺秒地完成，完不成就意味着无效劳动。
(4) 首问责任制。凡业主(物业使用人)来人、来电、来函或用其他方式反映需要解决服务问题，本公司第一个接收信息的员工就是首问责任人。无论首问责任人的岗位职责是否与反映的问题有关，都应当承担首问责任，履行首问义务。首问责任人的责任就是对自己最先接待的业主提出的问题负有解答、办理或引导办理的责任。

4. 服务过程注意事项

(1) 三人以上的对话，要用互相都懂的语言。
(2) 不允许模仿他人的语言、声调和谈话。

(3) 不允许聚堆闲聊、高声喧哗或高声呼喊另一个人。

(4) 不与业主争辩。

(5) 不讲有损公司形象的言语。

(6) 不允许在任何场合以任何借口顶撞、讽刺、议论业主。

(7) 不讲粗言恶语或使用歧视或污辱性的语言。

5. 服务态度

(1) 在将业主访客劝离工作场所时要文明礼貌，并做好解释及道歉工作。

(2) 谦虚和悦接受业主的评价，对业主的投诉应耐心倾听，及时向主管领班汇报。

(3) 提供服务时，无论何时均应面带微笑、和颜悦色、给人以亲切感；与业主谈话时，应聚精会神、注意倾听，给人以受尊重感；应坦诚待人，不卑不亢，给人以真诚感；应神色坦然、轻松、自信，给人以宽慰感。

(4) 对业主要一视同仁，切忌有两位业主同时有事相求时，对一位业主过分亲热或长时间倾谈，而冷待了另一位业主。当值时有业主有事相求时，应立即放下手中工作，招呼业主。

(5) 严禁与业主开玩笑、打闹或给其取外号。

(6) 业主之间交谈时，不要走近旁听，也不要在一旁窥视业主的行动。

(7) 对容貌体态奇特或穿着奇异服装的业主切忌交头接耳或指手画脚，更不许围观，不许背后议论、模仿、讥笑业主。

(8) 当提出不属于自己职责范围内的服务要求时，应尽可能为业主提供力所能及的帮助，切不可说"这与我无关"之类的话。

(9) 与业主交谈时，要全神贯注用心倾听，要等对方把话说完，不要随意打断对方的谈话。对没听清楚的地方要礼貌地请对方重复一遍。

(10) 对问询应尽量圆满答复，若遇"不知道""不清楚"的事，应请示有关领导尽量答复对方，不应以"不知道""不清楚"作回答。回答问题要尽量清楚完整，不许不懂装懂，模棱两可、胡乱作答。

(11) 在对话时，如遇另一业主/访客有事相求时，应点头示意打招呼或请对方稍等，不能视而不见，同时尽快结束谈话招呼业主。如时间较长，应说："对不起，让您久等了。"

(12) 交谈时，态度和蔼，语言要亲切，声调要自然、清晰、柔和、亲切，音量要适中，不要过高，也不要过低，以对方听清楚为宜，答话要迅速、明确。

(13) 需要业主协助工作时，首先要表示歉意，并说："对不起，打扰您了。"事后应对业主帮助或协助表示感谢。

(14) 对于业主的困难，要表示充分的关心、同情和理解，并尽力想办法解决。

(15) 对于质询无法解释清楚时，应请上级处理，不许与业主争吵。

(16) 谈话时，应专心倾听业主的意见。眼神应集中，不浮游，不应中途随意打断业主的讲话。

案例 10-2

业主请求的服务超出物业日常服务范围怎么办

国庆长假马上就要到了，小区的业主们都有了外出旅游的计划，业主张先生更是早早地为全家的外出游玩做着准备。大部分准备工作都做好了,但一件不大不小的事难住了张先生一家,那就是外出期间家里宠物小狗的照管问题。这时张先生想到了小区的物业,于是向物业求助。负责接待的物业服务人员一口回绝了张先生的请求,理由是这不是他们的服务范围。

分析: 业主在日常生活中遇到困难(如家中漏电、漏水等),物业服务人员应及时上门解决;如果碰到能力范围以外的事宜,而客户又不知如何解决需要帮助时,服务人员也不可一口回绝,而是提供给客户有用的线索,或帮助客户联络,尽自己的力量来帮助客户。

进入角色: 物业服务人员的这种做法是否妥当?假设你是该物业公司的物业服务人员,面对类似问题,你认为该如何解决?

10.3 报修与投诉接待服务

报修与投诉接待服务是物业服务企业日常管理中的两项基本业务,报修接待服务直接关联到对客户(业主和使用人)所需维修项目的解决效率;投诉接待服务是一项集心理学、社交技巧于一体,并体现服务人员道德修养、业务水平、工作能力等综合素养,给投诉者所提问题予以妥善解决或圆满解答的工作。这两项业务开展的如何,对物业服务企业形象的树立有着直接的影响。

10.3.1 报修接待服务

报修接待服务是指物业服务企业在接待客户报修过程中的作业程序和礼仪规范。

1. 报修接待服务的范围和时间要求

客户报修项目分为急修项目和一般项目。

1) 急修项目

(1) 物业公共部位、共用设备、公共设施损坏,产生危险。

(2) 因室内线路故障而引起停电和漏电。

(3) 因水泵故障和水管爆裂造成停水和龙头严重漏水。

(4) 落水管堵塞和水盘等设备漏水。

(5) 电梯故障、不能正常行驶。

(6) 楼地板、扶梯踏步板断裂和阳台、晒台、扶梯等各种扶手栏杆松动、损坏。

(7) 其他属于危险性急修项目。

2) 一般项目

(1) 各类钢、木门窗损坏。

(2) 水卫设备零件损害。

(3) 屋面渗漏水。

(4) 其他属于小修养护和便民服务范围的项目。

物业服务企业接到急修项目报修的,应在 2h 内赶到现场,24h 内修理;接到一般项目报修的,应在 72h 内修理。物业服务企业未按时维修造成客户损失的,应当承担赔偿责任。

2. 报修接待服务的相关规定

(1) 接受委托的物业服务企业,应向客户公布接待报修的地点和报修时间。客户可用电话报修,也可直接到接待报修的地点报修。

(2) 客户自用部位的原有自用设备的损坏，客户可以向该物业管理区域的物业服务企业报修，也可以向其他维修单位报修。向物业服务企业报修的，物业管理单位不得拒绝修理。

(3) 急修以及维修项目在两工以下的维修费用，由报修人认可签字后，按规定支付；除此之外，共用部位、共用设备维修在两工以上且维修费用在 500 元以上的，需经业主委员会认可后予以维修，费用按规定列支。

(4) 物业维修项目实行质量保修制度，保修期一般为 3 个月。修理项目竣工以业主验收签字为准。其中，疏通项目的修理竣工以流水畅通为验收合格标准，筑漏项目以下一次下雨不漏为验收合格标准。因修理质量引起的返修不得再收费。

3. 报修管理标准作业程序

1) 目的

规范住户报修及公共设施设备报修处理工作，保证维修工作及时有效得到处理。

2) 适用范围

适用于项目各客户房屋内部及各类设施设备报修处理工作。

3) 职责

(1) 工程部主管负责维修工作的组织、监督以及对公司制定的《维修项目收费标准》以外的报修内容进行收费评审。

(2) 客户服务中心员工负责具体记录报修内容，及时传达至工程部，并跟踪、督促维修工作按时完成。

(3) 工程部维修人员负责报修内容的确认及维修工作。

4) 程序要点

(1) 客户报修。

① 客户服务中心员工在接到客户维修要求时，应立即填写《客户报修记录表》。

② 客户服务中心员工在 5min 内将记录的报修内容(包括：客户名称、地址、联系电话、报修内容、预约维修时间等)填入《客户家庭安装/维修单》(一式四联)相应栏目，并在 2min 内通知工程部前来领取维修单，工程部领单人在《住户报修记录表》上签收，将《客户家庭安装/维修单》(第一、二、三联)领回工程部。

③ 工程部主管按照报修内容，安排维修人员的工作。

a. 如客户报修内容属《维修项目收费标准》中的项目，客户要求尽快前去维修的，应安排维修人员在接单后 15min 内带齐工具、备件到达维修现场。

b. 报修内容属《维修项目收费标准》中的项目，客户另有预约维修时间的，维修人员应按预约的维修时间提前 5min 带好维修工具、备件到达维修现场。

c. 对于不属于《维修项目收费标准》中的报修项目，由工程部主管在接单后 15min 内对维修的可行性和维修费用作出评审，回复客户是否可以维修，经征得客户对维修费用的认可及同意维修后，再按上述时限和维修要求安排维修人员前往维修。

④ 维修人员到达现场后，应首先对报修项目进行对比确认；不相同的，在《客户家庭安装/维修单》上如实填写实际的维修项目及收费标准。

⑤ 维修人员向客户出示收费标准、客户同意维修后开始维修；如客户不同意维修，应提醒客户考虑同意后再行报修，并及时返回工程部向主管说明情况，与主管一同在《客户家庭安装/维修单》上注明原因，并签名确认后交还客户服务中心备案。

⑥ 如果维修材料是客户提供的，由维修人员对材料质量进行验证，并将验证结果("合格""不合格""质量不佳"等)填写在备注栏内。对于验证不合格的材料，维修人员应主动提示客户使用不当材料的结果，但应注意尊重客户的选择。

⑦ 维修工作完成后，维修人员应按《维修项目收费标准》在《客户家庭安装/维修单》上注明应收的各项费用金额。并请客户试用或检查合格后，在《客户家庭安装/维修单》上签名确认。维修人员将《客户家庭安装/维修单》(第三联)交给客户作为缴费依据。

⑧ 维修人员将《客户家庭安装/维修单》(第一、二联)交回工程部主管确认后，将《客户家庭安装/维修单》(第一联)送财务部作为计收服务费用的依据。

⑨ 对业主的家庭维修可采取月底统一结算的形式进行扣款；对租户的家庭维修应在维修工作完成后的当日(最迟不超过第二天)，由租户到财务部交款。

(2) 公共设施设备的报修处理。

① 客户服务中心员工接到公共设备设施的报修信息后，应立即按《公共设施设备报修记录表》要求填写报修内容，并在 3min 内将报修内容填入《公共设施设备安装/维修工程通知单》(一式二联)，在 5min 内通知工程部前来领单。

② 客户服务中心员工将《公共设施设备安装/维修工程通知单》(第二联)交给工程部，工程部维修人员应在《公共设施设备报修记录表》上签收。

③ 工程部主管按照报修内容，安排维修人员带齐维修工具及备件，于 10min 内赶到现场进行维修。

④ 完成维修工作后，维修人员应在《公共设施设备安装/维修工程通知单》上注明维修有关事项。

⑤ 维修人员将《公共设施设备安装/维修工程通知单》(第一联)交工程部主管签名确认后返还服务处作为月底统计费用的依据。

(3) 费用结算。

① 客户服务中心员工于每月月底前，将当月《客户家庭安装/维修单》及《公共设施设备安装/维修工程通知单》费用分别统计在《有偿便民服务收费表》的相应栏目及《公共设施设备安装/维修费用统计表》内。

② 客户服务中心员工将《客户报修记录表》《客户家庭安装/维修单》《公共设施设备报修记录表》《公共设施设备安装/维修工程通知单》附在以上表格后，报客户服务中心主管审核。审核无误后，客户服务中心主管在《有偿便民服务收费表》及《公共设施设备安装/维修费用统计表》内签名确认后报物业部经理审批。

③ 客户服务中心员工将物业部经理审批后的《有偿便民服务收费表》及《公共设施设备安装/维修工程通知单》报财务部。财务部依据《有偿便民服务收费表》向业主收取有偿服务费用；财务部将《公共设施设备安装/维修费用统计表》存档备案。

(4) 资料保存。

《客户报修记录表》《客户家庭安装/维修表》《公共设施设备报修记录表》《公共设施设备安装/维修工程通知单》由客户服务中心负责保存，保存期 2 年；《有偿便民服务收费表》及《公共设施设备安装/维修费用统计表》由财务部负责保存，保存期 3 年。

5) 记录文档

(1)《客户报修记录表》。

(2)《客户家庭安装/维修单》。
(3)《公共设施设备报修记录表》。
(4)《公共设施设备安装/维修费用统计表》。
(5)《公共设施设备安装/维修工程通知单》。

 **案例 10-3**

业主报修暖气不热怎么办

初冬的一个星期一下午,世纪宝鼎物业管理分公司维修电话响起。值班人员轻柔的应答和问询还没有落音,A座G户型的一位业主就怒气冲冲地在电话里面说:"你们知道吗,现在天气这么凉了,我这暖气还不热,你们管不管呀?"说完"啪"的一声就挂上了电话。这时,维修人员都出去维修了,用对讲机联系得知,他们一时还忙不过来。

面对业主火气很大,电话解释行不通的情况,值班人员来到业主家。一位中年男子一开门便大声问:"你能修理吗?""先生,我是负责接待报修的,我们的维修员现在正在别的业主家处理问题,做完之后马上来您家,您可以先告诉我是怎样的情况吗?"值班人员和颜悦色的回答,使业主的态度有些缓和。

征得业主同意后,值班人员戴上鞋套,察看了不热的暖气位置,马上用对讲告知维修人员,让其做完后直接到该住户家维修。周到的服务令业主转怒为喜,业主说:"好吧,你先忙你的去吧,只要一会来给修修就可以了。"值班人员走后一个多小时,维修人员上门处理好了该问题。下午快下班的时候,值班人员又给业主家打了个电话,询问暖气情况,他说:"已经热了,谢谢你们。"

分析: 这种在供暖初期,因维修人员人手不足而导致维修不及时的情况是很常见的。如何处理好,关键就在服务态度和服务技巧上。米卢调教中国男足有句名言,叫"一切看态度"。客户对物业公司工作的要求,大多也是这样。有些事情他们希望物业公司马上办,而物业公司由于种种客观原因又马上办不了,此时你只要有个积极去办的态度,他们也就满意了。本案例的成功之处,就在于值班人员的主动登门拜访,以及与当业主的面与维修人员的沟通,让业主感受到了对他的重视。当然,临下班前的电话回访,也是不可忽略的细节。

进入角色: 假设你是该物业公司的一名工作人员,从这个案例中,你认为在管理中还应该考虑哪些问题?

10.3.2 投诉接待服务

投诉接待服务是指物业服务企业在接待客户投诉、意见、建议过程中的作业程序和礼仪规范。

1. 客户投诉的分类

1) 按投诉的性质分类

(1) 有效投诉。有效投诉有以下两种情况。

① 客户对物业服务企业在管理服务、收费、经费管理、维修养护等方面失职、违法、违纪等行为的投诉,并经过有关行业主管部门查实登记的。

② 客户提出的物业服务企业或管理人员故意、非故意,或失误造成客户或公众利益受

到损害的投诉。

(2) 沟通性投诉。沟通性投诉包括求助型投诉、咨询型投诉和发泄型投诉。

① 求助型投诉。客户有困难或问题需给予帮助解决的。

② 咨询型投诉。客户有问题或建议向管理部门联络了的。

③ 发泄型投诉。客户因受委屈或误会等，内心带有某种不满，要求问题得到解决的。沟通性投诉若处理不当，会变成有效投诉，所以必须认真处理沟通性投诉。

2) 按投诉的内容分类

(1) 对设备的投诉。客户对设备的投诉主要包括空调、照明、供水供电、电梯等，即使物业服务企业建立了对各种设备的检查、维修、保养制度，也只能控制此类问题的发生，而不能保证消除所有设备潜在的问题。

(2) 对服务态度的投诉。客户对服务态度的投诉主要包括不负责任的答复行为、冷冰冰的态度、爱理不理的接待方式等。由于管理人员与客户都由不同个性的人组成，所以，此类投诉随时都可能发生。

(3) 对服务质量的投诉。客户对服务质量的投诉主要包括维修的质量、邮件未能及时送到客户手中等。减少客户对服务态度与服务质量的投诉的最好方法是加强对服务人员的培训。

(4) 突发性事件的投诉。客户因某些突发事件，如停电、停水等带来的生活、工作的不便所进行的投诉。

2. 处理客户投诉的过程

(1) 接诉。礼貌是做好投诉处理工作的基础。投诉接待环境是影响处理工作的第一关。

(2) 聆听与记录。诚意听取客户的投诉，认真记录事故的要点。

(3) 判断、处理。感谢客户的关心和爱护，快速判断、迅速反映、及时处理。经过判断分析，找到问题所在，应以积极的正面态度回应客户，如告诉他会怎样处理等。

(4) 回访。这是建立信任，弥补因种种原因造成失误的重要环节，也是检查工作质量，与客户沟通，搞好关系的最好机会。

(5) 总结。发生这次投诉的原因是什么？从这次投诉处理中学到了什么？在今后的工作中怎样才能避免类似情况的发生？需要做哪些方面的调整？

3. 处理投诉的注意事项

(1) 耐心。无理投诉的客户通常情绪激动，常因急于表达反而词不达意，所以必须耐心听其叙述，也给自己留出足够的时间准备。

(2) 细心。在听客户讲述的过程中必须细心认真，注意重要细节，通常会给自己带来莫大的好处。

(3) 先听后讲。俗话说"知己知彼，百战不殆"，一定要遵从这条定律。先让客户讲完，不到万不得已不要打断客户的讲话。

(4) 讲话语调要注意。礼貌待客是处理投诉的先要条件，保持冷静和礼貌，语调要轻但要足够清楚，语气要和蔼不要顶撞客户。

(5) 不要和客户在细枝末节上纠缠。所谓"和为贵"，千万不要和客户争吵，更不要强行说服客户，否则往往会产生相反的效果。

(6) 目光要坚定。与客户沟通时要眼睛要注视着客户，显示出坚定的信心，否则客户会得寸进尺，提出更多不合理的要求。

(7) 迂回战术。有些问题是你无法解决的，在与客户交谈时需要循序渐进，采用迂回战术，为自己赢得思考的时间。

(8) 寻找客户喜欢谈的话题。和客户拉近距离，保持自己的亲和力。

(9) 合理让步。处理投诉要准备好自己的筹码与客户讨价还价，大多数情况下，投诉都是这样解决的。

(10) 不要随意做出承诺。承诺一旦做出就必须落实，否则会让客户觉得受到欺骗。

(11) 不轻信客户。客户的投诉有时是因为误会引起的，所以合理的解释很重要。要保持冷静的头脑客观分析问题，但不要流露出不相信客户的表情。

(12) 相信领导和同事。有些投诉自己处理不了时，应该果断地交给领导去处理，相信领导和其他同事会解决好问题。

4. 客户投诉处理标准作业程序

1) 目的

规范投诉处理工作，确保客户的各类投诉能及时、合理地得到解决。

2) 适用范围

适用于客户针对公司管理服务工作的有效投诉处理。

3) 职责

(1) 物业部经理负责处理重要投诉。

(2) 客户服务中心主管负责协助经理处理一般轻微投诉，以及每月的投诉统计、分析、汇报工作。

(3) 物业部相关主管负责协助客户服务中心主管和物业部经理处理本部门的被投诉事件，并及时向客户服务中心主管反馈投诉处理信息。

(4) 客户服务中心接待员负责投诉现场接待工作。

4) 程序要点

(1) 处理投诉的基本原则。接待人员应严格遵守"礼貌、乐观、热情、友善、耐心、平等"的十二字服务方针，严禁与客户辩论、争吵。

(2) 投诉界定。

① 重大投诉。

a. 公司承诺或合同规定提供的服务没有实施或实施效果有明显差错，经客户提出而得不到解决的投诉。

b. 由于公司责任给客户造成重大经济损失或人身伤害的投诉。

c. 有效投诉在1个月内得不到合理解决的投诉。

② 重要投诉。是指因公司的管理服务工作不到位、有过失而引起的投诉。

③ 轻微投诉。是指因公司的设施、设备和管理水平有限，给客户成的生活、工作轻微不便而非人为因素造成的影响，可以通过改进而较易得到解决或改进的投诉。

(3) 投诉接待。

① 当接到住户投诉时，接待员首先代表被投诉部门向客户表示歉意，并立即在《客户投诉意见表》中做好详细记录。记录内容包括投诉事件的发生时间、地点；被投诉人或被

投诉部门；投诉事件的发生经过(简单明了地叙述)；住户的要求；住户的联系方式、方法。

接待住户时应请住户到沙发入座，耐心倾听住户投诉，并如实记录；必要时，通知服务处主管或物业部经理出面解释；注意力要集中，适时地与住户进行交流，不应只埋头记录。

② 投诉的处理承诺。重大投诉，当天呈送公司总经理进入处置程序；重要投诉，接待后 1h 内转呈主管经理进行处置程序； 轻微投诉，不超过 2 天内或在客户要求的期限内解决。

(4) 客户服务中心接待员根据投诉内容在 10min 内将《客户投诉意见表》发送到被投诉部门，领表人在《投诉处置记录表》签收记录。客户服务中心接待员应将重大投诉及重要投诉经客户服务中心主管当天转呈公司总经理或物业部经理。

(5) 投诉处理内部工作程序。

① 被投诉部门负责人在时效要求内将内容处理完毕，并按《客户投诉意见表》对投诉处理过程做好记录。在投诉处理完毕的当天将《客户投诉意见表》交到客户服务中心。接待员收到处理完毕的《客户投诉意见表》后，应在《投诉处置记录表》记录。

② 公司总经理、物业经理在接到重大投诉和重要投诉后应按公司《不合格纠正与预防标准作业程序》文件的规定处理。

(6) 客户服务中心接待员收到被投诉部门投诉处理的反馈信息后，将情况上报客户服务中心主管，并在当天将处理结果通报给投诉客户。通报方式可电话通知或上门告之。

(7) 客户服务中心主管在投诉处理完毕后通知客户服务中心接待员安排回访。在每月 30 日前对投诉事件进行统计、分析，将统计、分析结果上呈主管经理，并将《客户投诉意见表》长期保存。

(8) 其他形式的投诉(如信函)，服务处参照本程序办理。

(9) 投诉的处理时效。轻微投诉一般在 2 日内处理完毕，超时需经物业部经理批准；重要投诉一般在 3 日内处置完毕，超时需经公司总经理批准；重大投诉应当在 2 日内给投诉的客户明确答复，解决时间不宜超过 10 日。

5) 记录文档

(1)《客户投诉意见表》。

(2)《投诉处置记录表》。

5. 客户投诉的立项和销项规定

1) 目的

规范对客户投诉处理、跟进的管理工作，提高服务质量，保证有求必应，有始有终。

2) 适用范围

适用于各管理处对投诉案的处理。

3) 定义

(1) 立项是指管理处客户部人员接到各有关人员或客户的投诉后，按有关规定需要进行完整的处理和跟进，为此在《投诉记录表》上进行详细记录，称为立项。

(2) 销项指相对于"立项"而言，一个是始，一个是终。经立项的投诉事项，必须按有关程序处理和跟进，当处理完毕后再反馈回管理处客户部人员处，按规定在原立项案件记录处理的完成情况和时间，并由客户部人员签名，如因种种原因而无法处理的投诉案件

要由管理处负责人签名，称作销项。

4) 职责

(1) 客户服务中心接待员。详细了解投诉案的情况，根据公司的有关规定判断是否立项。立项后要认真、负责地跟进，问题解决后也要了解清楚情况，予以记录和销项。

(2) 管理处负责人。要经常定期、不定期地检查有关人员在处理投诉过程中的立项、销项情况，查阅记录，加强业务指导，完善责任制，根据工作情况给予相关人员奖惩，使投诉的管理有始有终。

5) 工作程序

(1) 立项的条件与规定。

① 当接到口头/电话投诉后立即填写《投诉记录表》，如符合以下条件之一者就可以确定立项/不立项。

a. 需要派人到现场进行处理或施工，在处理过程中要求跟进和质量检验的投诉案都要立项。

b. 各级领导、有关人员发现的问题，在通知了调度人员后，需要处理跟进的事项都要立项。

c. 客户反映问题、疑问查询后，认为有必要跟进处理的问题要立项。

d. 紧急求救的处理要立项。

e. 在公司/管理处权力、责任范围以外的事，客户要求帮助了解和查询的事项要立项。

f. 投诉事项经有关人员解释后，客户认为已无问题并不需要跟进，不用立项。

② 立项的规定。

a. 客户部人员在接到指令或投诉后，要尽可能详细地了解事情的真相，以确定口头解释、立即立项或是弄清情况后再立项等处理方法和步骤。

b. 当无法确定如何处理或是否立项时，要立即请示主管或管理处负责人，以确定是否立项。

c. 指令和投诉案一经立项，有关人员就有责任跟进、催办，直到销项。绝不能拖着不办，不了了之。

③ 立项时应即在《投诉记录表》中填上下列内容。

a. 是否立项与立项时间。

b. 投诉联系人。

c. 立项处理案的地址和联系电话。

d. 立项内容。

(2) 销项的条件与规定。

① 销项/不能销项的条件。

a. 立项的案件已处理完毕，投诉人已在《维修服务单》上签名认可，副本已送到客户部人员处，可以销项。

b. 非维修立项案件，在接到有关单据、文字或主管人员的口头/电话通知后，经了解事情属实，可以销项。

c. 在处理某一立项案件时，同时又发现连带或是其他问题，如新问题已上报立项，原案件已处理完毕，可以销项。

d. 在处理立项案件中,如发现连带或其他问题,继续在处理中,又无法重新立项,此案件不能销项。

e. 重大事项在处理完毕后,经请示管理处负责人同意后才可以销项。

② 销项的规定。

a. 已立项案件在未处理完成之前,任何人无权随便销项。

b. 立项案件在处理完成后,除符合以上所提条件,尚需经过核实,才能销项。

c. 立项案件如因种种原因而无法处理(或暂时无法处理)下去,可做好记录,每季度一次经管理处负责人协调同意后才能销项。

③ 销项时应在《投诉记录表》中填上下列内容。

a. 最后的案件处理结果。

b. 同意销项人员的签名(一般案件不要签名,但无法处理案件销项,要由审批人签名),客户部人员签名。

c. 销项时间。

6) 相关文件

《客户投诉处理标准作业程序》。

7) 相关记录文档

(1)《投诉记录表》。

(2)《投诉记录月总结表》。

(3)《维修服务单》。

情境工作小结

本情境内容所涉及的接待服务、报修与投诉接待服务两大业务,是物业管理工作中物业服务企业与业主相互活动的窗口,其服务质量和水平直接代表了物业服务企业的形象,因此,深为许多企业所重视。

学习本情境,了解掌握接待服务、报修与投诉接待服务两大业务的相关服务程序固然重要,但真正领会客户服务的工作宗旨,即"宾客至上,服务第一"却是至关重要的。只有树立起"客户第一""一切为了客户、为了一切客户、为了客户的一切"的服务思想,才能在实践中真正落实客户服务所涉及的各项业务工作的服务程序,做到让业主或使用人满意。

学习本情境还应认识到学无止境的深刻含义,本情境所涉及的内容关联到非常广泛的各类专业知识,需要我们利用课余时间去深入学习,或在后续专业课程学习中努力把握。如为了办好会议服务,需要了解礼仪知识;完成报修接待服务,离不开房屋、设备设施的专业知识;胜任投诉接待服务,要懂得与人沟通的技巧。所以,在学习中要注意理论联系实际,关心实际需要,开拓知识视野,提高自我素质。

思考题

1. 会议接待服务中设备设施准备应做哪些工作?

2. 简述报修接待服务的相关规定。
3. 客户投诉按内容划分有哪四种情况？
4. 简述什么是投诉的立项和销项。

实训练习题

一、基础理论知识

1. 单项选择题

(1) 下面属于急修项目的是(　　)。
A. 屋面渗漏水　　　　　　　　　　B. 墙体渗水
C. 屋顶漏水　　　　　　　　　　　D. 落水管堵塞和水盘等设备漏水

(2) 物业服务企业接到急修项目报修的，应在(　　)h 内赶到现场，(　　)h 内修理。
A. 4；12　　　　B. 4；24　　　　C. 2；24　　　　D. 2；12

(3) 客户服务中心接待员根据投诉内容(　　)内将《客户投诉意见表》发送到被投诉部门，领表人在《投诉处置记录表》签收记录。
A. 10min　　　　B. 20min　　　　C. 30min　　　　D. 1h

2. 多项选择题

(1) 下面属于报修一般项目的有(　　)。
A. 各类钢、木门窗损坏　　　　　　B. 水卫设备零件损害
C. 因室内线路故障而引起停电和漏电　D. 屋面渗漏水

(2) 沟通性投诉有(　　)。
A. 交流型投诉　　B. 求助型投诉　　C. 咨询型投诉　　D. 发泄型投诉

(3) 问询接待服务应掌握并备有的查询资料有(　　)。
A. 本项目服务功能、区域的划分及布局
B. 本项目各类活动的时间、地点、内容
C. 本项目周边地区的交通、商店、娱乐场所、银行
D. 本项目电话分布情况

(4) 报修管理标准作业程序需使用的表格有(　　)。
A. 公共设施设备安装/维修费用统计表　B. 公共设施设备报修记录表
C. 住户报修记录表　　　　　　　　　D. 客户家庭安装/维修单

3. 判断题

(1) 楼地板、扶梯踏步板断裂和阳台、晒台、扶梯等各种扶手栏杆松动、损坏属于报修中的一般项目。(　　)
(2) 已立项案件在未处理完成之前，任何人无权随便销项。(　　)
(3) 接到一般项目报修的，应在 48h 内修理。(　　)
(4) 物业服务企业未按时维修造成客户损失的，应当承担赔偿责任。(　　)
(5) 公共设备设施报修服务规定，工程部主管按照报修内容，安排维修人员带齐维修工具及备件于 30min 内赶到现场进行维修。(　　)

情境 10　如何做好物业客服

二、案例分析

1. 一日，某贸易公司负责人非常气愤地向大厦物业服务公司投诉。称其业务合作单位从上海寄来的合同及资料，已连续两次被退回。物业服务公司在退信条中写着：查无此单位。上海的业务单位因此怀疑他们的公司是皮包公司或骗子公司，准备不再与他们进行业务合作，为此该公司将损失大笔生意。该公司负责人强烈要求物业服务公司尽快给予明确答复并采取补救措施，否则，要赔偿由此造成的所有损失。

问题： 你认为此事应怎样处理？

2. 某小区一位业主与人不常往来，虽然人到中年，但还没有成家，脾气也有点古怪。平时说话虽然比较客气，但对别人的要求特别多，一般人都躲着他，尽量避免同他接触。物业管理处无法绕开他，得同他打交道，领教了他的啰嗦。

8月，物业管理处登门向他收缴物业管理费，他却提出楼上渗水，给他造成一定损失，等把这一问题处理好，他才付物业管理费。于是物业管理处把楼上业主请来，通过协调，楼上业主拿出200元作为补偿，他很满意地接受了。第二天，上门向他收缴物业管理费时，他又提出他家防盗门上的对讲机没装好。物业管理处马上联系工程队重新为他安装调试好，直到他点头为止。第三次上门时，他又说6楼空调滴水，把这一问题解决了再说。物业管理处人员二话没说，到6楼把空调滴水管予以改道。当第四次登门时，他又提出5楼空调也在滴水。物业管理处人员又上5楼把空调的滴水管挪了位置。当物业管理处第五次登门时，他又提出他家厨房下水道在咕咕乱响，好像不太通畅，物业管理处人员还是笑呵呵地满口答应解决。第二天，维修工满身大汗为他疏通了下水道，直到他满意。就这样，物业管理处员工不厌其烦的优质服务，终于感动了这位"上帝"。当物业管理处员工问他还有什么不称心的地方需要服务时，他竖起大拇指说："你们物业管理处真可谓百里挑一，没得话说，我服了！"说着很爽快地掏出钱，付了物业管理费。

问题： 你认为本案例的成功解决靠的是什么？

3. 这是一个周末的黄昏，业主刘女士照例来到小区中心广场散步，在她身旁活蹦乱跳的是刘女士已3岁的儿子小强。邻居们对聪明可爱的小强都非常喜欢，常常逗他玩儿并给他买零食。每每这时刘女士心里都像喝了蜜似的，一个字"爽"。

突然，人群中窜出一条大黑狗，像疯了似的扑向小强……人们对眼前发生的一切都惊呆了，刘女士更是吓得连话都说不出来。稍顷，等大家回过神来，那条大黑狗已一溜烟似的消失了。望着虽未受伤但因惊吓而号啕大哭的小强，愤怒的刘女士向围观的人们打听那条大黑狗的主人是谁，大家议论纷纷莫衷一是。这时人群里有人说这是一条没有主人的野狗，已在小区附近出没好几天了。

就这样，大家不约而同地想到了物业。于是，在众人的"支持"下刘女士到物业管理公司投诉，要求物业管理公司给一个说法。

问题： 你认为应如何解决此事？

4. 某大厦16条雨水干管垂直贯穿3~5层主人房阳台板后，从4层阳台顶部弯出墙外连通污水干线，唯一的检修疏通孔就在弯部。要实施检修疏通，必须穿行于4层的居室，这就不可避免地会给业主带来或多或少的不便。因而，许多人不愿给予配合。

一次，管理处准备对其中一条雨水干管进行清淤。维修人员两次上门联系，都被业主拒之门外。维修主管又第三次登门做工作，还是没有做通。业主认为管道清淤总是折腾自

己家，强调管理处应当拿出一劳永逸的方案，并要求同主任会面。

问题：你认为此事应如何处理？

5. 某小区2月10日早上6:30接待中心接到某幢A座505室业主家政服务的电话，业主要求8:30为其进行家政服务，值班员小李轻车熟路的开出了《工作任务联系单》，通知家政服务中心负责人。8:50分时，值班员小李又接到某幢A座505室业主的电话，"我通知你们是8:30来家政服务的，你看现在几点了，一点服务的时间观念都没有；我要投诉你们这种怠慢的服务态度"。

接到业主投诉后，接待中心负责人找到家政服务中心负责人了解情况，得知已按开单时间和相关的要求派出了两名家政服务员去为某幢A座505室做家政，为何不见人呢？家政服务中心负责人找到那两名家政服务员问其原因，得到的回答是：某幢A座303室业主不在家。原来是值班员小李在开《工作任务联系单》时因字迹写得太潦草，而导致家政服务人员把505室看作303室。

问题：如果你是该负责人，你会怎样处理此事？

<h2 style="text-align:center">本情境"进入角色"参考答案</h2>

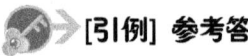 **[引例] 参考答案**

一是反思，法规和政府赋予物业公司许许多多带有城市管理色彩的责任，其中有些确实是物业公司难以履行到位的，因为物业公司只能"靠嘴去管"，而有制约力的部门在需要时又往往不能给予足够支持和有力配合，物业公司面对诸如此类的问题，也确实很难。不过明知管不了或管不好的也要去管，一旦管不了或管不好时马上报告，至少也能得到一个态度积极的评价。问题能够解决当然最好，解决不了，也不会被戴上"不作为"的帽子。这不能不说是物业公司这样一个"弱势"角色所应采取的一种生存策略。而是在管理中，应做好统一规划，尤其是商业网点，还要利用好有关规定，如住宅楼下商业经营的一些约束性规定，不能一味地迁就那些违章或不道德的行为。

[案例10-1] 参考答案

管理处首先应该表明要尽所能配合用户做好开业典礼的积极态度，让用户清楚管理处不是有意为难，而是为了绝大多数用户和维护大厦形象的整体利益，不得已而为之，求得用户的理解支持。另外，还要向用户介绍讲解物业管理的有关规定，说明不予批准是有所依据的。当然，如果该公司能在用户入住时，就询问用户的要求，讲明大厦的有关规定，如开业典礼怎样申请、管理处有哪些要求，管理处能够提供的服务等，那效果就会更好了。物业服务企业在工作中应该树立"防患于未然"的理念，应考虑周全，做到事先。

在实际案例中，接到用户函件投诉后，物业管理处的上级公司非常重视，由公司主管出面，与用户进行沟通。在沟通中，公司主管首先表明公司及管理处愿意积极配合用户办好开业典礼，管理处将在大堂设立欢迎标志和引导标志，安排保安人员、保洁人员协助维持现场秩序和清洁，还同意用户使用大堂做开业讲话。但由于典礼安排在办公时间，而且是在大厦的公共场所，必定会严重影响大厦其他用户的正常办公，因此，尽管业主同意舞狮，考虑其他客户可能会出现的不愉快反映，舞狮计划仍不能批准。再者，如果开此先河，其他用户纷纷效仿，大厦今后的办公环境将无法保证，用户本身以后也将身受其害。同时，在恰当的时机，公司主管还委婉地提示用户，管理处不予批准的依据就是《大厦用户手册》，用户应该遵守执行，而不应明知故犯。

在公司主管有理、有据、有节的沟通说服下，策划部门负责人心悦诚服地接受了公司主管的劝说，放弃了舞狮计划。

[案例 10-2] 参考答案

物业服务人员的做法是不妥当的，应该尽自己所能帮助业主。如果物业公司有这样的能力，在收取必要的费用的情况下，是可以承接这样的特约服务的；若没有这方面的能力，可以帮助业主联系宠物店或爱心人士等来解决业主的难题。

[案例 10-3] 参考答案

一是应考虑供暖期来临前，试水试压等准备工作是否考虑周全，有无漏检情况存在，对供暖期间可能出现的情况是否做到了"心中有数"；二是应考虑维修人员是否做到配备到位，维修不及时，是维修人员不足，还是管理调度不合理造成的；三是应考虑维修人员的敬业精神和技术水平，是否存在人为的因素，所导致的工作效率低下，造成人员不足的错觉。

情境 11

各类型物业的物业管理

情境设定

张明是某项目物业服务公司的一名新员工,公司有多种类型的管理项目,但张明由于缺乏工作经验,不知道住宅小区物业、写字楼物业和商业物业到底有什么区别。请你告诉张明,上述三种类型的物业有什么区别?其物业管理的重点又有什么不同呢?

情境 11　各类型物业的物业管理

引 例

保安酒后殴打学生

2003年1月2日，某高校物业管理中心的两名保安外出吃饭，由于喝酒过量，在回宿舍的途中酒醉，行走不便，强行要一名学生送两人回宿舍。学生没有理会，两人强行抓住学生，发生了纠缠，并且动起手来，两人将该学生的眼镜打碎，伤及眼眉。该学生被送往医院救治，眉骨处缝合3针。事发后，其他学生报告给学校保卫处，校保卫处立即将两名保安人员送往派出所，经查属实，被拘留审查。

物业管理中心知道此事后，立即由中心主任和主管副主任前往医院看望学生，并表示慰问。同时决定在学生住院期间，每天负责送饭给打伤的学生。在核实了事件发生的情况后，按照规定，对两名保安做出开除的决定，扣罚当月工资，罚款500元。

学生家长得知此事后，由于同处一城，立即向学校提出要求，赔偿伤病和精神损失，还要物业管理中心做出检查，否则就要在报刊上予以曝光，还扬言与学校领导很熟，一句话就可以让后勤集团的领导下台等。

针对此情况，物业管理中心进行了分析，认为此事发生在保安下班后，个人喝酒过量所导致的，系个人行为，与物业管理中心无关，物业管理中心只是有教育不严的问题。因此不予理会，仍然每天送饭到医院，并且为其熬制鸡汤等补养品，悉心照顾着学生，一直到其出院为止，并为其交付了住院费和医药费。在这期间，学生家长多次威胁，并四处找人，物业管理中心也没有对其要求作出明确反应，一直拖了近一个月。最后，学生家长提出了让学生补考的要求，不再提要物业管理中心检查等要求了，物业管理中心立即联系了学生处，做出了缓考的决定，解决了学生因伤没有参加期末考试的问题，此纠纷也得到了圆满解决。

分析： 保安打人首先违反了《中华人民共和国治安管理处罚条例》第二十二条第一款："殴打他人，造成轻微伤害的，处15日以下拘留，200元以下罚款或者警告。"由于殴打部位在脸部，可能会造成他人留下疤痕，因此构成了伤残罪，依据《中华人民共和国刑法》第二编分则，第四章侵犯公民人身权利、民主权利罪第二百三十四条："故意伤害他人身体的，处3年以下有期徒刑、拘役或者管制。"但是，保安的行为系下班后个人行为，与物业管理中心无关，物业管理中心不应该承担经济赔偿责任和法律责任，但应承担教育和管理职工的责任，并且物业管理中心在处理此事中一直从人道主义出发，坚持为被打学生送饭，还为其支付了医药费和住院费，做到了仁至义尽，并以冷处理的办法，最后解决了问题，可以值得借鉴。

进入角色： 假设你是该物业管理中心的一名工作人员，以上做法对你有何启示？

11.1　住宅区物业管理

住宅区是指按照城市统一规划进行综合开发、建设，达到一定规模，基础设施配套比较齐全，相对封闭、独立的居住区域。

住宅区按照其配置的现代化程度，可以分为普通住宅小区和智能小区。

11.1.1 住宅区物业特点与管理要求

1. 住宅小区的功能

住宅小区的主要功能有以下几方面。

1) 居住功能

住宅是人类生存和发展的最基本的生活资料之一，也是人类自身再生产的不可缺少的条件。住宅有为人们提供避风遮雨、繁衍后代的居住栖身之处的功能，这是住宅小区最重要也是最基本的功能，一般它要根据住户的不同需要，提供各种类型的住宅，如普通居住单元、别墅等。住宅小区首先要为城市居民提供生活场所和环境，然后才为商业、文化教育、服务业、银行、邮电、卫生等部门提供用房。因此，住宅小区管理首先应保证为人们提供舒适、方便、优美的生活环境。

2) 服务功能

住宅区的公用配套设施应能为住户提供多种类、多层次的服务，这是城市经济发展和房地产综合开发的要求。从教育卫生项目来看，既包括托儿所、幼儿园、医疗诊所、卫生防疫站等，也包括小学、中学；从商业、服务业角度看，既包括超市、食品店、粮店、百货店、菜场，也包括饭店、饮食店、咖啡厅、银行、邮局、家电维修部、煤气站等；从文化、体育、娱乐服务系统来看，既包括书店、图书馆、阅报栏，也包括游泳池、康乐中心、电影院、录像室、网吧等。

3) 经济功能

从社会消费看，住宅既是人们最基本的生活资料，又是使用时间长、价值量大的商品，因此，人们非常重视它的保值增值问题，希望有专业力量来帮助他们管理这一财产。住宅小区的物业管理是一种有偿的委托管理，体现着一种交换关系，物业服务企业提供合同规定的管理和服务活动，业主和使用人必须支付相应的费用，作为物业服务企业的经营收入。住宅小区内所有的管理服务都是有偿的，并且在管理中还开展房屋买卖、租赁等中介服务活动，这就使物业管理具有了经营色彩。因此，住宅小区管理是经营型的，具有明显的经济功能。

4) 社会功能

住宅小区的居民以及为之服务的各种行政、商业、文体等团体，他们相互联系，共同构成了住宅区的社会关系，形成了一个社会网络，相互影响和相互制约。居民的活动是一种微观活动，同时又是社会活动，因为住宅小区是居民共同居住的地区，居民之间免不了要发生各种关系，还有一些社会团体、治安部门、商业服务业机构、文化教育部门、银行、邮电部门等，也要介入小区之中，他们或者执行社会管理职能，或者为居民提供相应的服务，从而围绕小区形成了一个相互影响、相互制约的社会网络。住宅小区的社会功能是否完备，直接影响着小区内人际关系和精神文明建设。

2. 住宅小区的特点

住宅小区相对于一般单体住宅或单幢住宅楼来说，由于其是小区，更注重物业的整体性、相关性。住宅小区，尤其是新建住宅小区有以下特点。

1) 统一规划，综合开发

由于城市建设的发展和人们物质文化水平及居住条件的提高，住宅区的规划布局有了很大变化。在"统一规划、合理布局、综合开发、配套建设"原则的指导下，全国广大城镇统一规划、综合开发的新型住宅小区成片地兴建起来。

这些新建住宅小区，规划布局合理，配套设施日益完善，改变了过去单一的、分散的结构和功能，向节约用地、高密度、综合化和现代化方向发展。

2) 规模大，功能全

新建居民小区一般为多层、多栋楼体建筑群，少的几万平方米，多的十几万甚至百余万平方米。这些楼梯建筑群，除住宅楼之外，还有商业大楼、超级市场、电影院、体育馆、音乐厅、医院等。

小区已不仅是人们避风雨、挡严寒、生活休息、繁衍后代的栖身之处；而且是学习、工作、教育、科研的重要园地；还是休闲、娱乐、文化、体育活动的乐园；也是进行区域内购物、饮食、生活服务的场所；更是社会主义精神文明和物质文明建设的基地。住宅小区内的多功能性，给小区物业管理工作带来了很大的难度。

3) 房屋结构整体化，配套设施系统化

住宅小区内，多座单体楼宇构成一个小区房屋系统；每栋楼房的地上建筑与地下建筑构成一个整体；区域内供水、排水、各种热力、煤气管网互相联系构成一个网络系统，而这些系统交融组合形成了一个庞大的、复杂的、多功能的大系统。各种服务设施、配套设施、区域内绿化、道路、各种供水、供电、热力管网都是统一设计规划的，除住宅外，几乎都是为全住宅区服务的，是无法分割的，使住宅小区变成一个小社会。这就必然要求统一管理，统一经营。

4) 产权多元化，管理复杂化

由于住宅建设投资的多渠道、住宅的商品化及房改的深入，使房屋的产权结构发生变化。在市场经济条件下，房屋产权由单一所有制变为产权多元化。一个居住区、同一栋楼宇内，全民、集体、个人、外产等不同的产权共存。

总之，住宅小区规划、设计、建设的统一性、系统性、功能的多样化、房屋结构与配套设施的系统化，再加上产权的多元化，给小区物业管理造成了极为复杂的局面，导致物业管理工作的复杂化。

3. 住宅小区物业管理的特点

1) 社会性

住宅小区是人们生活、居住的地方，是整个社会的一个组成部分，它的管理必然具有很强的社会性。小区内居住着各行各业的人员，居住的人口结构十分复杂，产生社会化现象。物业服务企业应争取住宅小区居民及社会各方面力量的支持与帮助。

2) 统一性

住宅小区内部的各个组成部分形成一个整体，如果仍然采用传统的房屋管理模式进行管理，各自为政，其弊端显而易见。因此，对小区内的保洁、绿化、安全保卫、进出小区的车辆、公共设施维修养护及业主的房屋装修等进行统一的管理是现代小区物业管理的主要特点之一，既可保证有效成本的控制，又能提高综合服务质量，使业主直接享受到物业服务的成果。

3) 复杂性

复杂性主要体现在居民的构成复杂，对物业管理服务内容和标准要求不一；房屋产权具有多元化的特点，使得管理难度增大；在住宅小区的物业管理实施过程中要涉及市政各部门、公安、街道办事处等多个部门和单位，需要协调关系，明确职责；由于居民的收入水平和物业管理消费意识差别较大，目前住宅小区物业管理服务费用收缴工作难度较大，具有相当的复杂性。

4) 艺术性

为使住宅小区的环境幽雅、整洁美观，给居住小区的人们提供一个良好的生活、休息和学习的环境，物业服务公司应注意从艺术的角度对环境的管理加以美化。

4. 住宅小区物业管理原则

住宅小区管理服务内容广泛，是个庞杂的系统工程。要想提高物业管理水平和效率，保证小区的良好运转，实现良性循环，必须遵循以下几点原则。

1) 服务第一，方便群众的原则

住宅小区管理和服务工作涉及千家万户，因此，应根据不同对象的服务需求，提供多种服务，提高服务质量，用优质完善的服务满足业主和使用人居住生活的需求。

2) 统一经营，综合管理的原则

现代住宅小区体系完整，配套设施、设备齐全，有很强的整体性、系统性。只有统一经营，综合管理，才能充分发挥小区的整体性，达到各环节、各部分工作的完善协调，带来小区的良好运作。

3) 有偿服务，合理收费的原则

住宅小区服务收费应当遵循合理、公开以及费用与服务水平相适应的原则，让业主和使用人能够接受并感到质价相符、物有所值。

 案例 11-1

小区内的单栋楼能独立实行物业管理吗

某机关将一小区内的一栋住宅楼全部买下，分给单位职工居住。小区内的物业由小区的物业服务公司进行统一管理。该单位感觉物业管理费比较高，而物业管理服务质量却难如人意，所以就想把自己买下的这栋楼封闭起来，由本单位自己进行管理或由本单位委托其他物业服务公司来管理。

开发商明确告知该单位，这是绝不可能的。该单位对此不以为然。该单位员工认为，不是说业主有权选聘物业服务公司吗？开发商有什么权力来干涉？双方为此争得不可开交。

分析： 根据《物业管理条例》规定，小区必须实行统一的物业管理，而不能由部分住户单独再委托其他的物业服务公司来管理。本案例中，购房单位虽然将小区内的一栋楼全部买下，但是该住宅楼中是这个小区的一部分，与小区整体不可分割，该单位的员工也只是这个小区住户的一部分，与其他住户权利等同。可见，单独封闭某一楼宇是不允许的。

进入角色： 假设你是该单位的一位职工，如果该小区物业服务公司确实服务不到位，收费不合理，针对这一情况，单位应该怎样维护自己的权益？

5. 住宅小区物业管理的内容

住宅小区物业管理，是指对住宅小区的房屋建筑及其设备、市政公用设施、绿化、卫生、交通、治安和环境容貌等管理项目进行维护、修缮与整治，包括管理、经营与服务三个方面的工作。

1) 住宅小区内房屋及设备的维护与修缮管理

(1) 房屋外观完好、整洁，外墙面砖、涂料等装饰材料无脱落，无污迹。

(2) 小区内组团及栋号有明显标志及引路方向平面图。

(3) 禁止违反规划私搭乱建，不得擅自改变房屋用途。

(4) 封闭阳台统一有序，阳台的使用不碍观瞻，房屋装饰不得危及房屋结构与他人安全。

(5) 房屋完好率达 98%以上，零修及时率达 98%以上，零修合格率达 100%，并建立回访制度和回访记录。

(6) 房屋的资料档案要齐全，管理完善，并建立住户档案，住户所在栋号、门号、房号要清晰，随时可查。

2) 住宅小区公共设备设施维护与修缮管理

(1) 共用配套设施完好，无随意改变用途。

(2) 共用设施设备运行、使用及维护按规定要求有记录，无事故隐患，专业技术人员和维护人员严格遵守操作规程与保养规范，公共设备图样资料档案齐全，管理完善。

(3) 供水设备正常运行，保持设施完好，二次供水卫生许可证、水质化验单、操作人员健康合格证齐全。

(4) 电梯按规定时间运行，安全设施齐全，制定出现故障后的应急处理预案。锅炉供暖、煤气、燃气运行正常，三北地区冬季供暖的居室内温度不低于 16℃。

(5) 道路保持通畅，路面平整，要求井盖无缺损无丢失，排水排污管道要保持畅通。

3) 住宅小区环境卫生的维护管理

(1) 小区内环卫设施要完备，设有垃圾箱、果皮箱，垃圾中转站等保洁设备。

(2) 有专职的清洁人员和明确的责任范围，小区实行标准化清扫保洁，垃圾日产日清。

(3) 房屋共用部位保持清洁，无乱贴、乱画，无擅自占用和堆放杂物现象，楼梯扶栏、天台、公共玻璃等保持清洁。

(4) 商业网点管理有序，符合卫生标准，无乱设摊点、广告牌和乱贴、乱画现象。

(5) 无违反规定饲养宠物、家禽、家畜。

4) 住宅小区绿化管理

(1) 小区绿地布局合理，花草树木与建筑小品配置得当。

(2) 新建小区公共绿地人均应在 $1.5m^2$ 以上。旧区改造的小区，公共绿地人均不低于 $0.5m^2$。

(3) 不能改变绿地使用用途，不能破坏、践踏、占用绿地；绿地保持清洁，不能有纸屑、烟头、石头等杂物，花草树木修剪整齐。

5) 住宅小区安全与交通管理

(1) 小区基本实行封闭式管理。

(2) 有专业保安队伍，实行 24 小时值班及巡逻制度，保安人员熟悉小区的环境，文明值勤、训练有素、言语规范、认真负责。

(3) 保安人员要有明显标志，工作规范、作风严谨。

(4) 危及人身安全处要有明显标识和具体防范措施。

(5) 机动车停车场制度完善，管理责任明确，车辆进出登记。

(6) 非机动车辆管理制度完善,按规定位置停放,管理有序。

6. 住宅小区精神文明建设

1) 住宅小区精神文明建设的内容

(1) 开展精神文明建设,制定住宅小区居民精神文明公约。
(2) 完善、充实娱乐场所和文体活动设施,开展丰富多彩的文体活动。
(3) 建设高雅的社区文化,培育健康的社区精神。

2) 精神文明建设通常可以采取的活动方式

(1) 运用传播文化和工具的康乐设施。
(2) 组织各类体育比赛、舞会和文艺演出晚会。
(3) 创建文明单位。
(4) 开展"优质服务竞赛"活动。
(5) 开展人际交往,推行"社团"活动。

阅读资料11—1

深圳城建:棋高一着

2000年5月,在武汉中央花园物业管理权招标会上,深圳市城建物业服务公司战胜竞争对手,获得业主代表的全票通过,以绝对优势一举夺标。

在常人看来,物业管理一般包括公共安全、环境保洁、绿化养护、社区文化等日常的管理与服务工作。尽管这些对深圳城建物业服务公司来讲驾轻就熟,但仅凭这些与其他物业公司相比并不占多少优势。城建物业有它自己独特的制胜秘诀。

(1) 综合治理确保小区平安。确保小区居民生命财产安全、生活安宁是物业管理的首要工作。城建物业计划在小区已建成部分的四周设置铸铁通透式围栏,既与区内住宅楼的总体设计风格相协调,美观大方,又便于实施封闭式管理。在一期工程全部入住后,安排保安护卫人员24h值班。同时,与驻地附近的部队或武警官兵、派出所联系,携手在小区组织开展"军警民共建安全文明小区"活动。另外,在绝大部分业主入住后,将与业主委员会协商,投入部分资金,参照一些采用现代技防设备的先进小区的做法,进一步完善和提升中央花园的技防水平。人防并举,确保小区安全。

(2) 借助集团消费为住户降低生活费用支出。他们计划成立中央花园"住户消费服务社",通过集体(批量)订货、购买,为小区内的住户采购日常大宗消费用品(如米、油、洗涤用品、卫生纸等)以节约开支;通过电话预约、送货上门等方式,为住户,特别是家有老人、小孩的生活不方便住户提供方便和周到的服务。

(3) 确定"特别关爱对象",安排专人实施重点服务,为他们排忧解难。如对家有高龄老人、残疾人、弱智人的家庭,管理处将建立专门档案,作为重点对象,提供专项服务和经常性的帮助,并发动和组织居民、邻里"献爱心"。通过互帮互助,形成融洽而温馨的小区人际氛围。

(4) 拓展以家政服务、社区服务为主要内容的多种经营路子,为小区居民生活、工作提供各种方便。如介绍可靠的保姆和"钟点工",提供家电维修与清洗,代订报刊、牛奶,上门回收废旧物品,免费为业主介绍房屋出租等。

(5) 开办周一到周五的小区"四点半儿童学校",为双职工家庭安心工作解除后顾之忧。所谓"四点半学校"，即在一般小学和幼儿园(大班)下午 4:30 左右放学到 6:00 左右家长下班回到家里之前的一个多小时的时间内，由管理处专门拿出场地，安排专人组织孩子们或做家庭作业，或做游戏，或进行体育活动等，直到家长下班后将孩子接回家或电话通知孩子回家。

(6) 围绕帮助业主(住户)子女全面发展和成才，组织开展多方面的活动。如举办少儿素质教育成果展览展示、作文比赛，在寒(暑)假组织举办冬(夏)令营等。同时，为提高住户的家教水平，还将聘请武汉大学、华中师大等高校的有关专家教授作为中央花园住户的"家庭教育顾问"，定期或不定期地到小区为家长开办辅导讲座，并进行现场示范、答疑。

(7) 组织开展丰富、高雅而又为居民喜闻乐见的各种社区文化活动，促进正常的人际交流和小区居民共同价值观念、文明风尚和社区精神的形成。每周一早晨举行例行的升国旗仪式；在居民活动、休闲相对集中的广场边设置美观、漂亮的不锈钢阅报栏，并每天更换新的报纸；开设图书阅览室，乒乓球室、棋牌室、健身房、老年人门球俱乐部；举办以家庭为单位参加的"小区运动会"等。

(8) 培养和提高业主的"物业管理消费"意识，使物业管理和服务水平的提高与管理费的收缴达到一种良性循环的状态。具体做法：一是举办"业主与物业管理"知识培训班，向业主介绍其权利、义务和物业管理的基本知识、基本要求，经业主进行"算账对比"，使之认识物业管理的好处和价值；二是请业主代表了解管理人员，如保洁员、保安员的工作，使他们体会物业管理人员的辛苦；三是经常性地征询业主的意见，及时改进工作，并按规定每季度公开管理处财务收支账目。通过采取这些措施，逐步提高业主管理费的交缴率，以保证物业管理和服务的正常运作。

11.1.2 智能小区建设

所谓的智能化住宅小区，是指通过综合配置住宅区内的各功能子系统，以综合布线为基础，以计算机网络为区内各种设备管理自动化的新型住宅小区。普遍认为智能化住宅小区为"三A"系统。

(1) 安全自动化(Safe Automation System，SAS)：包括室内防盗报警系统、消防报警系统、紧急求助系统、出入口控制系统、防盗对讲系统、煤气泄漏报警系统、室外闭路电视摄像监控系统、室外的巡更签到系统。

(2) 通信自动化(Communication Automation System，CAS)：包括数字信息网络、语言与传真功能、有线电视、公用天线系统。

(3) 管理自动化(Management Automation System，MAS)：包括水、电、煤气的远程抄表系统，停车场管理系统，供水、供电设备管理系统，公共信息显示系统。

1. 小区智能化系统的构成如下

1) 安全自动化系统

(1) 室内部分。

① 红外线防盗探测器。

② 煤气泄漏报警及自动关闭门系统。

③ 消防报警系统。

④ 紧急救助系统。

⑤ 门磁系统。

(2) 室外部分。
① 小区摄像监控系统。
② 保安巡更签到系统。
2) 通信自动化系统
(1) 利用电信网络作为传输网络。
(2) 利用有线电视网络作为传输网络。
3) 管理自动化系统
(1) 小区车辆出入管理系统。
(2) 小区自动抄表系统。
(3) 小区设备管理系统。

2. 小区智能化实现的方式

(1) 利用小区总线。
(2) 利用有线电视网络。
(3) 利用电信网络。

3. 智能化住宅小区整体方案优化原则

(1) 功能需求限额原则。
(2) 可操作性原则。
(3) 匹配原则。
(4) 可靠性原则。
(5) 经济性原则。
(6) 持续发展原则。

11.2 写字楼物业管理

"写字楼"一词是由境外传入的,按照国内的习惯,通常称为"办公楼",主要用作办公用途。

现在物业管理中,写字楼是指供各种政府机构的行政管理人员和企事业单位的职员办理行政事务和从事商业经营活动的大厦。现代写字楼一般具有现代化的设备、智能化的设施,由办公用房、辅助用房和交通系统三部分组成。

11.2.1 写字楼物业的分类、特点与管理要求

1. 写字楼的分类

目前,我国对写字楼的分类尚无统一的标准,专业人员根据工作需要,通常依照建筑面积、使用功能、现代化程度、综合条件等进行不同的分类。

1) 按建筑面积分类
(1) 小型写字楼,建筑面积一般在 1 万平方米以下。
(2) 中型写字楼,建筑面积一般在 1 万~3 万平方米。
(3) 大型写字楼,建筑面积一般在 3 万平方米以上。

2) 按使用功能分类

(1) 单纯型写字楼，基本上只有办公一种功能。

(2) 商住型写字楼，具有办公和居住两种功能。

(3) 综合型写字楼，以办公为主，同时也具备其他多种功能，如公寓、餐厅、商场、娱乐厅等功能。

3) 按现代化程度分类

(1) 非智能型写字楼，也就是自动化程度较低的普通写字楼。

(2) 智能型写字楼，通常包括通信自动化、办公自动化、大楼管理自动化、建筑设备自动化等。

4) 按综合条件分类

(1) 甲级写字楼，具有优越的地理位置和交通环境，建筑物的物理状况优良，建筑质量达到或超过有关建筑条例或规范要求，有完善的物业管理服务，包括 24h 的设备维修与保安服务。

(2) 乙级写字楼，具有良好的地理位置，建筑物的物理状况良好，建筑质量达到有关建筑条例或规范的要求，但建筑物的功能不是最先进的，有自然磨损存在，收益能力低于新落成的同类建筑物。

(3) 丙级写字楼，物业使用年限较长，建筑物在某些方面不能满足新的建筑条例或规范要求，建筑物存在较明显的物理磨损和功能陈旧，但仍能满足低收入承租人的需求，租金低，尚可保持合理的出租率。

2. 写字楼的特点

1) 建筑规模大，机构和人员集中

写字楼多为高层建筑，层数多，建筑面积大，少则几万平方米，多则几十万平方米。因此，可供租售的面积也不断增加，业主或租赁单位多，人口密度很大。

2) 建筑档次高，设备先进

写字楼购建安装的设备设施都是比较先进的，如供电系统一般设有两路电源供电，同时设有柴油发电机组作为应急电源；大厦设计安装中央空调以保证大厦冬暖夏凉；根据客流量大小，设计安装多部电梯。另外，大厦内一般都配有楼宇智能系统，保证大厦内秩序井然，正常运转。

3) 地理位置优越，交通便利

写字楼多位于城市中心的繁华地段，与公共设施和商业设施相邻，有便利的交通条件，方便人员往来。

4) 使用时间集中，人员流动性大

写字楼的作息时间比较集中，上下班时间及办公时间人来人往、熙熙攘攘、川流不息；下班后人走楼空，冷冷清清。

5) 功能齐全，设施配套

现代写字楼一般拥有大(小)会议室、小型酒吧、娱乐餐饮、健身房、停车场等。综合型写字楼还有餐厅、商场、商务中心、银行、邮电等配套服务场所设施，能为客户的工作和生活提供很多方便，满足高效办公的需要。

3. 写字楼物业管理的要求

写字楼主要是办理行政事务，从事业务活动的场所。这里公务来往频繁，商业洽谈不断，这些特点决定了对其物业管理的独特要求。

1) 要求确保设备能完好运行，正常使用

写字楼内单位、人员众多，电脑、传真机、通信设备、打印机等全天使用，必须保证供电系统的正常运行，否则将会影响办公人员的工作效率，甚至会给客户带来巨大损失，导致客户的投诉或索赔。

电梯是高层写字楼中最重要的交通工具，所以电梯要制定严格的运行和养护制度，保证其正常使用；中央空调、通信设备等都是大楼的重要设备，要经常检修、维护，保证其完好，不影响办公人员的正常使用。

2) 要求加强安全管理，提供安全保障

高层写字楼人员流动大，且隐蔽死角多，必须加强治安保卫。对电梯间、楼梯间及各隐蔽地方，保安人员要定时巡逻检查，并建立严格的督促机制。楼内的各种管道、通风口、竖井等极易给坏人提供便利，要有安全措施。节假日，对进入写字楼办公区域的人员要有严格的登记查证制度。

必须做好应付突发事件的各类预案。如高层楼宇造成火灾的因素很多，一旦发生火灾，后果难以想象，必须特别注意预防各类火灾发生，保证消防设施的完好和消防通道的畅通。一旦有突发事件，物业管理人员应冷静处理，将损失控制到最低。

3) 要求保持环境优雅、整洁

写字楼由于人员出入量大，容易出现脏、乱和建筑材料损坏问题。为了保持干净、整洁的办公环境，写字楼内、电梯间、卫生间、走廊、大堂等公共区域的卫生及办公区域的卫生，应由专业的保洁人员进行定时、定期的清洁维护，力争做到无杂物、无灰尘。同时，为了改善写字楼形象，大楼外墙也应定期清洁，以保持楼宇外表美观，楼内垃圾要及时清运，定期消毒，预防疾病的传播。

写字楼内应适当摆放花卉和绿色观赏植物，既增加了美感，又净化了环境，使楼内的人员感到舒适、优雅。

4) 写字楼的科技含量大，对物业管理人员提出了更高的要求

写字楼自身规模大、功能多，特别是智能化的写字楼设备设施都很先进，这些先进设备的使用与维护，要求具有与之相适应的专业技术知识，对管理人员的要求自然更高了，许多设备设施的维修养护按照国家有关规定，要持证上岗。同时，指导业主和使用人正确地使用设备，避免因不正常的使用操作而导致设备损坏，也是物业管理服务的工作之一。

11.2.2 写字楼物业管理的组织实施

1. 写字楼使用前的准备工作

(1) 物业服务企业与大厦业主委员会签订物业服务合同，明确责、权、利关系，并制定管理规约或用户公约。

(2) 制定物业管理方案，草拟写字楼各项管理制度、服务质量标准、各工作岗位考核标准、奖金办法等。

(3) 根据写字楼的具体情况，编写物业管理维修公约，计算出楼宇各部分所占的管理

份额，使入住者公平地负担物业管理费及管理专项维修资金的支出。

(4) 根据写字楼的特点及周边环境，制定出争创全国或省、市、自治区物业管理示范大厦的规划和具体的实施方案，并落实到各部门。

(5) 按照有关规定，做好写字楼的接管、验收工作。

2. 房屋的维修维护管理

(1) 写字楼装修监督管理。在物业服务企业与业主和使用人共同签订的物业管理公约中都会约定"装修条款"，将房屋装饰装修中的禁止行为和注意事项告知业主和使用人；业主和使用人在进行装修前，装修方案应经物业服务企业审核批准；物业服务企业应对施工过程进行必要的监控；装修工程结束后，物业服务企业要检查和验收。

(2) 日常维护。对建筑物各部位做好日常检查工作，如检查发现问题，应由检查部门提出申请，经批复后技术部门人员到场，做好损坏部位的原因分析与鉴定工作，并进行维修。要保障写字楼外观的完好整洁，引导标志齐全完好。应使房屋完好率达到98%以上，零修及时率达到98%以上，零修合格率达到100%，并建立健全用户回访制度，做好回访记录。

(3) 大修改造。对需大修改造的项目，应制订大修改造计划，并经业主、业主委员会或业主大会讨论通过后实施。工程施工过程中应跟踪监理，完工后应进行工程验收。

3. 写字楼的设备设施使用管理及维修养护

为了保证设备能够正常运行，延长使用年限，应制定严格的设备养护和维修制度，做好设备的日常养护、检修工作。此外，设备管理人员应实行24小时值班制度，以最短时间内处理突发运行故障。

4. 安全管理服务

(1) 根据实际需要建立安全管理组织机构，配齐安全管理人员，包括保安人员、消防管理人员。

(2) 建立有效的安全制度，如保安人员交接班制度、值班制度、电视监控管理制度、写字楼门卫管理制度、保安巡逻管理制度、消防管理制度、车辆管理制度，并保证安全制度的实施。

(3) 确立保安巡逻的岗位和路线，做到定时、定点、定线巡逻与突击检查相结合，特别注意出入口、仓库、停车场(库)等隐蔽处。

(4) 在主要入口处、电梯内、贵重物品存放处及易发生事故的区域或重点部位安装闭路电视监视器，发现异常及时采取措施。

(5) 建立24小时固定值班、站岗和巡逻制度，做好交接班工作。

(6) 配备必要的消防设备设施，建立消防管理档案。定期组织及安排消防检查，消除消防隐患，迅速处理消防事故。

(7) 做好停车场管理工作，加强车辆进出与停车的引导服务和及时疏导来往车辆，使出入写字楼的车辆井然有序，保证车辆及行人的安全。

5. 清洁服务

写字楼清洁卫生工作要实行标准化清扫保洁，制定完善的清洁细则，明确需要清洁的部位，所需清洁次数及时间，由专人负责检查、监督。指定地点设有垃圾箱、果皮箱、垃

圾中转站等保洁设备。

写字楼的清洁卫生服务项目包括清洁保养工作，外墙的定期清洁，公共区域、走廊及通道的清洁，空调机房、变电房及楼房的配电室清洁，电梯清洁保养，消防系统及其设备的清洁，供水、排水、泵房系统及其设备的清洁，公共照明设备的清洁，公共洗手间的清洁，写字楼外围区域的清洁等。

6. 绿化服务

绿化、美化管理既是一年四季日常性的工作，又具有阶段性的特点，必须按照绿化的不同品种、不同习性、不同季节、不同生长期，适时确定不同的养护重点，安排不同的落实措施，保证无破坏、践踏，保证写字楼内四季常绿。

7. 写字楼的前台服务

写字楼的前台服务的主要项目有：通信、引导服务和留言服务，信件报刊订阅收发、传送服务，客人行李搬运、寄送服务，物品寄存服务，预订餐饮、文化体育节目票务服务，出租车预约服务，洗衣、送衣服务，提供旅游活动安排服务，航空机票订购、确认服务，文娱活动安排及组织服务，花卉代购、递送服务，代购清洁物品服务，其他委托代办服务。

8. 写字楼的商务服务

1) 硬件配置

写字楼的商务中心应配备一定的现代化办公设备，如电话、传真机、电脑、打印机、电视、录音机、投影仪及其他的办公用品。商务中心设备的配置，可根据服务项目的增加而逐步添置。商务中心人员在使用过程中，应严格按照操作程序进行操作，定期对设备进行必要的保养，设备一旦发生故障，应由专业人员进行维修。

2) 商务中心工作人员的要求

商务中心的服务要周到、快捷。商务中心工作人员应具备良好的品德修养，并有良好的服务意识；有流利的外语听、说、读、写能力；有熟练的中、英文录入能力；有熟练操作各种现代办公设备的能力；懂得商务管理、秘书工作知识和一定的设备清洁、保养基本知识。

3) 商务中心的服务项目

写字楼商务中心的服务项目应根据客户的需要进行设置，主要包括各类文件的处理打印服务；客户外出期间保管、代转传真、信件等服务；电视、录像、电脑、投影仪等办公设备的租赁服务；印刷文件、名片等印刷服务；商务会谈、会议安排服务；翻译服务；长话、传真、电信、互联网服务；邮件、邮包、快递等邮政服务；商务咨询、商务信息查询服务等服务内容。

4) 商务中心的工作程序

(1) 接待客户并了解客户所需服务项目、服务时间及服务要求。
(2) 向客户讲明收费情况，开具收费通知单，并按规定收取押金。
(3) 按客人服务项目、服务要求及时、准确地完成服务。
(4) 填写《商务中心费用收据单》，并陪同客人到财务部结账。

写字楼内部人员因工作需要使用商务中心的设备，应填写《商务中心设备使用申请单》，经其所在部门同意，方可使用。用后应在《费用结算单》上签名。

9. 写字楼的租赁管理

写字楼是收益性物业，除了业主少部分自用外，大部分用于出租。如果物业服务企业接受业主的委托代理物业租售业务，则营销推广是其一项经常性的管理工作内容。

要使写字楼保证较高的出租率和较高的收益，物业服务企业必须做好营销服务，开展写字楼营销的市场调研和营销计划制订；整体形象设计、宣传推广；引导潜在承租人考察物业；潜在承租人的联络、谈判、签约，帮助潜在承租人和业主沟通业务。

案例 11-2

车库进雨水奔驰车被泡两天 物业公司被判赔付

只因突降暴雨，物业措手不及，以致车库进水，业主停在里面的一部新款奔驰车被淹毁。业主一气之下将某物业公司告上了法庭。

某日暴雨忽降，湍急的水流向地下车库涌去。在雨水倒灌的过程中，物业公司有充分的时间通知原告到地下停车场取车，如将车开出地下停车场，将不会造成奔驰轿车被水淹没损害结果的发生。但由于物业公司主观上的疏忽，仅仅是通知其工作人员到车库入口筑坝拦水，当本案原告通过邻居得知车库进水时，此时水深将近1m，原告无法进车库取车。在雨水倒灌的过程中，被告东方物业公司采取措施不力，汽车被水淹没了近48h后，才被从车库中拖出。

分析：物业公司作为车库出租方及物业管理部门，应当按照约定保持租赁物符合约定的用途，承担地下车库物业管理养护与维修义务。案发当日的暴雨，虽然具有不可预见性，但物业公司未尽合理注意义务及充分的防御职责：物业公司主观上疏忽，仅仅是通知其工作人员到车库入口筑坝拦水，未通知车主进车库取车。造成汽车被水淹没了近48h，因此，物业公司具有过错，应负赔偿修复责任。此案例中的暴雨不是不可抗力，因为凡是基于外来因素发生的，而事件的发生虽是客观的，但当事人能够预见而由于疏忽没有预见，或者未尽最大努力加以防止的，不可抗力不能成立。

因此，法院判决：物业公司将奔驰车修复成被水浸泡前的原状，如不能按规定期限履行，就要赔偿业主修车发生的各项实际费用867336元，废弃的车辆零部件归物业公司所有。

进入角色：如果你是该公司的经理，暴雨来临时，你会怎样处理？

11.3 商业场所物业管理

商业场所是指用于商业经营性质的物业及其场所，其目的是为投资租赁者提供经营、为顾客提供消费休闲活动。其有两层含义：一是以各种零售商店(或柜台、楼面)组合为主，包括其他商业服务和金融机构在内的建筑群体；二是购物中心的楼层和摊位是专供出租给商人零售商品作为经营收入的物业。现代商场百业陈杂，不仅有多家零售商店、专业商店，还有各种服务业、娱乐场所、银行等。

11.3.1 商业物业的类型、特点与要求

1. 商业物业的类型

商场物业一般可根据建筑规模、建筑功能和建筑结构等进行不同的分类。

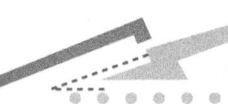

1) 按建筑规模划分

(1) 居住区商场。建筑规模一般在 1 万平方米以下，商业服务区域以某一居住小区为主，服务人口通常在 5 万人以下，年营业额一般在 3000 万~1 亿元之间。

(2) 地区购物商场。建筑规模一般在 1 万~3 万平方米，商业服务范围以某一区域为主，服务人口在 10 万~30 万人，年营业额一般在 1 亿~5 亿元。

(3) 市级购物中心。建筑规模一般都在 3 万平方米以上，其商业辐射区域可覆盖整个城市，服务人口在 30 万人以上，年营业额一般在 5 亿元以上。

2) 按建筑功能划分

(1) 综合型。包括购物、娱乐场所、餐饮店、影剧院、银行分支机构等。

(2) 商住两用型。低楼层为商场、批发部等，高楼层为办公室、会议室、居住用房等。

3) 按建筑结构划分

(1) 敞开型。商业场多由露天广场、走廊通道并配以低层建筑群构成，其中设有大型停车场、小件批发市场等。

(2) 封闭型。商业场所为商业楼宇，如商场、商厦、商城、购物大厦、购物中心、贸易中心等。

2. 商业物业的特点

(1) 建筑结构设计要新颖、别致、有特色。建筑内部一般用大间隔、大空间设置；外观设计讲求宏伟、富丽，有的还配置休闲广场；内部装饰追求典雅、奇特。建筑外部、进出口处都要有鲜明的标志。

(2) 设施齐全。现代商业设备、设施先进，除一般现代楼宇拥有的基本设备、设施外，还有滚梯、观光电梯、餐饮和娱乐设施等。

(3) 客流量大，人员素质杂。商场进出人员杂，客流量大，不受管制，易发生意外，安全保卫非常重要；还有些商品属于易燃易爆物品，消防安全也不能疏忽。

3. 商业物业物业管理的要求

(1) 要树立商场的良好形象。企业的良好形象就是一种无形资产。商业物业必须具有良好的形体环境和商业特色，以增大知名度，扩大影响力。因此，物业服务企业要认真做好广告宣传活动，扩大商场的知名度和影响力，树立良好的商业企业形象和声誉。

(2) 要确保商场的安全性。商场建筑物类型复杂、楼层高、功能多、建筑面积大、进出口多，造成人流量大、人员复杂，这些人在进出商场时又不受任何的限制，尤其是敞开式的商场堆满了商品，给制定和落实安全措施带来了很多困难。物业服务企业应通过完善的技防和人防措施，最大限度地保证业主和使用人、顾客的利益，保证他们的安全。

许多商品属于易燃易爆物品，火灾的防范工作尤为重要。物业服务企业平时应做好对消防设备设施的维护保养工作，同时制定完善的应急预案，保证应急措施的实用。

(3) 要确保顾客消费的便利性。商业物业内部要保持各种引导、提示标识的完整性，为前来消费的顾客提供一个明确的休闲、消费导向，为顾客提供消费便利。作为物业服务企业应该经常对各种标志进行巡视检查，如有损坏及时更新，如有变化应及时更换。

(4) 要确保设备、设施的可靠性。商业物业设备设施的正常运行是开展经营活动所必需的保证，任何一种设备设施的故障都会给销售者和顾客带来不便，甚至会带来巨大混乱，造成不安全因素。因此，要对商业物业的设备设施精心养护、及时维修，保证运行可靠。

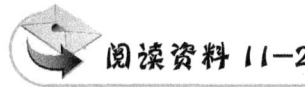阅读资料11-2

全国首部商场管理标准今推行，将禁带饮料进商场

很多人喜欢边喝可乐边逛商场，但从8月27日起，或许不能再如此"潇洒"。全国首部商业物业服务公司标准由上海百联集团物业管理有限公司制定完成，这个涵盖101项具体细则的新标准将从8月27日起在百联旗下的一百等21家百货商厦和约100家大卖场逐步推行。

新标准规定，商场、卖场的门岗有义务阻止顾客将饮料带入商厦、大卖场。据制定该标准的百联集团华联物业服务公司有关人士解释说，如果顾客拿没有开启过的饮料入店，极易与店中的饮料商品发生混淆。如顾客开启后饮用不慎，饮料可能会滴到商品上；倘若洒在地上，容易造成过往顾客摔跤。

那么，碰到有顾客拿着饮料进店，门岗该怎么办？门岗或劝顾客喝完饮料后进店，或建议顾客将饮料寄存或放入包中。另外，门岗要在雨天为顾客提供伞套服务；引导顾客将购物篮、购物车放在指定位置；如发现进口处顾客出现拥堵现象，应及时报告保安主管，采取疏散措施等。此外，新标准对扶梯口、休息区、消防区等商场管理"盲点"也作出规定。例如，发现儿童在自动扶梯上玩耍，应立即阻止。

上海商业决策咨询专家黄成芝说，目前在招商、物业、营销和财务管理等四大商业要素中，物业管理最弱。上海物业管理协会会长岳尊贤认为，此标准的出台，标志着上海物业向标准化又迈进了一步。

据了解，若运行顺畅，新标准将向上海甚至全国其他百货店、大卖场推广。

11.3.2 商业物业管理的组织实施

1. 安全保卫管理

(1) 要保证所有固定装置设备和装饰品均达到高度安全的标准，以免造成对顾客和儿童的意外伤害。

(2) 不间断值班巡逻，在营业时间内应安排便衣保安员在商场内巡逻。

(3) 在商场的重要部位，如收款台、财务室、各出入口等处，安装闭路电视监控器、红外线报警监控装置，随时进行全方位监控。

(4) 营业时间结束时，要进行严格清场，确保商场内无闲杂人员，以免商品失窃。

(5) 结合商业物业的实际情况，制定各类安全管理应急预案，并组织演练，保证在紧急情况下能够顺利实施预案。

(6) 同当地公安部门建立工作联系，发现案情时，积极主动协助、配合公安部门的工作。

2. 消防管理工作

(1) 制定严密的消防制度。

(2) 在物业服务企业内部组建一支素质高、责任心强、专业技术过硬、经验丰富的专业消防队伍成立一支消防队；在商场销售者中成立一支义务消防队，通过宣传、培训，使所有销售者提高消防意识，熟悉消防知识，掌握消防器材的使用方法。

(3) 定时定期对消防设备设施进行检查维护，保证其随时能正常投入使用。

(4) 针对商业物业的特点，完善各种消防标识配置，如避难指示图、各出入口指示、灭火器材的存放位置、标识等。同时，一定要保持标识的完整、清晰。

(5) 保持消防通道畅通无阻，一旦发生火警，能及时疏散人群。

(6) 制定消防预案，对物业服务企业内部和所有销售者进行培训，定期或不定期地组织演习，从而确保紧急情况下能有效组织救火、疏散人员，保证人身、财产安全。

3. 环境保洁及绿化管理

(1) 制定合适的保洁服务质量标准，设立清洁检查机制，并有效落实和实施。

(2) 基本的保洁工作安排在非营业时间。营业时间采用流动保洁，而且避免湿拖。

(3) 设专人负责随时、定时收集垃圾杂物，并清运到垃圾存放点。

(4) 定期清洁商业物业外墙面、广告牌，确保外观形象，雨天、雪天及时采取防护措施。

(5) 置放的绿化、盆栽植物保持干净、鲜活，枯萎的要及时调换。

4. 车辆管理

(1) 车辆管理要分设送货车、小车、摩托车、自行车专用停放场所。

(2) 设专人负责指挥维持交通，安排车辆停放；专人负责看管车辆，以防丢失。

(3) 要与交通管理部门建立工作联系，了解停车场情况，有助于车辆疏导工作和简单处理解决交通纠纷问题。

5. 房屋及附属设备设施管理

(1) 确保商业物业外观完好整洁，引导标志齐全完好。

(2) 结合营业时间，制定设备设施日常性、阶段性维修养护计划，使设备设施维修养护工作顺利逐步实施，不影响正常经营活动。

(3) 供电系统设备的管理是其他设备正常运行的基础，要加强对供电设备的维修、养护管理，原则上要保证两路供电系统并配置备用发电机，以备断电时应急使用。

(4) 建立有效的巡视检查制度，对供电设备系统、给排水系统、消防系统、照明系统、电梯、中央空调等设备定时、定期巡查，及时发现问题并解决，确保设备设施正常运行。

(5) 对设备设施的报修工作应于第一时间及时处理，保持高效率，以使商业物业不至于因设备故障而中断经营活动。

6. 建立商场识别系统

企业识别系统(简称 CIS)是强化商场形象的一种重要方式，即以商场楼宇所特有和专用的文字、图案、颜色、字体组合成一定的基本标志，作为顾客和社会公众识别自己的特征，强化和识别商场楼宇形象。

建立企业识别系统是一种藉以改变企业形象，注入新鲜感，使企业更能引起广大消费者注意，进而提高经营业绩的经营手法。

7. 承租客商的选配

主要依据所管理的商业物业的规模大小和不同层次选配承租客商。大型商场如省级、国家级的，甚至是国际级的，其经营的商品范围、零售商店的类型以及商业机构门类应该是越齐全越好,应尽量争取一些省市级、国家级乃至世界级的分店为基本承租户,给人以购物天堂、度假去处的感觉。中型公共商业楼宇,如大城市区一级的,其经营的商品和零售商店类型应该尽量齐全,也应有其他各种商业机构,同时应尽量争取省市级和区级大商店的分店作为基本承租户。小型商场,其主要功能是为附近居民提供生活方便,不必考虑求全。

案例 11-3

店铺屡屡违反管理规定怎么办

某商业楼宇一层有店铺近 20 家,他们大多都能够按照有关管理规定开展经营活动。但其中一家店铺,近来屡屡违规,经常将一些招牌、商品和杂物摆出门之外,影响了环境的整洁美观。管理人员数次劝说、批评、警告,其往往不予理睬,仍然我行我素。

难道真就没有好的解决办法了?管理处有关人员坐在一起,分析情况,商量对策。最后决定由主管找店铺老板正式谈话,若不见效,则坚决采取处罚措施。

一天,主管将该店铺老板约到管理处办公室。首先,严肃指出其屡屡乱摆乱放,严重违反了符合政府法规精神、又为业主住户认可的管理规定,理应予以惩处,但考虑到其曾经能够积极配合管理工作,所以再给一次自觉整改的机会(应该强硬而又暂不强硬,仁至义尽,使之能够听取后来讲的道理)。然后,提出三个问题请其换位思考:假如你是小区管理人员,你如何去履行自己的管理职责呢?假如你的同行都像你一样,你想象一下我们商厦又是怎样一种面貌呢?如果你是客户,你愿意到门前乱七八糟的店铺里购物吗?(恐怕最能打动他的就是最后这句话)

严肃认真的态度、推心置腹的谈话,使店铺老板受到震动,当即保证不再乱摆乱放。事后,他马上进行了整改。

分析: 纠正违规行为需要有处罚手段,否则不足以维护正常管理秩序。但动辄处罚并非最佳选择,因为处罚到谁的头上谁的心里都不舒服。处罚只能是不得已而为之,最好的办法还是通过说服教育解决问题。

进入角色: 如果你是该商业楼宇的物业管理员,你会怎么处理此事?

11.4 工业物业的管理

工业物业是指已建成并投入工业使用的房屋及其附属的设备、设施和相关的场地。

供生产企业、科研单位安置生产设备与试验设备,进行生产活动或科学试验的物业及其附属设备设施称为工业厂房。工厂一般都有储备原材料和储备产品的建筑物,称之为仓库。工业园区是指在一定区域内建造的,以工业生产用房为主,并配有一定的办公楼宇、生产用房(住宅)和服务设施的地方。以上所说的工业厂房、仓库、工业园区等统称为工业物业。

11.4.1 工业物业的分类、特点与管理要求

1. 工业物业的分类

根据工业项目对环境的影响情况工业物业可分为以下几类。

1) 无污染工业物业

物业内的工业项目对空气、水不产生污染，也无气味、无噪声污染。

2) 轻污染工业物业

物业内的工业项目不产生有毒、有害物质，不产生废水、废渣，噪声污染小，无燃煤、燃油的锅炉等设施。

3) 一般工业物业

物业内的企业项目必须设置防治污染设施。

4) 特殊工业区

物业内的工业项目因大量使用有毒、有害的化学品，必须设置完善的防治污染设施。

2. 工业物业的特点

1) 投资大，投资回收期长

工业物业建设需要巨大资金，从投资决策、规划设计、土地征用、施工建设，到厂房建成投入使用，再到资金的回收，一般需要较长时间。

2) 非流动性

生产不同的工业产品对工业物业的要求是有区别的，再加上一些工业物业具有规模大、投资大的特点，使得工业物业在房地产市场中交易缓慢，具有非流动性。

3) 工业设备的功能容易过时

新技术革命带来功能更先进的设备，这对原有的技术设备是一个很大的冲击，这一点无疑会增加投资者的风险。因此，在远景规划时，投资者应以审慎的态度，通过增加物业的租赁用途等方法，尽量防范这种风险。

4) 对周围环境容易产生污染

生产企业对环境造成污染主要包括以下几种情况。

(1) 空气污染。造成空气污染的因素有：直接燃煤，排放过多的二氧化硫气体；机动车排放尾气，经强紫外线照射形成光学烟雾污染；基建扬尘形成尘烟污染。

(2) 水体污染。工业废水含有大量有毒、有害污染物，进入水体后形成水体污染。

(3) 固体废弃物污染。固体废弃物是人们在生活和生产中扔弃的固体物质。

(4) 噪声污染。工业企业造成的噪声污染主要有交通噪声、生产噪声。

(5) 电磁波污染。工业生产中的电子设备设施、电器设备设施产生的污染。

5) 建筑独特，基础设施齐全

工业厂房通常采用框架结构的大开间建筑形式，室内采光、通风好。房屋抗震性、耐腐蚀性和楼地面承载能力强，工业物业内一般有高负荷变电站和污水处理厂、邮电、通信设施齐全，以满足企业的生产要求。

6) 对保洁、绿化等常规性服务要求高标准

由于使用功能的特殊性，有的生产用房难以保持清洁；有的工业厂房要求清洁度相当高，甚至要求车间内一尘不染。因此，对不同的工业厂房应有不同的卫生保洁制度和方法。对难以保持清洁的工业厂房，应勤清洁、清理、清扫。对清洁要求高的厂房平时要采取高新保洁技术，保护清洁要求。同时，做好对工业垃圾和生活垃圾的分离及处置工作，尤其对有毒有害的工业废弃物更要做好妥善的处理。

绿化方面，应根据工业厂房生产特点种植一些能适合排除工厂异味和废气的植物，能

够为工人工作、生活、娱乐提供一个优美的环境。

7) 对物业管理的专业性要求强

各类生产企业有其各自的生产设备和设施,专业性强。这就要求物业管理部门了解不同行业的有关知识,有针对性地制定具有权威性和约束力的管理规定,养护好辖区内的设备设施,维护辖区内正常的生产经营秩序。

3. 工业物业的管理要求

1) 对治安保卫和消防工作有严格要求

高科技型生产企业从原材料到产品、成品,不仅价格昂贵,而且技术保密性强,一旦丢失或损坏,会给企业生产带来很大损失。因此,必须加强安全防范,建立一套有效的制度,防患于未然。

生产企业会使用和接触一些危险品,如管理不善,易发生火灾、爆炸事故。因此,物业服务企业要做好危险品的管理工作,定期检查,消除不安全因素。

2) 要求加强对重点设备设施的管理

工业用水、用电不同于生活用水、用电,其耗水量大、耗电量大。停水、停电都会造成相当大的负面影响,尤其是有的企业是连续生产的,一旦发生停电、停水就会带来巨大损失。因此,工业厂房必须保持持续的供水、供电,如果确实需要维修、抢修而需要临时中断时,必须要提前做好安排。

11.4.2 工业物业管理的组织实施

1. 制定严格的管理制度

(1) 工业厂房与仓库的管理规定。
(2) 各个岗位的工作职责与操作规定。
(3) 机器设备的安装、管理、使用规定。
(4) 材料领取、加工、检验、耗用等规定。
(5) 产品入厂、入库等规定。
(6) 成品发货出厂、出库等制度。
(7) 安全保卫制度。
(8) 消防制度。
(9) 根据工业物业的具体情况以及物业管理的服务要求,制定物业管理公约。

2. 工业厂房和仓库公用部位的管理

(1) 厂房和仓库等公共场所,工业企业不得随意堆放物品。
(2) 加强对企业员工爱护公共部位及维护公共场所清洁卫生的教育。
(3) 工业企业不得以任何形式占用公用部位,不可占用园林绿地。
(4) 为确保厂房和仓库的建筑安全、消防安全和人员安全,工业企业不得在规定范围内的基地上或屋顶、外墙、技术层搭建和安装设备。若在外墙或屋顶设置企业标志和广告,应事先向物业服务企业申请,经批准后方可实施。

3. 工业厂房和仓库的内部管理制度

(1) 因使用水、电不当而给其他企业造成损失的,其损失由责任者承担。
(2) 工业企业根据生产需要,对厂房和仓库进行分割改造和内部安装设备时,不可损坏楼面结构和超过楼面允许的载荷。施工前应向物业服务企业提供图样，并取得认可，施工时接受物业服务企业的监督和管理。

(3) 工业企业的工业废弃物要妥善处理，不得随意倾倒、排放，可以由物业服务企业集中处理。

(4) 工业企业应按照楼层的承受负荷要求放置设备和货物。如有超载放置，物业服务企业有权要求修复到正常状态，由此造成的损失由责任企业承担。

(5) 未经允许，不得擅自改变物业的用途和功能。除经公安部门批准同意设立专用库房外，禁止在厂内堆放易燃、易爆、有腐蚀性的危险品和有害物品。

4. 工业物业设备设施的管理

工业物业设备设施大体可分为工业生产专用设施和设备、工业生活共用设施和设备以及工业物业附属设施和设备三大类。工业生产专用设施和设备，由工业企业自管；工业生活共用设施和设备以及工业物业附属设施和设备(以下简称为工业物业设施设备)，可委托物业服务企业管理。

(1) 物业服务企业要定期对道路路面加以维护，保证其完好，以便工业企业的正常使用。道路上不得随意占用、堆放原材料和其他物品，以保障道路畅通。

(2) 维护工业物业辖区内各种公共标志的完好性。这些标志为进入辖区内的车辆和人员提供向导和警示的作用。因此，需要经常地、定期地进行检查、维护及核对，及时修复或更换破损的标志或已做了内容调整的标志。

(3) 工业区内的地下管线，包括热力管线、燃气管线、生活污水管线、生产废水管线、电力管线、自来水管线、雨水管线等，其所经过的上方应设置明显标识，以防止因重载车辆的碾压和施工对管线造成的意外损坏。物业管理人员要定期对这些管网进行检查、测试及维护，以保证这些管线正常使用。

5. 工业物业的环境管理

1) 工业物业内环境污染的防治

环境污染的治理有两个方面，即防与治，预防为主，治理为辅。

(1) 空气污染的防治。尽可能消除扬尘，减轻物业范围内空气中二氧化硫气体和机动车尾气的含量。提示工业企业改变能源结构，减少直接燃煤的比例；硬化地面，减少尘土；绿化净化空气中二氧化硫和机动车尾气；限制车辆驶入，减少尾气排放。

(2) 水体污染的防治。禁止和防止工业废水排入；在工业物业辖区内的沟渠、池塘里，饲养水草、种植荷花，净化水体。

(3) 噪声污染的防治。绿化可以消声、防噪，美化环境；限制车辆进入物业区域，同时，区域主路可以采取曲线型限制车速。技术革新改造，减少噪声。

(4) 固体废弃物污染。建立垃圾分类收集系统，做到从工业物业辖区及时输出或处理。有条件的自己处理，没有条件的应把垃圾送到城市垃圾处理中心集中处理。

(5) 电磁波污染的防治。绿化能防止和阻碍电磁波的穿入，减轻其直接影响。

2) 绿化和保洁工作

工业物业内绿化能改善工业区域内小气候，并美化人们的工作、生活环境。

(1) 工业物业内绿地的类型有公共绿地，包括工业厂区、生活区域、文化活动场所的绿地；公共场所、公共建筑及公用设施绿地；宿舍、住宅及庭院绿地；道路及广场绿地。

(2) 工业物业内环境卫生要注意"扫"和"防"结合，道路要天天清扫、洒水。公共场所必须设置卫生桶、卫生箱，垃圾要日产日清，制定纠正不良卫生习惯的措施。保洁人员按分配区分片包干，责任分明。同时，抓好宣传教育工作，加强职工的文明意识和自觉行为。

(3) 认真清理工业物业内的违章搭建。违章搭建是对整个工业区和谐环境的破坏，它既有碍观瞻，又影响人们的生产、生活，还可带来安全隐患。

(4) 努力建设新型的人文环境。新型的人文环境应该是和睦共处、互帮互助、温馨文明、轻松有序的生产、办公环境等。新型的人文环境可以焕发热情，提高工作效率。

6. 安全管理

1) 安全保卫管理

(1) 工业厂房和仓库都要建立严格的值班守卫制度，对人员、产品的进出都要进行认真的检查登记。

(2) 无关人员不得进入厂房和仓库重地。

(3) 下班后厂房与仓库要严格执行值班、巡逻制度以及其他安全措施。

(4) 严格执行两人以上进入仓库、锁门等制度。

2) 消防管理

(1) 建立严格的消防制度，配备专门的消防管理人员。

(2) 保证消防器材的正常使用，并配有先进的报警设备、工具等。

(3) 不定期地组织消防教育和消防演习，并制定紧急情况下的应急措施方案。

(4) 保持消防通道畅通无阻，一旦发生火灾能及时疏散人群。

3) 车辆管理

(1) 建立健全车辆管理制度。

(2) 将机动车和非机动车分区，并设专人管理。

(3) 配置相应的监控、防盗技术设备。

(4) 物业服务企业应与车主签订车辆停放管理合同，明确双方责任。对工业区的车辆统一管理，对外来车辆也应做相关规定。

(5) 严格检查进出大门的车辆。

 阅读资料 11-3

工业物业管理管理什么

荣罡物业服务公司在酝酿成立时，就深入企业进行了长时间反复调研和思考，认识到如果工业物业管理单纯模仿居民区物业管理，只搞些清洁保安、修修补补，则很难落实建科技园，推动企业发展的建园宗旨。要搞好工业物业管理必须努力扩大服务范围，让企业安心生产，实现后勤社会化。所以，工业物业管理与居民区物业管理不同，它的服务范围分为：基础服务及延伸出的智能服务、融资服务、监督和管理服务共五大部分。

(1) 基础服务：营业执照申办与变更、税务登记与变更、其他企业证照办理与变更。治安

保卫、环境保护、清洁卫生、绿化、公共设施(水电、暖气、煤气管道、配电箱、电梯、防火防盗设施等)的巡视和维护、报刊信件收发、来客身份核对通报、货物出门审核、车辆管理、厂房装饰装修管理、仓库管理、危险品管理、水电、暖气、煤气增容、午间工作餐、集中仓储运输等。

以上服务内容中的午间工作餐由鑫茂集团鑫荣美食园承担；国内外运输、海关报关、在港口、空港临时储存待运由鑫茂集团中艺国际运输服务中心负责，集团做这样的专业分工可提高服务效率，降低成本。

(2) 智能服务：物业公司投资成立网上信息站，设专人管理。请企业上网，实现网上销售、网上交流，全部操作由信息站负责；聘请专家，成立企业发展战略室，帮助企业搞战略发展研究、产品细分和销售渠道的建立；应用技术开发、市场细分、企业诊断及形象设计(CI)；成立产品推广中心，代理各企业"第二销售部"职责，在各地建产品推广中心、办事处，帮助企业推销产品；成立展厅，集中展示各企业产品；选择、培养、储备精通外语、熟悉国际商务的人才，根据外商要求，在外企任职，把管理和服务延伸到外企内部，使各企业能安心生产、安心创造效益。

以上服务内容的网上信息站已经成立，国内一些企业已经实现网上销售、网上购物和网上获取信息；市场战略研究、CI 设计等由鑫茂集团指定四方企划发展公司负责；产品推广中心和技术服务中心拟建在火炬创业园鑫茂民营科技园内(在华苑产业区内)，需待该园竣工后，方可实现。外企人才库也可与大学、管理学校、人才服务中心、外企服务机构合办。

(3) 融资服务：中小企业融资难，中小型外资企业融资也难。成立投资公司、投资与资本运营管理中心，可有效地缓解驻园企业融资困难。

融资机构是很专业的机构。鑫茂集团的鑫茂科技投资公司、科创投资管理公司、投资与资本运营中心不仅承担融资工作，而且还承担融资咨询工作，帮助驻园企业规范管理，建立完善良好的财务管理制度，提高企业素质。

对于有可能上市的公司，由科创投资管理公司牵头，邀请证券公司合作，对企业进行上市包装，推荐企业上市。

(4) 监督：监督检查企业防火防盗设施及措施是否完备可行，电气设备总功率是否超标，是否有有毒有害物品存储，装修施工是否合法，民工"三证"是否齐全有效等。对公安、司法、工商、税务机关提出的协作要求，予以合作。

(5) 管理：成立业主委员会，开展企业家研讨会，加强理论学习，提高自身素质，促进业主间的横向业务联系。制定管理规约、物业管理公约，设立评比栏，对客户执行管理公约情况进行评比。

一年半以来，荣罡物业服务公司出资先后组织了五次企业家研讨会，分别请市计委、市经委、银行、工业园区领导、市区政府领导出席讲课辅导，使驻园企业在企业管理、融资贷款、人员管理等各方面都有明显提高。

上述 5 项服务，是以荣罡物业服务公司为主线，由集团内相应公司和部门综合完成的。这种"一家为主、多家扶助"的模式，正是荣罡物业服务公司及鑫茂集团的创新产物。

11.5 其他物业的管理

11.5.1 其他物业的类型与管理特点

1. 其他物业的主要类型

除了上述几节讨论的住宅小区物业、写字楼物业、商场物业、工业物业以外，还有许多尚未包括的类型，如文教、卫生、体育与寺庙等。为了学习方便，我们统一称之为其他物业，人们一般接触的其他物业有以下几类。

(1) 文化类物业。包括学校、图书馆、博物馆、档案馆、展览馆等。
(2) 体育类物业。包括体育场、健身房、游泳馆、网球场等。
(3) 传媒类物业。包括电台、电视台、音像影视制作基地等。
(4) 卫生类物业。包括医院、卫生所、药检所、疗养院等。
(5) 餐饮类物业。包括酒楼、饭店、咖啡屋、啤酒屋等。
(6) 交通类物业。包括车站、码头、机场、停车场、道路、桥梁等。
(7) 娱乐类物业。包括电影院、游乐场、夜总会、舞厅等。
(8) 宗教类物业。包括寺庙、教堂、宗祠等。

以上物业有些是公益性的，有些是收益性的。在传统管理体制下，一般为系统管理，在投资、维修、保养等方面由主管部门承担主要责任。在经济体制改革中，按照政企分开的原则以及物业服务企业化、社会化、专业化的要求，这些物业可以由主管部门委托物业服务企业进行管理，也可由主管部门按照现代化物业管理模式进行自治管理。

2. 其他物业管理的特点

(1) 服务对象不同。其他特型物业的服务对象首先具有年龄、文化、性格、兴趣、信仰等方面的差别，其次具有滞留时间上的差别。如游乐场各种年龄层次的对象都可能参与，一般在 2h 左右，流动性很大，清洁和疏散成为管理的主要对象；宾馆、饭店除了少部分包间外，其余绝大部分滞留时间较短，其规模和规格差别也甚大，要能提供不同需求的顾客选择使用。

(2) 服务需求不同。在其他类型物业中求知场所要求灯光柔和、环境宁静，一般应铺设地毯；医疗卫生场所特别强调通风并配置足够的座椅，供患者和家属等候使用，并且应该限制住院部的探视时间；影视院、医院、图书馆、博物馆等区域要有吸烟限制等。

(3) 管理要求不同。物业用途不同其管理侧重点也有差别。如图书馆，资料、文物对环境保护提出了更高的要求，在防火、防盗、防潮、防尘、防虫、防鼠、防有害气体等方面必须采取专门的有效措施；医院化疗、放射性工作室应做防护测定，并配以警示装置等。

(4) 经费来源不同。在其他类型物业的管理中，凡属营业性的，如舞厅、娱乐、健身房等可采取自负盈亏的方式实施管理；半营业半公益性的，如疗养院、卫生所等基本上由主管部门补贴；凡属公益性的，如图书馆基本上依靠财政拨款，同时开展复印、翻译、展览等收费性服务来补贴，但此项收入甚微。

11.5.2 酒店的物业管理

酒店(Hotel)也称饭店，主要是为宾客提供饮食和临时住宿的场所。现代化的高档饭店，为了方便宾客，吸引宾客还配备并向宾客提供舞厅、卡拉OK、游泳池、高尔夫球、台球、保龄球、酒吧、健身房等娱乐及健身设施和服务。

1. 酒店的特点

1) 宾客流动频率高

酒店的主要功能一是餐饮，二是临时住宿。宾客到餐厅吃一餐饭少则半小时(早餐)，多则2~3h(中、晚餐)。客房住宿也是(长包房的除外)今天来明天走，即使开会也至多一个星期，宾客流动频率特别高。因此，需要的服务人员不仅数量多，而且专业技术熟练、素质高，这一点在高档酒店管理中尤其明显。

2) 服务时间既短又长

这一点主要表现在餐饮和其他各种娱乐活动服务项目中。饭店的一日三餐，对每餐或每批宾客服务的时间是短的。但是，餐厅一天要翻几次台，有的酒店还有夜总会、舞厅等，一般都要到深夜一两点钟结束。为此服务要几班倒，时间又很长。

3) 卫生管理、服务标准要求高

酒店是为宾客提供餐饮与住宿的公共场所，因此对其卫生条件要求特别高。提供的各种食品必须新鲜清洁、无毒无害；餐厅、餐桌、餐具必须经过严格消毒，无尘无污；服务人员必须衣着干净整洁；客房必须按规范要求每天清扫换洗。下榻酒店的人员来自于社会四面八方或世界各地，对所提供的服务有着很高而不同的需求，这就要求物业管理人员具备较高的素质。服务人员从穿戴、化妆到站姿、坐姿，到迎送宾客的礼貌语言、微笑服务，到端菜、送菜、报菜名等都有严格的规范要求。

4) 建筑规模大，档次高

现代的高档酒店，为了吸引宾客，一般都建得比较宏大，特别是商务会议型与度假休闲型酒店，其主体建筑加上配套设施，多数都在10万平方米以上。而且，设计造型各具特色，建筑使用的主要材料、设备，如钢材、木材、石材、涂料、电器材料、卫生洁具、餐具以及制冷、供电、空调、监控、供暖、供水等主要设备大多是进口产品。

2. 酒店物业管理的组织实施

1) 客人接待服务

酒店一般设有专门接待客人的前台或总台，客人到来时，前台服务人员要主动接待，落实好客人的住宿、吃饭或娱乐等要求。服务人员的礼貌服务要求如下。

(1) 服务人员形象要美，统一着装。男服务员穿西装系领带；女服务员要化淡妆，端庄大方。

(2) 迎送客人，要热情大方，不卑不亢，使用礼貌用语，表达欢迎与欢送之情。

(3) 热情服务，有问必答。有客人来时主动接待，客人要办的事如住宿、吃饭或娱乐等都有着落，对不属于自己职责范围内的事要报告领导解决。

2) 酒店钥匙的管理

(1) 客房门钥匙由前厅总服务台负责管理。在客人办理住宿登记时，由酒店总服务台发给客人，退房时交回钥匙。客人住宿期间丢失钥匙，应填写配置调换钥匙登记表，经前厅经理同意、签字并经保安部批准后，方能配置或调换。

(2) 库房钥匙要有专人保管，同时严格执行登记制度。重要库房、保险柜必须采取双人双锁或三人三锁制，钥匙由两个或三个人分别掌管。

(3) 客房各楼层的总钥匙必须统一放置在前台钥匙柜内，任何人不能将钥匙带出酒店。

(4) 因工作需要，酒店员工需要临时借用客房门钥匙时，必须办理登记和审批手续，并按时交回。

(5) 前台晚班人员清点钥匙并做好记录。如发现钥匙短缺时，应及时做好记录并报告上级主管。

(6) 保安部门负责对酒店钥匙管理的检查和监督，积极配合各部门做好钥匙的管理工作。

3) 酒店建筑及设备设施的养护管理

(1) 做好设备的更新改造工作。酒店的物业对设备性能要求高、变化较快，只有不断完善其使用功能，才能延长其经济寿命，这就要对物业的设备设施适时地进行更新改造。因此，物业服务企业应帮助酒店制订设备更新改造计划，并付诸实施。

(2) 做好建筑及其装饰的养护与维修，酒店的建筑及其装饰是酒店的标志性形象。需注意养护，保持其特有的风貌与格调，切忌破损。

4) 酒店的保洁服务

(1) 搞好客房卫生服务，每天都要按规范清扫、擦拭房间，更换床单、被套、枕巾、拖鞋、浴巾、毛巾、牙具等。及时换补房间内的租摆及小吧台的酒水、饮料。

(2) 做好餐厅的卫生保洁。从食品采购开始，要求新、鲜，凡能由专卖店购入的食品、饮料，一律由专卖店进货，并应有保鲜期。加工制作要按规范要求，符合卫生标准。餐厅应保持空气清新，温度适中，窗明几净，一尘不染，餐具用后必须清洗消毒。

(3) 其他公共区域的卫生保洁。其他公共区域主要包括大堂、会议厅、楼道、楼梯、电梯、公共卫生间、楼外广场、绿地、外墙墙面、停车场、娱乐场所等。每个酒店都应设有负责卫生保洁工作的部门，根据酒店和物业服务企业的具体情况制定严格的卫生保洁规范要求、岗位职责、操作规程和达到标准，具体内容应尽可能细化，便于操作。

5) 酒店的安全保卫服务

为了保证宾客的人身、财产安全，物业管理应设立专门的保安、消防机构具体负责此项工作，由经过专门培训的保安、消防人员进行管理。保安部应设立监控室，实行 24h 监控与巡逻，要害部位应安装自动录像设备。发现隐患及时采取措施，将其消灭于萌芽状态中；万一发生火灾等事故，要按规范要求和程序组织宾客撤离，处理事故，保护现场。

6) 环境绿化管理

酒店的绿化工作除了对区域内的环境美化外，更主要的是对楼宇内的美化。

7) 多种经营项目管理

酒店开展的多种经营服务项目，如商务中心、舞厅、卡拉 OK、台球、高尔夫球、游泳池、保龄球等，应选派懂专业技术的人才，实行专业化管理。

11.5.3 医院的物业管理

医院是社会医疗保健工作组织体系中最基本的工作机构，是为患者提供医疗服务和进行医学教学、科研的特殊场所。医院大体上可分为办公楼、门诊部、住院处、教学楼、宿舍、配电室、机房、库房、锅炉房、停车场等。

1. 医院物业管理的特点

1) 工作专业性强

医院每天都会有大量的医疗废物产生，这些废弃物携带病菌和有害物质，必须按严格的规定分类处理和清运。保洁人员必须执行严格的消毒、隔离和防护制度，防止出现交叉感染的情况。

护工人员的基本素质要求较高，需要和各类病人及医护人员常接触沟通，这就要求护工人员有一定的医疗、医护知识，清楚遇到突发事件时的处理程序。

2) 设备运行具有连续性

医院物业功能的特殊性，决定了有些设备需要24h不间断地运行，几乎无法利用停水、停电的方式进行设备维修。这给医院的物业管理工作带来了相当大的难度，无形中增加了物业管理费用的支出。医院设备的维修养护必须做到科学合理，对于不能间断运行的设备，必须保证备用设备的良好适用性，一旦出现故障，立即将备用设备投入使用。

2. 医院物业管理的组织实施

1) 房屋及附属设备设施的维修养护与运行管理

这主要包括对房屋建筑、中央空调系统、备用发电机、照明系统、给排水系统、制冷系统、电梯、通风系统、污水处理系统等的维修养护和运行管理，保证24h水、电、气、热供应，以及电梯、变配电室、锅炉房、氧气输送系统的正常运行。

为满足临床医疗的要求，后勤设备设施的完好率和安全系数都要达到较高水平，因此，要求不得出现任何有损业主、患者的安全事故。医院设备设施的维修养护必须适应医疗服务专业性、时效性、稳定精确性强的特点，根据医疗要求和设备运行规律加强维修设计，提高维修效率。在业务技术方面，要求设备技术人员必须具有一定的技术理论水平，又富有维修工作的实际经验，并有独立工作的能力和灵活处理技术问题的应变能力。

2) 安全保卫服务

医院是治病救人、救死扶伤的专业医疗机构，医院的安全保卫工作尤为重要，必须有一个安全有序的环境作为保障，给医务人员提供一个安全的工作环境，使前来就诊的病人感到安全舒适。

(1) 消防无小事，从上到下都要引起重视，平时经常巡视，消除安全隐患。一经发现问题，及时组织有关人员处理解决。要配备专职的消防工作人员，成立义务消防队伍，并不定期举行消防演习。

(2) 保安人员要加强对医护人员的安全保护，对于打架、斗殴或发生医疗纠纷的情况，要及时、慎重地进行处理。

(3) 保安人员要有效地开展防盗工作，发现可疑的作案人员，可采取暗中监视或设法约束，并报告和移交公安机关处理。

(4) 慎防"医托"。现在的医疗机构参差不齐，导致产生大量的"医托"渗入到各大医院，或劝说病人到其指定的医院看病，或向病人派送传单，严重影响医院的医疗秩序。保安必须提高警惕，不断积累经验，一旦发现可疑人员，立即协助医院保卫科查处。

(5) 停车场的管理。医院人流量大，车流量也大，一定要规范停车场管理，确保停车场车辆有序停放，行驶畅通。

3) 保证被褥用品洗涤及供应管理服务

洗衣房担负着医院医护工作人员工作服和住院病人被服的洗涤和消毒工作，要确保送洗被服的清洁和健康，防止院内交叉感染。

(1) 按规定下科室回收脏被服要做到分类放袋，分类处理；传染性及带血、便、脓污染衣物要密封回收；一般病人衣被及医护人员工作服分开回收。

(2) 为防止交叉感染，各类衣物执行分类洗涤原则，回收的脏被服要及时消毒浸泡。

(3) 清洁被服按时下发到科室，双方做好清点登记，每天做好日工作量统计。

4) 环境管理服务

医院物业的环境管理对于医院的形象十分重要，也是防止内部交叉感染的主要途径之一。

(1) 严格遵守医疗医护消毒隔离制度。医院是各种病原体大量存在的地方，若有疏忽则极易造成交叉感染。传染病区尤其如此，不能将传染病原带出传染病区。严格区分无污染区和污染区的地拖、桶、扫帚、手套等清洁工具，不能混淆使用。

(2) 保持安静的就医环境。环卫人员工作时动作要轻快，不要高声说笑，工作性交谈也必须小声进行，不可干扰医护人员工作和病人的休息。

(3) 保洁要勤快。医院人流量大，地面、卫生间等公用地方容易脏，保洁人员要经常巡察，并发动其他工作人员，发现垃圾要随时清扫，随时保持清洁。

(4) 保洁人员服务态度好。建立首问负责制，遇到病人的提问，要耐心解答，自己不清楚的要协助病人找到相关部门解决，切忌一问三不知。

(5) 在垃圾处理时要区分有毒害类和无毒害类，定期消毒杀菌。医用垃圾的销毁工作要统一管理，不能流失，以免造成大面积感染。

(6) 做好消杀工作。消杀工作主要是除四害。熟练使用各种消杀药物，熟知作业过程的规范，保证院内没有虫鼠传播病菌和白蚁来侵蚀物业设施。

(7) 有效开展对医院公共区域的绿化美化工作，定期对树木和绿地进行养护、灌溉和修剪，保证无破坏和随意占用绿地现象。

5) 医院的饮食管理

医院的饮食管理功能要满足患者的医疗康复、职工的生活服务和院内的综合服务这三个方面的要求。医院餐饮的服务对象是特定的群体，出品的食物除追求色、香、味之外，更注重营养搭配、医疗辅助作用。要实行制作、销售过程的卫生监管。

(1) 配餐员要熟悉治疗饮食的种类，掌握饮食搭配的基本原则，根据医嘱与病员饮食计划，按时、准确、热情地将热饭热菜送到病员床边。送餐过程中需保持卫生。

(2) 提前一天统计第二天饮食，及时收回餐具，避免损失，便利周转。洗餐具时小心操作，搞好消毒，节约用水。每天清洗配餐间、餐车、残渣桶。

(3) 配餐员要注意个人清洁卫生，工作时穿戴工作衣帽、口罩。

6) 护工服务管理

护工服务是医院物业管理的特色，它是对医生和护士工作的延续和补充，是医护人员的得力助手。护工必须掌握必要的专业医疗医护知识，必须遵守医院和公司的各项规章制度及操作规程。

(1) 护工的工作内容。

① 负责为病人打开水，协助生活行动不便及卧床的病人进行各种必要的活动。

② 保持病房整洁，物品摆放整齐。

③ 及时收集送检人的化验标本并取回报告单，急检标本立即送检；递送各种治疗单划价、记账，特殊检查预约和出院病历结算等。

④ 护送病人做各项辅助检查和治疗，特殊危重病人必须有医护人员陪同。

⑤ 点收医护人员工作服、患者的脏被服和病人服，污被服不能随地乱扔乱放。

⑥ 认真与洗衣房清点收送给科室的洗涤物品。

(2) 专业陪护。专业陪护人员为病人提供专业化、亲情般的服务，并作为整体化护理的一个重要补充，是一种新型的护理模式。陪护人员要认真做好病人的生活护理、心理护理、健康宣教、饮食指导、病情观察等，治疗处置时要协助护士再次做好查对病人用药过程中的反应，发现异常情况及时报告。做好病人的基础护理，落实各项护理措施，预防并发症的发生。

(3) 导医、导诊。导医、导诊员的职责是正确引导病人就诊，为病人的就诊提供方便、快捷、优质的服务。要清楚院容、院貌、科室设备、医院设施、专业技术水平、特色专科，做到有礼貌，有问必答，百问不厌，引导患者挂号、候诊、检查，指导最佳就诊系统，合理安排检查项目，指导就诊。

7) 开设便民服务

根据医院的实际情况，开设一些便民设施，例如 OTC(自助药店)、鲜花店、礼品店、自动售货机、自动饮料机等，既方便就医患者及前来探望的客人，其收入还可弥补物业经费的不足。

11.5.4 学校的物业管理

学校是有计划、有组织进行系统教育的机构。学校的建筑大体有办公楼、教学楼、实验楼、宿舍楼、食堂、体育馆、礼堂、购物中心、操场、停车场等。

1. 学校物业管理的特点

1) 作息时间相对固定，管理时段性强

学校有寒、暑假，在校时学生的作息时间相对比较固定，管理的时间性要求比较强。因此，应根据学校的作息时间划分不同的时间段，合理地分配管理服务内容，如环境卫生管理可以安排在学生上课时间进行，桌椅、门窗的维修、灯泡、灯管的更换可以安排在放学以后，而对于设备、设施的大修、更换等可以安排在寒暑假期间等。

2) 对设备设施的安全性要求高

学校是青少年集中的场所，他们充满活力，行动敏捷，动作幅度大，相对而言，对设备、设施的坚固性、耐久性、安全性要求更高。因此，要充分考虑学生的人身安全问题，固定于地面的文体器材一定要牢固，定期检查，有损坏应及时维修，修缮时注意钉子的安全使用。加强对学生的教育引导，使学生融入物业管理工作之中，自觉地遵守规则并制止有损学校物业的行为。

2. 学校物业管理的组织实施

1) 学生公寓的管理

(1) 安全管理。

① 制定公寓安全管理工作目标、方案和措施，保证消防器材正常使用。

② 定期组织安全教育活动，抓好各方面安全工作的落实，及时发现和解决不安全问题。可以利用谈心、板报、表扬等形式对学生进行思想教育。

③ 充分发挥学生的主观能动性，以宿舍为单位，抓好各项安全制度的落实，并由宿舍长配合物业服务企业全面负责本宿舍的安全工作。

④ 向学生提出明确的安全要求，不准在宿舍内使用电炉子等大功率加热器，不准在宿舍内乱拉私拉电源线、电话线、计算机网线；不准在宿舍内吸烟、点蜡烛、焚烧垃圾和废纸、信件等；不准乱动消防器材和设施，不准往窗外扔物品等。

(2) 住宿管理。

① 宿舍成员办理住宿登记卡和床头卡，并将床头卡按要求挂在指定位置。

② 要求学生按时就寝，如有特殊情况，需要向宿舍管理人员请假。

③ 学生不准擅自调整宿舍，如有需要，应按相关规定要求进行调整。

④ 严禁私自留宿外来人员，如遇特殊情况需留宿，必须携有关证件到宿舍管理部门按规定办理手续。

⑤ 对学生宿舍进出楼的来访人员验证登记，禁止无证来访者及推销商品者进入宿舍。

(3) 卫生管理。

① 物业服务企业负责宿舍楼外周边的卫生保洁和楼内大厅、走廊、卫生间、洗漱间、楼梯以及公共部位的暖气片、灭火器、门窗等处的卫生保洁。

② 监督管理各宿舍内部卫生，物业服务企业应专门成立考评小组，制定完善的考核体系，每周不定期、不定时地检查各宿舍卫生情况，促进学生宿舍内部卫生管理。

(4) 公共关系管理。学生宿舍管理，要处理好"物业服务企业、学校、学生"三者之间的关系，要建立"物业服务企业、学校、学生"三者共同参与、相互协作的关系。由物业服务公司和学校组成学生宿舍管理委员会，企业负责学生生活后勤的保障和资产运作，为学生提供良好的后勤服务保障；学校负责学生的思想政治教育与学习管理，提倡学生民主管理，建立学生宿舍管理委员会，定期召开各种会议，收集学生意见，反映建议和要求，参与决策和管理，真正形成促进学生全面发展的良好氛围。

2) 教学楼的管理

(1) 教学楼内外的卫生保洁。

① 按要求清洁教室、大厅、走廊、楼梯、电梯、厕所、道路等公用地方，做到无污迹、无水迹、无废弃物、无杂物、无积水、无积雪。

② 为屋顶、墙角除迹，做到墙面无灰迹、无蜘蛛网。

③ 常规性保洁可安排在上课时间或课后。保洁人员工作时要轻快，工作性交谈也尽量小声，不可干扰教学。

④ 每天上课前，教室内必须擦拭黑板、黑板槽、讲台，拖净讲台踏板，清理讲桌内的垃圾，各种教具摆放整齐有序。

(2) 电梯的管理。

① 电梯载员过多时，应及时疏导，分批搭乘，以免超载发生危险。

② 按要求清扫电梯内外部，做到内壁无灰尘、无蛛网，外部无手印。

③ 经常清除电梯门轨道内积攒的垃圾，保障电梯门开关顺畅安全。

④ 定期修检电梯设备，如发现电梯有振荡、不正常声音或有损坏时，应立即记录并通知维修人员进行维修。

⑤ 妥善保管电梯机房钥匙及电梯门钥匙，任何非操作人员不得私自使用。

(3) 设备的管理。

① 每天检查门、窗、桌椅、灯、开关的完好情况，发现问题及时修理。

② 每天检查各楼层，注意电线等设备设施是否有损坏，同时记录需修理的电灯、线路，并及时维修，保障电的正常供应，如发现停电，要立即抢修，确保及时供电。

③ 保证空调的正常使用，检查地漏、下水管道是否通畅，确保无堵塞、外溢现象，检查厕所内设施的完好情况，发现问题及时维修。

④ 保证电子教学设备、设施的完好和正常使用。

⑤ 楼内要备有应急灯和手电筒，以备急用。

(4) 绿化环境的管理。

① 协助学校做好绿化美化的总体规划和设计，在实施校园绿化总体规划过程中，根据校园内天然的地形地貌，逐渐形成树木、花草兼观赏树木的阶梯式绿化美化格局；做好花坛绿地等集中地段的绿化美化工作，做到绿化图案美观，密度合理，时间适宜，以美化校园环境。

② 及时完成绿化带内缺株树木的补栽和花草的更换，特别是要及时对老化树木进行修枝，保证学生安全。枯死树木淘汰后，应及时补栽，确保整体协调。

③ 保证绿地卫生，清除纸屑、烟头、石块等杂物，禁止践踏草坪。

④ 根据实际需要建设多种建筑小品，如石桌、座椅、休息亭廊、假山等，既可美化环境，又可供学生课后休闲使用。

⑤ 教学楼内的墙壁上可装饰艺术品、字画等，保持其卫生干净，烘托学习气氛，为师生提供一个清新、优美而典雅的良好环境。

情境工作小结

本情境主要介绍了住宅区、写字楼、商业物业、工业物业，以及其他物业中的酒店、医院、学校等不同类型物业的特点和物业管理的组织实施。这其中，物业管理实践中最为普遍的管理类型是普通住宅小区、写字楼和商业物业，这也就是我们在本情境中应该学习掌握的重点内容。

学习本情境时，我们应该注意不同类型物业的各自特点，这些特点实质上告诉了我们某一类型物业的管理重点，对于我们掌握该类型物业管理的组织实施极有帮助。因为某一类型物业管理的组织实施，主要就是针对解决管理重点的。这样的学习思路，对于我们提高对关键知识点的理解能力非常有帮助。

思考题

1. 住宅小区的物业管理目标及管理要求是什么？
2. 写字楼物业管理有哪些要求？
3. 商业物业管理应该从哪几方面组织实施？
4. 工业物业的管理要求是什么？
5. 其他类型物业管理的特点是什么？
6. 酒店的保洁服务包括哪些内容？

7. 医院的护工的工作内容有哪些？
8. 学校教学楼的管理包括哪些内容？

实训练习题

一、基础理论知识

1. 单项选择题

(1) 下列不属于住宅小区物业的功能的是(   )。
A. 居住功能   B. 社会功能
C. 服务功能   D. 物质功能

(2) 小型写字楼建筑面积在(   )。
A. 1万平方米以上   B. 1万平方米以下
C. 3万平方米以上   D. 3万平方米以下

(3) 住宅小区房屋完好率和零修及时率应该分别达到(   )。
A. 98%；100%   B. 98%；100%
C. 98%；98%   D. 100%；98%

(4) 学校物业管理的特点有(   )。
A. 放假时间固定   B. 放假时间相对固定
C. 作息时间固定   D. 作息时间相对固定

(5) 酒店库房钥匙要求(   )。
A. 双人保管   B. 三人保管
C. 专人保管   D. 值班人员保管

2. 多项选择题

(1) 写字楼的特点有(   )。
A. 建筑档次高   B. 设备设施齐全
C. 地理位置优越，交通便利   D. 使用时间集中

(2) 商业物业管理的要求有(   )。
A. 要求有良好形象   B. 对物业管理的专业性要求强
C. 要确保顾客消费便利   D. 要确保设备设施可靠性

(3) 建立商场识别系统的作用是(   )。
A. 引起消费者注意   B. 可以使顾客克服记忆困难
C. 改善企业形象   D. 商场楼宇促销的一项战略性工程

(4) 生产企业对周围环境容易产生污染，主要包括(   )。
A. 直接燃煤，排放过多的二氧化硫气体
B. 工业废水含有大量有毒、有害污染物，进入水体后形成水体污染
C. 冲压、锻造、蜂窝煤加工点的噪声
D. 电磁波污染

(5) 医院环境管理内容有(   )。

A. 严格遵守医疗医护消毒隔离制度
B. 保持安静的就医环境
C. 在垃圾处理时要区分有毒害类和无毒害类，定期消毒杀菌
D. 保洁要勤快

二、案例分析

1. 家住某大厦的张女士因不满物业公司的物业服务而拒交管理费达半年之久，物业公司在多次催讨不成的情况下，将张女士家的供水停了，若干天后，又将供电停了。张女士遂向法院提出诉讼，要求物业公司停止侵权行为，并赔偿相应损失，物业公司提出反诉，要求张女士支付物业管理费。

问题：你认为物业公司的这种做法正确吗？

2. 近年来，群众健身活动在上海掀起热潮，某物业公司管理的小区也活跃着一支中老年健身队。鲜艳夺目的服装、多姿多彩的动作成了小区一道靓丽的风景线。然而，健身活动中播放的音乐，却不时扰民，成为业主投诉的导火索。物业公司收到业主投诉后，管理处经理多次亲临现场，一探究竟。没想到，健身队也是一肚子苦水。小区中老年健身队领队表示，自从退休回家，内心充满失落感和空虚感，身体一天不如一天。参加了晨练队伍后，心境开阔、筋骨活络，"老死不相往来"的新邻居成了情同手足的好姐妹。但是，健身活动遭到了部分业主的反对，底楼业主把家里的音响、喇叭搬到窗口"对着干"；高层业主朝下扔蛋壳、浇水，健身队伍只好"打一枪换一个地方"。她们迫切希望物业公司想想办法，帮助她们解决难题。

问题：如果你是物业公司的一名员工，请拟定一套解决方案。

3. 2013年5月，某大学校内的一个暖气井被施工的大车压坏，需要修建，由于白天行人较多，改在夜晚施工，白天只是将压坏的井进行了围挡，晚上9点多，施工人员刚刚撤去围挡，放上了施工牌，但还未挂上指示红灯。一名学生骑着自行车直奔欲修理的暖气井而来，一头扑倒在地，磕破了手脚，磕掉了两颗门牙。施工人员立即将学生送往校医院，治疗伤病。事后，该学生提出了索赔，要求物业公司赔偿他的医药费和精神损失费1万元，同时该学生所在院系的领导也找到物业公司，学生和院系以施工单位没指示灯为理由，要求必须赔偿。

问题：你认为物业服务公司是否应该给予赔偿？为什么？

4. 某物业服务公司大厦管理处值班经理(保安领班)接到客人投诉，该大厦2号门广场车位上的一辆白色的奔驰轿车，车头上发现有被划过的痕迹。保安领班接到投诉后，立即与车管员、车主赶到现场查看。经检查，发现该车车头确有一道被划痕迹。该车车主说，19:45停车时，轿车还是完好的。现在车头有了划痕，是广场车管员的责任，要求广场车管员和大厦管理处承担损失。保安领班当即表示，如果此车被划确系停在大厦2号门广场后发生的，大厦管理处应该承担相应责任。但划痕看起来好像是条旧痕，如果拿不出确切的证据证明这条划痕是停车后发生的，要请内行或权威部门的专家来鉴定、确认后，再行处理。

车主认可这一建议后，保安领班随即拨打110与交警大队取得联系。110巡警赶到现场后，对划痕进行了细致的查看和分析：此划痕为深度划伤，已显露了第三层底漆。如果此划痕确系停在大厦2号门广场后出现的，那么划痕垂直下方的地面上一定会留有漆屑。

经双方确认，地面没有清扫过，也未见丝毫漆屑；新的划痕两旁也应有漆屑卷边的残余，但现在车头上的划痕边是光滑的。他们得出的结论是此划痕为旧痕。面对这一结论，车主无言以对，面露愧色。保安领班见状不但没有责怪车主有栽赃之嫌，而且充满诚意地向车主致歉，承认自己工作还有不周到之处。如果车子刚来广场停车时，车管员对车子前后检查一遍，发现划痕，并请车主确认一下，就不会有以后的事情发生。

问题：你认为该管理处对此事的处理怎么样？今后应注意什么问题？

5. 某管理处在大厦入口外墙安装了一块广告宣传栏，宣传栏宽1m，长1.5m，重约8kg。某天，气象台预报有台风，该市为台风预计登陆点，风力可能会超过10级，最高达12级左右。该天中午，台风登陆将宣传栏刮起，砸毁20m开外的奔驰车玻璃和窗户，经修理花费将近2万元，车主要求物业公司赔偿。经查，该宣传栏系事发3年前安装，原固定宣传栏的4个螺钉，其中两个已经锈蚀、滑牙，经台风长时间吹刮断裂。

问题：你认为该物业管理处应否赔偿汽车修理费？为什么？

本情境"进入角色"参考答案

[引例] 参考答案

遇到问题冷静处理，是解决问题的首要；以法律为依据，分清责任，明确义务，是解决问题的出发点；从人道主义出发，给对方以关爱，是促进问题和谐解决的有效手段。

[案例11-1] 参考答案

该单位的住户都是业主，他们有权利对物业服务公司的工作进行监督、审查，也可以选聘、解聘物业服务公司。但是这种权利不能任意地、无限制地行使，而必须按照法定的程序通过物业管理委员会来行使。业主委员会应该是全体业主的代表，代表全体业主的利益，部分业主不能按照自己的意愿，在没有业主委员会或绕过业主委员会的情形下，擅自作出决定。

因此，如果对物业服务公司的服务不满意，可以通过业主委员会按照法定程序将它解聘。

[案例11-2] 参考答案

雨季来临前，在地下车库备好抗洪物资，并检修地下车库排水泵，保证其正常使用。

暴雨来临时，应立即通知车主将车开离地下车库，同时组织人员到车库入口筑坝拦水，并启动排水泵排水。车主无法联系或通知不到的情况下，应做好记录，找好证人。

[案例11-3] 参考答案

动员其他店铺老板，对其进行劝说，表明大家对他的意见。同时婉转地表达出物业服务公司在该店铺老板依然我行我素、不进行改正的情况下，按照管理协议可以对其进行的将不仅仅是处罚，甚至可能是取缔其经营资格。配合这一行动，要求公司按照规定发出整改通知，对该店铺老板施加压力。

附录

物业管理实务实训指导书

1. 课程实训目的和任务

(1) 培养具有创新能力和综合素质的复合人才。
(2) 完善学生知识结构,提高学生获取知识、运用知识的能力。
(3) 学会分析解决物业管理中实际问题的能力。

2. 实训内容

序号	实训项目	内容描述	学时
一	物业企业的设立实训	依据物业企业设立条件,模拟建立物业管理公司及组织机构	
二	物业管理招标投标	模拟招标、投标流程,制定投标方案	
三	制定承接验收方案	依据给定物业,模拟制定验收方案	
四	入住服务	编制入住接待流程,实施入住接待服务	
五	装修管理实训	采取多种管理手段和方法对物业进行装修管理	
六	物业资金管理实训	进行物业管理费用测算,编制物业管理预算	
七	物业环境管理实训	对给定物业,模拟实施保洁管理、绿化管理	
八	物业文书实训	练习常用文书的拟写	

3. 课程实训要求

(1) 实训课以学生操作为主,教师辅助指导相结合,通过下达任务方式,要求学生个人或小组独立完成每一环节的训练任务。

(2) 每一实训内容具体任务由相应指导教师布置分配及指导,指导教师负责本环节实训的过程考核(勤纪)和结果考核,综合给出本环节考核成绩,成绩等级分为优、良、及格、不及格四级,学生未按时完成或完成未达要求者可评定为本课程不及格。

(3) 实训课程内容多任务重实践性强,要求每一位专业学生认真完成每一项实训内容。

(4) 实训前要求认真做好实训准备工作,未做准备者取消实训资格。

实训项目书一

实训项目：物业企业的设立实训

实训专业	物业管理	人数/组		所属课程	物业管理实务
实训地点	实训室	课时数		指导人	
实训内容、步骤或目标				考核要求与标准	

实训内容、步骤或目标	考核要求与标准
【实训目的】 (1) 掌握物业企业设立的条件。 (2) 掌握设置物业管理企业组织机构。 (3) 会分工，设定岗位职责。 【实训内容和步骤】 1. 掌握物业企业设立的条件，练习筹备建立物业管理公司 练习步骤和要领： (1) 熟悉物业管理企业设立条件和设立流程。 (2) 进行设立条件的筹备工作，具体有(名称、法人、资金、场所、专业技术人员、公司章程，组织机构)。 2. 练习设计物业管理公司组织框架 练习步骤和要领： (1) 熟悉组织结构的类型，特点。 (2) 为物业管理企业设计合理的组织结构，并进行分工，部门工作描述。	积极参与，完成训练项目，每个训练项目均有得分。
注意事项	【实训要求和注意事项】 (1) 本实训以小组为单位完成，每小组模拟设立一家物业管理公司，完成上述实训内容。 (2) 每位同学应积极参与到小组活动中去，参与程度由组长负责考核。 (3) 要通过查阅学习资源完成实训任务要求。 (4) 服从安排，完成相应工作内容。

实训项目书二

实训项目：物业管理招标投标

实训专业	物业管理	人数/组		所属课程	物业管理实务
实训地点	实训室	课时数		指导人	

实训内容、步骤或目标	考核要求与标准
【实训目的】 (1) 掌握招标投标工作流程。 (2) 掌握招标投标各环节工作内容。 (3) 掌握招标实施。 (4) 掌握招标实施。 【实训内容和步骤】 1. 给定物业，完成招标实施 (1) 物业对象：学校(学院)学生公寓。 (2) 完成任务： ① 制定招标方案和策略。 ② 编制招标文件。 2. 给定招标文件，完成投标实施 (1) 招标文件：制定投标方案和策略。 (2) 编制投标文件。 3. 开标、评标、定标演练	积极参与，完成训练项目，招标公告、招标书、投标书、招投标流程、项目参与度、团队合作等为考核指标。 实训分组情况： <table><tr><td>招标方</td><td></td></tr><tr><td>投标方1</td><td></td></tr><tr><td>投标方2</td><td></td></tr><tr><td>投标方3</td><td></td></tr><tr><td>投标方4</td><td></td></tr><tr><td>投标方5</td><td></td></tr><tr><td>投标方6</td><td></td></tr></table>
注意事项	【实训要求和注意事项】 (1) 本实训按小组完成，以团队为考核，团队决定个人成绩。 (2) 可实地调查物业完成上述实训任务。 (3) 实训成果要求是文字材料，具体有招投标方案，文件。 (4) 小组要进行充分讨论，形成实训成果。 (5) 每个小组要求对各份成果能进行阐述或讲解。

实训项目书三

实训项目：制定承接验收方案

实训专业	物业管理	人数/组		所属课程	物业管理实务
实训地点	实训室	课时数		指导人	

实训内容、步骤或目标	考核要求与标准
【实训目的】 (1) 掌握物业承接验收的工作标准和工作流程。 (2) 学会制定物业承接验收的方案。 【实训步骤和内容】 (1) 物业公司收到开发商送达的物业验收通知后，立即成立验收小组。 (2) 验收小组根据物业条件和规模制定方案和交接书、交接表。 (3) 验收组按移交清单核对接收资料，签发验收复函并约定验收时间。 (4) 验收组同移交人对房屋质量、功能、配套进行承接验收。 (5) 对质量问题、不能正常运转的设备提出整改意见整改后再验收。 (6) 对无明显不符合标准的房屋，由管理处收钥匙。	积极参与，完成训练项目，每个训练项目均有得分。 【实训支持】 (1) 即将进行物业承接验收的小区或大厦及相关设备设施。 (2) 承接验收工具。

注意事项	【实训要求和注意事项】 　　根据实训区域的物业状况，制定出可行的验收方案，设计物业交接书和物业工程项目移交表，并根据物业承接验收方案及工作流程进行物业承验收的组织和验收工作。

实训项目书四

实训项目：入住服务

实训专业	物业管理	人数/组		所属课程	物业管理实务
实训地点	实训室	课时数		指导人	

实训内容、步骤或目标	考核要求与标准
【实训目的】 　　通过实训，熟悉客户入住管理的服务流程和工作规范。清楚房管员的岗位要求，增强岗位意识，提高工作能力。 【实训步骤和内容】 　　(1) 在客户入住前，制定客户入住服务接待方案。 　　(2) 准备客户需签署的文件和客户交接验收单。 　　(3) 再次检查物业设施设备运行情况，再次对客户内部保洁。 　　(4) 查验入住通知、结款通知、购房合同、客房身份。 　　(5) 签署管理规约、住户手册、装修责任书、安全防火责任书、住户登记表。 　　(6) 陪同验房，签房屋验收单。 　　(7) 交接。	积极参与，完成训练项目，每个训练项目均有得分。 【实训支持】 　　(1) 即将入住的房屋。 　　(2) 实训基地(客服大厅)。 　　(3) 办公用品。

注意事项	【实训要求和注意事项】 　　根据需要验收交接的物业状况及业主入住的规模、进度制定出可行的客户入住方案，并根据客户入住服务流程办理客户入住服务手续，提供入住接待服务。

实训项目书五

实训项目：装修管理实训

实训专业	物业管理	人数/组		所属课程	物业管理实务
实训地点	实训室	课时数		指导人	

实训内容、步骤或目标	考核要求与标准
【实训目的】 通过实训，进一步熟悉二次装修的办理程序，明白在二次装修管理中存在的主要问题及解决途径，并能拟定装修管理规定。 【实训内容】 (1) 二次装修办理程序。 (2) 制定装修操作指南，制定装修施工队管理办法。 (3) 制作装修申请表。 (4) 结合装修验收标准对装修物业进行验收，并指出标准能否指导实际验收工作，进一步修改验收标准。	积极参与，完成训练项目，每个训练项目均有得分。 【实训支持】 (1) 需要装修的单个业主的某一单元。 (2) 装修文件及法规。

注意事项	【实训要求和注意事项】 (1) 能区分二次装修工程和一般修缮工程。 (2) 针对二次装修中存在的问题，能提出好的预防措施和解决。 (3) 能编制二次装修办理流程图。 (4) 能协助物业公司进行装修管理及协调业主和物业公司之间的业务矛盾。

实训项目书六

实训项目： 物业资金管理实训

实训专业	物业管理	人数/组		所属课程	物业管理实务
实训地点	实训室	课时数		指导人	

实训内容、步骤或目标	考核要求与标准
【实训目的】 物业服务费是保证日常物业服务工作正常运转的主要资金来源。通过实训，进一步熟悉物业管理收费管理办法，并能灵活运用该办法来解决拖欠物业服务费的问题。同时能根据物业服务成本构成明细测算物业服务成本，进行物业服务费年度收支预算管理。 【实训内容】 某高级住宅小区总建筑面积 5 万平方米，其中住宅面积占总建筑面积的 75%。容积率为 1.2、绿化率 38%，物业收费等级为四级，共配置 20 名人员。其他条件均按测算口径执行。请测算该住宅小区物业服务费的理论成本。	积极参与，完成训练项目，每个训练项目均有得分。 【实训支持】 (1) 物业管理收费管理办法。 (2) 计算器。
注意事项	【实训要求和注意事项】 (1) 能区分物业费与物业维修基金。 (2) 能测算物业服务费理论成本。 (3) 能解释物业收费问题。

实训项目书七

实训项目：物业环境管理实训

实训专业	物业管理	人数/组		所属课程	物业管理实务
实训地点	实训室	课时数		指导人	

实训内容、步骤或目标	考核要求与标准
【实训目的】 　　通过实训，熟悉物业保洁、绿化管理的基本内容、管理制度、工作流程、考核及管理标准，能够胜任物业保洁主管的工作。清楚物业保洁管理岗位职责要求，增强岗位意识。 【实训内容】 　(1) 制订保洁计划。 　(2) 编制保洁预算。 　(3) 确定保洁人数并排定轮班。 　(4) 制定保洁管理制度。 　(5) 制定考核标准。 　(6) 制订绿化养护计划。 　(7) 制定绿化养护管理制度。 　(8) 制定绿化考核标准。	积极参与，完成训练项目，每个训练项目均有得分。 【实训支持】 校园物业。

注意事项	【实训要求和注意事项】 (1) 本实训以小组为单位完成，每小组完成上述实训内容。 (2) 每位同学应积极参与到小组活动中去，参与程度由组长负责考核。 (3) 要通过查阅学习资源完成实训任务要求。 (4) 根据指定保洁区域和物业服务等级和收费标准，完成实训任务。 (5) 实训成果为书面形式。

实训项目书八

实训项目：物业文书实训

实训专业	物业管理	人数/组		所属课程	物业管理实务
实训地点	实训室	课时数		指导人	

实训内容、步骤或目标	考核要求与标准
【实训目的】 掌握物业管理常用文书的写作方法，能够在实际工作中应用。 【实训内容】 模拟工作情景分别拟写通知、请示、计划、总结、管理制度各一份。 (1) 停水通知。 (2) 关于创建文明小区的请示。 (3) 某物业管理公司一季度工作计划。 (4) 学期物业管理课程学习总结。 (5) 物业管理收费规定。	积极参与，完成训练项目，每个训练项目均有得分。 【实训支持】 (1) 文秘实训室。 (2) 计算机。
注意事项	【实训要求和注意事项】 (1) 本实训以个人为单位完成。 (2) 每位同学应通过查阅学习资源完成实训任务。 (3) 能正确应用各种公文文体。

参 考 文 献

[1] 中国物业管理协会. 物业管理实务[M]. 北京：中国建筑工业出版社，2011.

[2] 中国物业管理协会. 物业经营管理[M]. 北京：中国建筑工业出版社，2011.

[3] 中国物业管理协会. 物业管理基本制度与政策[M]. 北京：中国建筑工业出版社，2011.

[4] 中国物业管理协会. 物业管理综合能力[M]. 北京：中国建筑工业出版社，2011.

[5] 滕永健. 物业管理实务[M]. 北京：中国建筑工业出版社，2006.

[6] 鲁捷. 物业管理实务[M]. 北京：机械工业出版社，2007.

北京大学出版社高职高专土建系列教材书目

序号	书名	书号	编著者	定价	出版时间	配套情况
		"互联网+"创新规划教材				
1	建筑构造(第二版)	978-7-301-26480-5	肖芳	42.00	2016.1	PPT/APP/二维码
2	建筑装饰构造(第二版)	978-7-301-26572-7	赵志文等	39.50	2016.1	PPT/二维码
3	建筑工程概论	978-7-301-25934-4	申淑荣等	40.00	2015.8	PPT/二维码
4	市政管道工程施工	978-7-301-26629-8	雷彩虹	46.00	2016.5	PPT/二维码
5	市政道路工程施工	978-7-301-26632-8	张雪丽	49.00	2016.5	PPT/二维码
6	建筑三维平法结构图集(第二版)	978-7-301-29049-1	傅华夏	68.00	2018.1	APP
7	建筑三维平法结构识图教程(第二版)	978-7-301-29121-4	傅华夏	68.00	2018.1	APP/PPT
8	建筑工程制图与识图(第2版)	978-7-301-24408-1	白丽红	34.00	2016.8	APP/二维码
9	建筑设备基础知识与识图(第2版)	978-7-301-24586-6	靳慧征等	47.00	2016.8	二维码
10	建筑结构基础与识图	978-7-301-27215-2	周晖	58.00	2016.9	APP/二维码
11	建筑构造与识图	978-7-301-27838-3	孙伟	40.00	2017.1	APP/二维码
12	建筑工程施工技术(第三版)	978-7-301-27675-4	钟汉华等	66.00	2016.11	APP/二维码
13	工程建设监理案例分析教程(第二版)	978-7-301-27864-2	刘志麟等	50.00	2017.1	PPT/二维码
14	建筑工程质量与安全管理(第二版)	978-7-301-27219-0	郑伟	55.00	2016.8	PPT/二维码
15	建筑工程计量与计价——透过案例学造价(第2版)	978-7-301-23852-3	张强	59.00	2014.4	PPT/二维码
16	城乡规划原理与设计(原城市规划原理与设计)	978-7-301-27771-3	谭婧婧等	43.00	2017.1	PPT/素材/二维码
17	建筑工程计量与计价	978-7-301-27866-6	吴育萍等	49.00	2017.1	PPT/二维码
18	建筑工程计量与计价(第3版)	978-7-301-25344-1	肖明和等	65.00	2017.1	APP/二维码
19	市政工程计量与计价(第三版)	978-7-301-27983-0	郭良娟等	59.00	2017.2	PPT/二维码
20	高层建筑施工	978-7-301-28232-8	吴俊臣	65.00	2017.4	PPT/答案
21	建筑施工机械(第二版)	978-7-301-28247-2	吴志强等	35.00	2017.5	PPT/答案
22	市政工程概论	978-7-301-28260-1	郭福	46.00	2017.5	PPT/二维码
23	建筑工程测量(第二版)	978-7-301-28296-0	石东等	51.00	2017.5	PPT/二维码
24	工程项目招投标与合同管理(第三版)	978-7-301-28439-1	周艳冬	44.00	2017.7	PPT/二维码
25	建筑制图(第三版)	978-7-301-28411-7	高丽荣	38.00	2017.7	PPT/APP/二维码
26	建筑制图习题集(第三版)	978-7-301-27897-0	高丽荣	35.00	2017.7	APP
27	建筑力学(第三版)	978-7-301-28600-5	刘明晖	55.00	2017.8	PPT/二维码
28	中外建筑史(第三版)	978-7-301-28689-0	袁新华等	42.00	2017.9	PPT/二维码
29	建筑施工技术(第三版)	978-7-301-28575-6	陈雄辉	54.00	2018.1	PPT/二维码
30	建筑工程经济(第三版)	978-7-301-28723-1	张宁宁等	36.00	2017.9	PPT/答案/二维码
31	建筑材料与检测	978-7-301-28809-2	陈玉萍	44.00	2017.10	PPT/二维码
32	建筑识图与构造	978-7-301-28876-4	林秋怡等	46.00	2017.11	PPT/二维码
32	建筑工程材料	978-7-301-28982-2	向积波等	42.00	2018.1	PPT/二维码
33	建筑力学与结构(少学时版)(第二版)	978-7-301-29022-4	吴承霞等	46.00	2017.12	PPT/答案
34	建筑工程测量(第三版)	978-7-301-29113-9	张敬伟等	49.00	2018.1	PPT/二维码
35	建筑工程测量实验与实训指导(第三版)	978-7-301-29112-2	张敬伟等	29.00	2018.1	答案/二维码
36	安装工程计量与计价(第四版)	978-7-301-16737-3	冯钢	59.00	2018.1	PPT/答案/二维码
37	建筑工程施工组织设计(第二版)	978-7-301-29103-0	鄢维峰等	37.00	2018.1	PPT/答案/二维码
38	建筑工程测量	978-7-301-28757-6	赵昕	50.00	2018.1	PPT/二维码
39	建筑材料与检测(第2版)	978-7-301-25347-2	梅杨等	35.00	2015.2	PPT/答案/二维码
40	建设工程监理概论(第三版)	978-7-301-28832-0	徐锡权等	44.00	2018.2	PPT/答案/二维码
41	建筑供配电与照明工程	978-7-301-29227-3	羊梅	38.00	2018.2	PPT/答案/二维码
42	建筑工程资料管理(第二版)	978-7-301-29210-5	孙刚等	47.00	2018.3	PPT/二维码
43	建设工程法规(第三版)	978-7-301-29221-1	皇甫婧琪	44.00	2018.4	PPT/素材/二维码
44	AutoCAD建筑制图教程(第三版)	978-7-301-29036-1	郭慧	49.00	2018.4	PPT/素材/二维码
		"十二五"职业教育国家规划教材				
1	★建筑工程应用文写作(第2版)	978-7-301-24480-7	赵立等	50.00	2014.8	PPT
2	★土木工程实用力学(第2版)	978-7-301-24681-8	马景善	47.00	2015.7	PPT
3	★建设工程监理(第2版)	978-7-301-24490-6	斯庆	35.00	2015.1	PPT/答案
4	★建筑节能工程与施工	978-7-301-24274-2	吴明军等	35.00	2015.5	PPT
5	★建筑工程经济(第2版)	978-7-301-24492-0	胡六星等	41.00	2014.9	PPT/答案
6	★建设工程招投标与合同管理(第3版)	978-7-301-24483-8	宋春岩	40.00	2014.9	PPT/答案/试题/教案
7	★工程造价概论	978-7-301-24696-2	周艳冬	31.00	2015.1	PPT/答案
8	★建筑工程计量与计价(第3版)	978-7-301-25344-1	肖明和等	65.00	2017.1	APP/二维码
9	★建筑工程计量与计价实训(第3版)	978-7-301-25345-8	肖明和等	29.00	2015.7	
10	★建筑装饰施工技术(第2版)	978-7-301-24482-1	王军	37.00	2014.7	PPT
11	★工程地质与土力学(第2版)	978-7-301-24479-1	杨仲元	41.00	2014.7	PPT

序号	书 名	书 号	编著者	定价	出版时间	配套情况
	基础课程					
1	建设法规及相关知识	978-7-301-22748-0	唐茂华等	34.00	2013.9	PPT
2	◎建设工程法规(第三版)	978-7-301-29221-1	皇甫婧琪	44.00	2018.4	PPT/素材/二维码
3	建筑工程法规实务(第2版)	978-7-301-26188-0	杨陈慧等	49.50	2017.6	PPT
4	建筑法规	978-7-301-19371-6	董伟等	39.00	2011.9	PPT
5	建设工程法规	978-7-301-20912-7	王先恕	32.00	2012.7	PPT
6	◎AutoCAD 建筑制图教程(第三版)	978-7-301-29036-1	郭慧	49.00	2018.4	PPT/素材/二维码
7	AutoCAD 建筑绘图教程(第2版)	978-7-301-24540-8	唐英敏等	44.00	2014.7	PPT
8	建筑CAD 项目教程(2010版)	978-7-301-20979-0	郭慧	38.00	2012.9	素材
9	建筑工程专业英语(第二版)	978-7-301-26597-0	吴承霞	24.00	2016.2	PPT
10	建筑工程专业英语	978-7-301-20003-2	韩薇等	24.00	2012.2	PPT
11	建筑识图与构造(第2版)	978-7-301-23774-8	郑贵超	40.00	2014.2	PPT/答案
12	房屋建筑构造	978-7-301-19883-4	李少红	26.00	2012.1	PPT
13	建筑识图	978-7-301-21893-8	邓志勇等	35.00	2013.1	PPT
14	建筑识图与房屋构造	978-7-301-22860-9	负禄等	54.00	2013.9	PPT/答案
15	建筑构造与设计	978-7-301-23506-5	陈玉萍	38.00	2014.1	PPT/答案
16	房屋建筑构造	978-7-301-23588-1	李元玲等	45.00	2014.1	PPT
17	房屋建筑构造习题集	978-7-301-26005-0	李元玲	26.00	2015.8	PPT/答案
18	建筑构造与施工图识读	978-7-301-24470-8	南学平	52.00	2014.8	PPT
19	建筑工程识图实训教程	978-7-301-26057-9	孙伟	32.00	2015.12	PPT
20	◎建筑工程制图与识图(第2版)	978-7-301-24408-1	白丽红	34.00	2016.8	APP/二维码
21	建筑制图习题集(第2版)	978-7-301-24571-2	白丽红	25.00	2014.8	
22	◎建筑工程制图(第2版)(附习题册)	978-7-301-21120-5	肖明和	48.00	2012.8	PPT
23	建筑制图与识图(第2版)	978-7-301-24386-2	曹雪梅	38.00	2015.8	PPT
24	建筑制图与识图习题册	978-7-301-18652-7	曹雪梅等	30.00	2011.4	
25	建筑制图与识图(第二版)	978-7-301-25834-7	李元玲	32.00	2016.9	PPT
26	建筑制图与识图习题集	978-7-301-20425-2	李元玲	24.00	2012.3	PPT
27	新编建筑工程制图	978-7-301-21140-3	方筱松	30.00	2012.8	PPT
28	新编建筑工程制图习题集	978-7-301-16834-9	方筱松	22.00	2012.8	
	建筑施工类					
1	建筑工程测量	978-7-301-19992-3	潘益民	38.00	2012.4	PPT
2	建筑工程测量	978-7-301-13578-5	王金玲等	26.00	2008.5	
3	建筑工程测量实训(第2版)	978-7-301-24833-1	杨凤华	34.00	2015.3	答案
4	建筑工程测量	978-7-301-22485-4	景铎等	34.00	2013.6	PPT
5	建筑施工技术	978-7-301-12336-2	朱永祥等	38.00	2008.8	PPT
6	建筑施工技术	978-7-301-16726-7	叶雯等	44.00	2010.8	PPT/素材
7	建筑施工技术	978-7-301-19499-7	董伟等	42.00	2011.9	PPT
8	建筑施工技术	978-7-301-19997-8	苏小梅	38.00	2012.1	PPT
9	建筑施工机械	978-7-301-19365-5	吴志强	30.00	2011.10	PPT
10	基础工程施工	978-7-301-20917-2	董伟等	35.00	2012.7	PPT
11	建筑施工技术实训(第2版)	978-7-301-24368-8	周晓龙	30.00	2014.7	
12	土木工程力学	978-7-301-16864-5	吴月军	38.00	2010.4	PPT
13	PKPM软件的应用(第2版)	978-7-301-22625-4	王娜等	34.00	2013.6	
14	◎建筑结构(第2版)(上册)	978-7-301-21106-9	徐锡权	41.00	2013.4	PPT/答案
15	◎建筑结构(第2版)(下册)	978-7-301-22584-4	徐锡权	42.00	2013.6	PPT/答案
16	建筑结构学习指导与技能训练(上册)	978-7-301-25929-0	徐锡权	28.00	2015.8	PPT
17	建筑结构学习指导与技能训练(下册)	978-7-301-25933-7	徐锡权	28.00	2015.8	PPT
18	建筑结构	978-7-301-19171-2	唐春平等	41.00	2011.8	PPT
19	建筑结构基础	978-7-301-21125-0	王中发	36.00	2012.8	PPT
20	建筑结构原理及应用	978-7-301-18732-6	史美东	45.00	2012.8	PPT
21	建筑结构与识图	978-7-301-26935-0	相秉志	37.00	2016.2	
22	建筑力学与结构(第2版)	978-7-301-22148-8	吴承霞等	49.00	2013.4	PPT/答案
23	建筑力学与结构	978-7-301-20988-2	陈水广	32.00	2012.8	PPT
24	建筑力学与结构	978-7-301-23348-1	杨丽君等	44.00	2014.1	PPT
25	建筑结构与施工图	978-7-301-22188-4	朱希文等	35.00	2013.3	PPT
26	生态建筑材料	978-7-301-19588-2	陈剑峰等	38.00	2011.10	PPT
27	建筑材料(第2版)	978-7-301-24633-7	林祖宏	35.00	2014.8	PPT
28	建筑材料检测试验指导	978-7-301-16729-8	王美芬等	18.00	2010.10	
29	建筑材料与检测(第二版)	978-7-301-26550-5	王辉	40.00	2016.1	PPT
30	建筑材料与检测试验指导(第二版)	978-7-301-28471-1	王辉	23.00	2017.7	PPT
31	建筑材料选择与应用	978-7-301-21948-5	申淑荣等	39.00	2013.3	PPT
32	建筑材料检测实训	978-7-301-22317-8	申淑荣等	24.00	2013.4	
33	建筑材料	978-7-301-24208-7	任晓菲	40.00	2014.7	PPT/答案
34	建筑材料检测试验指导	978-7-301-24782-2	陈东佐等	20.00	2014.9	PPT
35	◎建设工程监理概论(第2版)	978-7-301-20854-0	徐锡权等	43.00	2012.8	PPT/答案

序号	书　名	书　号	编著者	定价	出版时间	配套情况
36	建设工程监理概论	978-7-301-15518-9	曾庆军等	24.00	2009.9	PPT
37	◎地基与基础(第2版)	978-7-301-23304-7	肖明和等	42.00	2013.11	PPT/答案
38	地基与基础	978-7-301-16130-2	孙平平等	26.00	2010.10	PPT
39	地基与基础实训	978-7-301-23174-6	肖明和等	25.00	2013.10	PPT
40	土力学与地基基础	978-7-301-23675-8	叶火炎等	35.00	2014.1	PPT
41	土力学与基础工程	978-7-301-23590-4	宁培淋等	32.00	2014.1	PPT
42	土力学与地基基础	978-7-301-25525-4	陈东佐	45.00	2015.2	PPT/答案
43	建筑工程质量事故分析(第2版)	978-7-301-22467-0	郑文新	32.00	2013.9	PPT
44	建筑工程施工组织设计	978-7-301-18512-4	李源清	26.00	2011.2	PPT
45	建筑工程施工组织实训	978-7-301-18961-0	李源清	40.00	2011.6	PPT
46	建筑施工组织与进度控制	978-7-301-21223-3	张廷瑞	36.00	2012.9	PPT
47	建筑施工组织项目式教程	978-7-301-19901-5	杨红玉	44.00	2012.1	PPT/答案
48	钢筋混凝土工程施工与组织	978-7-301-19587-1	高　雁	32.00	2012.5	PPT
49	钢筋混凝土工程施工与组织实训指导(学生工作页)	978-7-301-21208-0	高　雁	20.00	2012.9	PPT
50	建筑施工工艺	978-7-301-24687-0	李源清等	49.50	2015.1	PPT/答案
工程管理类							
1	建筑工程经济	978-7-301-24346-6	刘晓丽等	38.00	2014.7	PPT/答案
2	施工企业会计(第2版)	978-7-301-24434-0	辛艳红等	36.00	2014.7	PPT/答案
3	建筑工程项目管理(第2版)	978-7-301-26944-2	范红岩等	42.00	2016.3	PPT
4	建设工程项目管理(第二版)	978-7-301-24683-2	王　辉	36.00	2014.9	PPT/答案
5	建设工程项目管理(第2版)	978-7-301-28235-9	冯松山等	45.00	2017.6	PPT
6	建筑施工组织与管理(第2版)	978-7-301-22149-5	翟丽旻等	43.00	2013.4	PPT/答案
7	建设工程合同管理	978-7-301-22612-4	刘庭江	46.00	2013.6	PPT/答案
8	建筑工程招投标与合同管理	978-7-301-16802-8	程超胜	30.00	2012.9	PPT
9	工程招投标与合同管理实务	978-7-301-19035-7	杨甲奇等	48.00	2011.8	PPT
10	工程招投标与合同管理实务	978-7-301-19290-0	郑文新等	43.00	2011.8	PPT
11	建设工程招投标与合同管理实务	978-7-301-20404-7	杨云会等	42.00	2012.4	PPT/答案/习题
12	工程招投标与合同管理	978-7-301-17455-5	文新平	37.00	2012.9	PPT
13	工程项目招投标与合同管理(第2版)	978-7-301-24554-5	李洪军等	42.00	2014.8	PPT/答案
14	建筑工程商务标编制实训	978-7-301-20804-5	钟振宇	35.00	2012.7	PPT
15	建筑工程安全管理(第2版)	978-7-301-25480-6	宋　健等	42.00	2015.8	PPT/答案
17	施工项目质量与安全管理	978-7-301-21275-2	钟汉华	45.00	2012.10	PPT/答案
18	工程造价控制(第2版)	978-7-301-24594-1	斯　庆	32.00	2014.8	PPT/答案
19	工程造价管理(第二版)	978-7-301-27050-9	徐锡权等	44.00	2016.5	PPT
20	工程造价控制与管理	978-7-301-19366-2	胡新萍等	30.00	2011.11	PPT
21	建筑工程造价管理	978-7-301-20360-6	柴　琦等	27.00	2012.3	PPT
22	建筑工程造价管理	978-7-301-15517-2	李茂英等	24.00	2009.9	
23	工程造价案例分析	978-7-301-22985-9	甄　凤	30.00	2013.8	PPT
24	建设工程造价控制与管理	978-7-301-24273-5	胡芳珍等	38.00	2014.6	PPT/答案
25	◎建筑工程造价	978-7-301-21892-1	孙咏梅	40.00	2013.2	PPT
26	建筑工程计量与计价	978-7-301-26570-3	杨建林	46.00	2016.1	PPT
27	建筑工程计量与计价综合实训	978-7-301-23568-3	龚小兰	28.00	2014.1	
28	建筑工程估价	978-7-301-22802-9	张　英	43.00	2013.8	PPT
29	安装工程计量与计价(第3版)	978-7-301-24539-2	冯　钢等	54.00	2014.8	PPT
30	安装工程计量与计价综合实训	978-7-301-23294-1	成春燕	49.00	2013.10	素材
31	建筑安装工程计量与计价	978-7-301-26004-3	景巧玲等	56.00	2016.1	PPT
32	建筑安装工程计量与计价实训(第2版)	978-7-301-25683-1	景巧玲等	36.00	2015.7	
33	建筑水电安装工程计量与计价(第二版)	978-7-301-26329-7	陈连姝	51.00	2016.1	PPT
34	建筑与装饰装修工程工程量清单(第2版)	978-7-301-25753-1	翟丽旻等	36.00	2015.5	PPT
35	建筑工程清单编制	978-7-301-19387-7	叶晓容	24.00	2011.8	PPT
36	建设项目评估(第二版)	978-7-301-28708-8	高志云等	38.00	2017.9	PPT
37	钢筋工程清单编制	978-7-301-20114-5	贾莲英	36.00	2012.2	PPT
38	混凝土工程清单编制	978-7-301-20384-2	顾　娟	28.00	2012.5	PPT
39	建筑装饰工程预算(第2版)	978-7-301-25801-9	范菊雨	44.00	2015.7	PPT
40	建筑装饰工程计量与计价	978-7-301-20055-1	李茂英	42.00	2012.2	PPT
41	建设工程安全监理	978-7-301-20802-1	沈万岳	28.00	2012.7	PPT
42	建筑工程安全技术与管理实务	978-7-301-21187-8	沈万岳	48.00	2012.9	PPT
43	工程造价管理(第2版)	978-7-301-28269-4	曾　浩等	38.00	2017.5	PPT/答案
建筑设计类							
1	◎建筑室内空间历程	978-7-301-19338-9	张伟孝	53.00	2011.8	
2	建筑装饰CAD项目教程	978-7-301-20950-9	郭　慧	35.00	2013.1	PPT/素材
3	建筑设计基础	978-7-301-25961-0	周圆圆	42.00	2015.7	
4	室内设计基础	978-7-301-15613-1	李书青	32.00	2009.8	PPT

序号	书　名	书　号	编著者	定价	出版时间	配套情况
5	建筑装饰材料(第2版)	978-7-301-22356-7	焦　涛等	34.00	2013.5	PPT
6	设计构成	978-7-301-15504-2	戴碧锋	30.00	2009.8	PPT
7	基础色彩	978-7-301-16072-5	张　军	42.00	2010.4	
8	设计色彩	978-7-301-21211-0	龙黎黎	46.00	2012.9	PPT
9	设计素描	978-7-301-22391-8	司马金桃	29.00	2013.4	PPT
10	建筑素描表现与创意	978-7-301-15541-7	于修国	25.00	2009.8	
11	3ds Max 效果图制作	978-7-301-22870-8	刘　晗等	45.00	2013.7	PPT
12	3ds max 室内设计表现方法	978-7-301-17762-4	徐海军	32.00	2010.9	
13	Photoshop 效果图后期制作	978-7-301-16073-2	脱忠伟等	52.00	2011.1	素材
14	3ds Max & V-Ray 建筑设计表现案例教程	978-7-301-25093-8	郑恩峰	40.00	2014.12	PPT
15	建筑表现技法	978-7-301-19216-0	张　峰	32.00	2011.8	PPT
16	建筑速写	978-7-301-20441-2	张　峰	30.00	2012.4	
17	建筑装饰设计	978-7-301-20022-3	杨丽君	36.00	2012.2	PPT/素材
18	装饰施工读图与识图	978-7-301-19991-6	杨丽君	33.00	2012.5	PPT
		规划园林类				
1	居住区景观设计	978-7-301-20587-7	张群成	47.00	2012.5	PPT
2	居住区规划设计	978-7-301-21031-4	张　燕	48.00	2012.8	PPT
3	园林植物识别与应用	978-7-301-17485-2	潘利等	34.00	2012.9	
4	园林工程施工组织管理	978-7-301-22364-2	潘利等	35.00	2013.4	
5	园林景观计算机辅助设计	978-7-301-24500-2	于化强等	48.00	2014.8	PPT
6	建筑·园林·装饰设计初步	978-7-301-24575-0	王金贵	38.00	2014.10	PPT
		房地产类				
1	房地产开发与经营(第2版)	978-7-301-23084-8	张建中等	33.00	2013.9	PPT/答案
2	房地产估价(第2版)	978-7-301-22945-3	张　勇等	35.00	2013.9	PPT/答案
3	房地产估价理论与实务	978-7-301-19327-3	褚菁晶	35.00	2011.8	PPT/答案
4	物业管理理论与实务	978-7-301-19354-9	裴艳慧	52.00	2011.9	PPT
5	房地产测绘	978-7-301-22747-3	唐春平	29.00	2013.7	PPT
6	房地产营销与策划	978-7-301-18731-9	应佐萍	42.00	2012.8	PPT
7	房地产投资分析与实务	978-7-301-24832-4	高志云	35.00	2014.9	PPT
8	物业管理实务	978-7-301-27163-6	胡大见	44.00	2016.6	
9	房地产投资分析	978-7-301-27529-0	刘永胜	47.00	2016.9	PPT
		市政与路桥				
1	市政工程施工图案例图集	978-7-301-24824-9	陈亿琳	43.00	2015.3	PDF
2	市政工程计价	978-7-301-22117-4	彭以舟等	39.00	2013.3	PPT
3	市政桥梁工程	978-7-301-16688-8	刘　江等	42.00	2010.8	PPT/素材
4	市政工程材料	978-7-301-22452-6	郑晓雨	37.00	2013.5	PPT
5	道桥工程材料	978-7-301-21170-0	刘水林等	43.00	2012.9	PPT
6	路基路面工程	978-7-301-19299-3	偶昌宝等	34.00	2011.8	PPT/素材
7	道路工程技术	978-7-301-19363-1	刘　雨等	33.00	2011.12	PPT
8	城市道路设计与施工	978-7-301-21947-8	吴颖峰	39.00	2013.1	PPT
9	建筑给排水工程技术	978-7-301-25224-6	刘　芳等	46.00	2014.12	PPT
10	建筑给水排水工程	978-7-301-20047-6	叶巧云	38.00	2012.2	PPT
11	市政工程测量(含技能训练手册)	978-7-301-20474-0	刘宗波等	41.00	2012.5	PPT
12	公路工程任务承揽与合同管理	978-7-301-21133-5	邱　兰等	30.00	2012.9	PPT/答案
13	数字测图技术应用教程	978-7-301-20334-7	刘宗波	36.00	2012.8	PPT
14	数字测图技术	978-7-301-22656-8	赵　红	36.00	2013.6	PPT
15	数字测图技术实训指导	978-7-301-22679-7	赵　红	27.00	2013.6	
16	水泵与水泵站技术	978-7-301-22510-3	刘振华	40.00	2013.5	PPT
17	道路工程测量(含技能训练手册)	978-7-301-21967-6	田树涛等	45.00	2013.2	PPT
18	道路工程识图与 AutoCAD	978-7-301-26210-8	王容玲等	35.00	2016.1	PPT
		交通运输类				
1	桥梁施工与维护	978-7-301-23834-9	梁　斌	50.00	2014.2	PPT
2	铁路轨道施工与维护	978-7-301-23524-9	梁　斌	36.00	2014.1	PPT
3	铁路轨道构造	978-7-301-23153-1	梁　斌	32.00	2013.10	PPT
4	城市公共交通运营管理	978-7-301-24108-0	张洪满	40.00	2014.5	PPT
5	城市轨道交通车站行车工作	978-7-301-24210-0	操　杰	31.00	2014.7	PPT
6	公路运输计划与调度实训教程	978-7-301-24503-3	高福军	31.00	2014.7	PPT/答案
		建筑设备类				
1	建筑设备识图与施工工艺(第2版)(新规范)	978-7-301-25254-3	周业梅	44.00	2015.12	PPT
2	建筑施工机械	978-7-301-19365-5	吴志强	30.00	2011.10	PPT
3	智能建筑环境设备自动化	978-7-301-21090-1	余志强	40.00	2012.8	PPT
4	流体力学及泵与风机	978-7-301-25279-6	王　宁等	35.00	2015.1	PPT/答案

注：🌐为"互联网+"创新规划教材；★为"十二五"职业教育国家规划教材；◎为国家级、省级精品课程配套教材，省重点教材。相关教学资源如电子课件、习题答案、样书等可通过以下方式联系我们：

联系方式：010-62756290，010-62750667，yxlu@pup.cn，pup_6@163.com，欢迎来电咨询。